GRUNDKENNTNISSE JAPANISCH 1

日本語の基礎知識 1

GRUNDKENNTNISSE JAPANISCH 1

岡本 伸一
OKAMOTO, Shin'ichi

HELMUT BUSKE VERLAG HAMBURG

Auf den Begleitkassetten, ISBN 3-87548-229-8, sind alle mit dem Kassettensymbol gekennzeichneten Texte zu hören.

Die Deutsche Bibliothek – CIP-Einheitsaufnahme

Okamoto, Shin`ichi:
Nihongo-no-kiso-chishiki = Grundkenntnisse Japanisch /
Okamoto, Shin`ichi. – Hamburg : Buske
ISBN 3-87548-225-5

1. - (2000)
   ISBN 3-87548-222-0
2. - (2000)
   ISBN 3-87548-223-9

Gedruckt mit Unterstützung der Japan Foundation

© Helmut Buske Verlag GmbH, Hamburg 2000. Alle Rechte, auch die des auszugsweisen Nachdrucks, der fotomechanischen Wiedergabe und der Übersetzung, vorbehalten. Dies betrifft auch die Vervielfältigung und Übertragung einzelner Textabschnitte durch alle Verfahren wie Speicherung und Übertragung auf Papier, Filme, Bänder, Platten und andere Medien, soweit es nicht §§ 53 und 54 URG ausdrücklich gestatten. – Druck: Strauss Offsetdruck, Mörlenbach. Bindung: Schaumann, Darmstadt. Werkdruckpapier: alterungsbeständig nach ANSI-Norm resp. DIN-ISO 9706, hergestellt aus 100% chlorfrei gebleichtem Zellstoff. Printed in Germany.

日本語の基礎知識
1

VORWORT

"Nihongo no Kiso-chishiki" (Grundkenntnisse Japanisch) ist für Anfänger konzipiert, die das moderne Japanisch systematisch und praxisorientiert bis zu einem mittleren Sprachniveau erlernen wollen. Lernziele sind vor allem die Beherrschung der Alltagssprache sowie die Fähigkeit, japanische Texte lesen und schreiben zu können.

Die 30 Lektionen in den Bänden 1 und 2 enthalten jeweils als Kernstück zwei Dialoge bzw. einen Lesetext. Anhand dieses Textes werden mit Fragen und Übungen die neu eingeführten Vokabeln und Grammatikelemente eingeübt. Darüber hinaus bieten die Lektionen Vokabellisten, Erläuterungen zur Grammatik sowie Übersetzungsübungen. In einem die Lektion abschließenden Test können die erlernten Kenntnisse überprüft und angewendet werden. Die Lösungen zu den Übungen und Tests sind im Anhang zu finden. Das Inhaltsverzeichnis gibt einen detaillierten Überblick, besonders über die jeweils behandelte Grammatik, bietet also mehr als die reine Wiedergabe der Überschriften.

Alle Dialoge und Texte sind aus Sicht von "Herrn Berger" geschrieben, der als Angestellter einer Softwarefirma in Japan arbeitet. Die Vielzahl der Themen, mit denen Herr Berger konfrontiert ist, soll Ihnen auf interessante Weise den japanischen Alltag näherbringen. Es wird dazu empfohlen, die Begleitkassetten oft zu hören und die Texte laut zu lesen, damit Sie sich schnell mit der japanischen Aussprache vertraut machen.

Die beiden Lehrbücher werden ergänzt durch das Übungsheft "Hiragana to Katakana no Renshuu", das der Vermittlung der japanischen Lautschriften (Alphabete) gewidmet ist. Mit diesem Heft sollten Sie besonders in der Anfangsphase die jeweils 46 *Hiragana* und *Katakana* intensiv lernen. Um den Einstieg zu erleichtern, werden in den Lektionen 1 bis 3 alle Vokabeln und Texte zusätzlich in der lateinischen Umschrift "Rooma-ji" geschrieben.

Neben den zwei Lautschriften (*Kana*) werden Sie die aus China überlieferten Schriftzeichen, die *Kanji*, kennenlernen, deren Erwerb einigen Aufwand erfordert. Es besteht zwar die Möglichkeit, einen Text allein in *Kana* zu verfassen, da jedoch japanische Texte in der Praxis mit *Kana* und *Kanji* geschrieben werden, reichen die *Kana* alleine nicht zum Textverständnis aus.

Wie viele *Kanji* sollte man eigentlich lernen, um japanische Texte problemlos verstehen zu können? Als Richtschnur wird gewöhnlich die Liste "Jooyoo-Kanji" (Standard-Kanji) herangezogen, die die 1945 gebräuchlichsten, im normalen Alltagsleben erforderlichen *Kanji* enthält. Zeitungen können jedoch bis zu 3.000 *Kanji* enthalten, schwierige Namen und Fachvokabular inbegriffen. Bei diesen Zahlen wird es Ihnen vielleicht schwindeln. Doch lassen Sie sich nicht entmutigen. Selbst Japaner benötigen neun Jahre Schulausbildung, um die 1945 grundlegenden "Jooyoo-Kanji" zu erlernen. In diesem Lehrwerk werden die *Kanji* in Aktiv- und Passivkanji aufgeteilt. Während bei den Passivkanji das Lesen- und Verstehenkönnen ausreicht, sollten Sie die Aktivkanji darüber hinaus auch schreiben können. Pro Lektion werden 20 Aktivkanji eingeübt, insgesamt sind es also rund 600 Aktivkanji; Passivkanji sind es insgesamt rund 1.200. Mit diesem Wissen werden Sie in der Lage sein, leichte bis mittelschwere Texte zu verstehen. In Anhang sind die *Kanji* nach der Strichanzahl geordnet in einem Index aufgeführt. Die *Kanji* erscheinen zunächst kompliziert und schwierig, doch sobald man beginnt, ihre Bedeutungen und Strukturen kennenzulernen, wird ihr Studium leichter und interessanter. Ich bin sicher, daß Sie schon bald einen Kanji-Text leichter verstehen als einen ganz in *Hiragana* verfaßten.

Im Japanischen werden die bereits oben erwähnten Schriftsysteme kombiniert verwendet. Die Wörter werden mal in *Kanji* (z.B. Nomina), mal in *Kana* (z.B. Hilfspartikeln, Hilfsverben und Adverbien) und mal in *Kana* und *Kanji* (z.B. Verben und Adjektive) gemischt geschrieben. Da das Japanische eine der wortreichsten Sprachen der Welt ist, verwenden Tageszeitungen und Zeitschriften bis zu 30.000 Wörter. In diesem Lehrwerk werden rund 3.500 Wörter und Redewendungen eingeführt. Dies erscheint wenig, reicht jedoch als Grundwortschatz vollkommen aus. Laut Statistik sind mit 3.000 Wörtern 75% aller japanischen Texte zu verstehen. Wichtiger als die Anzahl der Vokabeln ist die Fähigkeit, sie im Kontext richtig anwenden zu können.

Beim Erlernen des Japanischen gibt es einige besondere Sprachbarrieren. Zum einen die verschiedenen Schriftarten; zum anderen eine dem Deutschen in keiner Weise verwandte Grammatik. Im Gegensatz zu den europäischen Sprachen gibt es im Japanischen viele Hilfspartikeln, die eine sehr große Rolle beim Satzbau spielen. Die richtige Verwendung der Partikeln und die Einübung der Syntax sind zeitaufwendig. Auch das Erlernen der Höflichkeitssprache (*Keigo*) ist eine mühevolle Aufgabe. Andererseits jedoch wird oft gesagt, daß die japanische Grammatik eigentlich recht leicht sei, da es zum Beispiel bei Verben und Adjektiven keine unregelmäßigen Änderungen in Abhängigkeit zum Subjekt oder Tempus, bei Nomina kein grammatisches Geschlecht und nur selten Pluralformen gibt.

Im Augenblick ist Ihnen die japanische Sprache noch fremd und das bisher Gesagte stellt eine Herausforderung dar. Mit genügend Neugier und Lerneifer werden Sie sich jedoch Schritt für Schritt die Sprache aneignen. Wenn Sie die Erklärungen der Grammatik gründlich lesen und die Übungen oft wiederholen, dürfte es kein Problem sein. Ich bin davon überzeugt, daß Sie schon bald Japanisch lesen, schreiben und sprechen werden, wenn Sie dieses Lehrwerk gewissenhaft durcharbeiten. Also, lassen Sie uns anfangen. Ich wünsche Ihnen viel Erfolg!

Abschließend möchte ich Frau Marijke Wahlers für die Korrektur des deutschen Textes, Frau Satsuki Wakabayashi, Frau Yokota und Herrn Hoshino für die Erstellung der Aktivkanjilisten und ihre Mithilfe bei den Tonaufnahmen sowie dem Buske Verlag für die Mühe bei der Herausgabe herzlich danken. Die Japan Foundation hat die Veröffentlichung des Lehrwerkes freundlicherweise unterstützt, wofür ich ebenfalls meine große Dankbarkeit zum Ausdruck bringen möchte.

Düsseldorf, im Herbst 1999　　　　　　　　　　　　　　　　　　　　　　　　Shin'ichi Okamoto

INHALTSVERZEICHNIS (Mokuji)

Vorwort 2

Lektion 1 (Dai 1-ka)

1. Mustersätze (Kihon-Bunkei): S wa P desu. 10
2. Konversation 1 (Kaiwa 1): Aisatsu 1, 2 11
   Konversation 2 (Kaiwa 2): Terebi wa doko? 12
   Konversationsübung (Kaiwa no renshuu) 13
3. Vokabelliste (Tango-Risuto) 15
4. Kleine Erläuterungen der chinesischen Schriftzeichen (Kanji) 18
5. Aktivkanjiliste (Akutibu-Kanji-Risuto) 21
6. Grammatik (Bunpoo): Subjekt (S) wa + Prädikat (P) + desu. (S ist P.) ... 23
   Die Rolle der Hilfspartikeln (HP) 23
   Personalpronomina und Fragepronomina 24
   Satzstruktur: Bejahung, Frage, Antwort 24
   Länder, Menschen, Sprachen 25
   Ko-So-A-Do-Wörter 1 (Demonstrative Pronomina) 25
   Ko-So-A-Do-Wörter 2 (Ortsbegriffe) 28
   Hilfspartikeln (HP): "wa" oder "ga"? 29
7. Übungen (Renshuu), Deutsch-Japanische Übersetzung (Dokubun-WA-Yaku) ... 30
8. Lektionstest (Fukushuu-Tesuto) 34

Lektion 2 (Dai 2-ka)

1. Mustersätze (Kihon-Bunkei): S wa Adj. desu. 35
2. Konversation 1 (Kaiwa 1): Donna kuruma? 36
   Konversation 2 (Kaiwa 2): Kireina machi 37
   Konversationsübung (Kaiwa no renshuu), Fragen zum Text (Honbun-Shitsumon) ... 38
3. Vokabelliste (Tango-Risuto) 39
4. Aktivkanjiliste (Akutibu-Kanji-Risuto) 42
5. Grammatik (Bunpoo): Adjektive (Präsens) 44
   I-Adjektive, Verwendung als Prädikat und als Attribut 44
   Na-Adjektive, Verwendung als Prädikat und als Attribut 45
   Hilfspartikeln: 1."ne" oder "yo"?, 2."to" oder "ya"? 46
   Weiteres Studium von ookii, chiisai / ooi, sukunai / chikai, tooi ... 47
6. Übungen (Renshuu), Deutsch-Japanische Übersetzung (Dokubun-WA-Yaku) ... 48
7. Lektionstest (Fukushuu-Tesuto) 51

Lektion 3 (Dai 3-ka)

1. Mustersätze (Kihon-Bunkei): Sich-Befinden 52
2. Konversation 1 (Kaiwa 1): Nihongo no kurasu 53
   Konversation 2 (Kaiwa 2) : Kyooshitsu de 53

Konversationsübung (Kaiwa no renshuu) · 57
3. Vokabelliste (Tango-Risuto) · 58
4. Aktivkanjiliste (Akutibu-Kanji-Risuto) · 62
5. Grammatik (Bunpoo): Verben des Sich-Befindens: iru, aru · 64
   Vokabeln für Ortsangaben und ihre Verwendung · 65
   Tabelle der Zählwörter, Zahlentabelle · 67
   Datum, Wochentage, Monatsnamen, Zeitdauer, Uhrzeit · 69
6. Übungen (Renshuu), Deutsch-Japanische Übersetzung (Dokubun-WA-Yaku) · · · · · · · · · · · 71
7. Lektionstest (Fukushuu-Tesuto) · 76

Lektion 4 (Dai 4-ka)

1. Mustersätze: Verben (Präsens) · 77
2. Konversation : Chikatetsu de · 78
   Text : Berger-san no ichi-nichi · 79
   Konversationsübung, Fragen zum Text · 80
3. Vokabelliste · 81
4. Aktivkanjiliste · 85
5. Grammatik: Verben (V) -Präsens- · 87
   Masu-Form: einstufige / fünfstufige / unregelmäßige Verben / Nominalverben · · · · · · · · · 87
   Verschiedene HP: "ni" ,"o" ,"to" ,"e", "de" · 88
   Konjunktionen: soshite, demo · 88
   Adverbien der Häufigkeit: itsumo, yoku, tokidoki, amari · 89
6. Übungen, Deutsch-Japanische Übersetzung · 91
7. Lektionstest (Fukushuu-Tesuto) · 96

Lektion 5 (Dai 5-ka)

1. Mustersätze: Verben (Präteritum) · 97
2. Konversation 1 : Nani o shimasita ka. · 98
   Konversation 2 : Machigae mashita. · 98
   Konversationsübung · 100
3. Vokabelliste · 101
4. Aktivkanjiliste · 104
5. Grammatik: Verben (Präteritum) · 106
   Handlungen in der Vergangenheit, Vollendung einer Handlung · 106
   Hilfspartikeln: "o" (Ort der Bewegung) und "ga" (aber) · 107
   Verneinung: Nani mo V-masen · 107
   gehen, kommen, zurückkehren, um zu ~ : ~ ni iku, ~ ni kuru, ~ ni kaeru · · · · · · · · · · · · 108
6. Übungen, Deutsch-Japanische Übersetzung · 109
7. Lektionstest · 114

Lektion 6 (Dai 6-ka)

1. Mustersätze: Adjektive (Präteritum) · 115

2. Konversation 1 : UFO? · 116
    Konversation 2 : Subarashi katta. · 116
    Fragen zum Text 2, Konversationsübung · 118
3. Vokabelliste · 119
4. Aktivkanjiliste · 123
5. Grammatik: Vergangenheitsform der Adjektive · · · · · · · · · · · · · · · 125
    Adverbiale Form: ~ku (I-A), ~ni (Na-A) · 125
    Komparativ: A wa B yori ... desu. · 126
    Superlativ: A to B to C no naka de A ga ichiban ... desu. · · · · · · · · 126
    ebenso ... wie A: A to onaji gurai ... desu · 128
    nicht so ... wie A: A hodo ... nai desu · 128
    Begründungen: ~ kara, ~ / ~ node, ~ · 129
6. Übungen, Deutsch-Japanische Übersetzung · · · · · · · · · · · · · · · · · 131
7. Persönlichkeitstest · 136
8. Lektionstest · 137

Lektion 7 (Dai 7-ka)

1. Mustersätze: Te-Form 1 · 138
2. Konversation 1: (Serie) Einkaufen: Kamera-ten de · · · · · · · · · · · · 139
    Konversation 2: Deeto no sasoi · 140
    Konversationsübung, Fragen zum Konversationstext · · · · · · · · · · · 141
3. Vokabelliste · 142
4. Aktivkanjiliste · 146
5. Grammatik: Te-Form 1 · 148
    Bittform: "~o kudasai", "V-te kudasai" · 148
    Verlaufsform, Zustandsform, Gewohnheitsform: " V-te imasu" · · · · 149
    Idiomatische Redewendungen: " V-te + iku, kuru, kaeru" · · · · · · · 151
    Satzverbindung: "~te, ~te, ~masu", "~te kara ~" · · · · · · · · · · · · 151
    Verbindung der Adjektive und der Nomina (~te, ~de) · · · · · · · · · · 152
    Aufforderung: V-masen ka, V-mashoo(ka) · · · · · · · · · · · · · · · · · · · 153
6. Übungen, Deutsch-Japanische Übersetzung · · · · · · · · · · · · · · · · · 154
7. Lektionstest · 161

Lektion 8 (Dai 8-ka)

1. Mustersätze: Te-Form 2 / Nai-Form · 162
2. Konversation 1: Repooto · 163
    Konversation 2: Koosoku-Dooro · 163
    Fragen zum Text 2, Konversationsübung 2 · · · · · · · · · · · · · · · · · · · 165
3. Vokabelliste · 166
4. Aktivkanjiliste · 169
5. Grammatik: Te-Form 2 · 171
    Verbot: V-te wa ikemasen · 171
    Erlaubnis: V-te mo ii desu · 171

Begründung: V-te, ~ 172
Modale Redewendung: V-te ~ 172
Nai-Form (höflichkeitsleere Verneinungsform) 172
Negative Bitte: ~nai de kudasai 173
Erfordernis: ~ nai to ikemasen, ~ nakereba narimasen 174
Keine Erfordernis: ~ nakutemo ii desu 174
Negative Satzverbindung: ~nai de, ~ / ~ dake de naku(te), ~ (mo) 175
6. Übungen, Deutsch-Japanische Übersetzung 177
7. Lektionstest 182

Lektion 9 (Dai 9-ka)

1. Mustersätze: Höflichkeitsleerform 183
2. Berger-san no shuukan-yoteihyoo 184
   Lesetext: Berger-san no nikki 185
   Konversation: Paatii de 186
   Fragen zum Text, Konversationsübung 187
3. Vokabelliste 188
4. Aktivkanjiliste 191
5. Grammatik: Höflichkeitsleerform (HLF) 193
   Ta-Form (Präteritum), Nakatta-Form (Präteritum / Negativ) 193
   Höflichkeitsleerform von desu: "da", "dewa nai" 194
   Tabelle der Höflichkeitsleerform 195
   Weiteres Studium 1: Frauen- und Männersprache 196
   Weiteres Studium 2: HLF+n(no) desu. 196
   Verschiedene Ausdrücke mit der Ta-Form: "tari, tari suru", "ta hoo ga ii" usw. 197
6. Übungen, Deutsch-Japanische Übersetzung 199
7. Lektionstest 204

Lektion 10 (Dai 10-ka)

1. Mustersätze: Wa-Ga-Form 1 205
2. Konversation 1: Guratan ga daisuki 206
   Konversation 2: (Serie) Einkaufen: Nikuya de / Denkiten de / Moodoten de 207
   Fragen zum Text 1, Konversationsübung 2 208
3. Vokabelliste 210
4. Aktivkanjiliste 214
5. Grammatik: Wa-Ga-Form 1 216
   Neigung: suki (mögen), kirai (nicht mögen), urayamashii (beneiden) 216
   Wunsch: hoshii (etwas haben möchten) / V-tai (V + möchten) 217
   Wunsch einer dritten Person: hoshigaru / V-ta-garu 217
   Fähigkeit: dekiru (können), wakaru (verstehen), joozu (geschickt) usw. 218
   Erfordernis: iru (brauchen), hitsuyoo (erforderlich) 220
6. Übungen, Deutsch-Japanische Übersetzung 221
7. Lektionstest 226

Lektion 11 (Dai 11-ka)

1. Mustersätze: Wa-Ga-Form 2 · 227
2. Text: Watashi no otooto · 228
   - Konversation: Kaoiro ga warui desu yo. · 229
   - Fragen zum Text, Konversationsübung · 230
3. Vokabelliste · 231
4. Aktivkanjiliste · 234
5. Grammatik: Wa-Ga-Form 2 · 236
   - Besitz: S wa ~ ga aru / iru. (haben) · 236
   - Teilbeschreibung: S wa ~ ga ~ da. · 237
   - Erfahrung: S wa ~ V-ta koto ga aru. · 237
   - Vorkommen: S wa ~V(Grundform) koto ga aru. · 238
6. Übungen, Deutsch-Japanische Übersetzung · 239
7. Lektionstest · 244

Lektion 12 (Dai 12-ka)

1. Mustersätze: Temporalsätze · 245
2. Konversation 1: Minagara yaru yo. · 246
   - Konversation 2: Kau mae ni kangaeru. · 246
   - Konversationsübung 1, Fragen zum Konversationstext 2 · 248
3. Vokabelliste · 249
4. Aktivkanjiliste · 251
5. Grammatik: Temporalsätze · 253
   - ~ toki (wenn), ~ aida (während), ~ nagara (während), ~ mama (etwas so lassend) · 253
   - ~ mae ni (bevor), ~ ato de (nachdem) usw. · 258
6. Übungen, Deutsch-Japanische Übersetzung · 260
7. Lektionstest · 267

Lektion 13 (Dai 13-ka)

1. Mustersätze: Wörtliche Rede · 268
2. Konversation: Berger to iimasu ga. · 269
   - Small talk am Telefon · 269
   - Lesetext: (Märchen) Nezumi no yomeiri · 270
   - Konversationsübung, Fragen zum Text · 272
3. Vokabelliste · 273
4. Aktivkanjiliste · 276
5. Grammatik: Wörtliche Rede · 278
   - S sagt, daß ~ : S wa ~ to iu · 278
   - N2, das N1 heißt : N1 to iu N2 · 281
   - Meinungsäußerung: S meint, daß ~: S wa ~ to omou · 281
6. Übungen, Deutsch-Japanische Übersetzung · 282
7. Lektionstest · 286

Lektion 14 (Dai 14-ka)

1. Mustersätze: Aufforderung, Vorhaben, Entschluß · 287
2. Konversation 1: Nani o suru tsumori? · 288
   Konversation 2: Shain-shokudoo de · 288
   Fragen zum Text 2, Konversationsübung 2 · 289
3. Vokabelliste · 291
4. Aktivkanjiliste · 294
5. Grammatik: Aufforderung, Absicht, Entschluß · 296
   Höflichkeitsleere Aufforderung: V-(yo)o! · 296
   Absicht: V-(yo)o to omou, V-(yo)o to suru, V-tsumori da · · · · · · · · · · · · · · · · 296
   Entschluß: V-koto ni suru, V-koto ni naru · 298
6. Übungen, Deutsch-Japanische Übersetzung · 300
7. Lektionstest · 305

Lektion 15 (Dai 15-ka)

1. Mustersätze: Vermutung 1 · 306
2. Konversation 1: Ashita tenki ni shiteokure! · 307
   Konversation 2: Koshoo kamo shiremasen. · 308
   Wetterbericht · 309
   Fragen zum Text , Konversationsübung · 309
3. Vokabelliste · 310
4. Aktivkanjiliste · 313
5. Grammatik: Vermutung 1 · 315
   V-kamoshirenai (es kann sein), V-deshoo (es wird sein), V-ni chigainai (es muß sein) · · · 315
   V-hazu (es dürfte sein) / ~ sugiru (Übermäßigkeit) · 318
6. Übungen, Deutsch-Japanische Übersetzung · 320
7. Lektionstest · 324

Anhang

1. Die Rolle der Hilfspartikeln · 326
2. Auflösung der Übungen · 330
3. Auflösung der Lektionsteste · 351
4. Japanische Landkarte · 354
5. Gebiete und Präfekturen · 355
6. Vokabel-Index · 358
7. Kanji-Index · 370

第 1 課 (Dai 1-ka : Lektion 1)

1. 基本文型 (Kihon-Bunkei : Mustersätze)

S wa P desu.

・わたしは ドイツ人 です。

　　Watashi wa doitsu-jin desu.

・これは 時計 です か。

　　Kore wa tokei desu ka.

・ここは 会社では ありません。

　　Koko wa kaisha dewa arimasen.

DJ-コンピュータ
ソフトウェアー開発部

ミヒャエル, ベルガー
Michael　　Berger

〒135-3789 東京都港区赤坂 4丁目 3-5-25
Tel.:03-590-1267 Fax: 03-590-1287
e-mail: mberger@dj-computer.jp

第1課 （Dai 1-ka : Lektion 1）

2. 会話 1 (Kaiwa 1 : Konversation 1) 📼

あいさつ 1　　　　　　　Aisatsu 1

おはようございます。　　　Ohayoo gozaimasu!
こんにちは。*　　　　　　 Kon'nichi wa!
こんばんは。*　　　　　　 Kon'ban wa!
さようなら。*　　　　　　 Sayoonara!
おやすみなさい。　　　　　Oyasumi nasai!

* Diese drei Begrüßungen werden in der Familie nicht benutzt. (Siehe Seite 280.)L. 9

あいさつ 2　📼

ベルガー	：はじめまして。　ベルガー です。 　　どうぞ よろしく。
木村	：はじめまして。　木村 です。　こちらこそ どうぞ よろしく。
ベルガー	：私の名刺 です。　どうぞ。
木村	：どうも ありがとう ございます。　ドイツの方 ですか。
ベルガー	：はい、そう です。
木村	：学生さん ですか。
ベルガー	：いいえ、会社員 です。
木村	：会社は どちら ですか。
ベルガー	：ＤＪコンピュータ です。　コンピュータの エンジニア です。 　　木村さんは（？）。
木村	：私は 銀行員 です。
ベルガー	：木村さん、こちらは スミスさん です。　イギリスの方 です。
木村	：木村 です。　はじめまして。
スミス	：はじめまして、スミス です。　わたしは 日本語の学生 です。

Aisatsu 2

Berger　：Hajimemashite. Berger (Berugaa) desu. Doozo yoroshiku.
Kimura　：Hajimemashite. Kimura desu. Kochira koso doozo yoroshiku.
Berger　：Watashi no meishi desu, doozo.

Kimura	: Doomo arigatoo gozaimasu. Doitsu no kata desu ka.
Berger	: Hai, soo desu.
Kimura	: Gakusei-san desu ka.
Berger	: Iie, kaishain desu.
Kimura	: Kaisha wa dochira desu ka.
Berger	: DJ-konpyuuta desu. Konpyuuta no enjinia desu. Kimura-san wa.
Kimura	: Watashi wa ginkooin desu.
Berger	: Kimura-san, kochira wa Smith (Sumisu)-san desu. Igirisu no kata desu.
Kimura	: Kimura desu. Hajimemashite.
Smith	: Hajimemashite, Smith desu. Watashi wa nihongo no gakusei desu.

会話２ (Kaiwa 2 : Konversation 2)
テレビは どこ？

木村	：それは ベルガーさんの 新聞 ですか。
ベルガー	：はい、そうです。　私の です。
木村	：英語の 新聞 ですか。
ベルガー	：いいえ、ドイツ語の 新聞 です。
ベルガー	：それは ペン ですか。
木村	：いいえ、ペンでは ありません。 　　えんぴつ です。
ベルガー	：これは 何 ですか。
木村	：それは、ラジオ です。
ベルガー	：テレビは どこ ですか。
木村	：テレビは あそこ です。
ベルガー	：あれは 何の 花 ですか。
木村	：あれは さくらの 花 です。

Kaiwa 2   Terebi wa doko?

Kimura	: Sore wa Berger-san no shinbun desu ka.
Berger	: Hai, soo desu. Watashi no desu.
Kimura	: Eigo no shinbun desu ka.
Berger	: Iie, doitsugo no shinbun desu.
Berger	: Sore wa pen desu ka.

Kimura : Iie, pen dewa arimasen. Enpitsu desu.
Berger : Kore wa nan desu ka.
Kimura : Sore wa rajio desu.
Berger : Terebi wa doko desu ka.
Kimura : Terebi wa asoko desu.
Berger : Are wa nan no hana desu ka.
Kimura : Are wa sakura no hana desu.

会話の練習 (Kaiwa no Renshuu : Konversationsübung)

（1） Hajimemashite

> B : Hajimemashite. <u>Berger</u> ① desu. Doozo yoroshiku.
> K : Hajimemashite. <u>Kimura</u> ② desu. Kochirakoso doozo yoroshiku.
>   <u>Doitsu</u> ③ no kata desu ka.
> B : Hai, soo desu.
> K : Kaisha wa dochira desu ka.
> B : <u>DJ-konpyuuta</u> ④ desu. <u>Kimura-san</u> ② wa?
> K : Watashi wa <u>ginkooin</u> ⑤ desu.
> B : <u>Kimura-san</u> ②, kochira wa <u>Smith-san</u> ⑥ desu.
> K : <u>Kimura</u> ② desu. Hajimemashite.
> S : Hajimemashite, <u>Smith</u> ⑥ desu.

1. ① Schmidt ② Maekawa(-san) ③ Doitsu ④ DJ-Kamera ⑤ gakusei ⑥ Chang(-san)
2. ① Ueda ② King(-san) ③ Nihon ④ AJ-ginkoo ⑤ Eigo no sensei ⑥ Suzuki(-san)
3. ① Chang ② Machida(-san) ③ Chuugoku ④ CJ-shinbun ⑤ ginkooin ⑥ Scott(-san)
4. ① Scott ② Tanaka(-san) ③ Igirisu ④ EJ-jidoosha ⑤ bengoshi ⑥ Müller(-san)

（2） Kore wa nan desu ka.

> K : Sore wa <u>rajio</u> ① desu.
> B : Are mo <u>rajio</u> ① desu ka.
> K : Iie, are wa rajio dewa arimasen. <u>Terebi</u> ② desu.
> B : Ano <u>terebi</u> ② wa dare no desu ka.
> K : <u>Watashi</u> ③ no terebi desu.

1. ① nihongo no hon ② doitsugo no hon ③ Miyazaki-san
2. ① shashin ② meishi ③ Meier-san
3. ① enpitsu ② boorupen ③ Yamakawa-san
4. ① nihon no shinbun ② eigo no shinbun ③ Smith-san

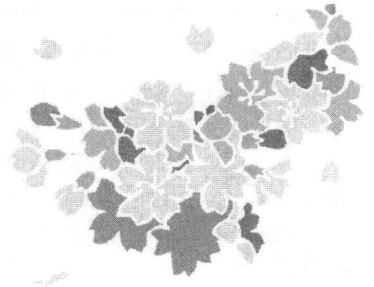

3. 単語リスト (Tango-Risuto : Vokabelliste)

Nomina

家	ie / uchi	Haus, Wohnung
英語	eigo	Englisch
駅	eki	Bahnhof
鉛筆	enpitsu	Bleistift
お母さん	o-kaasan	Mutter: "o" ist ein Höflichkeitspräfix.
お父さん	o-toosan	Vater
会社	kaisha	Firma
会社員	kaishain	Firmenangestellte(r)
方	kata	Person, Mensch
かばん（鞄）	kaban	Tasche
韓国	kankoku	Korea
木	ki	Baum, Holz
村	mura	Dorf
木村	Kimura	*Familiename*
学生	gakusei	Student
切手	kitte	Briefmarke
教室	kyooshitsu	Unterrichtsraum
銀行	ginkoo	Bank
銀行員	ginkooin	Bankangestellte(r)
桜	sakura	Kirschblüte
～さん	~san	*Namenssuffix: Herr, Frau*
写真	shashin	Foto
紹介(する)	shookai(suru)	Vorstellung (vorstellen)
新聞	shinbun	Zeitung
自動車	jidoosha	Auto
事務所	jimusho	Büro
先生	sensei	Lehrer
建物	tatemono	Gebäude
たばこ（煙草）	tabako	Zigarette
単語	tango	Vokabel, Wort
大学	daigaku	Universität
大学生	daigakusei	Student
中国	chuugoku	China
中国語	chuugokugo	Chinesisch
中国人	chuugokujin	Chinese
電気	denki	Elektrizität, Strom, Licht
時計	tokei	Uhr
図書館	toshokan	Bibliothek
名前	namae	Name
日本	nihon	Japan
日本語	nihongo	Japanisch

日本人	nihonjin	Japaner
ばら（薔薇）	bara	Rose
人	hito	Mensch, Person
美術館	bijutsukan	Kunsthalle
病院	byooin	Krankenhaus, Praxis
弁護士	bengoshi	Rechtsanwalt
花	hana	Blume
本	hon	Buch
名刺	meishi	Visitenkarte
郵便局	yuubinkyoku	Postamt

Fremdwörter (Nomina)

アメリカ	amerika	Amerika
イギリス	igirisu	England
イタリア	itaria	Italien
エンジニア	enjinia	Ingenieur
オランダ	oranda	Holland
カメラ	kamera	Kamera
コンピュータ	konpyuuta	Computer
スペイン	supein	Spanien
テレビ	terebi	Fernseher
ドイツ	doitsu	Deutschland
ドイツ語	doitsugo	deutsch
ドイツ人	doitsujin	Deutsche(r)
ノート	nooto	Heft
フランス	furansu	Frankreich
ペン	pen	Feder, Schreiber
ラジオ	rajio	Radio
リスト	risuto	Liste

Personalpronomina

あなた（貴方）	anata	Sie / du
かのじょ（彼女）	kanojo	sie (Singular)
かれ（彼）	kare	er
わたし（私）	watashi	ich

Demonstrativpronomina

あそこ	asoko	da, da drüben
あの ～	ano	jene (s, r) ～
あれ	are	das da drüben
ここ	koko	hier
この ～	kono	dies ～
これ	kore	das hier
そこ	soko	da bei Ihnen
その ～	sono	das ～ bei Ihnen

それ	sore	das bei Ihnen

Fragewörter

だれ(誰)・どなた	dare / donata	wer
どこ・どちら	doko / dochira	wo
何	nani	was

Adverbien

そう	soo	so
どうぞ	doozo	bitte

Hilfsverben

です	desu	sein

Hilfspartikeln

か	ka	Fragezeichen
が	ga	*HP für Subjekte*
は	wa	*HP für ein Thema (Subjekt)*
も	mo	auch

Interjektionen

いいえ	iie	nein: oder いえ (Abkürzung)
はい	hai	ja

Konjunktionen

それとも	soretomo	oder

Idiomatische Redewendungen

おはようございます	o-hayoo gozaimasu	Guten Morgen!
こんにちは	kon'nichiwa	Guten Tag!
こんばんは	konbanwa	Guten Abend
さようなら	sayoonara	Auf Wiedersehen!
おやすみ(なさい)	o-yasumi(nasai)	Gute Nacht!
はじめまして	hajime mashite	Ich freue mich, Sie kennenzulernen.
(どうぞ)よろしく	(doozo) yoroshiku	Sehr angenehm!
こちらこそ	kochira koso	Ganz meinerseits!
(どうも)ありがとうございます	(doomo) arigatoo gozaimasu	Vielen (Herzlichen) Dank!

4. Kleine Erläuterung der chinesischen Schriftzeichen (Kanji)

Schon vor 4000 Jahren wurden die Kanji in China entwickelt. Um das Jahr 600 herum wurden sie dann nach Japan überliefert, da die japanische Sprache damals noch keine eigenen Schriftzeichen besaß. Kanji haben nicht nur - wie die europäischen Buchstaben - eine Lesung, sondern außerdem auch eine Bedeutung (*Hyooi-Moji*).

Kanji haben im Japanischen normalerweise mehrere Lesungen, die in die Sino-japanische Lesung (*On-Yomi*) und die japanische Lesung (*Kun-Yomi*) unterteilt werden. Zur Vereinfachung wurden in der Heian-Zeit (8 ~12 Jh.) weitere Schriftzeichen, die Hiragana und Katakana, aus den Kanji entwickelt. Diese beiden Alphabete haben aber nur eine Lesung und keine eigenständige Bedeutung (*Hyoo'on-Moji*). Im modernen Japanisch werden Kanji, Hiragana und Katakana zusammen verwendet. Kanji werden hauptsächlich für Nomen, den Stamm von Verben und Adjektiven; Hiragana für Hilfspartikel, die Endungen von Verben und Adjektiven und Katakana für ausländische Begriffe und Lautmalereien verwendet. Im Jahre 1981 wurden von der japanischen Regierung 1945 Schriftzeichen ausgewählt, die sogenannten *Jooyoo-Kanji*, die im Alltagsleben am häufigsten benutzt werden. Darin sind allerdings nicht alle wissenschaftlichen oder künstlerischen Fachausdrücke sowie Eigennamen enthalten. In den zwei Bänden dieses Lehrbuchs werden 595 der 1945 Jooyoo-Kanji als Aktivkanji, d.h. nicht nur mit Lesung, sondern auch mit der Schreibweise eingeführt.

(1) Gestalt der Kanji

Einige einfache Kanji können nicht mehr in einzelne Elemente unterteilt werden, wie z.B. 山 (yama : Berg), 川 (kawa : Fluß) und 木 (ki : Baum), aber die meisten Kanji haben mehr als zwei Bestandteile, die sogenannten "Radikale". Was das Kanji 木 angeht, kann es sowohl alleine stehen als auch als das Radikal eines Kanji (siehe untere Tabelle) verwendet werden. Es gibt insgesamt 214 Radikale. Sie werden oft zur Hilfe genommen, um Kanji im Wörterbuch nachzuschlagen. Außerdem ist es auch beim Kanji-Lernen sehr hilfreich, Radikale zu kennen, weil alle Kanji nach der Form und Bedeutung der Radikale (R) kategorisiert werden.

R	Lesung	Deutsch	Beispiele
木	ki	Baum	本 (hon: Buch), 森 (mori: Wald), 村 (mura: Dorf)
日	hi	Sonne	時 (toki: Zeit), 明 (aka-rui: hell), 昼 (hiru: tagsüber)
人	hito	Mensch	休 (yasumi: Pause), 住 (su-mu: wohnen), 他 (hoka: anderer)
口	kuchi	Mund	名 (na: Name), 古 (furu-i: alt), 台 (dai: Gestell)
糸	ito	Faden	紙 (kami: Papier), 級 (kyuu: Stufe), 終 (owari: Ende)

(2) Aufbau der Kanji

Die vier wichtigsten Aufbauweisen von Kanji sind:

1. Abbildungen: Kanji, die durch die Abbildung von Gegenständen entwickelt wurden

⟶ 山 ⟶ 山 Berg	⟶ 川 ⟶ 川 Fluß	⟶ 雨 ⟶ 雨 Regen
⟶ 目 ⟶ 目 Auge	⟶ 耳 ⟶ 耳 Ohr	⟶ 手 ⟶ 手 Hand

2. Kombinationen von Abbildungen

日 (Sonne) + 月 (Mond) → 明 (hell)	木 (Baum) + 林 (Wälchen) → 森 (Wald)
田 (Feld) + 力 (Kraft) → 男 (Mann)	山 (Berg) + 石 (Stein) → 岩 (Felsen)

3. Darstellungen: Kanji, deren abstrakten Bedeutungen mit Strichen dargestellt wurden

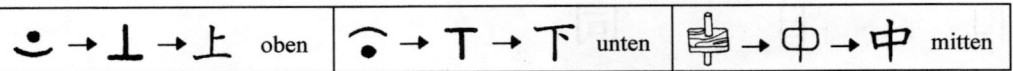

4. Kombination eines Bedeutungsteils und eines Ausspracheteils

手 (Bedeutung: Hand) + 寺 (Aussprache: Ji) → 持 (tragen / Ji)
木 (Bedeutung: Baum) + 反 (Aussprache: han) → 板 (Brett / han)
金 (Bedeutung: Metall) + 同 (Aussprache: doo) → 銅 (Kupfer / doo)

Mehr als 80% aller Kanji gehören zu dieser Gruppe.

(3) Wichtige Regeln bei der Strichfolge von Kanji

① Von oben nach unten schreiben.

人　八　川

② Von links nach rechts schreiben.

③ Zuerst den oberen Teil und dann den unteren Teil schreiben.

工　下　方

④ Zuerst den linken und dann den rechten Teil schreiben.

八　林　休

Ausnahme: Shin'nyoo 辶 (道、近、週 usw.) wird zuletzt geschrieben.

⑤ Falls ein Kanji mehrere Teile hat, immer links oben anfangen.

⑥ Falls sich Striche rechtwinklig kreuzen, zuerst den waagerechten, dann den senkrechten Strich schreiben.

十   木   土

⑦ Falls zwei Striche in der linken oberen Ecke einen rechten Winkel bilden, zunächst den senkrechten und dann den waagerechten schreiben.

口   日   同

⑧ Bei Winkeln in der rechten oberen Ecke zuerst den waagerechten und dann den senkrechten Strich zusammenhängend schreiben.

田   白   円

⑨ Bei Winkeln in der linken unteren Ecke zuerst den senkrechten und dann den waagerechten Strich zusammenhängend schreiben. So ist zum Beispiel die Strichzahl von "山" drei.

山   出   画

Ausnahme: Beim Kästchen ist dies nicht der Fall, wie z.B. 口, 日, 田 (siehe ⑦). Den unteren waagerechten Strich immer zuletzt schreiben.

⑩ Falls ein Strich in der Mitte des Kanji von oben nach unten durchgezogen wird, diesen Strich zuletzt schreiben.

中   車   半

Ausnahme: Wenn ein Kanji im unteren Teil links und rechts zwei schräge Striche hat, diese nach dem durchgezogenen Strich schreiben.

東   来   未

Für Feinheiten und Ausnahmen siehe einzelne Kanjilisten!

(4) Hinweise für die Aktivkanjiliste

Kanji	Bedeutung	Lesung	Komposita	Lesung	Bedeutung
		On-Yomi Katakana **Kun-Yomi** Hiragana		**On-Yomi**: Sino-japanische Lesung **Kun-Yomi**: Japanische Lesung	
	Strichfolge des Kanji				
前	vor ⌄ 丷 ⺷ 丷 丷 艹 艹 前 前	ゼン ZEN まえ mae	名前 前後 以前	なまえ namae ぜんご zengo いぜん izen	Name vor und nach früher

20 - L1

5. アクティブ漢字リスト (Akutibu-Kanji-Risuto : Aktivkanjiliste)

漢字	意味・書き順	読み	例	読み方	意味
名	Name / ノ ク タ タ 名 名	MEI MYO na	名前	namae	Name
			名刺	meishi	Visitenkarte
			有名	yuumei	berühmt
前	vor / 丶 丷 サ 广 片 首 前 前	ZEN mae	名前	namae	Name
			前	mae	vor
			以前	izen	früher
会	Gesellschaft, Treffen / ノ 人 今 会 会 会	KAI a-u	会社	kaisha	Firma
			社会	shakai	Gesellschaft
			会う	a-u	treffen, sehen
社	Gesellschaft / 丶 亠 ネ ネ ネ 社 社	SHA	会社	kaisha	Firma
			社会	shakai	Gesellschaft
			会社員	kaishain	Angestellter
員	Mitglied / 丶 冂 口 尸 月 冒 員 員	IN	会社員	kaishain	Angestellter
			銀行員	ginkooin	Bankangestellte(r)
			会員	kaiin	Mitglied
木	Baum / 一 十 才 木	MOKU BOKU ki	木村	kimura	*Familienname*
			木	ki	Baum
			木曜日	mokuyoobi	Donnerstag
村	Dorf / 一 十 才 木 村 村	SON mura	木村	kimura	*Familienname*
			村	mura	Dorf
日	Tag, Sonne / 丨 冂 日 日	NICHI JITSU hi ka	日本	nihon	Japan
			日本人	nihonjin	Japaner
			日本語	nihongo	Japanisch
本	Buch, Ursprung / 一 十 才 木 本	HON moto	本	hon	Buch
			日本人	nihonjin	Japaner
			日本語	nihongo	Japanisch
人	Mensch / ノ 人	JIN NIN hito	日本人	nihonjin	Japaner
			人	hito	Mensch
			外国人	gaikokujin	Ausländer

アクティブ漢字リスト

語	Sprache, Wort　　丶 亠 言 言 言　訂 訂 訝 訝 語	GO	日本語	nihongo	Japanisch
			英語	eigo	Englisch
			ドイツ語	doitsugo	Deutsch
大	groß　　一 ナ 大	DAI oo-kii	大学	daigaku	Universität
			大きい	oo-kii	groß
			大人	otona	Erwachsene
学	Wissenschaft　　丶 丷 ⺍ 宀 ⺍　学 学	GAKU mana-bu	大学	daigaku	Universität
			学校	gakkoo	Schule
			学ぶ	mana-bu	lernen
生	Leben　　ノ ⺊ 生 牛 生	SEI SHOO i-kiru	学生	gakusei	Student
			生徒	seito	Schüler
			先生	sensei	Lehrer
花	Blume　　一 ⺋ ⺿ ⺿ 艹　花 花	KA hana	花	hana	Blume
			桜の花	sakura no hana	Kirschblüte
			草花	kusabana	Blume, Wiesenblume

6. 文法 (Bunpoo: Grammatik)

(１) Subjekt (S) wa + Prädikat (P) + desu. (S ist P.)

```
Watashi wa   doitsu-jin   desu.
    ↓           ↓           ↓
   Ich      Deutscher      bin
```

(1) Die Rolle der Hilfspartikeln (HP)

- In japanischen Sätzen sind die Hilfspartikeln entscheidend. Ohne Hilfspartikeln (HP) kommt kein japanischer Satz zustande. Die Hilfspartikeln geben jedem Wort eine eigene Rolle als Satzteil, verbinden sie miteinander und bauen so einen Satz auf.

- Es gibt verschiedene HP, wie z.B. "**ga**" für Subjekte, "**o**" für direkte Objekte, "**ni**" für indirekte Objekte und "**wa**" für das Thema (hier: für das Subjekt).

- Die HP können im Satz keineswegs allein stehen, sie müssen immer der Vokabel, auf die sie sich beziehen, nachgestellt werden, wie z.B. "Watashi **wa/ga**" = ich, "watashi **ni**" = mir, "watashi **o**" = mich.

  * Bei normalen Aussagen wird die Subjekt-Partikel "**wa**" benutzt. (siehe S.29)

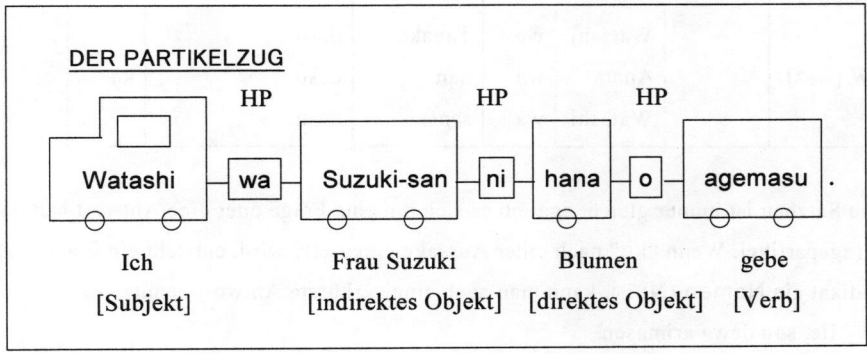

- "desu" ist ein Hilfsverb und heißt "sein" (Präsens).
- "desu" hat immer die gleiche Form und steht immer am Satzende. Das gilt auch für alle anderen Verben.
- "desu" kann auch die Bedeutung "sich befinden" haben.

(2) Personalpronomina und Fragepronomina

	Singular		Plural	
Erste Person	watashi	ich	watashi-tachi	wir
Zweite Person	anata	Sie / du	anata-tachi /-gata	Sie / ihr
Dritte Person	kare kanojo sore	er sie es	kare-tachi /-ra kanojo-tachi /-ra sore-ra	sie
Fragewort	dare / donata	wer	nani / nan	was

- Männer und Frauen werden beide mit "–san" angesprochen, wie z.B. Mori-san, Schmidt-san.
- "–san" kann man auch für Vornamen verwenden, z.B. Julia-san.
- Für den eigenen Namen darf "–san" unter keinen Umständen verwendet werden.

(3) Wie sieht die japanische Satzstruktur aus?

	Ja/Nein	Subjekt	HP	Prädikat	Hilfsverb	?
Aussage		Watashi	wa	Nihon-jin	desu.	
Frage		Anata	wa	Nihon-jin	desu	ka.
Antwort [Bejahung]	Hai,	watashi	wa	Nihon-jin	desu.	
Antwort [Negation]	Iie,	watashi	wa	Nihon-jin	dewa arimasen.	
Frage mit FW [wer]		Anata	wa	dare	desu	ka.
Antwort		Watashi	wa	Tanaka	desu.	
Frage mit FW [was]		Anata	wa	nan	desu	ka.
Antwort		Watashi	wa	sensei	desu.	

- Der japanische Satzbau ist immer gleich, egal ob es sich um eine Frage oder eine Antwort handelt. "ka" ist die Fragepartikel. Wenn "ka" nach einer Aussage eingesetzt wird, entsteht ein Fragesatz.
- Wenn das Prädikat ein Nomen (N) ist, kann man auch eine verkürzte Antwort benutzen:
  Hai, soo desu. / Iie, soo dewa arimasen.

Watashi wa Nihon-jin desu.	Ich bin Japaner.
Anata wa Doitsu-jin desu ka.	Sind Sie Deutscher?
Hai, soo desu. Watashi wa Doitsu-jin desu.	Ja, das stimmt. Ich bin Deutscher.
Yamada-san wa gakusei desu ka.	Ist Herr Yamada Student?
Iie, soo dewa arimasen. Kare wa kaishain desu.	Nein, das ist nicht richtig. Er ist Angestellter.

Land	Land / kuni	Bewohner / -jin	Sprache / -go
Japan	nihon	nihon-jin	nihon-go
Deutschland	doitsu	doitsu-jin	doitsu-go
Amerika	amerika	amerika-jin	ei-go
England	igirisu	igirisu-jin	ei-go
Frankreich	furansu	furansu-jin	furansu-go
Italien	itaria	itaria-jin	itaria-go
Spanien	supein	supein-jin	supein-go
Holland	oranda	oranda-jin	oranda-go
Schweiz	suisu	suisu-jin	doitsu-go/furansu-go
Rußland	roshia	roshia-jin	roshia-go
Griechenland	girisha	girisha-jin	girisha-go
Indien	indo	indo-jin	hinzuu-go
China	chuugoku	chuugoku-jin	chuugoku-go
Korea	kankoku	kankoku-jin	kankoku-go
Ausland	gaikoku	gaikoku-jin	gaikoku-go

(2) Ko,so,a,do-Wörter I (Demonstrative Pronomina)

<u>Kore</u> wa <u>nihon-go no hon</u> desu.
↓ ↓
das ein japanisches Buch
(-go = Sprache / Nomen)

Ko: kore / kono+N = das (N) bei mir
so: sore / sono+N = das (N) bei Ihnen
a: are / ano+N = das (N), das von beiden entfernt ist
do: dore / dono+N = welches (N)

- Kore, sore, are und dore werden nicht für Personen verwendet; kono, sono, ano und dono können jedoch problemlos auch auf Personen angewendet werden. (s. Seite 29)

(1) Kore wa nihongo no hon desu.

Die HP "**no**" dient dazu, zwei Nomina (N) zu binden. Dabei ist das erste Nomen ein **bestimmendes** und das zweite Nomen ein **bestimmtes**. In der deutschen Grammatik findet man "**no**" als "von", "in"," Genitiv ", "Possessiv" oder "Adjektiv" wieder.

eki no shashin (Foto vom Bahnhof)   /   jimusho no tokei (die Uhr im Büro)
sensei no tokei (die Uhr des Lehrers)   /   daigaku no toshokan (Unibibliothek)
eki no tatemono (Bahnhofsgebäude)   /   watashi no jidoosha (mein Auto)
kanojo no kaban (ihre Tasche)   /   nihon-go no hon (japanisches Buch)

nan no N = was für ein:
Sore wa nan no hon desu ka.   ⇒   Nihongo no hon desu.
Sore wa nan no sinbun desu ka.   ⇒   Eigo no shinbun desu.

> **Goldene Regel**
> Bestimmende Wörter (Nomen, Adjektiv, Verb) sowie Relativsätze stehen immer als Attribute vor dem bestimmten Wort.

(2) A-san: **Sore** wa doitsu-go no hon desu ka.
    B-san: Hai, **kore** wa doitsu-go no hon desu. (Hai, soo desu.)
    Iie, **kore** wa doitsu-go no hon dewa arimasen. (Iie, soo dewa arimasen)

A-san (sore wa)   B-san (kore wa)

(3) A-san: Kore **mo** doitsu-go no hon desu ka.
    B-san: Hai, sore **mo** doitsu-go no hon desu. (Hai, soo desu.)
    Iie, sore wa doitsu-go no hon dewa arimasen. (Iie, soo dewa arimasen.)
    Nihongo no hon desu.

A-san (kore mo)   B-san (sore mo/wa)

* "**mo**" ist die HP für "auch". Wenn "**mo**" für ein Subjekt benutzt wird, fällt "**wa**" weg, d.h. "wa mo" ist nicht möglich.

(4) Doppelfrage (alternative Frage): "~ka, ~ka"
    Wenn zwei Fragen hintereinander gestellt werden, handelt es sich um eine alternative Frage: "Ist es entweder ~, oder ~?"
    A-san: Sore wa doitsu-go no hon desu **ka**, (soretomo) eigo no hon desu **ka**.
    B-san: Kore wa doitsu-go no hon desu.

A-san: B-san:
ein deutsches oder   ein deutsches Buch
englisches Buch?

(5) A-san: **Are** wa nan desu ka. (Was ist das da drüben?)

  B-san: **Are** wa kamera desu.

  A-san (are wa)   B-san (are wa)

(6) Nihon-go no shinbun wa dore desu ka. (Welche ist die japanische Zeitung?)

  ⇒ (Nihon-go no shinbun wa)* kore/sore/are desu.

(7) Besitz: watashi **no**,   anata **no**,   kanojo **no**,   Tanaka-san **no**,   dare **no**

  mein(e)   Ihr(e)   ihr(e)   ~ von Herrn Tanaka   wessen

  Kono shinbun wa anata no (shinbun) desu ka. (Gehört Ihnen diese Zeitung?)

  ⇒ Hai, soo desu.   Watashi no (shinbun)* desu. (meine)

    Iie, soo dewa arimasen (chigaimasu).   Kare no* desu. (seine)

  Ano hon wa dare no desu ka. (Wem gehört das Buch?)

  ⇒ (Ano hon wa)* Kanojo no desu. (ihr)

  * Bei der Antwort kann das Subjekt oder auch ein anderer Satzteil ausgelassen werden,
    wenn deutlich ist, worum es sich handelt.

Sore wa nan desu ka.	⇒	**Kore** wa hana desu.
Was ist das da (bei Ihnen)?		Das hier ist eine Blume.
Kore wa nan desu ka.	⇒	**Sore** wa kamera desu.
Was ist das hier?		Das da (bei Ihnen) ist eine Kamera.
Are wa **nan** desu ka.	⇒	Are wa terebi desu.
Was ist das da drüben?		Das da drüben ist ein Fernseher.
Kore **mo** terebi desu ka.	⇒	Hai, sore **mo** terebi desu. / Iie, sore **wa** konpyuta desu.
Ist das auch ein Fernseher?		Ja, das ist auch ein Fernseher. / Nein, das ist ein Computer.
Sore wa terebi desu **ka**, rajio desu **ka**.	⇒	Kore wa rajio desu.
Ist das ein Fernseher oder ein Radio?		Das ist ein Radio.
Kore wa **anata no** hon desu ka.	⇒	Hai, soo desu. / Iie, soo dewa arimasen.
Ist das Ihr Buch?		Ja, das ist richtig. / Nein, das ist nicht richtig.
Sono pen wa **dare no** desu ka.	⇒	Kono pen wa Yamada-san no desu.
Wem gehört der Stift da bei Ihnen?		Dieser Stift gehört Herrn Yamada.

（3） Ko,so,a,do-Wörter II (Ortsbegriffe)

Koko wa watashi no daigaku desu.	ko : koko / kochira (hier)
↓ ↓	so : soko / sochira (da bei Ihnen)
Hier meine Universität	a : asoko / achira (da drüben)
(Koko ist ein Nomen.)	do : doko / dochira (wo)

* koko (kochira) = der Ort, wo sich der Sprecher befindet
  soko (sochira) = der Ort, von dem der Sprecher nicht (so) weit entfernt ist oder
    der Ort, wo sich der Gesprächspartner befindet
  asoko (achira) = der Ort, von dem beide entfernt sind
* Kochira, sochira, achira, dochira sind sowohl Ortsbegriffe, als auch Richtungsbegriffe (Richtung oder Seite). Diese Begriffe werden meistens benutzt, wenn sich der Gegenstand außer Sicht befindet.
* Nur kochira, sochira, achira, dochira können auch auf Personen angewendet werden.

(1) Koko / kochira wa daigaku no toshokan desu ka. (Unibibliothek)
  ⇒ Hai, soo desu. Koko / kochira wa daigaku no toshokan desu.
    Iie, soo dewa arimasen. Koko / kochira wa kyooshitsu desu. (Klassenzimmer)
(2) Jimusho wa soko / sochira desu. (Büro/Sekretariat)
(3) Asoko / achira wa kaisha desu ka. (Firma)
  ⇒ Iie, asoko / achira wa kaisha dewa arimasen. Yuubinkyoku desu. (Postamt)
(4) Eki wa doko / dochira desu ka. (Bahnhof)
  ⇒ (Eki wa) asoko/achira desu.
(5) Koko wa doko desu ka. (Wo sind wir jetzt?)
  ⇒ (Koko wa) Tokyo desu.
(6) Sochira wa donata desu ka. (Wer ist der Mann / die Frau bei Ihnen?)
  ⇒ Kochira wa Sato-san desu. (Das ist Herr/Frau Sato.)

Daigaku wa doko desu ka.	⇒	Asoko desu.
Wo ist die Universität?		Da drüben. (sichtbar)
Koko wa yuubinkyoku desu ka.	⇒	Iie, soo dewa arimasen. Koko wa byooin desu.
Ist hier das Postamt?		Nein, hier ist das Krankenhaus.
Koko wa doko desu ka.	⇒	Koko wa bijutsukan desu.
Wo sind wir?		Wir sind im Kunstmuseum.
Anata no ie wa dochira desu ka.	⇒	Watashi no ie wa achira desu.
Wo ist ihr Haus?		Mein Haus ist da drüben. (nicht sichtbar)

(4) Die HP "**ga**" wird nur für Subjekte verwendet: "**wa**" oder "**ga**" ?

1. Kono hito **wa** Tani-san desu. (Was diese Person betrifft, ist er Herr Tani.)
2. Kono hito **ga** Tani-san desu. (Gerade diese Person ist Herr Tani.)

* Beim ersten Satz,"Kono hito **wa** P" ist "kono hito (diese Person)" ein Thema, über das man im Prädikat erzählt. Das Prädikat ist also der Schwerpunkt des Satzes, weil dort **eine neue Information** mitgeteilt wird. Die HP "**wa**" wird als Themapartikel bezeichnet, die nicht nur für **Subjekte**, sondern auch für **Objekte** verwendet werden kann und beides thematisieren kann. Dagegen wird beim zweiten Satz, "Kono hito **ga** ~" das Subjekt "kono hito" durch "**ga**" hervorgehoben. Hier ist nicht das Prädikat "Tani-san", sondern das Subjekt "kono hito" der Schwerpunkt. Das heißt also: "Nicht eine andere Person, sondern gerade diese Person ist Herr Tani." In einem "kore-**ga**-Satz" ist das Subjekt wichtiger als das Prädikat, weil das Subjekt eine neue Information enthält.

* Diesen zwei Sätzen entsprechen deshalb auch verschiedene Fragestellungen:
1. Kono hito **wa dare** desu ka.   ⇒ (Kono hito **wa**) **Tani-san** desu.
   (Wer ist diese Person?)
2. **Dono hito (Dare) ga** Tani-san desu ka.   ⇒ **Kono hito ga** Tani-san desu.
   (Welche Person oder Wer ist Herr Tani?)
   Bei der ersten Antwort kann das Subjekt ausgelassen werden, bei der zweiten aber darf es nicht weggelassen werden, weil das Subjekt hier die entscheidende Information enthält.

7. 練習 (Renshuu : Übungen)

(1) Setzen Sie eine beliebige Vokabel für [S] und [P] ein!

    [S]   [P]

    <u>Watashi</u> wa <u>Doitsu-jin</u> desu.

    [S]   anata, kare, kanojo, Tanaka-san, Thomas-san, Chang-san....
    [P]   Nihon-jin, Amerika-jin, Furansu-jin, Doitsu-jin, Chuugoku-jin.....

(2) Stellen Sie eine Frage und antworten Sie!

    [S]   [P]

    <u>Anata</u> wa <u>Doitsu-jin</u> desu ka.

    ⇒ Hai, soo desu. <u>Doitsu-jin</u> desu.

    ⇒ Iie, soo dewa arimasen. <u>Doitsu-jin</u> dewa arimasen. <u>Igirisu-jin</u> desu.

1. anata	6. Jim-san	a. Doitsu-jin	f. Furansu-jin
2. kare	7. Antonio-san	b. Nihon-jin	g. Igirisu-jin
3. kanojo	8. Suzuki-san	c. Amerika-jin	h. Oranda-jin
4. Honda-san	9. Li-san	d. Itaria-jin	i. Chuugoku-jin
5. Müller-san	10. Izabel-san	e. Supein-jin	j. Kankoku-jin

(3) Beantworten Sie die folgenden Fragen!

1. Anata wa dare desu ka.
2. Anata wa nan desu ka.
3. Anata wa Schmidt-san desu ka.
4. Anata wa Andrea(s)-san desu ka.
5. Anata wa kaishain desu ka.
6. Anata wa gakusei desu ka.
7. Anata wa igirisu-jin desu ka.
8. Anata wa nani-jin desu ka.
9. Anata no otoosan wa sensei desu ka.
10. Anata no otoosan wa kaishain desu ka.
11. Anata no otoosan no namae wa nan desu ka.
12. Anata no okaasan mo kaishain desu ka.
13. Anata no okaasan no namae wa nan desu ka.
14. Koko wa toshokan desu ka.
15. Jimusho wa doko desu ka.

(4) Fragen Sie Ihren Nachbarn, was es ist. Ihr Nachbar antwortet.

   Kore/Sore/Are wa <u>nan</u> desu ka. ⇒ Sore/Kore/Are wa <u>terebi</u> desu.

 (Sie)    (Partner)

(5) Beantworten Sie die Fragen!

   Kore wa kitte desu ka. ⇒ Hai, soo desu. Kitte desu.
   　　　　　　　　　　　　Iie, soo dewa arimasen. Meishi desu.

1. Kore wa enpitsu desu ka.   Hai, _____
2. Sore wa hon desu ka.   Hai, _____
3. Are wa terebi desu ka.   Iie, _____
4. Sore wa eigo no shinbun desu ka.   Iie, _____
5. Kore wa nihongo no shinbun desu ka.   Iie, _____
6. Sore wa anata no tokei desu ka.   Hai, _____
7. Are wa Yamada-san no jidoosha desu ka. Hai, _____
8. Are wa daigaku no tatemono desu ka.   Iie, _____
9. Sore wa Naumann-san no tabako desu ka. Iie, _____
10. Kore wa sensei no nooto desu ka.   Hai, _____

(6) Beantworten Sie die Fragen!

1. Kono hon wa dare no desu ka.   (watashi)
2. Sono pen wa dare no desu ka.   (kare)
3. Ano hana wa dare no desu ka.   (okaasan)
4. Kono eigo no shinbun wa anata no desu ka.   (Julia-san)
5. Ano kamera mo Julia-san no desu ka.   (Peter-san)
6. Kore wa nan no hon desu ka.   (furansu-go)
7. Sore wa nan no hana desu ka.   (sakura)
8. Are mo sakura no hana desu ka.   (bara)
9. Kore wa eigo no shinbun desu ka.   (doitsugo no shinbun)
10. Sore wa doitsu no kitte desu ka.   (amerika)
11. Kore wa enpitsu desu ka, pen desu ka.   (enpitsu)
12. Kare wa itariajin desu ka, supeinjin desu ka. (supeinjin)
13. Asoko wa jimusho desu ka, toshokan desu ka.   (jimusho)

(7) Vervollständigen Sie die Sätze mit Partikeln!

1. kore/kare/hon/desu
2. are/anata/jidoosha/desu/ka
3. sono/shinbun/nihon/shinbun/arimasen
4. ano/pen/dare/desu/ka
5. kare/kaishain/desu
6. Yamashita-san/dare/desu/ka
7. kanojo/nihongo/sensei/desu/ka
8. iie/soo/arimasen/doitsugo/sensei/desu
9. sore/nan/hon/desu/ka
10. kore/supeingo/hon/arimasen/itariago/hon/desu
11. sono/jidoosha/Yamada-san/desu/ka/Machida-san/desu/ka
12. kono/jidoosha/Yamada-san/arimasen/Machida-san/desu

(8) Setzen Sie die richtigen Wörter ein!

A: Koko wa _____ desu ka.   B: Hai, _____.
A: Eki wa _____ desu ka.   B: Eki wa soko desu.
A: Yuubinkyoku wa kochira desu ka.   B: Iie, yuubinkyoku wa _____ desu.
A: Byooin wa achira desu ka.   B: Hai, byooin wa _____ desu.
A: Toshokan wa sochira desu ka.   B: Iie, _____ desu.
A: _____ wa Kaisha DJ desu ka.   B: Hai, _____ desu.
A: Ginkoo wa doko desu ka.   B: Ginkoo wa _____ desu.

GINKOO				BYOOIN
	EKI			
		KAISHA-DJ		
TOSHOKAN		DAIGAKU A B		YUUBIN-KYOKU

(9) Beantworten Sie die Fragen!
1. Anata no namae wa nan desu ka.
2. ~san (Anata) wa gakusei desu ka, kaishain desu ka.
3. Daigaku / Kaisha wa dochira desu ka.
4. Nan no gakusei / kaisha desu ka.
5. Anata no ie wa dochira desu ka.
6. Anata no otoosan no ie wa dochira desu ka.
7. Kore wa chuugoku-go no hon desu ka.
8. Kono hon wa ~san (anata) no desu ka.
9. Ginkoo wa dochira desu ka.
10. Sono Ginkoo no namae wa nan desu ka.

(10) Übersetzen Sie ins Japanische!
1. Mein Name ist Weber.
2. Ich bin Deutsche(r).
3. Ich bin Student(in) in Deutschland.
4. Das englische Buch da gehört ihr.
5. Wem gehört die japanische Zeitung da?
6. Das (hier) ist seine Zeitung.
7. Was ist das da?
8. Das (hier) ist eine Rose.
9. Ist die Kunsthalle hier?
10. Nein, hier ist die Bibliothek.
11. Die Kunsthalle ist da drüben.
12. Wer ist die Frau?
13. Das ist Frau Machida.
14. Welches Gebäude ist das Postamt?
15. Das Gebäude da drüben ist das Postamt.

8. 復習テスト 第1課 (Fukushuu-Tesuto Dai1-ka: Lektionstest L1)

(1) Setzen Sie die richtigen Wörter ein! (27x2)
 1. Kore (   ) tokei desu (   ) ?
    Hai, (   ) desu.
 2. Sore (   ) hon desu (   )?
    Iie, hon (   ).   (   ) wa shinbun desu.
 3. Kore (   ) shinbun desu ka?
    Hai, (   )(   ) shinbun desu.
 4. Kore wa (   ) desu ka?
    (   ) wa shashin desu.
 5. Are wa (   ) desu ka?
    (   ) wa kamera desu.
 6. Ano (   ) wa (   ) desu ka?
    Schmidt-san desu.
 7. Schmidt-san wa itaria-jin desu ka?
    Iie, (:er) wa doitsu-jin desu.
 8. Kore wa (   )(   ) tabako desu ka?
    (   ) wa watashi (   ) tabako desu.
 9. Kono tabako mo anata (   ) desu ka?
    Iie, (   ) tabako wa watashi (   ) dewa arimasen. Yamada-san (   ) desu.
10. Yuubinkyoku wa (   ) desu ka?
    Yuubinkyoku wa (:da drüben) desu.

(2) Antworten Sie auf die Fragen! (4x4)
 1. Anata wa donata desu ka?

 2. Anata wa nan desu ka?

 3. Anata wa furansu-jin desu ka, doitsu-jin desu ka?

 4. Koko wa doko desu ka?

(3) Ergänzen Sie die folgende Konversation! (10x3)
 M : _____ Müller desu. Doozo _____.
 A : Andoo desu. _____ doozo _____.
 M : Kore wa watashi no _____ desu. Doozo!
 A : Doomo _____. Doitsu no _____ ka.
 M : Hai, _____. Watashi wa kaishain desu.
 A : Kaisha wa _____ ka.
 M : DJ-jidoosha desu.
 A : Müller-san, _____ wa Tagawa-san desu.

   (Sie können insgesamt einhundert Punkte erreichen.)   _____ ／100

第2課 (Dai 2-ka : Lektion 2)

1. 基本文型 (Kihon-Bunkei : Mustersätze)

S wa Adjektive desu.

・このかばんは 新しい です。

    Kono kaban wa atarashii desu.

・そのかばんは 新しくない です。

    Sono kaban wa atarashikunai desu.

・これは 新しいかばん です。

    Kore wa atarashii kaban desu.

・それは 新しいかばん では ありません。

    Sore wa atarashii kaban dewa arimasen.

・この本は 有名です。

    Kono hon wa yuumei desu.

・その本は 有名 では ありません。

    Sono hon wa yuumei dewa arimasen.

・これは 有名な本 です。

    Kore wa yuumei-na hon desu.

・それは 有名な本 では ありません。

    Sore wa yuumei-na hon dewa arimasen.

第2課 (Dai 2-ka : Lektion 2)

2. 会話 1 (Kaiwa 1 : Konversation 1)

どんな車？

木村	:	これは だれの車 ですか。
ベルガー	:	友だちの車 です。 新しい車 です。
木村	:	きれいな車 ですね。 高い ですか。
ベルガー	:	はい、少し 高い です。
木村	:	はやい ですか。
ベルガー	:	はい、とても はやい です。 木村さんの 車は どんな車 ですか。
木村	:	私の車は 赤い、小さな車 です。
ベルガー	:	新しい ですか。
木村	:	いいえ、新しくない です。 古い です。 そして 安いです。 でも、とても 便利な車 です。

Kaiwa 1   Donna kuruma?

Kimura : Kore wa dare no kuruma desu ka.
Berger : Tomodachi no kuruma desu. Atarashii kuruma desu.
Kimura : Kireina kuruma desu ne. Takai desu ka.
Berger : Hai, sukoshi takai desu.
Kimura : Hayai desu ka.
Berger : Hai, totemo hayai desu. Kimura-san no kuruma wa donna kuruma desu ka.
Kimura : Watashi no kuruma wa akai chiisana kuruma desu.
Berger : Atarashii desu ka.
Kimura : Iie, atarashiku nai desu. Furui desu. Soshite yasui desu.
           Demo totemo benrina kuruma desu.

会話2 (Kaiwa 2 : Konversation 2)

きれいな町

木村	：ベルガーさんの町は ブレーメン ですね。
ベルガー	：はい、そう です。
木村	：ブレーメンは どんな町 ですか。
ベルガー	：あまり 大きい町 では ありません。
	でも、とても きれいな町 です。
木村	：ブレーメンは 何で 有名 ですか。
ベルガー	：ブレーメンの おんがくたい や ビールで 有名 です。
	木村さんの町は どこ ですか。
木村	：私の 町は 鎌倉(かまくら) です。
ベルガー	：鎌倉は 東京から 遠い ですか。
木村	：いいえ、あまり 遠くない です。
	電車で 1時間ぐらい です。
ベルガー	：鎌倉は どんな町 ですか。
木村	：鎌倉も とても きれいな町 です。
	海も 山も 近い です。
	そして 鎌倉の 大仏で 有名 です。
ベルガー	：町は 大きい ですか。
木村	：いいえ、あまり 大きくありません。
	静かな いい町 ですよ。

Kaiwa 2   Kireina machi

Kimura : Berger-san no machi wa Bremen desu ne.

Berger : Hai, soo desu.

Kimura : Bremen wa donna machi desu ka.

Berger : Amari ookii machi dewa arimasen. Demo totemo kireina machi desu.

Kimura : Bremen wa nan de yuumei desu ka.

Berger : Bremen no ongakutai ya Biiru de yuumei desu.   Kimura-san no machi wa doko desu ka.

Kimura : Watashi no machi wa Kamakura desu.

Berger : Kamakura wa Tokyo kara tooi desu ka.

Kimura : Iie, amari tooku nai desu. Densha de 1 (ichi)-jikan gurai desu.

Berger : Kamakura wa donna machi desu ka.

Kimura : Kamakura mo totemo kireina machi desu. Umi mo yama mo chikai desu. Soshite Kamakura no daibutsu de yuumei desu.

Berger : Machi wa ookii desu ka.

Kimura : Iie, amari ookiku arimasen. Shizukana ii machi desu yo.

会話の練習 (Kaiwa no Renshuu : Konversationsübung)

K : Kore wa dare no <u>kuruma</u> ① desu ka.
B : <u>Tomodachi</u> ② no <u>kuruma</u> ① desu.
K : <u>Kireina</u> ③ <u>kuruma</u> ① desu ne. <u>Takai</u> ④ desu ka.
B : Iie, <u>takakunai</u> ④ desu.
K : <u>Hayai</u> ⑤ desu ka.
B : Hai, totemo <u>hayai</u> ⑤ desu yo.

1. ① kamera ② Müller-san ③ chiisai ④ karui ⑤ benri
2. ① kaban ② Machida-san ③ ookii ④ sukoshi omoi ⑤ ii
3. ① hon ② Kunze ③ furui ④ muzukashii ⑤ omoshiroi
4. ① kasa ② watashi ③ atarashii ④ benri / fuben ⑤ omoi

本文質問 (Honbun-Shitsumon : Fragen zum Text: Kireina machi)

（1） Berger-san no machi wa doko desu ka.
（2） Sono machi wa donna machi desu ka.
（3） Nan de yuumei desu ka.
（4） Kimura-san no machi wa Yokohama desu ka.
（5） Sono machi wa Tokyo kara tooi desu ka.
（6） Densha de dono kurai desu ka.
（7） Sono machi wa kirei desu ka.
（8） Sono machi wa umi mo yama mo tooi desu ka.
（9） Sono machi wa nan de yuumeina machi desu ka.
（10） Totemo ookii machi desu ka.
（11） Sono machi wa nigiyakana machi desu ka, shizukana machi desu ka.

3. 単語リスト (Tango-Risuto : Vokabelliste)

Nomina

犬	inu	Hund
海	umi	Meer
お茶	o-cha	Tee: "o" ist ein Höflichkeitspräfix.
音楽隊	ongakutai	Musikanten
かさ（傘）	kasa	Regenschirm
鎌倉	kamakura	Kamakura (Stadt)
髪	kami	Haar
川	kawa	Fluß
学校	gakkoo	Schule
木	ki	Baum
空気	kuuki	Luft
くつ（靴）	kutsu	Schuhe
くつした（靴下）	kutsushita	Socken
車	kuruma	Auto, Wagen
げきじょう（劇場）	gekijoo	Theater
公園	kooen	Park
酒	sake	Sake (japanischer Reiswein)
雑誌	zasshi	Zeitschrift
仕事	shigoto	Arbeit
時間	jikan	Zeit, Stunde
自転車	jitensha	Fahrrad
大仏	daibutsu	große Buddhastatue
電車	densha	Bahn, Zug
東京	tookyoo	Tokyo
友達	tomodachi	Freund / Bekannter
日記	nikki	Tagebuch
猫	neko	Katze
富士山	fujisan	Fuji (Berg)
婦人	fujin	Frau, Dame
部屋	heya	Zimmer
町	machi	Stadt
水	mizu	Wasser
店	mise	Geschäft, Laden
目	me	Auge
山	yama	Berg

Fremdwörter (Nomina)

ジーンズ	jiinzu	Jeans
デパート	depaato	Kaufhaus
ビール	biiru	Bier
ブレーメン	bureemen	Bremen

ホテル	hoteru	Hotel
ワイン	wain	Wein

I-Adjektive

青い	aoi	blau
赤い	akai	rot
新しい	atarashii	neu
いい（良い）	ii / yoi	gut
多い	ooi	viel
大きい	ookii	groß
重い	omoi	schwer (Gewicht)
おもしろ（面白）い	omoshiroi	interessant
軽い	karui	leicht (Gewicht)
黒い	kuroi	schwarz
白い	shiroi	weiß
少ない	sukunai	wenig
高い	takai	hoch, teuer
小さい	chiisai	klein
近い	chikai	nah
つまらない	tsumaranai	langweilig
強い	tsuyoi	stark
遠い	tooi	weit entfernt, fern
長い	nagai	lang
早い	hayai	früh, schnell
速い	hayai	schnell (Geschwindigkeit)
低い	hikui	niedrig
古い	furui	alt (Sache)
短い	mijikai	kurz
むずか（難）しい	muzukashii	schwierig
やさ（易）しい	yasashii	leicht, einfach
安い	yasui	billig
弱い	yowai	schwach
若い	wakai	jung
悪い	warui	schlecht

Na-Adjektive

きれい（な）	kirei(na)	schön (Aussehen), sauber
元気（な）	genki(na)	gesund
静か（な）	shizuka(na)	ruhig
親切（な）	shinsetsu(na)	freundlich
大変（な）	taihen(na)	sehr, anstrengend
にぎ（賑）やか（な）	nigiyaka(na)	belebt, lebendig, heiter
不便（な）	fuben(na)	unpraktisch
便利（な）	benri(na)	praktisch
有名（な）	yuumei(na)	berühmt

Na-Adjektive (Fremdwörter)

コミカル(な)	komikaru(na)	komisch
ハード(な)	haado(na)	hart, anstrengend
ハッピー(な)	happii(na)	glücklich, fröhlich
ビューティフル(な)	byuutifuru(na)	schön
フレンドリー(な)	furendorii(na)	freundlich
ラッキー(な)	rakkii(na)	glücklich

Adverbien

あまり(～ない)	amari (~nai)	nicht so ~
少し	sukoshi	ein wenig
ぜんぜん(～ない)	zenzen (~nai)	überhaupt nicht
ちょっと	chotto	ein bißchen
とても	totemo	sehr

Fragewörter

どんな	don-na	was für ein

Hilfspartikeln

から	kara	von, weil (L.7)
で	de	in, für, wegen, mit

Konjunktionen

そして	soshite	und
でも	demo	aber

4. アクティブ漢字リスト (Akutibu-Kanji-Risuto : Aktivkanjiliste)

Kanji	Bedeutung / Strichfolge	Lesung	Wort	Romaji	Übersetzung
私	ich	SHI watashi watakushi	私	wata(ku)shi	ich, privat
			私たち	watashitachi	wir
			私立	shiritsu	privat gegründet
町	Stadt	CHOO machi	町	machi	Stadt
			町田さん	machida-san	Herr oder Frau Machida
			町人	choonin	Bürger (Edo-Zeit)
山	Berg	SAN yama	山	yama	Berg
			山脈	sanmyaku	Gebirge
			富士山	Fuji-san	Berg Fuji
海	Meer	KAI umi	海	umi	Meer
			海外	kaigai	Übersee
			海岸	kaigan	Küste
自	selber, selbst	JI mizukara	自動車	jidoosha	Auto
			自転車	jitensha	Fahrrad
			自分	jibun	selbst
動	sich bewegen	DOO ugo-ku	自動車	jidoosha	Auto
			動物	doobutsu	Tier
			動物園	doobutsuen	Zoo
車	Rad, Auto	SHA kuruma	自動車	jidoosha	Auto
			車	kuruma	Auto
			車輪	sharin	Rad
友	Freund	YUU tomo	友だち	tomodachi	Freund
			友人	yuujin	Freund
			友情	yuujoo	Freundschaft
目	Auge	MOKU me	目	me	Auge
			目的	mokuteki	Ziel, Zweck
			目次	mokuji	Inhaltsverzeichnis
白	weiß	HAKU shiro-i	白い	shiro-i	weiß
			白人	hakujin	der Weiße
			白紙	hakushi	weißes Papier, blanko

アクティブ漢字リスト

漢字	意味 / 筆順	音読み・訓読み	熟語	よみ	意味
黒	schwarz	KOKU / kuro-i	黒い	kuro-i	schwarz
			黒字	kuroji	Gewinn
			黒板	kokuban	Tafel
赤	rot	SEKI / aka-i	赤い	aka-i	rot
			赤字	akaji	Verlust
			赤ちゃん	aka-chan	Baby
青	blau	SEI / ao-i	青い	ao-i	blau
			青年	seinen	Jüngling
			青春	seishun	Jugend
新	neu	SHIN / atara-shii	新しい	atara-shii	neu
			新聞	shinbun	Zeitung
			新年	shinnen	Neujahr
安	billig, beruhigt	AN / yasu-i	安い	yasu-i	billig
			安心する	anshin-suru	beruhigt sein
			安全	anzen	sicher
近	nah	KIN / chika-i	近い	chika-i	nah
			近代	kindai	moderne Zeit
			近所	kinjo	Nachbarschaft
若	jung	JAKU NYAKU / waka-i	若い	waka-i	jung
			若者	wakamono	junge Leute
			若年	jakunen	junge Jahre
有	existieren	YUU / a-ru	有名な	yuumei-na	berühmt
			有料	yuuryoo	kostenpflichtig
			有利な	yuuri-na	günstig
高	hoch, teuer	KOO / taka-i	高い	taka-i	hoch, teuer
			高山	koozan	hohe Berge
			高校	kookoo	Oberschule
校	Schule	KOO	学校	gakkoo	Schule
			小学校	shoogakkoo	Grundschule
			校長	koochoo	Schuldirektor

5. 文法 (Bunpoo: Grammatik)

Adjektive (Präsens):   Subjekt (S) wa＋Adjektiv (A) desu. (S ist A.)

In der japanischen Sprache werden Adjektive in zwei Gruppen unterteilt. Zum einen die I-Adjektive (IA), die die Endung "**i**" haben, und zum anderen die **Na**-Adjektive (NA), die auf "**na**" enden. Es gibt keinen Unterschied zwischen den beiden Gruppen in bezug auf ihre grammatikalische Rolle. Die Flexion (Änderung der Endung) ist jedoch unterschiedlich.

(１) I-Adjektive (IA): Endung "-**i**" wie ooki**i** (groß), aka**i** (rot), atarashi**i** (neu)

(1) als Prädikat

Bejahung	[-i desu]	: Kono kuruma wa atarashii desu.
		Dies Auto ist neu.
Negation 1	[-ku nai desu]	: Kono kuruma wa atarashiku nai desu.
Negation 2	[-ku arimasen]	: Kono kuruma wa atarashiku arimasen.
		Dies Auto ist nicht neu.

* Ausnahme: Die Negation von "**ii**" ist "**yokunai**".
* Es gibt keine Konjugation (keine Änderung je nach grammatikalischer Person).
* Vor einem Adjektiv können Adverbien eingesetzt werden:
  (sehr)   : totemo chiisai (sehr klein), taihen wakai (sehr jung)
  (bißchen) : sukoshi takai (ein bißchen teuer), chotto omoi (ein bißchen schwer)
  (nicht so) : amari atarashiku **nai** (nicht so neu)   * immer negativ
  (gar nicht): zenzen yoku **nai** (gar nicht gut)   * immer negativ

Kono daigaku wa ookii desu.	Diese Universität ist groß.
Sono hon wa omoshiroi desu ka.	Ist das Buch interessant?
Hai, kono hon wa totemo omoshiroi desu.	Ja, es ist sehr interessant.
Iie, kono hon wa amari omoshiroku nai desu.	Nein, es ist nicht so interessant.

(2) **als Attribut** (als bestimmendes Wort vor einem Nomen)

Bejahung	[-i+N]	Sore wa takai hon desu.
		Das ist ein teures Buch.
Negation 1	[-ku+ nai+N]	Sore wa takaku nai hon desu.
Negation 2	[-i+N+Negation]	Sore wa takai hon dewa arimasen.
		Das ist kein teures Buch.

Rhein wa nagai kawa desu.	Der Rhein ist ein langer Fluß.
Sono sensei wa wakai hito desu.	Der Lehrer ist ein junger Mann.
Gekijoo wa ookii tatemono dewa arimasen.	Das Theater ist kein großes Gebäude.
Kore wa amari hayakunai kuruma desu.	Das ist ein nicht so schnelles Auto.

(2) **Na-Adjektive (NA)**: Endung "**-na**" wie genki-**na** (gesund), shizuka-**na** (ruhig)

(1) als Prädikat

> Bejahung: [Stamm (ohne na) + desu]

Kare wa genki desu.	Er ist gesund.
Kono machi wa totemo shizuka desu.	Diese Stadt ist sehr ruhig.
Kanojo wa taihen shinsetsu desu.	Sie ist sehr freundlich.
Kono kasa wa chotto fuben desu.	Dieser Regenschirm ist ein bißchen unpraktisch.

> Negation: [Stamm (ohne na) + dewa <u>arimasen</u> / <u>nai desu</u>]

Kare wa genki dewa arimasen / nai desu .	Er ist nicht gesund.
Kono machi wa shizuka dewa arimasen / nai desu .	Diese Stadt ist nicht ruhig.
Sono tatemono wa yuumei dewa arimasen / nai desu.	Das Gebäude ist nicht berühmt.
Shigoto wa amari taihen dewa arimasen / nai desu .	Die Arbeit ist nicht so anstrengend.

* Sätze mit Na-Adjektiven als Prädikat werden wie Sätze mit Nomen gebildet.

"de yuumei" (für ~ berühmt)

Doitsu wa biiru de yuumei desu.	Deutschland ist für sein Bier berühmt.
Nihon wa Fuji-san de yuumei desu.	Japan ist für den Berg Fuji bekannt.
Kamakura wa nan de yuumei desu ka.	Wofür ist Kamakura bekannt?

(2) als Attribut

> Bejahung: [-na + N]

Kare wa shinsetsuna hito desu.	Er ist ein netter Mensch.
Kore wa benrina tokei desu.	Das ist eine praktische Uhr.
Tokyo wa taihen nigiyakana machi desu.	Tokyo ist eine sehr lebhafte Stadt.
Kanojo wa totemo kireina hito desu.	Sie ist eine sehr schöne Frau.

> Negation: [-na + N + dewa arimasen]

Kare wa shinsetsuna hito dewa arimasen. Er ist kein netter Mensch.
Sore wa benrina kuruma dewa arimasen. Das ist kein praktisches Auto.
Koko wa shizukana machi dewa arimasen. Dies ist keine ruhige Stadt.
Sore wa amari yuumeina hon dewa arimasen. Das ist kein berühmtes Buch.

* Die Satzform "~de nai N desu" ist zwar möglich, wird aber selten benutzt.
* Viele englische Adjektive werden heutzutage als NA eingeführt.

   byuutifuru na jikan (beautiful time)   komikaru na hon (comical books)
   furendorii na hito (kind people)   rakkii na koto (lucky things)
   happii na hi (a happy day)   haado na shigoto (hard work)

(3) Hilfspartikeln

1. Die Endungspartikel **ne** oder **yo**

Sono machi wa sake de yuumei desu **ne**. (Bestätigung: nicht wahr)
Die Stadt ist für Sake bekannt, nicht wahr?
* Die HP **ne** wird benutzt, wenn Sprecher und Gesprächspartner beide über etwas Bescheid wissen und der Sprecher die Zustimmung des Gesprächspartners erwartet.
Kono machi wa umi mo yama mo chikai desu **yo**. (betonende Mitteilung: Wissen Sie)
Wissen Sie, diese Stadt ist sowohl vom Meer als auch von den Bergen nicht weit entfernt.
* Die HP **yo** wird benutzt, wenn der Sprecher dem Gesprächspartner ausdrücklich eine neue Information geben will, die der Partner noch nicht hat.

Kare no ie wa ookii desu **ne**. ⇒ Ee (Hai), soo desu ne.
Sein Haus ist groß, nicht wahr?   Ja, das stimmt.
Kare no ie wa ookii desu **yo**. ⇒ Aa soo desu ka.
Wissen Sie, sein Haus ist doch groß.   Ach ja?

2. Die Aufzählungspartikel **to** oder **ya**

Beide Partikeln heißen auf deutsch "und". "**To**" wird bei vollendeten und "**ya**" wird bei unvollendeten Aufzählungen gebraucht.
Gakusei wa doitsu-jin **to** Nihon-jin desu.
Die Studenten sind Deutsche und Japaner.
Gakusei wa doitsu-jin **ya** nihon-jin desu.
Die Studenten sind Deutsche und Japaner usw.

Weiteres Studium: Ausnahmen bei der <u>attributiven Verwendung</u> von Adjektiven

1. Statt ookii (groß), chiisai (klein) können auch **"ooki-na"**,**"chiisa-na"** verwendet werden.
   Tokyo wa ooki-na (-i) machi desu.   (Tokyo ist eine große Stadt.)
   Kore wa chiisa-na (-i) jidoosha desu.   (Das ist ein kleines Auto.)

2. "Ooi"(viel) darf vor einem Gegenstand (Nomen) nicht direkt eingesetzt werden und
   "Sukunai"(wenig) darf nur als Prädikat eingesetzt werden, weil es keine attributive Form hat.
   ooi ⇒ [**ooku no** N]
   <u>Ooku no gakusei</u> wa Doitsu-jin desu.   (Viele der Studenten sind Deutsche.)
   sukunai ⇒ [keine attributive Form]
   Nihon-jin no gakusei wa <u>sukunai desu</u>.   (Japanische Studenten sind wenige da.)

3. Als attributive Form von "chikai"(nah) und "tooi"(weit) werden auch gewöhnlich
   "chikaku no N" und **"tooku no** N" verwendet.
   chikaku no hito   (die Person, die in der Nahe ist)
   chikaku no depaato   (das Kaufhaus, das in der Nähe liegt)
   tooku no yama   (Der Berg, der in der Ferne liegt)
   tooku no machi   (Das Meer, das in der Ferne ist)

6. 練習 (Renshuu : Übungen)

（1） Vollenden Sie die Sätze mit I-Adjektiven!

1. Amerika / ookii
2. biiru / yasui
3. Fujisan / takai
4. jidoosha / takai
5. kono / kawa / nagai
6. ano / kooen / ookii
7. Nihonjin / kami / kuroi
8. ano / hito / totemo / wakai
9. sono / eiga / tsumaranai
10. kare / kuruma / shiroi
11. sono / zasshi / totemo / omoshiroi
12. kono / machi / umi / yama / chikai

（2） Verneinen Sie die Fragen mit "amari ~ arimasen"!

1. Supein wa chikai desu ka.
2. Sono tabako wa takai desu ka.
3. Kono tokei wa ii desu ka.
4. Maria-san no me wa kuroi desu ka.
5. Anata no kuruma wa ookii desu ka.
6. Yamashita-san no kami wa nagai desu ka.
7. Kare no gakkoo wa tooi desu ka.
8. Sono densha wa hayai desu ka.
9. Nihongo wa muzukashii desu ka.
10. Anata no machi wa atarashii desu ka.
11. Sono bijutsukan wa ookii desu ka.
12. Ano hon wa omoshiroi desu ka.

（3） Was ist das Gegenteil?   (nicht in der verneinten Form)

1. yowai
2. chiisai
3. atarashii
4. ii
5. omoshiroi
6. karui
7. benrina
8. hikui
9. mijikai
10. chikai
11. yasui
12. yasashii
13. sukunai
14. nigiyakana

(4) Setzen Sie die I-Adjektive in die attributive Form!
1. Kore wa ie desu. (ookii)
2. Sore wa jidoosha desu. (hayai)
3. Kore wa hon desu. (omoshiroi)
4. Are wa yama desu. (takai)
5. Ano sensei wa hito desu. (omoshiroi)
6. Sore wa heya desu. (chiisai)
7. Are wa depaato desu. (ii)
8. Kono tatemono wa gekijoo desu. (atarashii)
9. Are wa kawa desu. (nagai)
10. Kanojo wa watashi no tomodachi desu. (ii)

(5) Verneinen Sie die Sätze aus Übung (4) auf zwei verschiedene Arten mit "~kunai" und mit "~arimasen"!

(6) Vervollständigen Sie die Sätze!
1. sono / hito / shizuka
2. kono / zasshi / yuumei
3. sono / machi / nigiyaka
4. kanojo / kami / kirei
5. anata / okaasan / shinsetsu
6. kono / terebi / benri
7. kare / kodomo / genki
8. koko / depaato / taihen / fuben

(7) Verneinen Sie die Sätze aus Übung (6)!

(8) Beantworten Sie die Fragen mit einer attributiven Form!
1. Sore wa donna kamera desu ka. (totemo / benri)
2. Kare wa donna hito desu ka. (sukoshi / shizuka)
3. Anata no machi wa donna machi desu ka. (amari / nigiyaka)
4. Anata no otoosan wa donna hito desu ka. (taihen / shinsetsu)
5. Sono hon wa donna hon desu ka. (amari / omoshiroi)
6. Kare no kodomo wa donna kodomo desu ka. (taihen / genki)
7. Mosel-wain wa donna wain desu ka. (totemo / yuumei)
8. Koko wa donna machi desu ka. (sukoshi / fuben)

（9）Beantworten Sie diese Fragen über Ihre Stadt frei mit "yo"!
 1. Anata no machi wa ookii machi desu ka.
 2. Anata no machi wa nigiyaka na machi desu ka.
 3. Anata no machi wa yama kara chikai desu ka.
 4. Anata no machi wa umi kara tooi desu ka.
 5. Anata no machi wa omoshiroi machi desu ka.
 6. Anata no machi no hito wa shinsetsu desu ka.
 7. Anata no machi no gekijoo wa ookii desu ka.
 8. Anata no machi no kooen wa donna kooen desu ka.
 9. Anata no machi no mise wa ooi desu ka.
10. Anata no machi wa nan de yuumei desu ka.

(10) Übersetzten Sie ins Japanische!
 1. Seine Arbeit ist sehr langweilig, nicht wahr?
 2. Jene Italienerin ist nicht so jung.
 3. Hier ist eine neue Universität.
 4. Mein Haus ist alt. Und es ist nicht groß.
 5. Sein Auto ist nicht so teuer, aber gut.
 6. Die Luft in der Stadt ist nicht gut.
 7. Japanisch ist nicht so schwierig. Und es ist interessant.
 8. Wofür ist diese Stadt berühmt?　Sie ist für Tee sehr berühmt.
 9. Meine Wohnung ist sowohl von der Uni als auch vom Bahnhof gar nicht weit entfernt.
10. Ist Ihre Wohnung in der Nähe der Stadt oder weiter weg?　Etwas weit.
11. Meine Freunde sind sehr lebhaft. Und sie sind nett.
12. Was für ein Mensch ist Ihr Lehrer?　Er ist nett. Und er ist jung.
13. Viele der Studenten sind Deutsche. Ausländische Studenten sind wenige da.
14. Seine Wohnung ist alt, aber sie ist groß und schön.
15. Das ist kein billiger Sake, aber er ist sehr gut.

7. 復習テスト 第2課 (Fukushuu-Tesuto Dai 2-ka: Lektionstest L2)

(1) Ergänzen Sie die gegenteiligen Adjektive. (10×3)
1. yasui
2. furui
3. yasashii
4. ookii
5. ii
6. tooi
7. hikui
8. omoi
9. omoshiroi
10. benri

(2) Antworten Sie mit einer Verneinung. (4×5)
1. Sono bara wa akai desu ka?
   Iie, _____.
2. Kanojo wa shinsetsu desu ka?
   Iie, _____.
3. Ano hito wa wakai desu ka?
   Iie, _____.
4. Kono machi wa kirei desu ka.
   Iie, _____.
5. Anata no kuruma wa shiroi desu ka?
   Iie, _____.

(3) Schreiben Sie die Sätze in die attributive Form um! (4×5)
1. Sono hito wa totemo genki desu.   ⇒ Kare wa
2. Kono hon wa omoshiroi desu.   ⇒
3. Kono machi wa nigiyaka desu.   ⇒
4. Ano terebi wa benri dewa arimasen.   ⇒

(4) Übersetzen Sie ins Japanische! (5×6)
1. Diese Stadt ist für ihr altes Theater berühmt.

2. Diese Kamera ist sehr praktisch.

3. Die große Fahrradfirma ist nicht so weit entfernt.

4. Was für ein Mensch ist er?   Ein ruhiger Mensch.

5. Das ist eine alte Briefmarke aus China.

_____/100

第3課 (Dai 3-ka : Lektion 3)

1. 基本文型 (Kihon-Bunkei : Mustersätze)

Sich Befinden

- そこに 山田さんが います。

  Soko ni Yamada-san ga imasu.

- そこに 机が あります。

  Soko ni tsukue ga arimasu.

- そこに だれが いますか。

  Soko ni dare ga imasu ka.

- そこに 何が ありますか。

  Soko ni nani ga arimasu ka.

- 山田さんは そこに います。

  Yamada-san wa soko ni imasu.

- 机は そこに あります。

  Tsukue wa soko ni arimasu.

- 山田さんは どこに いますか。

  Yamada-san wa doko ni imasu ka.

- その机は どこに ありますか。

  Sono tsukue wa doko ni arimasu ka.

2. 会話1　(Kaiwa 1 : Konversation 1)

日本語のクラス

ベルガー　：　スミスさんの　日本語のクラスに　生徒が　何人　いますか。
スミス　　：　１０人　います。
ベルガー　：　イギリス人は　何人　いますか。
スミス　　：　イギリス人は　私しか　いません。
　　　　　　　ヨーロッパ人は　あまり　いません。
　　　　　　　フランス人が　２人だけ　います。
ベルガー　：　アジア人は　多い　ですか。
スミス　　：　はい、中国人が３人、韓国人が　２人。
　　　　　　　そして　フィリピン人と　タイ人が　１人ずつ　います。
ベルガー　：　アメリカ人は　何人　いますか。
スミス　　：　アメリカ人は　ぜんぜん　いません。
ベルガー　：　先生は　何人　いますか。
スミス　　：　３人　います。
　　　　　　　女の先生が　二人と　男の先生が　一人　います。
　　　　　　　女の先生は　田村先生と　山中先生　です。
　　　　　　　男の先生は　山本先生　です。

会話2　(Kaiwa 2 : Konversation 2)

教室で

田村先生　：おはようございます。
みんな　　：おはようございます。
田村先生　：みなさん、お元気　ですか。
みんな　　：はい、元気です。　田村先生も　お元気　ですか。
田村先生　：ええ、ありがとう。　私も　元気です。　もう、みんな　いますか。
スミス　　：先生、チンさんが　まだ　いません。
チン　　　：いいえ、私は　いますよ。
スミス　　：あ、ごめんなさい、チンさん。

田村先生　：では、だれが いませんか。
チン　　　：リンさんが いません。 リンさんは きょう びょうき です。

　　　　　　　　　　－－－－－

田村先生　：教室の中に 何が ありますか。
パウエル　：机と いすと 黒板が あります。
田村先生　：それだけ ですか。
パク　　　：ビデオや 本も あります。
田村先生　：そう ですね。 では、パウエルさん、 机は いくつ ありますか。
パウエル　：一つ、二つ、三つ、四つ、五つ、六つ、七つ、八つ、ぜんぶで
　　　　　　八つ あります。
田村先生　：はい、いい です。 では パクさん、ビデオは どこに ありますか。
パク　　　：教室の 前に あります。 黒板の となり です。
田村先生　：そう ですね。 教室の 前の 黒板の となりに あります。
　　　　　　それでは、本は どこに ありますか。
スミス　　：本だなの 上に あります。
田村先生　：そう ですか？
アキノ　　：いいえ、そう では ありません。本だなに あります。
田村先生　：はい、そう ですね。 「本だなの 上」では ありませんよ。
　　　　　　本は 本だなに あります。いい ですか、スミスさん。
スミス　　：はい、いい です。 すみません。
田村先生　：では、私の 机の 上に 何が ありますか。
チン　　　：本と えんぴつと しゃしんが あります。
田村先生　：はい、そうです。 それでは ヤンさん、本は 何さつ、えんぴつは
　　　　　　何本、そして しゃしんは 何まい ありますか。
ヤン　　　：本は 2さつ、えんぴつは 6本、それから しゃしんは 4まい
　　　　　　あります。
田村先生　：はい、たいへん いい です。

Kaiwa 1 Nihongo no kurasu

Berger : Smith-san no nihongo no kurasu ni seito ga nan-nin imasu ka.
Smith : 10-nin imasu.
Berger : Igirisu-jin wa nannin imasu ka.
Smith : Igirisu-jin wa watashi shika imasen. Yooroppa-jin wa amari imasen. Furansu-jin ga futari dake imasu.
Berger : Ajia-jin wa ooi desu ka.
Smith : Hai, chuugoku-jin ga 3-nin, kankoku-jin ga futari soshite firipin-jin to tai-jin ga hitori zutsu imasu.
Berger : Amerika-jin wa nan-nin imasu ka.
Smith : Amerika-jin wa zenzen imasen.
Berger : Sensei wa nan-nin imasu ka.
Smith : San-nin imasu. Onna no sensei ga futari to otoko no sensei ga hitori imasu. Onna no sensei wa Tamura sensei to Yamanaka sensei desu. Otoko no sensei wa Yamamoto sensei desu.

Kaiwa 2 Kyooshitsu de

Tamura sensei : Ohayoogozaimasu.
minna   : Ohayoogozaimasu.
Tamura sensei : Minasan, o-genki desu ka.
minna   : Hai, genki desu. Tamura sensei mo o-genki desu ka.
Tamura sensei : Ee, arigatoo. Watashi mo genki desu. Moo minna imasu ka.
Smith   : Sensei, Chin-san ga mada imasen.
Chin   : Iie, watashi wa imasu yo.
Smith   : A, gomennasai, Chin-san.
Tamura sensei : Dewa, dare ga imasen ka.
Chin   : Lin-san ga imasen. Lin-san wa kyoo byooki desu.

Tamura sensei : Kyooshitsu no naka ni nani ga arimasu ka.
Pauel   : Tsukue to isu to kokuban ga arimasu.
Tamura sensei : Sore dake desu ka.
Paku   : Bideo ya hon mo arimasu.

Tamura sensei	: Soo desu ne. Dewa Pauel-san, tsukue wa ikutsu arimasu ka.
Pauel	: Hitotsu, futatsu, mittsu, yottsu, itsutsu, muttsu, nanatsu, yattsu, zenbude yattsu arimasu.
Tamura sensei	: Hai, ii desu. Dewa Paku-san, bideo wa doko ni arimasu ka.
Paku	: Kyooshitsu no mae ni arimasu. Kokuban no tonari desu.
Tamura sensei	: Soo desu ne. Kyooshitsu no mae no kokuban no tonari ni arimasu. Sore dewa hon wa doko ni arimasu ka.
Smith	: Hondana no ue ni arimasu.
Tamura sensei	: Soo desu ka?
Akino	: Iie, soo dewa arimasen. Hondana ni arimasu.
Tamura sensei	: Hai, soo desu ne. "Hondana no ue" dewa arimasen yo. Hon wa Hondana ni arimasu. Ii desu ka, Smith-san.
Smith	: Hai, ii desu. Sumimasen.
Tamura sensei	: Dewa, watashi no tsukue no ue ni nani ga arimasu ka.
Chin	: Hon to enpitsu to shashin ga arimasu.
Tamura sensei	: Hai, soo desu. Sore dewa Yan-san, hon wa nan-satsu, enpitsu wa nanbon soshite shashin wa nan-mai arimasu ka.
Yan	: Hon wa 2-satsu, enpitsu wa 6-pon, sorekara shashin wa 4-mai arimasu.
Tamura sensei	: Hai, taihen ii desu.

会話の練習 (Kaiwa no Renshuu : Konversationsübung)

(1)
> B： Smith-san no nihongo no kurasu ① ni seito ② ga nannin imasu ka.
> S： 10-nin ③ imasu.
> B： Yooroppajin ④ wa ooi desu ka.
> S： Iie, Yooroppajin ④ wa amari imasen.　4-nin ⑤ dake desu.
> B： Sensei ⑥ wa nan-nin imasu ka.
> S： San-nin ⑦ imasu.

1. ① Honda-san no eigo no kurasu ② seito ③ 15-nin ④ Nihonjin ⑤ 3-nin ⑥ sensei ⑦ futari
2. ① Maria-san no gakkoo ② seito ③ 200-nin ④ gaikokujin ⑤ 25-nin ⑥ sensei ⑦ 12-nin
3. ① Schmidt-san no kaisha ② schain ③ 50-nin ④ Doitsujin ⑤ 3-nin ⑥ Amerikajin ⑦ 5-nin
4. ① Maeda-san no daigaku ② gakusei ③ 750-nin ④ on'na no gakusei ⑤ 300-nin ⑥ kyooju ⑦ 25-nin

(2)
> B： Ohayoogozaimasu ①, Kinoshita-san ②.
> K： Ohayoogozaimasu ①, Berger-san ③. O-genki desu ka.
> B： Hai, arigatoo gozaimasu. Taihen genki desu.
>   Kinoshita-san ② mo o-genki desu ka.
> K： Hai, watashi mo genki desu.
> B： Okaasan ya otoosan ④ mo ogenki desu ka.
> K： Ee, arigatoo. Minna genki desu yo.

1. ① Ohayoogozaimasu ② Julia-san ③ Takeda-san ④ Daniela-san ya Michael-san
2. ① Konnichiwa ② Kanagawa-sensei ③ Maria-san ④ Minami-sensei ya Kato-sensei
3. ① Konbanwa ② Maekawa-san ③ Huber-san ④ Müller-san ya Otto-san
4. ① Konnichiwa ② Tagawa-kyooju ③ Stein-san ④ Minami-kyooju ya Kitayama-kyooju

3. 単語リスト (Tango-Risuto : Vokabelliste)

Nomina

間	aida	zwischen, während
いす（椅子）	isu	Stuhl
一	ichi	eins
上	ue	auf, oben, über
後(ろ)	ushiro	hinten, hinter
うで(腕)時計	udedokei	Armbanduhr
絵	e	Bild, Gemälde
円	en	Yen, runde Form
奥	oku	hinten
億	oku	hundert Millionen
男	otoko	Mann, männliches Geschlecht
男の子	otoko no ko	Junge
男の人	otoko no hito	Mann
女	on'na	Frau, weibliches Geschlecht
女の子	on'na no ko	Mädchen
女の人	on'na no hito	Frau
～回	kai	Zählwort für mal
～階	kai	Zählwort für Etagen
紙	kami	Papier
火曜日	kayoobi	Dienstag
韓国人	kankokujin	Koreaner
外国	gaikoku	Ausland
外国語	gaikoku-go	Fremdsprache
外国人	gaikoku-jin	Ausländer
月	gatsu / getsu / tsuki	Monatsname / Monat(e) / Mond
九	kyuu, ku	neun
今日	kyoo	heute
金曜日	kinyoobi	Freitag
牛乳	gyuu'nyuu	Milch
月曜日	getsuyoobi	Montag
～個	ko	Zählwort für Stücke
黒板	kokuban	Tafel
五	go	fünf
～才(歳)	sai	Zählwort für Alter
～冊	satsu	Zählwort für Bücher, Hefte
三	san	drei
下	shita	unter
～時	ji	~ Uhr
時間	jikan	Stunde
十	juu, too	zehn

水曜日	suiyoobi	Mittwoch
角	sumi / kado	(in der) Ecke / (an der) Ecke
生徒	seito	Schüler
千	sen	eintausend
外	soto	außer, außerhalb
棚	tana	Regal
～台	dai	Zählwort für Maschinen, Geräte
～つ	tsu	Nachsilbe bei der japanischen Zählweise 1 bis 9
机	tsukue	Tisch, Schreibtisch
電話	denwa	Telefon
戸	to	Tür
～頭	too	Zählwort für große Tiere
となり（隣）	tonari	neben
鳥	tori	Vogel, Huhn
土曜日	doyoobi	Samstag
中	naka	in
七	shichi, nana	sieben
二	ni	zwei
日曜日	nichiyoobi	Sonntag
～人	nin	Zählwort für Menschen
～杯	hai	Zählwort für Becher mit Inhalt
八	hachi	acht
日	hi, bi, nichi	Tag, Sonne
～匹	hiki, biki, piki	Zählwort für Tier
左	hidari	links
百	hyaku	hundert
秒	byoo	Sekunde
病気	byooki	krank, Krankheit
分	fun, pun	Minute
～本	hon, bon, pon	Zählwort für lange Sachen
本棚	hondana	Bücherregal
～枚	mai	Zählwort für flache Sachen
前	mae	vor
窓	mado	Fenster
万	man	zehntausend
万年筆	man'nen-hitsu	Füllfederhalter
みかん	mikan	Mandarine
右	migi	rechts
みな(皆)さん	minasan	alle Leute, alle Anwesenden
みんな	min'na	alle, alles
木曜日	mokuyoobi	Donnerstag
森	mori	Wald
曜日	yoobi	Wochentag

横	yoko	neben, Breite, waagerecht
四	shi, yon	vier
りんご	ringo	Apfel
六	roku	sechs
〜羽	wa, ba	Zählwort für Vögel

Fremdwörter (Nomina)

アジア人	ajia-jin	Asiate
アメリカ人	amerika-jin	Amerikaner
イギリス人	igirisu-jin	Engländer
イタリア人	itaria-jin	Italiener
コアラ	koara	Koala
CDプレイヤー	shii-dii-preiyaa	CD-Player
スイス	suisu	Schweiz
ステレオ	sutereo	Stereoanlage
ソファー	sofaa	Sofa
タイ(人)	tai(jin)	Thailand (Thailänder)
テーブル	teeburu	Tisch
ドア	doa	Tür
バス	basu	Bus
バナナ	banana	Banane
ビデオ	bideo	Video
ファックス	fakkusu	Fax
フィリピン	firipin	Philippinen
フランス人	furansu-jin	Franzosen
ボール	booru	Ball
ミルク	miruku	Milch
ヨーロッパ	yooroppa	Europa
ランプ	ranpu	Lampe

Einstufige Verben

いる	iru	sich befinden (Mensch / Tier)

Fünfstufige Verben

ある	aru	sich befinden (Gegenstände)

Na-Adjektiv

急(な)	kyuu(na)	plötzlich, steil

Adverbien

ぜんぜん(〜ない)	zenzen ~ nai	überhaupt ~ nicht
たくさん	takusan	viel
だけ	dake	nur
まだ(〜ない)	mada ~ nai	noch (noch nicht)

Fragewörter

いくつ	ikutsu	wieviel

Hilfspartikeln

に	ni	HP für den Ort des Befindens, für den Zielort, für Zeitangaben, für den Dativ usw.

Konjunktionen

では	dewa	also (dann), nun

Idiomatische Redewendungen

ありがとう（ございます）	arigatoo (gozaimasu)	Danke! (Vielen Dank!)
一番上	ichiban ue	oberste (-er/-es)
ごめんなさい	gomen'nasai	Verzeihung!
すみません	sumimasen	Entschuldigen Sie bitte!
～しかない	~shika nai	nur (immer mit Negation)
ぜんぶ(全部)で	zenbu de	insgesamt
一人ずつ	hitori zutsu	einer nach dem anderen, jeweils einer

ぜんぶで何人？

4. アクティブ漢字リスト (Akutibu-Kanji-Risuto : Aktivkanjiliste)

漢字		よみかた		例	よみかた	Bedeutung
一	一	eins	ICHI hito-tsu	一つ	hitotsu	ein Stück
				一人	hitori	eine Person
				一本	i-ppon	eine lange Sache
二	一 二	zwei	NI futa-tsu	二つ	futatsu	zwei Stück
				二人	futari	zwei Personen
				二本	ni-hon	zwei lange Sachen
三	一 二 三	drei	SAN mi-ttsu	三つ	mittsu	drei Stück
				三人	san-nin	drei Personen
				三本	san-bon	drei lange Sachen
四	丨 冂 内 四 四	vier	YON SHI yo-ttsu	四つ	yottsu	vier Stück
				四人	yo-nin	vier Personen
				四本	yon-hon	vier lange Sachen
五	一 丁 五 五	fünf	GO itsu-tsu	五つ	itsutsu	fünf Stück
				五人	go-nin	fünf Personen
				五本	go-hon	fünf lange Sachen
六	丶 亠 六	sechs	ROKU mu-ttsu	六つ	muttsu	sechs Stück
				六人	roku-nin	sechs Personen
				六本	ro-ppon	sechs lange Sachen
七	一 七	sieben	SHICHI nana-tsu	七つ	nanatsu	sieben Stück
				七人	shichi-nin	sieben Personen
				七本	nana-hon	sieben lange Sachen
八	丿 八	acht	HACHI ya-ttsu	八つ	yattsu	acht Stück
				八人	hachi-nin	acht Personen
				八本	ha-ppon	acht lange Sachen
九	丿 九	neun	KYUU KU kokono-tsu	九つ	kokonotsu	neun Stück
				九人	kyuu-nin	neun Personen
				九本	kyuu-hon	neun lange Sachen
十	一 十	zehn	JUU too	十	too / juu	zehn Stück
				十人	juu-nin	zehn Personen
				十本	ju-ppon	zehn lange Sachen

アクティブ漢字リスト

Kanji	Bedeutung	Strichfolge	Lesung	Wort	Umschrift	Übersetzung
百	hundert	一 丆 丆 百 百 / 百	HYAKU	百円	hyaku-en	hundert Yen
				百人	hyaku-nin	hundert Personen
				百台	hyaku-dai	hundert Maschinen
千	tausend	ノ 二 千	SEN	千円	sen-en	tausend Yen
				千人	sen-nin	tausend Personen
				千台	sen-dai	tausend Maschinen
円	Yen, Kreis, rund	｜ 冂 冂 円	EN / maru-i	百円	hyaku-en	hundert Yen
				千円	sen-en	tausend Yen
				何円	nan-en	wieviel Yen
台	Zahlwort f. Maschine	㇄ 厶 ム 台 台	DAI	十台	juu-dai	10 Maschinen
				百台	hyaku-dai	100 Maschinen
				何台	nan-dai	wie viele Maschinen
何	was	ノ 亻 亻 仁 佢 / 佢 何	KA / NAN / nani	何人	nan-nin	wie viele Personen
				何円	nan-en	wieviel Yen
				何本	nan-bon	wie viele lange Sachen
上	auf, oben, über	｜ 卜 上	JOO / ue	机の上	tsukue no ue	auf dem Tisch
				上級	jookyuu	Oberstufe
				屋上	okujoo	Dachgarten
下	unter, unten	一 丅 下	GE / shita	机の下	tsukue no shita	unter dem Tisch
				下級	kakyuu	Unterstufe
				地下鉄	chikatetsu	U-Bahn
中	in	｜ 口 口 中	CHUU / naka	家の中	ie no naka	im Haus
				中級	chuukyuu	Mittelstufe
				中央	chuuoo	Mitte
元	Ursprung	一 二 テ 元	ゲン / ガン / もと	元気な	genki-na	gesund
				元日	ganjitsu	Neujahrstag
				元号	gengoo	Dynastiename
気	Gefühl	ノ 冖 ヒ 气 気 / 気	キ	電気	denki	Elektrizität, Strom
				空気	kuuki	Luft
				気をつける	ki o tsukeru	aufpassen

5. 文法 (Bunpoo: Grammatik)

Verben des Sich Befindens

(1) Verben haben in der japanischen Grammatik verschiedene Formen. Sie werden zunächst jedoch nur die Grundform (GF) und die Masu-Form (MF) kennenlernen. Die GF ist die sogenannte Lexikonform (Infinitiv), die im Wörterbuch steht. Die Masu-Form ist die (normal) höfliche Form, die in Alltagsgesprächen (mit Ausnahme der Familie und engen Freunden) gebraucht wird.

---

iru (GF) ⇒ **imasu** (MF) : Verb des Sich Befindens für <u>Menschen und Tiere</u>

Koko ni Honda-san ga imasu.	Hier befindet sich Herr Honda.
Soko ni inu to neko ga imasu.	Da befinden sich ein Hund und eine Katze.
Asoko ni **dare** / **nani** ga imasu ka.	Wer / Was für ein Tier befindet sich da drüben?
Asoko ni Nakata-san / tori ga imasu	Da drüben befindet sich Herr Nakata / ein Vogel.

---

aru (GF) ⇒ **arimasu** (MF) : Verb des Sich Befindens für <u>Gegenstände</u>

Koko ni jidoosha ga arimasu.	Hier befindet sich ein Auto.
Soko ni hana ga arimasu.	Da befindet sich eine Blume.
Asoko ni nani ga arimasu ka.	Was befindet sich da drüben?
Asoko ni kamera ga arimasu.	Da drüben befindet sich eine Kamera.

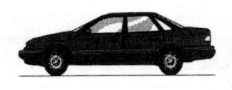

* "**ni**" ist hier die HP für den **Ort des Sich Befindens**. Die HP muß immer dem Wort, auf das sie sich bezieht, nachgestellt werden, wie <u>koko ni.</u> "Ni koko" wäre falsch.
* Das Subjekt wird normalerweise von "**ga**" markiert, weil das Sich Befinden eines Gegenstandes oder einer Person als neue Information mitgeteilt wird.
* Die GF wird als Höflichkeitsleerform (HLF) im vertrauten Kreis sowie in der Schriftsprache oder bei verschiedenen grammatikalischen Kombinationen benutzt. (Siehe L.9)

* Negation: imasu ⇒ **imasen** (iru ⇒ inai)
arimasu ⇒ **arimasen** (aru ⇒ nai)

Tanaka-san ga imasen.	Herr Tanaka befindet sich nicht hier.
Watashi no udedokei ga arimasen.	Meine Armbanduhr befindet sich nicht hier.
Koko ni **nani mo** arimasen.	Hier befindet sich nichts.
Soko ni **dare mo** imasen.	Da befindet sich keiner.

(2) Ortsangaben

Außer koko, soko, asoko benutzt man auch die folgenden Vokabeln, wenn man konkret über einen Ort sprechen möchte.

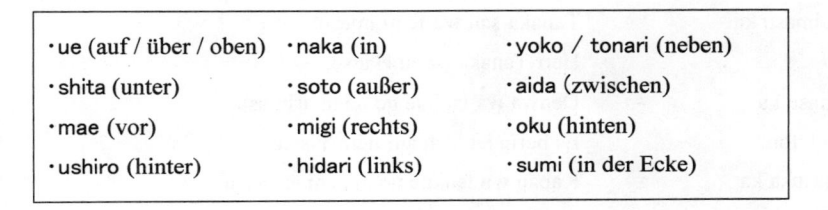

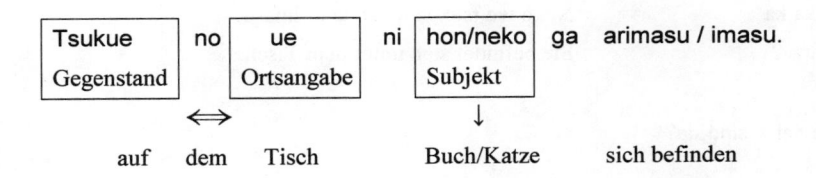

```
·ue (auf / über / oben)    ·naka (in)         ·yoko / tonari (neben)
·shita (unter)             ·soto (außer)      ·aida (zwischen)
·mae (vor)                 ·migi (rechts)     ·oku (hinten)
·ushiro (hinter)           ·hidari (links)    ·sumi (in der Ecke)
```

Tsukue	no	ue	ni	hon/neko	ga	arimasu / imasu.
Gegenstand		Ortsangabe		Subjekt		
⇔				↓		
auf		dem Tisch		Buch/Katze		sich befinden

* Vorsicht: Die Reihenfolge darf bei Ortsangaben nicht verwechselt werden. "Ue no tsukue" hat eine andere Bedeutung als "tsukue no ue", nämlich "der Tisch, der oben steht"!

Tsukue no ue ni Konpyuuta to denwa to hana ga arimasu.
Auf dem Tisch sind ein Computer, ein Telefon und eine Blume.

Tsukue no mae ni kaban ga arimasu.
Vor dem Tisch befindet sich eine Tasche.

Tsukue no shita ni nani ga imasu ka.
Was befindet sich unter dem Tisch?

Tsukue no shita ni inu to neko ga imasu.
Ein Hund und eine Katze sind unter dem Tisch.

Tsukue no mae ni onna no hito ga imasu ka.
Befindet sich vor dem Tisch eine Frau?

Iie, tsukue no mae ni otoko no hito ga imasu.
Nein, ein Mann befindet sich vor dem Tisch.

vorne ⇔ hinten

A to B no aida ni (zwischen A und B)
Konpyuuta to hana no aida ni denwa ga arimasu.
Ein Telefon steht zwischen dem Computer und der Blume.

(3) Wenn der Gegenstand oder die Person (Thema), um die es im Gespräch geht, Sprecher und Gesprächspartner schon bekannt sind und wenn dann nach dem Ort des Sich Befindens gefragt wird, wird die HP "**wa**" benutzt, weil das Subjekt hier **ein Thema** ist und die neue Information im hinteren Satzteil enthalten ist.

(Sono) hon **wa** doko ni arimasu ka. ⇒	(Sono) hon **wa** tsukue no ue ni arimasu.
Wo liegt das Buch?	Das Buch liegt auf dem Tisch.
Tanaka-san **wa** doko ni imasu ka. ⇒	Tanaka-san **wa** ie ni imasu.
Wo ist Herr Tanaka?	Herr Tanaka ist zu Hause.
Denwa **wa** doko ni arimasu ka. ⇒	Denwa **wa** tsukue no ue ni arimasu.
Wo befindet sich das Telefon?	Es befindet sich auf dem Tisch.
Kaban **wa** doko ni arimasuka ka ⇒	Kaban **wa** tsukue no mae ni arimasu.
Wo befindet sich die Tasche?	Sie befindet sich vor dem Tisch.
Neko **wa** doko ni imasuka ka ⇒	Neko **wa** tsukue no shita ni imasu.
Wo befindet sich die Katze?	Sie befindet sich unter dem Tisch.

(4) **Zählwörter:** Wieviel ~ sind da?

Soko ni | Doitsu-jin ga nan-nin | imasu ka. ⇒ | 5-nin | imasu.
        | neko ga nan-biki | | 2-hiki |

Soko ni | ringo ga nan-ko | | 3-ko |
        | kuruma ga nan-dai | | 5-dai |
        | kitte ga nan-mai | arimasu ka. ⇒| 8-mai | arimasu.
        | biiru ga nan-bon | | 4-hon |
        | hon ga nan-satsu | | 7-satsu |

* Je nach Gegenstand muß ein bestimmtes Zählwort eingesetzt werden. (Siehe Tabelle Seite 67)
  Als Fragewort wird "nan" benutzt, z.B. "nan-nin", "nan-bon" usw.
* Wenn sich überhaupt keine Gegenstände dort befinden, lautet die Antwort:
  (Soko ni ~ wa) zenzen imasen / arimasen.

Wichtige Zählwörter (ZW)

Im Japanischen gibt es nur wenige Pluralform für Nomina. Statt dessen benutzt man verschiedene Zählwörter.

	Zahl	-tsu つ	-ko 個	-mai 枚	-hon 本	-satsu 冊	-dai 台
1	一 ichi	hitotsu	ikko	ichimai	ippon	issatsu	ichidai
2	二 ni	futatsu	niko	nimai	nihon	nisatsu	nidai
3	三 san	mittsu	sanko	sanmai	sanbon	sansatsu	sandai
4	四 yon/shi	yottsu	yonko	yonmai	yonhon	yonsatsu	yondai
5	五 go	itsutsu	goko	gomai	gohon	gosatsu	godai
6	六 roku	muttsu	rokko	rokumai	roppon	rokusatsu	rokudai
7	七 nana shichi	nanatsu	nanako	nanamai shichimai	nanahon shichihon	nanasatsu shichisatsu	nanadai shichidai
8	八 hachi	yattsu	hakko	hachimai	happon	hassatsu	hachidai
9	九 kyuu/ku	kokonotsu	kyuuko	kyuumai	kyuuhon	kyuusatsu	kyuudai
10	十 juu	too	jukko	juumai	juppon	jussatsu	juudai
?	wieviel	ikutsu	nanko	nanmai	nanbon	nansatsu	nandai
	normale Zahl	andere Zählweise bis zehn, allgemein verwendbar	Stück kleine Dinge: Apfel, Ball, Stein usw.	flache Dinge: Papier, Briefmarke, Karte usw.	Lange Dinge: Stift, Flasche, Baum usw.	geheftete Dinge: Bücher, Magazine, Hefte usw.	Maschinen, Geräte: Auto, PC, Fernseher, usw.
		-nin 人	-hiki 匹	-too 頭	-wa 羽	-hai 杯	-kai 回／階	-sai 才
1		hitori	ippiki	ittoo	ichiwa	ippai	ikkai	issai
2		futari	nihiki	nitoo	niwa	nihai	nikai	nisai
3		san'nin	sanbiki	santoo	sanwa	sanbai	sankai/gai	sansai
4		yonin	yonhiki	yontoo	yonwa	yonhai	yonkai	yonsai
5		gonin	gohiki	gotoo	gowa	gohai	gokai	gosai
6		rokunin	roppiki	rokutoo	rokuwa	roppai	rokkai	rokusai
7		nananin shichinin	nanahiki shichihiki	nanatoo shichitoo	nanawa shichiwa	nanahai shichhai	nanakai shichikai	nanasai shichisai
8		hachinin	happiki	hattoo	hachiwa	happai	hachikai	hassai
9		kyuunin	kyuuhiki	kyuutoo	kyuuwa	kyuuhai	kyuukai	kyuusai
10		juunin	juppiki	juttoo	juuwa	juppai	jukkai	jussai
?		nan'nin	nanbiki	nantoo	nanwa	nanbai	nankai	nansai
		Menschen	kleine Tiere: Hund, Maus Katze usw.	große Tiere: Pferd, Kuh Tiger usw.	Vögel und Kaninchen	Tasse, Glas mit Inhalt	Häufigkeit / Etage	Alter

Position des Zählwortes

1. [N+HP+ZW]   : Heya no naka ni nihon-jin ga 3-nin imasu.
                  : Heya no naka ni nihon-jin ga nan-nin imasu ka.
2. [ZW+no+N+HP]   : Heya no naka ni 3-nin (no) nihon-jin ga imasu.
                  : Heya no naka ni nan-nin (no) nihon-jin ga imasu ka.

Zahlentabelle

一: ichi	十: juu-zehn	十: -juu -zig,- ßig	百: -hyaku hundert	千: -sen tausend
0 rei/zero	10 juu			
1 ichi	11 juu-ichi	10 juu	100 hyaku	1000 (is)-sen
2 ni	12 juu-ni	20 ni-juu	200 ni-hyaku	2000 ni-sen
3 san	13 juu-san	30 san-juu	300 san-byaku	3000 san-zen
4 yon/shi	14 juu-yon/shi	40 yon-juu	400 yon-hyaku	4000 yon-sen
5 go	15 juu-go	50 go-juu	500 go-hyaku	5000 go-sen
6 roku	16 juu-roku	60 roku-juu	600 rop-pyaku	6000 roku-sen
7 shichi nana	17 juu-shichi juu-nana	70 shichi-juu nana-juu	700 nana-hyaku	7000 nana-sen
8 hachi	18 juu-hachi	80 hachi-juu	800 hap-pyaku	8000 has-sen
9 kyuu/ku	19 juu-kyuu/ku	90 kyuu-juu	900 kyuu-hyaku	9000 kyuu-sen

万:-man zehntausend	十万:-juuman hunderttausend	百万:-hyakuman Millionen	千万:-senman zehn Millionen	億:-oku hundert Millionen
1 ichi-man	10 juu-man	100 hyaku-man	1000 (is)sen-man	1 ichi-oku
2 ni-man	20 ni-juu-man	200 ni-hyaku-man	2000 ni-sen-man	2 ni-oku
3 san-man	30 san-juu-man	300 san-byaku-man	3000 san-zen-man	3 san-oku
4 yon-man	40 yon-juu-man	400 yon-hyaku-man	4000 yon-sen-man	4 yon-oku
5 go-man	50 go-juu-man	500 go-hyaku-man	5000 go-sen-man	5 go-oku
6 roku-man	60 roku-juu-man	600 rop-pyaku-man	6000 roku-sen-man	6 roku-oku
7 shichi-man nana-man	70 shichi-juu-man nana-juu-man	700 nana-hyaku-man	7000 nana-sen-man	7 shichi-oku nana-oku
8 hachi-man	80 hachi-juu-man	800 hap-pyaku-man	8000 has-sen-man	8 hachi-oku
9 kyuu-man	90 kyuu-juu-man	900 kyuu-hyaku-man	9000 kyuu-sen-man	9 kyuu-oku

Übung: 2 4   3 9   7 8
        1 1 0   4 3 9   5 7 2
        1 9 9 6   1 7 8 9   5 9 4 6
        4 6 3 2 1   7 2 4 6 8   3 0 9 5 8

            (億)   (万)   (千)(百)(十)(八)
    (例) 2 5 9 2 4 8   7 3 6 8
          25-oku 9248-man 7-sen 3-byaku 6-juu hachi
          2-Milliarden 592-Millionen 487-tausend 361

Datum

Kalendertage: -ka/-nichi 日

1日	**tsuitachi**	1 1 日	juu-ichi-nichi	2 1 日	ni-juu-ichi-nichi
2日	**futsu-ka**	1 2 日	juu-ni-nichi	2 2 日	ni-juu-ni-nichi
3日	**mik-ka**	1 3 日	juu-san-nichi	2 3 日	ni-juu-san-nichi
4日	**yok-ka**	1 4 日	juu-**yokka**	2 4 日	ni-juu-**yokka**
5日	**itsu-ka**	1 5 日	juu-go-nichi	2 5 日	ni-juu-go-nichi
6日	**mui-ka**	1 6 日	juu-roku-nichi	2 6 日	ni-juu-roku-nichi
7日	**nano-ka**	1 7 日	juu-shichi-nichi	2 7 日	ni-juu-shichi-nichi
8日	**yoo-ka**	1 8 日	juu-hachi-nichi	2 8 日	ni-juu-hachi-nichi
9日	**kokono-ka**	1 9 日	juu-**ku**-nichi	2 9 日	ni-juu-**ku**-nichi
1 0 日	**too-ka**	2 0 日	**hatsu-ka**	3 0 日	san-juu-nichi
				3 1 日	san-juu-ichi-nichi

Kyoo wa nan nichi desu ka. (Den wievielten haben wir heute?)

Wochentage: -yoobi 曜日

月曜日	getsu-yoobi	Montag	金曜日	kin-yoobi	Freitag
火曜日	ka-yoobi	Dienstag	土曜日	do-yoobi	Samstag
水曜日	sui-yoobi	Mittwoch	日曜日	nichi-yoobi	Sonntag
木曜日	moku-yoobi	Donnerstag			

Kyoo wa nan-yoobi desu ka. (Was für ein Wochentag ist heute?)

Monatsnamen: -gatsu 月

1月	ichi-gatsu	Januar	7月	shichi-gatsu	Juli
2月	ni-gatsu	Februar	8月	hachi-gatsu	August
3月	san-gatsu	März	9月	ku-gatsu	September
4月	shi-gatsu	April	1 0月	juu-gatsu	Oktober
5月	go-gatsu	Mai	1 1月	juuichi-gatsu	November
6月	roku-gatsu	Juni	1 2月	juuni-gatsu	Dezember

Ima nan-gatsu desu ka. (Welchen Monat haben wir jetzt?)

Dauer

	Tag: ka/nichi-kan か/日間	Woche: shuu-kan 週間	Monat:ka-getsu (kan) か月（間）	Jahr:nen (kan) 年（間）
1	ichi-nichi(kan)	is-shuu-kan	ik-ka-getsu (kan)	ichi-nen (kan)
2	futsuka-kan	ni-shuu-kan	ni-ka-getsu (kan)	ni-nen (kan)
3	mikka-kan	san-shuu-kan	san-ka-getsu (kan)	san-nen (kan)
4	yokka-kan	yon-shuu-kan	yon-ka-getsu (kan)	yo-nen (kan)
5	itsuka-kan	go-shuu-kan	go-ka-getsu (kan)	go-nen (kan)
6	muika-kan	roku-shuu-kan	rok-ka-getsu (kan)	roku-nen (kan)
7	nanoka-kan	nana-shuu-kan	nana-ka-getsu (kan) shichi-ka-getsu (kan)	nana-nen (kan) shichi-nen (kan)
8	yooka-kan	has-shuu-kan	hak-ka-getsu (kan)	hachi-nen (kan)
9	kokonoka-kan	kyuu-shuu-kan	kyuu-ka-getsu (kan)	kyuu-nen (kan)
10	tooka-kan	jus-shuu-kan	juk-ka-getsu (kan)	juu-nen (kan)

Uhrzeit (Dauer)

	Uhr (Stunden): -ji (kan) 時（間）	Minuten: -pun/fun (kan) 分（間）	Sekunden: -byoo (kan) 秒（間）
1	ichi-ji (-kan)	ip-pun (-kan)	ichi-byoo (-kan)
2	ni-ji (-kan)	ni-fun (-kan)	ni-byoo (-kan)
3	san-ji (-kan)	san-pun (-kan)	san-byoo (-kan)
4	yo-ji (-kan)	yon-pun (-kan)	yon-byoo (-kan)
5	go-ji (-kan)	go-fun (-kan)	go-byoo (-kan)
6	roku-ji (-kan)	rop-pun (-kan)	roku-byoo (-kan)
7	nana-ji (-kan) shichi-ji (-kan)	nana-fun (-kan) shichi-fun (-kan)	nana-byoo (-kan) shichi-byoo (-kan)
8	hachi-ji (-kan)	hap-pun (-kan)	hachi-byoo (-kan)
9	ku-ji (-kan)	kyuu-fun (-kan)	kyuu-byoo (-kan)
10	juu-ji (-kan)	jup-pun (-kan)	juu-byoo (-kan)
11	juuichi-ji (-kan)	juuip-pun (-kan)	juuichi-byoo (-kan)
12	juuni-ji (-kan)	juuni-fun (-kan)	juuni-byoo (-kan)
24	nijuuyo-ji (-kan)	nijuuyon-pun (-kan)	nijuuyon-byoo (-kan)
60	(rokujuu-ji-kan)	rokujup-pun (-kan)	rokujuu-byoo (-kan)
?	nan-ji (-kan)	nan-pun (-kan)	nan-byoo (-kan)

Ima nan-ji desu ka. ⇒ Ima 10-ji 15-fun desu.
Wie spät ist es jetzt? Es ist 10 Uhr fünfzehn.

6. 練習 (Renshuu : Übungen)

（1） Soko ni nani ga arimasu ka.　　Koko ni _____ ga arimasu.

1.　　2.　　3.　　4.

Soko ni nani/dare ga imasu ka.　　Koko ni _____ ga imasu.

1.　　2.　　3.　　4.

（2） Sagen Sie wie im Beispiel, wo die Sachen sind und tragen Sie die Begriffe in das Diagramm ein!
(Sie sehen das Zimmer von oben.)

<u>Beispiel</u>: Pen wa doko ni arimasu ka. ⇒ Pen wa tsukue no ue ni arimasu.

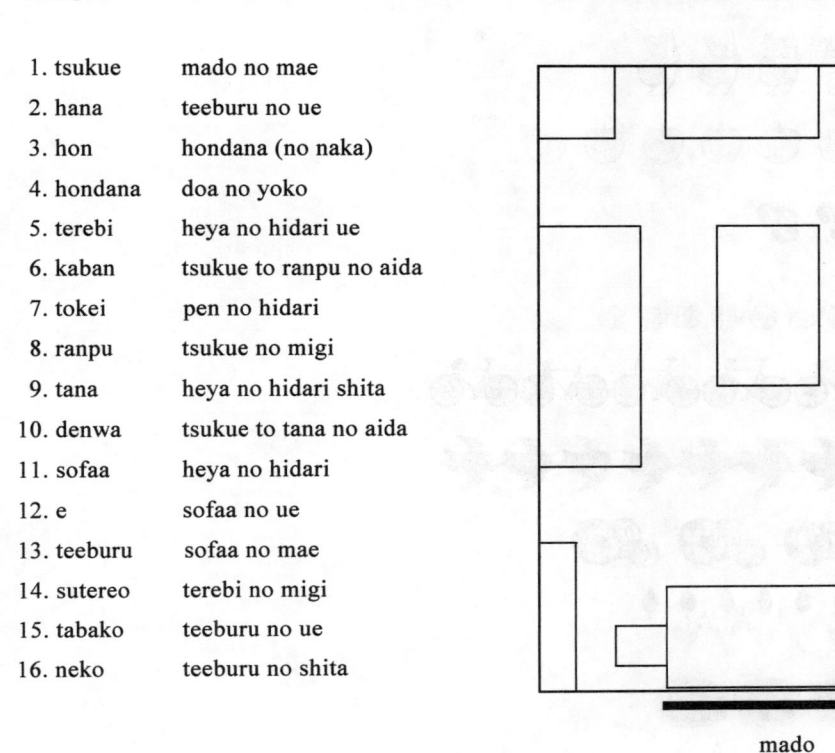

1. tsukue — mado no mae
2. hana — teeburu no ue
3. hon — hondana (no naka)
4. hondana — doa no yoko
5. terebi — heya no hidari ue
6. kaban — tsukue to ranpu no aida
7. tokei — pen no hidari
8. ranpu — tsukue no migi
9. tana — heya no hidari shita
10. denwa — tsukue to tana no aida
11. sofaa — heya no hidari
12. e — sofaa no ue
13. teeburu — sofaa no mae
14. sutereo — terebi no migi
15. tabako — teeburu no ue
16. neko — teeburu no shita

Doa

mado

(3) Stellen Sie Fragen wie im Beispiel und antworten Sie anhand des oben gezeichneten Zimmerbildes!

   Beispiel: Mado no mae ni nani ga arimasu ka.   Tsukue ga arimasu.

1. (tsukue no ue)
2. (heya no migi)
3. (teeburu no ue)
4. (terebi to tana no aida)
5. (teeburu no shita)
6. (tsukue no hidari)
7. (tokei no migi)
8. (heya no hidari no ue)
9. (sofaa no ue)
10. (tana no mae)

(4) Fragen Sie mit dem passenden Zählwort, wie viele es sind und antworten Sie!

   Beispiel: 📷 📷 📷 : Kamera ga nandai arimasu ka. / 3(san) dai arimasu.

1.
2.
3.
4.
5.
6.
7.
8.
9.
10.

11.
12.
13.
14.
15.
16.
17.

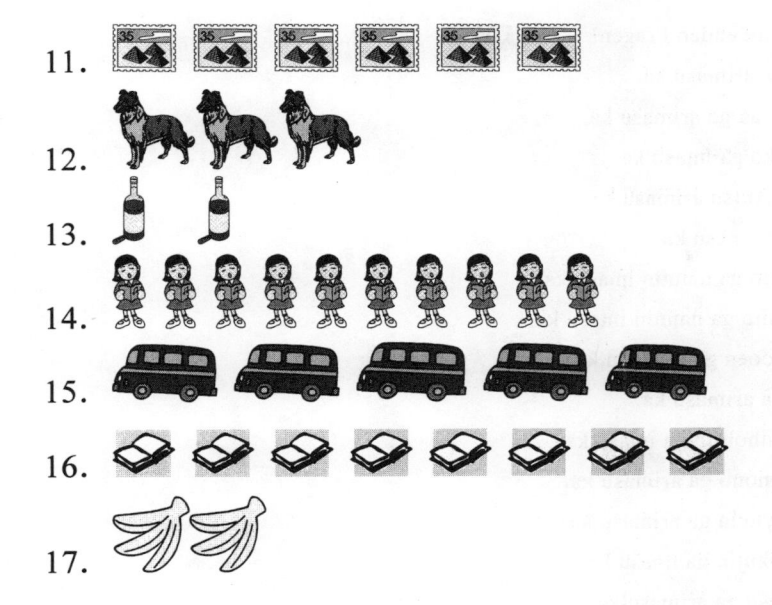

(5) Vollenden Sie die Sätze mit den folgenden Wörtern!

1. koko / nihon-jin / 5 / doitsu-jin / 4
2. ano doitsu no kaisha / gaikoku-jin / takusan
3. kare no ie / jidoosha / 3 / jitensha / 2
4. sono / tsukue / naka / suisu no tokei / 4
5. kare no hondana / nihongo no hon / sukoshi
6. watashi no ie / inu / 3 / neko / 4 / tori / 5
7. kono machi / kireina kooen / futatsu
8. kono daigaku no toshokan / nihongo no hon / zenzen
9. kyooshitsu / onna no hito / 8 / otoko no hito / 10
10. soko / doitsu-jin / 12 / amerika-jin / 3 / furansu-jin / 1 / itaria-jin / 2
11. koko / 50-en no kitte / 7 / 80-en no kitte / 3
12. ano mise / shinsetsu na hito / amari
13. kono bijutsukan / yuumeina nihon no e / 10
14. kare no jimusho / fakkusu / 2 / konpyuuta / 4 / denwa / 5
15. kanojo no tsukue / ue / kireina / hana / 8
16. kono machi / eki / 2 / yuubinkyoku / 3 / depaato / 5
17. demo / daigaku / 0
18. terebi / hondana / aida / ranpu / 1
19. Yamada-san / tonari / Kawakami-san / Yamashita-san
20. Yamashita-san / mae / neko / 2 / soshite / ringo / 6 / mikan / 10

（6） Beantworten Sie die folgenden Fragen!

1. Anata no ie ni kuruma ga arimasu ka.
2. Anata no ie ni CD-pureiyaa ga arimasu ka.
3. Anata no ie ni inu ya neko ga imasu ka.
4. Kono heya ni tsukue ga ikutsu arimasu ka.
5. Kono heya ni denwa ga arimasu ka.
6. Kono heya ni onna no hito ga nannin imasu ka.
7. Kono heya ni otoko no hito ga nannin imasu ka.
8. Kono machi ni kireina kooen ga arimasu ka.
9. Kooen no naka ni nani ga arimasu ka.
10. Kono machi ni takusan nihonjin ga imasu ka.
11. kono machi ni furui tatemono ga arimasu ka.
12. Anata no kaisha ni konpyuuta ga arimasu ka.
13. Anata no kaisha ni gaikokujin ga imasu ka.
14. Anata no kaisha ni fakkusu ga arimasu ka.
15. Doitsu ni takusan biiru no kaisha ga arimasu ka.
16. Doitsu ni nagai kawa ga arimasu ka.
17. Doitsu ni ookii mori ga arimasu ka.
18. Mori no naka ni nani ga imasu ka.
19. Doitsu ni umi ga arimasu ka. Namae wa nan desu ka.
20. Doitsu no tonari ni donna kuni ga arimasu ka.

（7） Übersetzen Sie die Sätze ins Japanische!

1. Wo sind Herr Kimura und Frau Nakatani?   Sie sind in der Bibliothek.
2. Sind schon alle da?   Nein, Herr Yamada ist noch nicht da.
3. Wer ist rechts von Ihnen?   Maria
4. Wer ist da vor der Tür?   Niemand
5. Wie viele Personen gehören zu Ihrer Familie?   Fünf
6. Wie viele Studenten sind in Ihrer Klasse?   Zweiundzwanzig
7. Gibt es einen schönen Park in Ihrer Stadt?   Ja, hinter dem Bahnhof gibt es einen.
8. Was befindet sich zwischen der Bank und dem Kaufhaus?   Die Post
9. Wo ist Ihr Tisch?   Mein Tisch ist da drüben vor dem Fenster.
10. Was gibt es auf dem Tisch?   Zwei Bücher und drei Hefte
11. Wie viele Bundesländer gibt es in Deutschland?
12. In Japan gibt es 47 Präfekturen (ken).
13. Ihre Universität liegt in der Stadt (shi) Nagoya in Präfektur Aichi.
14. Meine Wohnung befindet sich vor einem schönen Park in dieser Stadt.
15. Mein Zimmer befindet sich in der vierten Etage dieses Gebäudes.

(8) Kore wa watashi-tachi no kurasu no shashin desu.
　　Watashi-tachi wa doko ni imasu ka?

Michael : Watashi wa ichiban ue no migi ni imasu.
John　　: Watashi no ue ni Maria-san ga imasu.
Lin　　　: Watashi no tonari ni Chang-san to Ari-san ga
　　　　　 imasu.
Yan　　 : Watashi no tonari wa John-san desu.
Julia　　: Watashi no ue ni Nancy-san, shita ni Ari-san ga
　　　　　 imasu.
Nancy　 : Watashi no tonari ni Michael-san wa imasen.

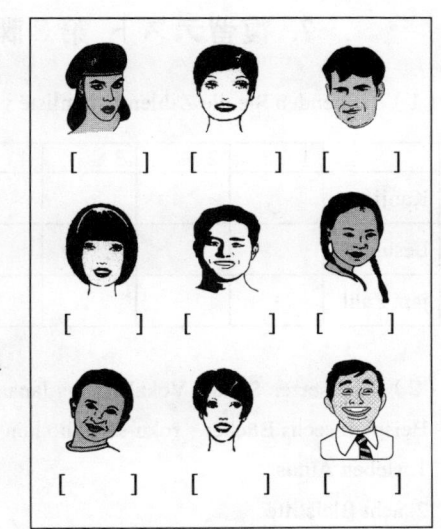

[　] [　] [　]

[　] [　] [　]

[　] [　] [　]

7. 復習テスト 第3課　(Fukushuu-Tesuto Dai 3-ka: Lektionstest L3)

（1）Vollenden Sie die Zahlensystemliste von eins bis zehn! (1×30)

	1	2	3	4	5	6	7	8	9	10
Kanji										
Lesung										
jap. Zahl										

（2）Übersetzen Sie die Vokabeln ins Japanische wie im Beispiel! (5×4)

Beispiel: sechs Bücher　roku-satsu no hon　　3. zehn Briefmarken

1. sieben Autos　　　　　　　　　　　　　4. zwei Japaner

2. acht Bleistifte　　　　　　　　　　　　　5. fünfmal

（3）Antworten Sie auf die Fragen! (6×5)

1. Tsukue no ue ni enpitsu ga arimasu ka?

2. Tsukue no ue ni konpyuuta ga arimasu ka?

3. Hana wa nan-bon arimasu ka?

4. Hana to konpyuuta no aida ni nani ga arimasu ka?

5. Kaban wa doko ni arimasuka?

6. Tsukue no shita ni nani ga imasu ka?

（4）Übersetzen Sie die Sätze ins Japanische! (4×5)

1. Ein Fernseher befindet sich neben der Tafel vorne im Unterrichtsraum.

2. In seinem Büro befindet sich ein Fax. Aber es gibt keinen Computer.

3. Hinter dem Bahnhof gibt es einen schönen Park.

4. Daneben befindet sich das Postamt.

　　　　　　　　　　　　　　　　　　　　　　　　　　　／100

第4課 (Lektion 4)

1. 基本文型

    Verben（Präsens）

- わたしは 朝7時に 起きます。
- パンと ソーセージと たまごを 食べます。
- 8時に 電車で 会社に 行きます。
- 9時から ばん 6時まで はたらきます。
- 木村さんは たばこを よく すいますか。
- いいえ、めったに すいません。

2. 会話： 地下鉄で

ベルガー	:	田中さん、こんばんは。
田中	:	あっ、ベルガーさん、こんばんは。
ベルガー	:	今、仕事の 帰りですか。
		いつも おそいですね。
田中	:	ええ、毎日 ざんぎょうが あります。
		たいへんですよ。
ベルガー	:	私は 明日から 1週間の きゅうかです。
田中	:	それは いいですね。
		何を しますか。
ベルガー	:	京都と 奈良へ 行きます。
田中	:	新幹線で？
ベルガー	:	いいえ、新幹線では 行きません。
		夜行バスで 行きます。
		7時間ぐらい かかります。
		でも、とても 安いです。
田中	:	そうですか。
		京都で 何を 見ますか。
ベルガー	:	「きよみずでら」や「へいあんじんぐう」を 見物します。
田中	:	奈良は 大仏で 有名ですね。 奈良にも 行きますか。
ベルガー	:	ええ、ぜひ。
		それに「ほうりゅうじ」も 行きますよ。
田中	:	そうですか。
		どうぞ いい旅行を してくださいね。
ベルガー	:	はい、ありがとうございます。

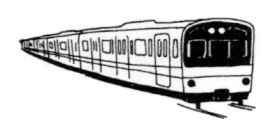

本文： ベルガーさんの一日

　私は 毎朝 7時に 起きます。 まだ、とてもねむいです。 朝ごはんは パンとたまごを食べます。 そして コーヒーを 飲みます。 ときどき ソーセージやハムも 食べます。でも、あまり 時間がありません。 8時に 家を出ます。

　私の 家は、東京の こうがいに あります。 家から 駅まで 10分 ぐらい 歩きます。 そして 電車に のります。 しんじゅくまで 25分 かかります。 電車の中 で 新聞を 読みます。 しんじゅくで 地下鉄に のりかえます。そして 二つ目の駅 で 地下鉄を おります。 朝の電車は いつも まんいんです。ほんとうに たいへん です。

　仕事は 9時に 始まります。 たいてい コンピュータで 仕事を します。 私は 新しい ソフトウェアを 作ります。 ときどき、ミーティングも あります。 それから おきゃくさんにも よく電話を かけます。昼ごはんは たいてい どうりょうと いっしょに会社の しょくどうで 食べます。 仕事は 5時半に 終わります。でも、ときどき ざんぎょうが あります。

　家には ふつう 7時ごろ 帰ります。 あまり 外出しません。 家で 音楽を よく 聞きます。 本や ざっしを 読みます。 それから ときどき 国の りょうしんや 友だちに 手紙を 書きます。 夜は たいてい 11時に 寝ます。

　土曜日と 日曜日は 休みです。 休みの日 午前は 家で 日本語を 勉強します。 会話は あまり むずかしく ありません。 しかし 漢字は とても むずかしいです。 私は まいしゅう 新しい 漢字を 10こ 練習します。 なんども 書きます。そして なんども 読みます。

　午後は、友だちと スポーツを します。 テニスやバドミントンを よくします。 とても 楽しいです。 練習は 2時間 ぐらいです。 それから 近くの 飲み屋に 行きます。 私たちは ビールを よく 飲みます。 私は 日本で あまり ワインは飲みません。 つめたい ビールは とても おいしい です。

　かんぱい !!

会話の練習 (Konversationsübung)

> B：私は 明日から 1週間① の きゅうかです。
> T：それは いいですね。 何を しますか。
> B：京都②へ 行きます。
> T：新幹線③で？
> B：いいえ、新幹線③では 行きません。 夜行バス④で 行きます。
> 　　7時間⑤ぐらい かかります。
> T：そうですか。 京都②で 何を 見ますか。
> B：「きよみずでら」や「へいあんじんぐう」⑥を 見物します。

1. ①3日間 ②かまくら ③車 ④オートバイ ⑤1時間 ⑥お寺や大仏
2. ①5日間 ②パリ ③車 ④バス ⑤5時間 ⑥美術館やシャンゼリゼ
3. ①2週間 ②イタリア ③飛行機 ④電車 ⑤12時間 ⑥ローマやナポリ

本文質問 (Fragen zum Text)

（1） ベルガーさんは朝6時に起きますか。
（2） 朝ごはんは何を食べますか。
（3） 何時に家を出ますか。
（4） 何で会社に行きますか。
（5） 地下鉄にも乗りますか。
（6） 仕事は何時から何時までですか。
（7） ベルガーさんはどんな仕事をしますか。
（8） 昼ごはんはどこで食べますか。
（9） いつも残業しますか。
（10） 夜よく外出しますか。
（11） 家で何をしますか。
（12） 休みはいつですか。
（13） 日本語は休みの夜に勉強しますか。
（14） 毎週、新しい漢字をいくつ勉強しますか。
（15） だれとスポーツをしますか。
（16） どんなスポーツをしますか。
（17） それからどこへ行きますか。
（18） 何がとてもおいしいですか。

3. 単語リスト

Nomina

朝	あさ	Morgen
明日	あした・あす	morgen
一週間	いっしゅうかん	eine Woche
大阪	おおさか	Osaka
音楽	おんがく	Musik
会話	かいわ	Konversation
片仮名	かたかな	Katakana-Zeichen
漢字	かんじ	chinesisches Schriftzeichen
乾杯	かんぱい	Prosit!, Zum Wohl!
着物	きもの	Kimono, japanische traditionelle Bekleidung
休暇	きゅうか	Urlaub, Ferien
休暇を取る	きゅうかをとる	Urlaub nehmen
京都	きょうと	Stadt Kyoto
清水寺	きよみずでら	Kiyomizu-Tempel
国	くに	Staat, Land, Heimatland
郊外	こうがい	Vorort
紅茶	こうちゃ	Schwarztee
午後	ごご	Nachmittag
午前	ごぜん	Vormittag
ご飯	ごはん	Essen, gekochter Reis
頃	ごろ、ころ	ungefähr, so um ~ (Zeitangabe)
魚	さかな	Fisch
質問、~する	しつもん、~する	Frage, ~ stellen
社長	しゃちょう	Firmenchef
小説	しょうせつ	Roman
食堂	しょくどう	Eßzimmer, Eßsaal, kleines Restaurant
新幹線	しんかんせん	Shinkansen (ICE in Japan)
新宿	しんじゅく	Shinjuku (ein Stadtteil in Tokyo)
~神宮	じんぐう	~ Schrein
背広	せびろ	Anzug
田	た	Reisfeld
卵・玉子	たまご	Ei
地下鉄	ちかてつ	U-Bahn
父	ちち	Vater
手紙	てがみ	Brief
寺	てら	Tempel
同僚	どうりょう	Kollege
名古屋	なごや	Stadt Nagoya
奈良	なら	Stadt Nara
肉	にく	Fleisch
飲み屋	のみや	Kneipe

箸	はし	Stäbchen
母	はは	Mutter (eigene)
半	はん	halb
晩	ばん	Abend
飛行機	ひこうき	Flugzeug
平仮名	ひらがな	Hiragana-Zeichen
昼	ひる	Mittag
二つ目	ふたつめ	das zweite
普通	ふつう	normal, gewöhnlich
船	ふね	Schiff
風呂・〜に入る	ふろ・〜にはいる	Bad, baden
平安神宮	へいあんじんぐう	Heian-Schrein
法隆寺	ほうりゅうじ	Horyuji-Tempel in Nara
本文	ほんぶん	Text, Lesetext
毎朝	まいあさ	jeden Morgen
毎週	まいしゅう	jede Woche
毎日	まいにち	jeden Tag
満員	まんいん	voll, überfüllt
夜行バス	やこうバス	Nachtbus
野菜	やさい	Gemüse
休み	やすみ	Pause, Ruhe, Ruhetag
夜	よる	Nacht
両親	りょうしん	Eltern

Fremdwörter (Nomen)

ウィスキー	ウィスキー	Whisky
オートバイ	オートバイ	Motorrad
クラシック	クラシック	Klassik
コーヒー	コーヒー	Kaffee
コーラ	コーラ	Cola
ジャズ	ジャズ	Jazz
ジュース	ジュース	Saft
スキー	スキー	Schi
スポーツ	スポーツ	Sport
セーター	セーター	Pullover
ソーセージ	ソーセージ	Wurst
ソフトウェアー	ソフトウェアー	Software
タクシー	タクシー	Taxi
チーズ	チーズ	Käse
テニス	テニス	Tennis
ナイフ	ナイフ	Messer
ニュース	ニュース	Nachricht
ハム	ハム	Schinken
ハンブルグ	ハンブルグ	Hamburg

バトミントン	バトミントン	Federball
パン	パン	Brot
ピンポン	ピンポン	Tischtennis
ベルリン	ベルリン	Berlin
ボールペン	ボールペン	Kugelschreiber
ポップス	ポップス	Popmusik
マルク	マルク	Mark, DM
ミーティング	ミーティング	Sitzung
メンザ	メンザ	Mensa
レストラン	レストラン	Restaurant

Einstufige Verben

開ける	あける	aufmachen, öffnen
起きる	おきる	aufstehen
教える	おしえる	lehren, beibringen, zeigen
降りる・下りる	おりる	aus-/absteigen
着る	きる	anziehen, tragen
閉める	しめる	zumachen, schließen
食べる	たべる	essen
出る	でる	hinausgehen, veröffentlichen
寝る	ねる	schlafen
乗り換える	のりかえる	umsteigen
見る	みる	sehen

Fünfstufige Verben

歩く	あるく	gehen, zu Fuß gehen
行く	いく	gehen, fahren
終わる	おわる	enden, zum Ende kommen
買う	かう	kaufen
帰る	かえる	zurückkehren
掛かる	かかる	andauern
書く	かく	schreiben
聞く	きく	hören, fragen
吸う	すう	saugen:　たばこを吸う rauchen
作る	つくる	herstellen
飲む	のむ	trinken
乗る	のる	einsteigen, aufsteigen
入る	はいる	hineingehen
始まる	はじまる	beginnen, anfangen
働く	はたらく	arbeiten
話す	はなす	sprechen
読む	よむ	lesen

Unregelmäßige Verben

| 来る | くる | kommen |

する	する	machen, tun

Nominalverben

外出する	がいしゅつする	ausgehen
見物する	けんぶつする	besichtigen, besuchen
残業する	ざんぎょうする	Überstunden machen
勉強する	べんきょうする	lernen
旅行する	りょこうする	reisen
練習する	れんしゅうする	üben, trainieren

I-Adjektive

おいしい	おいしい	lecker
遅い	おそい	spät
楽しい	たのしい	fröhlich, lustig
冷たい	つめたい	kalt (außer Klima)
眠い	ねむい	müde, schläfrig

Adverbien

いっしょに	いっしょに	zusammen
いつも	いつも	immer
ぜひ	ぜひ	unbedingt
たいてい	たいてい	meist, meistens
たまに	たまに	manchmal, gelegentlich
時々	ときどき	manchmal, ab und zu
どうぞ	どうぞ	bitte
ほとんど	ほとんど	fast, ほとんど〜ない kaum
めったに	めったに	selten
よく	よく	oft

Hilfspartikeln

ぐらい	ぐらい	ungefähr, etwa
まで	まで	bis
を	を	HP für direktes Objekt (Akkusativ)

Konjunktionen

しかし	しかし	aber
それから	それから	und dann
それに	それに	dazu, darüber hinaus, außerdem

Idiomatische Redewendungen

歩いて	あるいて	zu Fuß
授業に出る	じゅぎょうにでる	zum Unterricht gehen
(〜に)ついて	ついて	über, hinsichtlich
電話をかける	でんわをかける	anrufen, telefonieren
何度も	なんども	mehrmals, vielmals
本当に	ほんとうに	wirklich, in der Tat

4. アクティブ漢字リスト

漢字	意味	読み	熟語	読み方	意味
行	gehen, fahren	ギョウ / コウ / い-く	行く / 行（目） / 旅行	い-く / ぎょう / りょこう	gehen/fahren / Zeile / Reise
来	kommen	ライ / く-る	来る / 来週 / 来月	く-る / らいしゅう / らいげつ	kommen / nächste Woche / nächster Monat
帰	zurückkehren	キ / かえ-る	帰る / 帰国 / 帰宅	かえ-る / きこく / きたく	zurückkehren / Heimkehr / nach Hause zurück
起	aufstehen	キ / お-きる	起きる	お-きる	aufstehen
食	essen	ショク / た-べる	食べる / 食事 / 食物	た-べる / しょくじ / たべもの	essen / Essen, Mahlzeit / Essen, Nahrung
飲	trinken	イン / の-む	飲む / 飲料水 / 飲み屋	の-む / いんりょうすい / のみや	trinken / Trinkwasser / Kneipe
見	sehen	ケン / み-る	見る / 見物 / 見物人	み-る / けんぶつ / けんぶつにん	sehen / Besichtigung / Zuschauer
聞	hören	ブン / き-く	聞く / 新聞 / 見聞	き-く / しんぶん / けんぶん	hören / Zeitung / Erfahrung
読	lesen	ドク / よ-む	読む / 読書 / 読者	よ-む / どくしょ / どくしゃ	lesen / Lesen, Lektüre / Leser
書	schreiben	ショ / か-く	書く / 書道 / 書き方	か-く / しょどう / かきかた	schreiben / Kalligraphie / Schreibweise

アクティブ漢字リスト

漢字	意味	筆順	読み	熟語	読み方	意味
入	hineingehen	ノ 入	ニュウ / はい-る / い-る	入る	はい-る	hineingehen
				入口	いりぐち	Eingang
				入学	にゅうがく	Schuleintritt, Einschulung
出	ausgehen	一 十 屮 出 出	シュツ / で-る	出る	で-る	ausgehen
				出口	でぐち	Ausgang
				出発	しゅっぱつ	Abfahrt
買	kaufen	丨 冂 冂 四 四 罒 罒 買 買 買	バイ / か-う	買う	か-う	kaufen
				買物	かいもの	Einkauf
				売買	ばいばい	Ein- und Verkauf
休	ausruhen	ノ イ イ 仁 什 什 休 休	キュウ / やす-む	休む	やす-む	ausruhen, pausieren
				休日	きゅうじつ	Ruhetag, Feiertag
				休暇	きゅうか	Urlaub, Ferien
田	Reisfeld	丨 冂 冂 田 田	デン / た	水田	すいでん	Reisfeld
				油田	ゆでん	Ölfeld
				田舎	いなか	Provinz, Land
朝	Morgen	一 十 十 古 古 吉 吉 卓 朝 朝 朝	チョウ / あさ	朝	あさ	Morgen
				朝ごはん	あさごはん	Frühstück
				毎朝	まいあさ	jeden Morgen
昼	Mittag	一 コ 尸 尺 尺 屄 昼 昼	チュウ / ひる	昼	ひる	Mittag
				昼休み	ひるやすみ	Mittagspause
				昼ごはん	ひるごはん	Mittagessen
夜	Nacht	丶 亠 广 疒 疒 夜 夜 夜	ヤ / よ / よる	夜	よる	Nacht
				夜中	よなか	Mitternacht
				夜行バス	やこうバス	Nachtbus
家	Haus, Wohnung	丶 丶 宀 宀 宀 宁 家 家 家 家	カ / ケ / いえ / うち	家	いえ	Haus, Wohnung
				家族	かぞく	Familie
				〜家	け	Familie 〜
駅	Bahnhof	一 厂 丌 丐 馬 馬 駅 駅 駅 駅	エキ	駅	えき	Bahnhof
				駅前	えきまえ	vor dem Bahnhof
				中央駅	ちゅうおうえき	Hauptbahnhof

5. 文法 (Grammatik)

(1) Verben (V) －Präsens－

・Verben stehen immer am Satzende.
・Es gibt keine Konjugation nach Personalpronomen.

わたし			
あなた	は バスで 町へ **行きます**。	Ich **fahre** mit dem Bus in die Stadt.
山川さん	（行く）	Sie **fahren** mit dem Bus in die Stadt.
		Herr Yamada **fährt** mit dem Bus in die Stadt.

・Es gibt zwei Flexionsgruppen sowie zwei unregelmäßige Verben.

	Endung	Grundform (GF)	Masu-Form (MF)	Negation (MF)
① **Einstufige Verben** Vokal i oder e vor der Endung ru (Grundform), bleibt unverändert.	i－ru (i-Verb)	mi-ru (sehen) oki-ru (aufstehen)	mi-masu oki-masu	mi-masen oki-masen
	e－ru (e-Verb)	tabe-ru (essen) ne-ru (schlafen)	tabe-masu ne-masu	tabe-masen ne-masen
② **Fünfstufige Verben** Vokale der Endung ändern sich in fünf Variationen (a,i,u,e,o) je nach Verbform.	～a (NF) ～i (MF) ～u (GF) ～e (BF) ～o (AF)	= u = ka-ku (schreiben) yo-mu (lesen) ki-ku (hören) hana-su (sprechen)	= i = ka-ki-masu yo-mi-masu ki-ki-masu hana-shi-masu	= i = kaki-masen yomi-masen kiki-masen hanashi-masen
③ **Unregelmäßige Verben**	～ru	su-ru (tun, machen) ku-ru (kommen)	**shi-masu** **ki-masu**	shi-masen ki-masen

① **Einstufige Verben** (V1) haben immer den gleichen Vokal "i" oder "e" vor der Endung der **Grundform** (-ru). Anstelle der Endung "ru" braucht man nur "**masu**" anzuhängen, um die **Grundform** (GF) in die **Masu-Form** (MF) umzuändern: oki-**ru**⇒oki-**masu**, ne-**ru**⇒ne-**masu**.
<u>Achtung</u>: Einige Verben sind keine einstufigen Verben, sondern fünfstufige, obwohl sie die Vokale "i" oder "e" vor der Endung (ru) haben.

・**hashi**ru (rennen) ⇒ **hashi**rimasu　・**ki**ru (schneiden) ⇒ **ki**rimasu
・**hai**ru (hineingehen) ⇒ **hai**rimasu　・**kae**ru (zurückkehren) ⇒ **kae**rimasu　usw.

② **Fünfstufige Verben** (V5) haben fünf verschiedene Endungsvokale je nach Verbform. Hier lernen Sie zuerst zwei Endungsvokale kennen, nämlich "～u" (**Grundform**) und "～i" (**Masu-Form**). Die anderen drei Vokaländerungen; "～a"(Nai-Form: Negation), "～e" (Befehlsform) und "～o"(Aufforderungsform) werden wir in den folgenden Kapiteln behandeln.

Statt des Endungsvokals der Grundform "u" wird "i-masu" angehängt, um die **Masu-Form** zu bilden: kak-u ⇒ kaki-masu, yom-u ⇒ yomi-masu.

③ Es gibt nur zwei **unregelmäßige Verben**, **kuru** (kommen) und **suru** (tun / machen). Bei den beiden ändert sich der Vokal des Stammes: ku-ru ⇒ ki-masu, su-ru ⇒ shi-masu.

④ **Nominalverben** (Nomen+suru): Ryokoo (Reise) +suru (machen) ⇒ **ryokoo-suru** (reisen) Es gibt viele Nominalverben, wie wir später sehen werden. Die Konjugation der Nominalverben stimmt mit der Konjugation von "suru" überein: ryokoo-**suru** ⇒ ruyokoo-**shimasu**, benkyoo-**suru** ⇒ benkyoo-**shimasu**.

山下さんは そこに います(いる)。	Herr Yamashita ist da.
山下さんは 起きます(起きる)。	Herr Yamashita steht auf.
山下さんは あるきます(あるく)。	Herr Yamashita geht zu Fuß.
山下さんは はたらきます(はたらく)。	Herr Yamashita arbeitet.
山下さんは りょこうします(～する)。	Herr Yamashita reist.
山下さんは 帰ります(帰る)。	Herr Yamashita kehrt zurück.

(２) **Verschiedene HP und Konjunktionen** (Verbindungswörter)

1. わたしは あさ ７じに 起きます。　Ich stehe um sieben Uhr morgens auf.
あなたは あさ なんじに 起きますか。　Um wieviel Uhr stehen Sie auf?
"に" wird hier als HP für die Zeitangabe verwendet.
Die HP muß immer dem Wort, auf das sie sich bezieht, nachgestellt werden.
わたしは **あした** ８じに 起きます。　Ich stehe morgen um 8 Uhr auf.
Die Präsensform kann man auch für die Zukunft verwenden, genau wie im Deutschen.

2. わたしは 朝ごはんを 食べます。　Ich frühstücke.
パン と たまごを 食べます。　Ich esse Brot und ein Ei.
"**を**" ist die HP für den Akkusativ (direktes Objekt).
Wenn das Subjekt bekannt ist, wird es oft ausgelassen.

3. **そして** コーヒーを 飲みます。　Und ich trinke Kaffee.
"そして" (Konjunktion: KJ) heißt "und" zwischen **Sätzen**.
"そして" steht immer am Anfang des zweiten Satzes.
Achtung : "と" heißt auch "und", aber es steht zwischen **Substantiven**, nicht zwischen Sätzen!

わたしは コーヒーとジュースを 飲みます。そして 新聞を 読みます。
Ich trinke Kaffee **und** Saft. **Und** ich lese eine Zeitung.

4. でも/しかし めったに ミルクは のみません。　Aber ich trinke selten Milch.
"**でも**" und "**しかし**" (Konjunktion) heißen "**aber**". Sie werden am Satzanfang eingesetzt.
"**めったに**"(selten) wird immer mit der Negationsform benutzt. ⇒ [めったに+V ません]
ミルクを飲む？ oder ミルクは飲む？
Eigentlich muß die Akkusativpartikel **を** eingesetzt werden, weil ミルク ein direktes Objekt ist. Aber hier kann auch は benutzt werden, weil dieses は das Objekt thematisiert. Es handelt sich um Milch im Gegensatz zu Kaffee, deswegen wurde は zur Betonung benutzt.

```
Adverbien der Häufigkeit
 [mit Bejahung＝ます]          [mit Negation＝ません]
・たまに     ab und zu        ・あまり～ません      nicht so
・ときどき    manchmal         ・めったに～ません     selten
・よく       oft              ・ほとんど～ません    kaum
・いつも      immer            ・ぜんぜん～ません     gar nicht
```

5. 8じはんに 大学へ/に 行きます。　Um halb neun gehe ich zur Universität.
"**いく**" kann immer benutzt werden, egal ob man zu Fuß geht oder fährt.
* Man sagt aber 家に帰る　für "nach Hause gehen".
* "**8じはん**" ist nicht halb acht, sondern halb neun.
"**へ**" ist HP für die Richtung (nach) und "**に**" ist HP für den Zielort (zu).
In den meisten Fällen kann man beide verwenden.

aber: へやに入る　(ins Zimmer treten)　⇔　へやを出る　(das Zimmer verlassen)
　　　バスにのる　(in den Bus steigen)　⇔　バスをおりる　(aussteigen)
　　　東京につく　(in Tokyo ankommen)　⇔　東京を出る　(Tokyo verlassen)

6. わたしは **あるいて** 行きません。 でんしゃで 行きます。
Ich gehe nicht zu Fuß. Ich fahre mit der Bahn.
* "**で**" ist HP für Mittel im allgemeinen, wie z.B. Verkehrsmittel, Geräte oder auch Sprachen.

あなたは 何で 大学に 来ますか。　　　Womit fahren Sie zur Uni?
わたしは ニュースを ラジオで 聞きます。　Ich höre die Nachrichten im Radio.
てがみを ペンで 書きます。　　　　　Ich schreibe einen Brief mit einem Stift.
日本語で 話します。　　　　　　　　Ich spreche auf Japanisch.

7. わたしは 友だちと (いっしょに) 昼ごはんを 食べます。
   Ich esse mit Freunden (zusammen) zu Mittag.
   * Für "mit jemandem" kann man nicht "で" benutzen, weil eine Person kein Mittel
     ist. Hier muß man die HP "と"(= zusammen mit) benutzen.

8. わたしは 友だちと 会社のしょくどうで 昼ごはんを 食べます。
   Ich esse mit Freunden in der Kantine zu Mittag.
   * Die HP "で" funktioniert hier anders und wird als HP für den **Ort der Handlung** verwendet.
     Achtung: "に" ist die HP für den **Ort des Befindens**. (L.3)!

わたしは きっさてんで コーヒーを 飲みます。   Ich trinke Kaffee im Café.
かれは 駅で 新聞を 買います。   Er kauft am Bahnhof eine Zeitung.
かのじょは 図書館で 本を 読みます。   Sie liest Bücher in der Bibliothek.

9. わたしたちは 9じから 10じはんまで 日本語を べんきょうします。
   Wir lernen von 9 Uhr bis halb 11 Japanisch.
* Man kann **から** und **まで** auch einzeln benutzen. あした 9じから はたらきます。
* Die HP "から" und "まで" können nicht nur für Zeitangaben, sondern auch für Ortsangaben
  verwendet werden.

わたしたちは 東京から おおさかまで 行きます。
Wir fahren von Tokyo bis nach Osaka.
わたしたちは L1から L4まで 読みます。
Wir lesen von L1 bis L4.
あなたは 何じから 何じまで はたらきますか。
Von wann bis wann arbeiten Sie?

10. 2時間ぐらい 練習します。 そして 7じごろ うちに 帰ります。
    Ich trainiere ungefähr 2 Stunden und so um 7 Uhr fahre ich nach Hause.
    "ぐらい" (ungefähr) kann allgemein verwendet werden, aber "ごろ" (ungefähr) wird
    ausschließlich für Zeitangaben verwendet.

一週間ぐらい かかります。   Es dauert ungefähr eine Woche.
ビールを 3本ぐらい 飲みます。   Ich trinke ungefähr drei Flaschen Bier.
金曜日ごろ そちらに 行きます。   Ich komme am Freitag oder am Samstag bei Ihnen vorbei.

6. 練習 (Übungen)

(1) Vervollständigen Sie die folgende Verbtabelle!

	Deutsch	MF	Negation		Deutsch	MF	Negation
いる	( )	_____	_____	買う	( )	_____	_____
飲む	( )	_____	_____	行く	( )	_____	_____
歩く	( )	_____	_____	出る	( )	_____	_____
開ける	( )	_____	_____	帰る	( )	_____	_____
おりる	( )	_____	_____	終わる	( )	_____	_____
聞く	( )	_____	_____	書く	( )	_____	_____
着る	( )	_____	_____	働く	( )	_____	_____
乗る	( )	_____	_____	ねる	( )	_____	_____
する	( )	_____	_____	来る	( )	_____	_____

(2) Bilden Sie die folgenden Sätze in der Masu-Form mit einer Zeitangabe!

1. わたしは 起きる。　　　　　[7じ]　　　⇒
2. 大学へ 行く。　　　　　　　[8じはん]　⇒
3. じゅぎょうが はじまる。　　[9じ]　　　⇒
4. じゅぎょうが おわる。　　　[15じ]　　⇒
5. 町へ 行く。　　　　　　　　[16じ]　　⇒
6. 買いものを する。　　　　　[16じはん]⇒
7. 家に 帰る。　　　　　　　　[18じごろ]⇒
8. ばんごはんを 食べる。　　　[19じ]　　⇒
9. 日本語を べんきょうする。　[20じはん]⇒
10. ねる。　　　　　　　　　　[23じごろ]⇒

(3) Finden Sie die passenden Verben und beantworten Sie die Fragen in der Masu-Form!

Frage: 上田さんは 何を しますか。

	[Objekt]	[Verb]	[Masu-Form]
1.	にく	・飲む	⇒ 上田さんは にくを 食べます。
2.	おさけ	・べんきょうする	⇒
3.	新聞	・書く	⇒
4.	テレビ	・おりる	⇒

5. たばこ　　　・食べる　　　　　⇒
6. ドイツ語　　・買う　　　　　　⇒
7. きもの　　　・すう　　　　　　⇒
8. 電車　　　　・読む　　　　　　⇒
9. くつ　　　　・見る　　　　　　⇒
10. てがみ　　　・きる　　　　　　⇒

（4）Stellen Sie die Fragen mit 何で！ Und antworten Sie!

　　町へ　何で　行きますか。⇒　タクシーで　行きます。

1. 大学／自転車
2. 会社／電車
3. 日本／ひこうき
4. 友だちの家／オートバイ
5. ゆうびんきょく／バス
6. こうえん／あるいて
7. 東京／電車とバス
8. ハンブルク／自動車
9. びじゅつかん／ちかてつ
10. おおさか／夜行バス

（5）Stellen Sie die Fragen und antworten Sie wie im Beispiel!

　　家から　大学まで　どのぐらい　かかりますか。⇒　自転車で１５分ぐらいです。

1. ［家　　大学］　　　　　⇒　［バス］
2. ［家　　公園］　　　　　⇒　［自転車］
3. ［大学　メンザ］　　　　⇒　［あるいて］
4. ［大学　駅］　　　　　　⇒　［タクシー］
5. ［この町　ハンブルク］　⇒　［電車］
6. ［この町　ベルリン］　　⇒　［電車］
7. ［この町　海］　　　　　⇒　［自動車］
8. ［ドイツ　ローマ］　　　⇒　［ひこうき］
9. ［ドイツ　日本］　　　　⇒　［ひこうき］
10. ［ドイツ　アメリカ］　　⇒　［ふね］

（6）Stellen Sie die Fragen!　Und antworten Sie wie im Beispiel!

　F：大学へ　あるいて　行きますか。
　A：いいえ、あるいて　行きません。　バスで　行きます。

1. アメリカ／ひこうき
2. ベルリン／電車
3. こうえん／バス
4. 駅／タクシー
5. 町／ちかてつ
6. イタリア／自動車
7. びょういん／自転車
8. レストラン／あるいて
9. 会社／バス
10. フランス／友だちの車

（7）Vollenden Sie die Sätze mit den passenden Verben!

1. かれ／まんねんひつ／てがみ
2. かのじょ／そのニュース／テレビ
3. あに／コンピュータ／日本語
4. わたし／その本／ドイツ語
5. 田中さん／電車／家
6. 川中さん／マルク／そのとけい
7. ミュラーさん／ざっし／ふじ山のえ
8. オーラフさん／コップ／水
9. アンヤさん／このカメラ／町のしゃしん
10. ダニエラさん／おはし／ごはん

（8）Setzen Sie die richtige Partikel ein und übersetzen Sie ins Deutsche!

1. ちちは　ドイツ語（　　）えい語（　　）日本語（　　）話します。
2. あさ　8じ（　　）起きます。そして　車（　　）うみ（　　）行きます。
3. かれは　てがみ（　　）いつも　タイプライター（　　）書きます。
4. わたしは　ときどき　町（　　）デパート（　　）セーター（　　）買います。
5. デパート（　　）前（　　）バス（　　）のります。
6. そして　駅（　　）バス（　　）おります。

7. 東京（　）おおさか（　）しんかんせん（　）行きます。
8. かれは かれ（　）どうりょう（　）公園（　）テニス（　）します。
9. 山田さんは あした ひこうき（　）アメリカ（　）行きます。
10. アメリカ（　）かれは 友だち（　）えい語（　）話します。

(9) Vollenden Sie die Sätze wie im Beispiel!

　　わたしは えい語と フランスごを 話します。そして 日本語も 話します。

1. かのじょ　　⇒　にく／やさい／食べる　　　　⇒　魚
2. かれ　　　　⇒　えんぴつ／ボールペン／買う　⇒　ナイフ
3. 先生　　　　⇒　えい語／スペイン語／おしえる⇒　日本語
4. しゃちょう　⇒　クラシック／ジャズ／聞く　　⇒　ポップス
5. ちちとはは　⇒　テニス／ピンポン／する　　　⇒　スキー
6. 林さん　　　⇒　ビール／ワイン／飲む　　　　⇒　ウィスキー
7. ささきさん　⇒　新聞／ざっし／読む　　　　　⇒　しょうせつ
8. 前田さん　　⇒　電車／バス／のる　　　　　　⇒　タクシー
9. ユリアさん　⇒　ひらがな／カタカナ／書く　　⇒　かんじ
10. メラニーさん⇒　フランス／イタリア／行く　　⇒　スペイン

(10) Vollenden Sie die Sätze wie im Beispiel!

　　わたしは にくと やさいを よく 食べます。でも さかなは めったに 食べません。

1. かれ　　　⇒　コーヒー／こうちゃ／飲む　　⇒　ミルク
2. かのじょ　⇒　バス／電車／のる　　　　　　⇒　タクシー
3. ちち　　　⇒　新聞／ざっし／読む　　　　　⇒　しょうせつ
4. はは　　　⇒　テニス／バドミントン／する　⇒　ピンポン
5. リーさん　⇒　日本語／中国語／話す　　　　⇒　えい語
6. 町田さん　⇒　ジーンズ／セーター／きる　　⇒　せびろ
7. すずきさん⇒　えいが／げき／見る　　　　　⇒　オペラ
8. まつださん⇒　電車／バス／りょこうする　　⇒　ひこうき
9. 田中さん　⇒　東京／おおさか／行く　　　　⇒　なごや
10. ヤンさん　⇒　ひらがな／かんじ／書く　　　⇒　カタカナ
11. 友だち　　⇒　ジャズ／ポップス／聞く　　　⇒　クラシック
12. 私　　　　⇒　ハム／ソーセージ／買う　　　⇒　チーズ

(11) Übersetzen Sie ins Japanische!

1. Herr Schmidt steht um 7:30 morgens auf.
2. Er ißt Brot und ein Ei. Er trinkt Kaffee.
3. Er fährt mit dem Zug zur Firma. Er geht von zu Hause zum Bahnhof zu Fuß.
4. Er nimmt den Zug um 8:30. Es dauert ca. 1 Stunde bis zur Firma.
5. Seine Arbeit beginnt um 9 Uhr und endet so um 6 Uhr.
6. Er arbeitet morgens bis 12 Uhr und ißt mit seinen Kollegen in der Kantine zu Mittag.
7. Er ißt oft Fisch und Gemüse. Und er ißt auch Obst. Aber er ißt selten Fleisch.
8. Er arbeitet wieder von 1 Uhr bis 5 Uhr dreißig. Manchmal arbeitet er bis 6 Uhr.
9. Er kommt ungefähr um halb sieben nach Hause.
10. Er macht selten Überstunden.
11. Er kauft im Geschäft in der Nähe seiner Wohnung ein.
12. Er hört Musik. Er hört Jazz und Pop. Er sieht aber selten fern.
13. Manchmal schreibt er Briefe.   Er schreibt sie mit der Schreibmaschine.
14. Er ißt nicht so viel zu Abend.   Er ißt Reis und Gemüse mit Stäbchen.
15. Er lernt ungefähr eine Stunde Japanisch.
16. Er schreibt Hiragana und Katakana. Aber er schreibt noch nicht so viele Kanji.
17. So um 10 Uhr nimmt er ein Bad.
18. Manchmal trinkt er ein Glas Rotwein.
19. Er liest Zeitungen, Zeitschriften und Bücher.
20. Und er geht um 12 Uhr ins Bett.

(12) Beschreiben Sie Ihren Tagesablauf!

7. 復習テスト 第4課 (Lektionstest L4)

(1) Vollenden Sie die Verbtabelle! (12×2)

　　　　　　　　Grundform　・　Masu-Form (Bejahung)　・　Masu-Form (Negation)

1. arbeiten : ＿＿＿＿＿＿　＿＿＿＿＿＿＿＿＿＿　＿＿＿＿＿＿＿＿＿＿
2. kaufen　 : ＿＿＿＿＿＿　＿＿＿＿＿＿＿＿＿＿　＿＿＿＿＿＿＿＿＿＿
3. hören　　: ＿＿＿＿＿＿　＿＿＿＿＿＿＿＿＿＿　＿＿＿＿＿＿＿＿＿＿
4. kommen : ＿＿＿＿＿＿　＿＿＿＿＿＿＿＿＿＿　＿＿＿＿＿＿＿＿＿＿

(2) Setzen Sie in ( ) die Partikel und in ＿＿ die Verben ein! (30×2)

1. わたしは あさ 7じ（　　）＿＿＿＿＿＿＿＿＿。[aufstehen]
2. コーヒー（　　）＿＿＿＿＿＿＿＿＿。[trinken]
3. わたし（　　）いえは こうがい（　　）＿＿＿＿＿＿＿。[sich befinden]
4. わたしは いえ（　　）えき（　　）＿＿＿＿＿＿＿。[zu Fuß gehen]
5. でんしゃ（　　）かいしゃ（　　）＿＿＿＿＿＿＿。[fahren]
6. 40ぷん（　　）＿＿＿＿＿＿＿＿＿。[ungefähr, dauern]
7. しごとは 9じ（　　）＿＿＿＿＿＿＿＿＿。[anfangen]
　 そして 7じ（　　）＿＿＿＿＿＿＿＿＿。[gegen, enden]
8. わたしは ひる（　　）さかな（　　）たまご（　　）＿＿＿＿＿＿＿。[essen]
9. しかし にく（　　）あまり＿＿＿＿＿＿＿＿＿。[nicht essen]
10. しごと（　　）とても＿＿＿＿＿＿＿＿＿。ですから やすみ（　　）ひ
　　（　　）めったに ＿＿＿＿＿＿＿＿＿。[ermüden, nicht ausgehen]

(3) Antworten Sie mit viel, oft, manchmal, kaum, nicht so, usw.! (4×4)

1. あなたは しんぶん をよみますか。

2. あなたは やすみのひに なにを しますか。

3. あなたは たばこを すいますか。

4. あなたは よる ビールを のみますか。

　　　　　　　　　　　　　　　　　　　　　　　　　＿＿＿＿＿／100

第5課 (Lektion 5)

1. 基本文型

Verben（Präteritum）

・私は きのう 映画を 見ました。

・私は きのう 映画を 見ませんでした。

・もう 昼ごはんを 食べましたか。

・はい、もう 食べました。

・いいえ、まだ です。

・私たちは 公園を さんぽしました。

第5課 (Lektion 5)

2. 会話1 ： 何をしましたか

マリア ： 私は きのうの 午後 友だちと スポーツを しました。
　　　　　テニスです。 トムさんは？
トム　 ： いいえ、私は しませんでした。
マリア ： そして 町で 映画も 見ました。 日本の 映画です。トムさんは？
トム　 ： いいえ、私は 見ませんでした。
マリア ： 晩に 家で CDを 聞きました。 ポップスです。トムさんは？
トム　 ： いいえ、私は 聞きませんでした。
マリア ： じゃあ、トムさんは きのう 何を しましたか。
トム　 ： 何も しませんでした。 一日中 よく 寝ました。
マリア ： まあ。

会話2 ： まちがえました

鈴木　　 ： ベルガーさん、仕事は もう 終わりましたか。
ベルガー ： ええ、今 やっと 終わりました。
鈴木　　 ： おつかれさま。ベルガーさんは もう 晩ごはんを 食べましたか。
ベルガー ： いいえ、まだです。 とても おなかが すきました。
鈴木　　 ： じゃあ、いっしょに 食べに 行きませんか。
ベルガー ： ええ、よろこんで。

鈴木　　 ： 何を食べますか。 中華料理は どうですか。
ベルガー ： 中華料理は 今日の 昼に 食べました。 イタリア料理は いかが
　　　　　 ですか。
鈴木　　 ： ぼくは イタリア料理を きのう 食べました。
ベルガー ： じゃあ、やっぱり 日本料理に しますか。
鈴木　　 ： そうですね。

鈴木　　 ： ベルガーさんは 日本の生活に もう なれましたか。
ベルガー ： はい、おかげさまで、かなり なれました。 でも、朝の 満員電車
　　　　　 には まだ なれませんが。 ほんとうに たいへんです。

鈴木	:	ハハハ、ぼくも まだ なれませんよ。
ベルガー	:	それに ときどき しっぱいも します。
鈴木	:	へえ、どんな しっぱいですか。
ベルガー	:	きのう 私は 友だちの 村田さんと ホテルの一階で 待ち合わせました。 時間は 10時半です。
鈴木	:	ええ。
ベルガー	:	私は 1時間ぐらい 待ちましたが、村田さんは まだ 来ません。
鈴木	:	それは おかしいですね。
ベルガー	:	私は 彼に 電話を かけましたが、家には もう いません。
鈴木	:	どうしましたか。
ベルガー	:	そのとき、やっと 村田さんが かいだんを あがって 来ました。
鈴木	:	ほう。

・・・・

ベルガー	:	村田さん、こちらですよ。
村田	:	ベルガーさん どうしましたか。 待ち合わせは 一階ですよ。
ベルガー	:	ええ？ ここは 一階では ありませんか。
村田	:	いいえ、ここは 一階では ありません。 二階ですよ。
ベルガー	:	あ、そうですか。 でも 村田さん、待ち合わせの 時間は 10時半ですね。
村田	:	はい、そうです。 今 ちょうど10時半 ですね。
ベルガー	:	あれ、今は もう 11時半では ありませんか。
村田	:	いえいえ、ほら、私の時計も、ベルガーさんの時計も、それに ホテルの時計も みんな 10時半ですよ。
ベルガー	:	？？？
村田	:	ベルガーさん、日本語の 一階は ドイツ語で "erste Etage" では ありません。"Erdgeschoß" です。 そして 日本語の 10時半は ドイツ語で "halb elf" です。 "halb zehn" ではありませんよ。
ベルガー	:	あっ、そうか。 私が みんな まちがえましたね。すみません。これから 気をつけます。
村田	:	どうも お気のどくさま。

会話の練習 (Konversationsübung)

(1)
> A: もう 晩ごはん①を 食べ②ましたか。
> B: いいえ、まだです。
> A: じゃあ、いっしょに 食べ②に 行きませんか。
> B: ええ、喜んで。

1. ① ドイツ料理　② 食べる
2. ① ビール　② 飲む
3. ① その映画　② 見る
4. ① スケート　② する

(2)
> A: 何を 食べます①か。　中華料理②は どうですか。
> B: 中華料理②は きのう 食べました①。
> 　　イタリア料理③は いかがですか。
> A: イタリア料理③は おととい 食べました①。
> B: じゃあ、やっぱり 日本料理④に しますか。
> A: そうですね。

1. ① 食べる ②ドイツ料理 ③フランス料理 ④スペイン料理
2. ① 飲む ②ワイン ③ウイスキー ④お酒
3. ① 見る ②映画 ③げき ④野球
4. ① する ②テニス ③バトミントン ④さんぽ

(3)
> A: ベルガーさんは 日本の生活①に もう なれましたか。
> B: はい、おかげさまで、かなり なれました。
> 　　でも、朝の 満員電車②には まだ なれませんが。
> A: ハハハ、私も まだ なれませんよ。

1. ① 日本語　② 漢字
2. ① 日本の料理　② おはし
3. ① 新しい仕事　② ざんぎょう
4. ① ドイツの生活　② ドイツ料理

3. 単語リスト

Nomina

赤ちゃん	あかちゃん	Baby
秋葉原	あきはばら	Stadtbezirk in Tokyo
雨、〜が降る	あめ、〜がふる	Regen, Es regnet.
池	いけ	Teich
今	いま	jetzt
上野公園	うえのこうえん	Ueno-Park in Tokyo
映画	えいが	Kinofilm
映画館	えいがかん	Kino
駅前	えきまえ	vor dem Bahnhof
おととい	おととい	vorgestern
お兄さん	おにいさん	älterer Bruder
お姉さん	おねえさん	ältere Schwester
階段	かいだん	Treppe
買い物(する)	かいもの(する)	Einkauf (einkaufen)
喫茶店	きっさてん	Café
切符	きっぷ	Fahrkarte, Ticket
昨日	きのう・さくじつ	gestern
去年	きょねん	letztes Jahr
今朝	けさ	heute morgen
交差点	こうさてん	Kreuzung
坂道	さかみち	Gefälle, Abhang
試合	しあい	Wettspiel
辞書	じしょ	Wörterbuch
生活	せいかつ	Leben
先週	せんしゅう	letzte Woche
そば	そば	Buchweizennudeln
空	そら	Himmel
中華料理	ちゅうかりょうり	chinesisches Essen
電気店(屋)	でんきてん(や)	Elektrogeschäft
道路	どうろ	Straße
成田空港	なりたくうこう	Flughafen Narita
日本料理	にほんりょうり	japanisches Essen
野原	のはら	Wiese
橋	はし	Brücke
船	ふね	Schiff
待ち合わせ	まちあわせ	Verabredung, 待ち合わせる sich verabreden
周り	まわり	Kreisumfang
道	みち	Weg, Straße
野球	やきゅう	Baseball
山手線	やまのてせん	Yamanote-Linie in Tokyo
山道	やまみち	Bergweg

雪	ゆき	Schnee
廊下	ろうか	Gang, Korridor

Fremdwörter (Nomina)

アウトバーン	アウトバーン	Autobahn
アパート	アパート	Apartment
イタリア料理	イタリアりょうり	italienisches Essen
ウォークマン	ウォークマン	Walkman
カレーライス	カレーライス	Curry-Reis
ギター	ギター	Gitarre
ギリシャ	ギリシャ	Griechenland
シベリア	シベリア	Sibirien
JR	ジェイアール	Japan Rail AG
ジョギング	ジョギング	Jogging
スーパーマン	スーパーマン	Superman
トンネル	トンネル	Tunnel
フランクフルト	フランクフルト	Frankfurt
ミュンヘン	ミュンヘン	München
ラジカセ	ラジカセ	Radiokassettenrekorder
ロンドン	ロンドン	London

Pronomina

僕	ぼく	ich (männlich)

Einstufige Verben

調べる	しらべる	untersuchen, nachschlagen
疲れる	つかれる	sich ermüden, müde werden
(〜に)慣れる	なれる	sich gewöhnen
間違える	まちがえる	sich irren, Fehler machen

Fünfstufige Verben

(〜に)会う	あう	jn. treffen, sehen
切る	きる	schneiden
着く	つく	ankommen
通る	とおる	vorbeigehen, -fahren
飛ぶ	とぶ	fliegen
走る	はしる	laufen
降る	ふる	雨が〜 regnen 雪が〜 schneien
(〜を)待つ	まつ	warten
渡る	わたる	überqueren

Nominalverben

散歩する	さんぽする	spazierengehen
失敗する	しっぱいする	Fehler machen, mißlingen

I-Adjektive

おかしい	おかしい	komisch

Adverbien

一日中	いちにちじゅう	den ganzen Tag
かなり	かなり	ziemlich
じゃあ	じゃあ	also
ちょうど	ちょうど	genau
どうも	どうも	sehr, Danke!
また	また	wieder
もう	もう	schon
やっと	やっと	endlich
やっぱり	やっぱり	doch, wie man dachte ＝やはり

Fragewörter

いかが	いかが	wie ＝ どう
どう	どう	wie

Hilfspartikeln

が	が	aber

Interjektionen

いえいえ	いえいえ	Nein, nein
ええ	ええ	ja ＝はい
へえ	へえ	Ja? Echt? Wirklich?
ほう	ほう	Wie!
ほら	ほら	Schau mal!, Guck mal!
まあ	まあ	Oh!, Ach!, Ach Gott!

Lautmalereien

ハハハ．．．	ハハハ．．．	Gelächter

Idiomatische Redewendungen

あ、そうですか	あ、そうですか	Ach so!
上がって来る	あがってくる	heraufkommen
お陰様で	おかげさまで	mit Ihrer Hilfe, Gott sei Dank!
お気の毒さま	おきのどくさま	Es tut mir leid!
お疲れさま	おつかれさま	Schönen Feierabend!
お腹が空く	おなかがすく	Hunger haben
気を付ける	きをつける	aufpassen
この前の	このまえの	vorige(s), letzte(s)
これから	これから	ab jetzt
誰も	だれも	keiner, niemand
どうしましたか	どうしましたか	Was ist los? Was ist passiert?
どこにも	どこにも	nirgendwo(hin)
何も	なにも	nichts
喜んで	よろこんで	gerne

4. アクティブ漢字リスト

漢字	意味	書き順	読み	熟語	読み	意味
今	jetzt	ノ 𠆢 今 今	コン いま	今	いま	jetzt
				今日	きょう	heute
				今晩	こんばん	dieser Abend
映	projektieren	丨 冂 日 日 旫 昈 映 映	エイ は-える うつ-る	映画	えいが	Kinofilm, Spielfilm
				映画館	えいがかん	Kino
				上映	じょうえい	Film vorführen
画	Bild	一 丆 冂 币 両 面 画 画	ガ カク	映画	えいが	Kinofilm, Spielfilm
				映画館	えいがかん	Kino
				画家	がか	Maler
館	Halle, Gebäude	𠆢 今 刍 刍 食 飠 飠 飵 館 館	カン やかた	映画館	えいがかん	Kino
				図書館	としょかん	Bibliothek
				大使館	たいしかん	Botschaft
空	Himmel	丶 丷 宀 宀 穴 空 空 空	クウ そら	空	そら	Himmel
				空港	くうこう	Flughafen
				空間	くうかん	Raum
電	Elektrizität	一 丆 戸 币 雨 雨 零 霄 雷 電	デン	電話	でんわ	Telefon
				電車	でんしゃ	Bahn
				電気	でんき	Elektrizität, Licht
話	Gespräch	丶 二 言 言 言 言 訁 訐 訐 話	ワ はな-す	電話	でんわ	Telefon
				話	はなし	Gespräch, Geschichte
				話す	はな-す	sprechen
道	Weg	丶 丷 丷 丷 丷 首 首 首 道 道	ドウ みち	道	みち	Weg, Straße
				道路	どうろ	Straße
				鉄道	てつどう	Eisenbahn
森	Wald	一 十 十 木 木 森	シン もり	森	もり	Wald
				森林	しんりん	Wald
晩	Abend	丨 冂 日 日' 日ʹ 旷 晚 晚 晚 晩	バン	晩	ばん	Abend
				今晩	こんばん	dieser Abend
				晩ごはん	ばんごはん	Abendessen

アクティブ漢字リスト

漢字	Bedeutung / 筆順	読み	例	読み	意味
店	Geschäft	てん みせ	店	みせ	Geschäft
			電気店	でんきてん	Elektrogeschäft
			店員	てんいん	Verkäufer(in)
時	Zeit	ジ とき	時間	じかん	Zeit, Stunde
			〜時	じ	Uhrzeit
			時計	とけい	Uhr
間	zwischen	カン ケン あいだ	時間	じかん	Zeit, Stunde
			間	あいだ	zwischen
			人間	にんげん	Mensch
仕	dienen	シ つか-える	仕事	しごと	Arbeit
			仕方	しかた	Methode, Art und Weise
			仕方がない	しかたがない	Nichts zu machen
事	Sache	ジ こと	仕事	しごと	Arbeit
			大事な	だいじ	wichtig
			事務所	じむしょ	Büro
走	laufen, rennen	ソウ はし-る	走る	はし-る	laufen, rennen
			走者	そうしゃ	Läufer
			競走	きょうそう	Wettlauf
待	warten	タイ ま-つ	待つ	ま-つ	warten
			招待する	しょうたい	einladen
			接待する	せったい	bewirten
始	beginnen	シ はじ-まる はじ-める	始まる	はじ-まる	beginnen
			始める	はじ-める	mit 〜 beginnen
			終始	しゅうし	immer
終	enden	シュウ お-わる	終わる	お-わる	enden
			終わり	お-わり	Ende
			終始	しゅうし	immer
歩	zu Fuß gehen	ホ ある-く	歩く	ある-く	zu Fuß gehen
			歩道	ほどう	Fußweg
			進歩	しんぽ	Fortschritt

5. 文法 (Grammatik)

Verben (V) －Präteritum－

	Grundform (Masu-F)	Präteritum Bejahung [～ました]	Präteritum Negation [～ませんでした]
1V	食べる　（食べます） 起きる　（起きます） 見る　　（見ます）	食べました 起きました 見ました	食べませんでした 起きませんでした 見ませんでした
5V	買う　　（買います） 乗る　　（乗ります） 通る　　（通ります）	買いました 乗りました 通りました	買いませんでした 乗りませんでした 通りませんでした
UV	来る　　（来ます） する　　（します） 散歩する（～します）	来ました しました 散歩しました	来ませんでした しませんでした 散歩しませんでした

（1）Die Vergangenheitsform drückt die Abgeschlossenheit einer Handlung zu einem **bestimmten Zeitpunkt oder Zeitraum** in der Vergangenheit aus, wie z.B. **きのう** (gestern), **せんしゅう** (letzte Woche) oder **きょねん** (letztes Jahr).

Frage:　　きのう　映画を見ましたか。　　　Haben Sie gestern einen Film gesehen?
Antwort:　はい、見ました。　　　　　　　　Ja, ich habe einen gesehen.
　　　　　いいえ、見ませんでした。　　　　Nein, ich habe keinen gesehen.

* Bei der Antwort kann "きのう映画を" weggelassen werden.

きのう　大学へ行きました。　　　　　Gestern bin ich zur Uni gegangen.
おとといの晩　友だちが来ました。　　Vorgestern abend sind Freunde gekommen
けさ　新聞を読みませんでした。　　　Heute morgen habe ich keine Zeitung gelesen.
きょう　何も食べませんでした。　　　Heute habe ich nichts gegessen.

（2）Die Vergangenheitsform drückt weiterhin die **Vollendung einer Handlung** bis zum jetzigen Zeitpunkt aus. Dabei werden "**もう**" für Frage und positive Antwort und "**まだ**" für die negative Antwort verwendet.

Frage　：　もう　その映画を見ましたか。　　　Haben Sie den Film schon gesehen?
Antwort:　はい、もう　見ました。　　　　　　Ja, ich habe ihn schon gesehen.
　　　　　いいえ、まだです。（まだ　見ません）*　Nein, noch nicht.

<u>Vorsicht bei der Negation</u>
Hier muß nicht die Vergangenheitsform, sondern die **Präsensform** verwendet werden, weil die Handlung "sehen" noch nicht abgeschlossen ist und der Zustand, "nicht sehen" auf die Gegenwart bezogen wird oder bis jetzt anhält. Man kann auch einfach "いいえ、まだです"

sagen. "まだ見ません" (Masu-F) geht auch, aber "まだ見ていません" (Te-Form) wird häufig verwendet und paßt auch besser. (Siehe L7!)

もう日本へ行きましたか。	はい、もう行きました。／いいえ、まだです。
Sind Sie schon nach Japan gefahren?	Ja, ich bin schon nach Japan gefahren. / Nein, noch nicht.
もう日本の映画を見ましたか。	はい、もう見ました。／いいえ、まだです。
Haben Sie schon japanische Filme gesehen?	Ja, ich habe schon welche gesehen. / Nein, noch nicht.
もう仕事は終わりましたか。	はい、もう終わりました。／いいえ、まだです。
Ist die Arbeit schon beendet?	Ja, sie ist schon beendet. / Nein, noch nicht.

（３）Die HP "を" wird für einen <u>Ort</u>, wo eine **räumliche Bewegung** wie *gehen, laufen, fahren, fliegen, spazierengehen, aussteigen* oder *verlassen* stattfindet, verwendet.

車がたくさん 道を走ります。	Viele Autos fahren auf der Straße.
私たちはよく 公園をさんぽしました。	Wir sind oft im Park spazierengegangen.
その電車は ブレーメンをとおりました。	Der Zug ist an Bremen vorbeigefahren.
スーパーマンは 空を飛びます。	Supermann fliegt am Himmel.
車は アウトバーンを走りました。	Das Auto fuhr auf der Autobahn.
９時に家を 出ました。	Ich bin um 9 Uhr von zu Hause weggegangen.
大学前で バスをおりました。	Ich bin vor der Uni aus dem Bus ausgestiegen.

（４）Die HP "が" funktioniert auch als Konjunktion "**aber**".
Im Gegensatz zu den Konjunktionen "しかし" und "でも", die am Anfang des zweiten Satzes stehen, steht die HP "が" am Ende des ersten Satzes. Normalerweise wird "、" (ten) hinter "が" eingesetzt und die zwei Sätze werden zu einem verbunden.

かれは 日本語を よく 話します。でも 日本人では ありません。	(zwei Sätze)
かれは 日本語を よく 話しますが、日本人では ありません。	(ein Satz)
Er spricht gut Japanisch, aber er ist kein Japaner.	
かれの アパートは 安いです。 しかし 大きくないです。	(zwei Sätze)
かれの アパートは 安いですが、大きくないです。	(ein Satz)
Sein Apartment ist billig, aber es ist nicht groß.	

（５）何／だれ／どこ（に）＋も＋Negation:　nichts / keiner / nirgendwo(hin)

机の上に 何も ありません。	Es gibt nichts auf dem Tisch.
今日私は 何も 食べませんでした。	Ich habe heute nichts gegessen.
だれも 来ませんでした。	Heute ist keiner gekommen.

今日 だれにも あいませんでした。　　Heute habe ich niemand getroffen.
私は明日 どこにも 行きません。　　Ich gehe morgen nirgendwohin.

（6）V+に+行く/来る/帰る：　gehen, kommen oder zurückkehren, um etwas zu machen

Für diese Redewendung wird der **Stamm der Masu-Form (SMF)** verwendet und dabei wird anstatt ます die HP に eingesetzt; 食べ-ます⇒食べ-に行く, 飲み-ます⇒飲み-に行く

私は 町へ ＣＤを 買いに行きます。
Ich gehe in die Stadt, um eine CD zu kaufen.
かのじょは プールに 泳ぎに行きます。
Sie geht ins Schwimmbad um zu schwimmen.
山田さんは 会社へ 働きに行きました。
Herr Yamada ist zur Firma gefahren um zu arbeiten.
私は 家に 晩ごはんを 食べに帰りました。
Ich bin nach Hause gegangen, um zu Abend zu essen.
私は 森さんと＊ 図書館へ 本を 読みに来ました。
Ich bin mit Frau Mori in die Bibliothek gekommen, um Bücher zu lesen.

＊ HP と = mit jemandem　（＊ Erinnerung: mit dem Bus: バスで）

Frage nach der Absicht
町へ 何をしに 行きますか。　　Warum fahren Sie in die Stadt? (Was machen Sie da?)
買物しに 行きます。　　Ich fahre einkaufen.

Für **Nominalverben (N-する)** gibt es zwei Möglichkeiten.

さんぽする　⇒　① 私は友だちと公園へ さんぽしに 行きます。　(spazierenzugehen)
さんぽ(N)　⇒　② 私は友だちと公園へ さんぽに 行きます。　(zum Spaziergang)
勉強する　⇒　① 私は大学に 日本語を 勉強しに 行きます。　(Japanisch zu lernen)
勉強(N)　⇒　② 私は大学に 日本語の 勉強に 行きます。　(zum Japanischlernen)
見物する　⇒　① 私は工場を 見物しに 行きました。　(die Fabrik zu besichtigen)
見物(N)　⇒　② 私は工場の 見物に 行きました。　(zur Fabrikbesichtigung)

Achtung: Partikelwechsel
Während die Akkusativ-HP を im Satz ① steht, muß man im Satz ② die HP の einsetzen, um die zwei Substantive (hier: *Japanisch* und *Lernen* oder *Fabrik* und *Besichtigung*) zu verbinden.

6. 練習 (Übungen)

(1) Vollenden Sie die Tabelle der Vergangenheitsformen!

```
            Deutsch              HP    Bejahung              Negation
 1. 働く     (            )  8時    (    ) _____ · _____
 2. 着る     (            )  せびろ (    ) _____ · _____
 3. 乗る     (            )  バス   (    ) _____ · _____
 4. 書く     (            )  漢字   (    ) _____ · _____
 5. 読む     (            )  小説   (    ) _____ · _____
 6. 飲む     (            )  お酒   (    ) _____ · _____
 7. 入る     (            )  ふろ   (    ) _____ · _____
 8. 待つ     (            )  彼女   (    ) _____ · _____
 9. 会う     (            )  先生   (    ) _____ · _____
10. ふる     (            )  雨     (    ) _____ · _____
11. 散歩する (            )  公園   (    ) _____ · _____
12. 始まる   (            )  映画   (    ) _____ · _____
13. 帰る     (            )  家     (    ) _____ · _____
14. 話す     (            )  社長   (    ) _____ · _____
15. 吸う     (            )  たばこ (    ) _____ · _____
16. つかれる (            )  仕事   (    ) _____ · _____
17. 来る     (            )  電車   (    ) _____ · _____
18. 旅行する (            )  友だち (    ) _____ · _____
19. 出る     (            )  部屋   (    ) _____ · _____
20. 食べる   (            )  食堂   (    ) _____ · _____
```

(2) Setzen Sie die Vokabeln in A, B, C ein!

　　私はきのう＿＿A＿＿で＿＿B＿＿を＿＿C＿＿ました。

	A	B	C
1.	図書館	本	読む
2.	食堂	カレーライス	食べる
3.	駅	切符	買う
4.	映画館	日本の映画	見る
5.	駅前	友達	待つ
6.	家	CD	聞く

7. 京都　　　　古いお寺　　　　見物する
8. 公園　　　　ジョギング　　　する
9. 会社　　　　英語の手紙　　　書く
10. 郵便局　　　手紙　　　　　　出す

（3）Setzen Sie die Vokabeln in A,B,C ein!

ベルガーさんは＿＿A＿＿と＿＿B＿＿で＿＿C＿＿ました。

	A	B	C
1.	上田さん	電車	ミュンヘン／行く
2.	友だち	テレビ	野球のしあい／見る
3.	彼女	飛行機	日本／来る
4.	外国人	英語	話す
5.	マリアさん	辞書	漢字／しらべる
6.	お兄さん	ナイフ	チーズ／切る
7.	お母さん	ラジオ	ニュース／聞く
8.	先生	町	会う
9.	お客さん	きっさ店	コーヒー／飲む
10.	どうりょう	会社	ソフト／作る

（4）Setzen Sie die Vokabeln in A,B,C,D ein!

中山さんは＿＿A＿＿へ＿＿B＿＿を＿＿C＿＿に＿＿D＿＿ました。

	A	B	C	D
1.	公園	散歩	する	行く
2.	デパート	時計	買う	行く
3.	食堂	昼ごはん	食べる	行く
4.	奈良	大仏	見る	行く
5.	駅	切符	買う	行く
6.	ドイツ	ドイツ語	勉強する	来る
7.	私の家	レコード	聞く	来る
8.	飲み屋	ワイン	飲む	来る
9.	家	晩ごはん	作る	帰る
10.	国	両親（に）	会う	帰る

（5）Beantworten Sie die Fragen!

1. 今年の冬 スキーに 行きましたか。
2. きのう 友だちに 電話をかけましたか。
3. きのうの晩 日本語を 勉強しましたか。
4. おととい 大学に 来ましたか。
5. 去年 日本へ 行きましたか。
6. 先週 タクシーに 乗りましたか。
7. 今朝 ミルクを 飲みましたか。
8. この前の 日曜日に 何を しましたか。
9. きのう どこへ 行きましたか。(nirgendwohin)
10. きのう だれが 家に 来ましたか。(keiner)

（6）Beantworten Sie die Fragen!

1. シュルツさんは もう 日本料理を 食べましたか。　　　はい、
2. 前川さんは もう ドイツ・ワインを 飲みましたか。　　いいえ、
3. 映画は もう 始まりましたか。　　　　　　　　　　　　はい、
4. あなたは もう おきゃくさんに 会いましたか。　　　　いいえ、
5. 彼女は もう 日本語を 話しますか。　　　　　　　　　　はい、
6. 先生は もう かんじを ３００ぐらい 教えましたか。　いいえ、
7. 今朝の 新聞を もう 読みましたか。　　　　　　　　　　はい、
8. あなたは もう 手紙を 書きましたか。　　　　　　　　　いいえ、
9. 赤ちゃんは もう 歩きますか　　　　　　　　　　　　　はい、
10. もう 新しい ソフト・ウェアを 作りましたか。　　　いいえ、
11. ベルガーさんは もう日本の生活に なれましたか。　　はい、
12. 朝の満員電車に なれましたか。　　　　　　　　　　　いいえ、
13. 友だちは 階段を あがってきましたか。　　　　　　　はい、
14. ベルガーさんは 友だちを 一階で 待ちましたか。　　いいえ、

（7）Setzen Sie die Vokabeln in ____ ein!

1. Ｓは_____の上を 飛びました。
富士山／アルプス／ロンドン／おおさか／シベリア／海
2. Ｓは_____を 走りました。
どうろ／道／町の中／森の中／アウトバーン／海の近く

3. Ｓは＿＿＿＿＿を 歩きました。
   道／山道／坂道／ろうか／のはら／町の中

4. Ｓは＿＿＿＿＿を 散歩しました。
   公園／森の中／町の中／家の近く

5. Ｓは＿＿＿＿＿を ジョギングしました。
   公園／森の中／アウトバーン／池のまわり

6. Ｓは＿＿＿＿＿を 旅行しました。
   日本／スペイン／フランス／イタリア／ギリシャ／アジア

7. Ｓは＿＿＿＿＿を わたりました。
   どうろ／交差点／橋／川／海

8. Ｓは＿＿＿＿＿を 通りました。
   ブレーメンの駅／病院前／その村／鎌倉（かまくら）／トンネル

9. Ｓは ＿＿＿＿＿を 出ました。そして ＿＿＿＿＿に 入りました。
   部屋／家／教室／デパート／映画館／大学

10. Ｓは＿＿＿＿＿を 降りました。そして ＿＿＿＿＿に 乗りました。
    電車／バス／新幹線／ふね／ひこうき／自転車／馬

（８）Setzen Sie die richtigen Partikeln ein!

1. 私は電車＿＿＿東京＿＿＿買物＿＿＿行きました。
2. 駅＿＿＿新聞＿＿＿たばこ＿＿＿買いました。
3. ８時４５分＿＿＿電車＿＿＿乗りました。
4. 電車はたくさんの町＿＿＿通りました。
5. 電車＿＿＿中＿＿＿新聞＿＿＿読みました。
6. ９時半＿＿＿東京駅＿＿＿着きました。
7. 私は電車＿＿＿おりました。
8. そして山手線＿＿＿乗りかえました。
9. 山手線＿＿＿秋葉原の駅＿＿＿行きました。
10. 秋葉原は電気＿＿＿店＿＿＿有名です。
11. 秋葉原＿＿＿駅前＿＿＿友だち＿＿＿田中さん＿＿＿会いました。
12. 私は田中さん＿＿＿道＿＿＿歩いて行きました。
13. 電気店＿＿＿たくさんありました。
14. 私たちは大きな電気店＿＿＿入りました。
15. そこ＿＿＿私はラジカセ＿＿＿買いました。

(9) Übersetzen Sie ins Japanische!

1. Haben Sie schon zu Mittag gegessen?
2. Nein, ich habe noch nicht gegessen.
3. Ich bin mit Frau Yamada in die Kantine essen gegangen.
4. Wir hatten großen Hunger.
5. Wie wäre es mit chinesischem Essen?
6. Da habe ich Soba gegessen. Sie hat Curry-Reis gegessen.
7. Und wir haben im Café einen Tee getrunken.
8. Was haben Sie am gestrigen Sonntag gemacht?
9. Ich habe gestern gar kein Japanisch gelernt.
10. Ich bin mit dem JR nach Tokyo gefahren.
11. Und ich habe vor dem Ueno-Park meinen Freund getroffen.
12. Ich habe 30 Minuten auf ihn gewartet, doch er kam nicht.
13. Ich habe noch 30 Minuten gewartet. Und dann ist er endlich gekommen.
14. Wir sind im Ueno-Park spazierengegangen und zum Zoo gegangen, um Pandas zu sehen.
15. Und dann sind wir mit der Yamanote-Linie nach Shinjuku gefahren, um einen deutschen Film zu sehen.
16. Aber mein Bruder Akio hat gestern nichts gemacht. Er hat den ganzen Tag geschlafen.

(10) Was haben Sie am letzten Wochenende gemacht?

7. 復習テスト 第5課 (Lektionstest L5)

(1) Setzen Sie in ( ) die Partikeln und in ____ die Verben ein! (35×2)

1. せんしゅう 仕事( )ドイツ( ) _____。(gereist)
2. きのう フランクフルト( )ひこうき( ) _____。(eingestiegen)
3. ひこうきは シベリア(Sibirien)( )上( ) _____。(geflogen)
4. 今朝 なりたくうこう(Flughafen Narita)( ) _____。(angekommen)
5. ひこうきの中( ) ウォークマン( )おんがく( ) _____。
   (gehört) あまり _____。(nicht geschlafen)
6. なりたくうこう( )東京( )電車( ) _____。(gefahren)
7. 東京駅( )電車( ) _____。(ausgestiegen)
8. きっさ店( )コーヒー( )飲み( ) _____。(gegangen)
   でも 何( ) _____。(nichts gegessen)
9. そして 地下鉄( )家( ) _____。(zurückgekehrt)
   とても _____。(müde)
10. しかし また あした(:ab) 仕事が _____。(anfangen)

(2) Übersetzen Sie ins Japanische! (6×5)

1. Keiner ist gestern zur Universität gekommen.

2. Ich habe das Buch noch nicht gelesen.

3. Ich habe viel (たくさん) geraucht, aber ich werde ab heute nicht mehr rauchen.

4. Er ist gestern mit seinen Freunden ins Kunstmuseum gegangen.

5. Wir sind gestern mit dem Auto ans Meer zum Schwimmen gefahren.

6. "Ikkai" auf japanisch heißt auf deutsch nicht "erste Etage".

_____/100

第6課 (Lektion 6)

1. 基本文型

Adjektive　(Präteritum)

- 彼は 大きかったです。
- 彼は 大きく なかったです。／ ありませんでした。
- 彼は 元気でした。
- 彼は 元気では ありませんでした。
- 彼は 私より 大きいです。
- 彼は クラスの中で 一番 大きいです。
- 彼女は ヘルマンさんと おなじぐらい 若いです。
- 彼女は ニコルさんほど 若くないです。
- 天気が 悪いから（ので）、散歩しません。

第6課 (Lektion 6)

2. 会話1：ＵＦＯ？

ベルガー ：きのうの夜、私は 家の庭で おもしろいものを 見ました。
木村　　 ：何ですか。
ベルガー ：まるい ものでした。 かなり 大きい ものでした。
木村　　 ：ボールですか。
ベルガー ：いいえ、ボールより ずっと 大きかったです。
木村　　 ：どのくらい 大きかった ですか。
ベルガー ：そうですね。 自動車と 同じくらい 大きかったです。
木村　　 ：どんな色 でしたか。
ベルガー ：はじめは 青かったです。 それから 赤くなりました。
　　　　　 そして さいごに 金色に なりました。
木村　　 ：おもしろいですね。 近くに 行きましたか。
ベルガー ：いいえ、私は もう その中に いました。 中には だれも いません
　　　　　 でした。 きゅうに、そのまるいものは 空を 飛びました。
木村　　 ：ええ？ ほんとうですか。 それは ＵＦＯですよ。 すごいですね。
ベルガー ：はい、とても はやく 飛びました。 乗り物の中で 一番 はやかっ
　　　　　 たです。 星や 町の いろいろな 明かりが とても きれいでしたよ。
木村　　 ：いいですねえ。
ベルガー ：ええ、でも びっくりしました。 ＵＦＯのドアが きゅうに 開き
　　　　　 ましたから、私は 下に 落ちました。
木村　　 ：ええ？ それはたいへん！ だいじょうぶでしたか。
ベルガー ：はい、おかげさまで。 その時、目が さめました。

会話2 ：すばらしかった

マリア　 ：先週 京都と奈良に 旅行しましたね。 いかが でしたか。
ベルガー ：はい、とても すばらしかったです。
マリア　 ：天気は どうでしたか。
ベルガー ：ちょっと 暑かったですが、だいたい よかったですよ。

マリア　：観光客は　多かったですか。
ベルガー：ええ、とても　多かったです。　外国人観光客も　たくさん　いました。　私も　その中の　一人でしたが．．．
マリア　：京都で　たくさん　お寺や神社を　見ましたか。
ベルガー：はい、清水寺や平安神宮など　いろいろ　見物しました。　でも　銀閣寺が　一番　よかったです。
マリア　：金閣寺の方が　銀閣寺より　有名ですね。
ベルガー：ええ、銀閣寺は　金閣寺ほど　有名ではありません。　でも、銀閣寺の古い　静かな　ふんいきは　ほんとうに　すばらしかったです。
マリア　：そうですか。　まいこさんも　見ましたか。
ベルガー：ええ、ぎおんで　ときどき　見ました。　いっしょに　写真も　とりましたよ。　着物が　とても　きれいでした。　でも　夏は　暑い　から、大変ですね。
マリア　：そうですね。　ところで　奈良は　どうでしたか。
ベルガー：奈良は　京都より　小さい　静かな町です。　そして　もっと　古い　町です。
マリア　：ええ、日本で　一番　古い都でしたね。　それで　奈良で　何を　見ましたか。
ベルガー：はじめに　東大寺で　有名な大仏を　見ました。　駅から　そこまで　歩いて　行きました。
マリア　：鎌倉の大仏より　大きいですか。
ベルガー：いいえ、だいたい　同じぐらいです。　でも、もっと　古いです。
マリア　：それから　どこへ行きましたか。
ベルガー：若草山や　さるさわの池の　あたりを　散歩しました。　とても　すてきな　ところです。　でも　ざんねんながら　あまり　時間が　ありませんでした。
マリア　：あれ、どうしてですか？　旅行は　一週間の　予定でしたね。
ベルガー：その予定でした。　でも、京都の旅館が　高かったので、お金が　ほとんど　なくなりました。　それで、しかたなく　三日目の夜　東京に　帰りました。

本文質問 (Fragen zum Text): すばらしかった

（１）ベルガーさんはどこに旅行しましたか。
（２）天気はどうでしたか。
（３）京都でどこが一番よかったですか。
（４）どうしてそこが一番よかったですか。
（５）奈良でまいこさんを見ましたか。
（６）京都と奈良とでは、どちらの方が静かで古い町ですか。
（７）奈良ではじめに何を見ましたか。
（８）そこまで何で行きましたか。
（９）それからどこを散歩しましたか。
（10）どうしてベルガーさんは早く東京に帰りましたか。

会話の練習 (Konversationsübung)

（１）　A：先週 京都と奈良①に 旅行しましたね。 いかがでしたか。
　　　　B：とても すばらしかった②です。
　　　　A：天気は どうでしたか。
　　　　B：ちょっと 暑かった③ですが、だいたい よかったですよ。

　　1. ①北海道 ②たのしい ③寒い
　　2. ①大阪 ②おもしろい ③雨がふる
　　3. ①名古屋 ②いい ③むし暑い
　　4. ①ミュンヘン ②すばらしい ③雪がふる

（２）　A：金閣寺①の方が 銀閣寺②より 有名③ですね。
　　　　B：ええ、銀閣寺②は 金閣寺①ほど 有名③ではありません。
　　　　　でも、銀閣寺②の 静かな④ ふんいきは 本当に すばらしかった
　　　　　です。

　　1. ①京都 ②奈良 ③大きい ④古い
　　2. ①京都 ②大阪 ③きれい ④にぎやか
　　3. ①フランス ②スペイン ③近い ④明るい
　　4. ①彼女の家 ②彼の家 ③大きい ④モダン

3. 単語リスト

Nomina

明かり	あかり	Licht
秋	あき	Herbst
辺り	あたり	Gegend
一番	いちばん	Nr.1, Wort für Superlative
色	いろ	Farbe
馬	うま	Pferd
梅	うめ	Pflaume
(お)金	(お)かね	Geld
家族	かぞく	Familie
(お)金持ち	(お)かねもち	reich
観光客	かんこうきゃく	Tourist
季節	きせつ	Jahreszeiten
金	きん	Gold
金閣寺	きんかくじ	Kinkaku-Tempel
祇園	ぎおん	Gion-Bezirk in Kyoto
銀	ぎん	Silber
銀閣寺	ぎんかくじ	Ginkaku-Tempel
空港	くうこう	Flughafen
果物	くだもの	Obst
景色	けしき	Landschaft
工業	こうぎょう	Industrie
今年	ことし	dieses Jahr
最近	さいきん	in der letzten Zeit
最後	さいご	der letzte, Ende, Schluß
作家	さっか	Schriftsteller
砂糖	さとう	Zucker
さる沢の池	さるさわのいけ	ein Teich in Nara
塩	しお	Salz
社員	しゃいん	Angestellter = 会社員
州	しゅう	Land
白雪姫	しらゆきひめ	Schneewittchen
神社	じんじゃ	Shinto-Schrein
水泳	すいえい	Schwimmen
雀	すずめ	Spatz
性格	せいかく	Charakter
世界	せかい	Welt
燕	つばめ	Schwalbe
天気	てんき	Wetter
所	ところ	Ort, Platz
虎	とら	Tiger
動物	どうぶつ	Tier

夏	なつ	Sommer
夏休み	なつやすみ	Sommerferien
庭	にわ	Garten
農業	のうぎょう	Landwirtschaft
乗り物	のりもの	Verkehrsmittel
始め	はじめ	Anfang
春	はる	Frühling
久しぶり	ひさしぶり	nach langer Zeit
服	ふく	Kleid
冬	ふゆ	Winter
雰囲気	ふんいき	Atmosphäre, Stimmung
部長	ぶちょう	Abteilungschef
〜の方	ほう	die Lichtung / die Seite
星	ほし	Stern
北海道	ほっかいどう	Hokkaido
舞子	まいこ	Maiko-Mädchen
三日目	みっかめ	der dritte Tag
都	みやこ	Hauptstadt (alte Benennung)
物	もの	Ding, Sache
桃	もも	Pfirsich
予定	よてい	Plan
来年	らいねん	nächstes Jahr
理由	りゆう	Grund
料理	りょうり	Gericht, Essen
旅館	りょかん	Hotel im japanischen Stil
若草山	わかくさやま	Wakakusayama (Hügel) in Stadt Nara

Nomina (Fremdwörter)

アマゾン川	アマゾンがわ	Amazonas
カーニバル	カーニバル	Karneval
クラス	クラス	Klasse
クリスマス	クリスマス	Weihnachten
ゲーテ	ゲーテ	Goethe
サラダ	サラダ	Salat
スーパー	スーパー	Supermarkt
タイプライター	タイプライター	Schreibmaschine
チータ	チータ	Gepard
ツークシュピッツェ	ツークシュピッツェ	Zugspitze
テスト	テスト	Test, Prüfung
ドナウ川	ドナウがわ	Donau
ナイル川	ナイルがわ	Nil
ニューヨーク	ニューヨーク	New York
ハイキング	ハイキング	Ausflug, Wandern
バイエルン	バイエルン	Bayern
パンダ	パンダ	Panda

ピザ・ピッツァ	ピザ・ピッツァ	Pizza
マラソン	マラソン	Marathonlauf
ユングフラウ	ユングフラウ	Berg Jungfrau
ライオン	ライオン	Löwe
ライン川	ラインがわ	Rhein
ラテン語	ラテンご	Latein
ロシア	ロシア	Rußland

Einstufige Verben

落ちる	おちる	fallen

Fünfstufige Verben

開く	あく	aufgehen, öffnen (Intr.) ⇒ 開ける (Tr.)
遊ぶ	あそぶ	spielen, sich amüsieren
泳ぐ	およぐ	schwimmen
知り合う	しりあう	kennenlernen
無くなる	なくなる	verschwinden, verlorengehen
なる	なる	werden

Nominalverben

びっくりする	びっくりする	überrascht sein, erstaunt sein

I-Adjektive

暖かい	あたたかい	warm
暑い	あつい	heiß (Klima): 熱（あつ）い (Gegenstände)
忙しい	いそがしい	beschäftigt sein, viel zu tun haben
美しい	うつくしい	schön (Aussehen)
可愛い	かわいい	niedlich, süß
寒い	さむい	kalt (Klima): 冷（つめ）たい (Gegenstände)
凄い	すごい	super, Wahnsinn
素晴らしい	すばらしい	wunderbar
狭い	せまい	eng
正しい	ただしい	richtig
広い	ひろい	groß, weit, breit
丸い	まるい	rund
蒸し暑い	むしあつい	schwül

Na-Adjektive

いろいろ(な)	いろいろ(な)	verschieden
同じ	おなじ	gleich (ohne な)
簡単(な)	かんたん(な)	einfach
健康(な)	けんこう(な)	gesund
盛ん(な)	さかん(な)	belebt, aktiv, populär
残念(な)	ざんねん(な)	schade, bedauerlich
上手(な)	じょうず(な)	geschickt sein
丈夫(な)	じょうぶ(な)	stabil, stark (Körper)

好き(な)	すき(な)	mögen, Lieblings-
素敵(な)	すてき(な)	prima, reizend, wunderbar
大切(な)	たいせつ(な)	wichtig
大丈夫(な)	だいじょうぶ(な)	In Ordnung! Kein Problem!
暇(な)	ひま(な)	frei, nicht beschäftigt

Na-Adjektive (Fremdwörter)

シック(な)	シック(な)	schick
ヘルシー(な)	ヘルシー(な)	gesund
モダン(な)	モダン(な)	modern
ロマンティック(な)	ロマンティック(な)	romantisch

Adverbien

ずっと	ずっと	Betonung für Adj: viel ~, dauerhaft
全部	ぜんぶ	alles
それで	それで	dann, und, daher, deswegen
大体	だいたい	ungefähr
だんだん	だんだん	allmählich
はっきり	はっきり	deutlich
もっと	もっと	noch mehr
もっとも	もっとも	Wort für Superlative
ゆっくり	ゆっくり	langsam

Fragewörter

どうして	どうして	warum

Hilfspartikeln

〜ので	ので	weil　＝　から
〜より	より	als

Interjektionen

あれ(え)	あれ(え)	Nanu!
ええ？	ええ？	Ja? Wie bitte? Was?

Konjunktionen

ところで	ところで	übrigens

Idiomatische Redewendungen

仕方(が)ない	しかた(が)ない	Da kann man nichts machen!
写真を撮る	しゃしんをとる	ein Foto aufnehmen
そうですね	そうですね	Das stimmt!, Ja...
その時	そのとき	zu diesem Zeitpunkt
電気を点ける	でんきをつける	Licht anmachen
どのくらい	どのくらい	wie, wieviel
始めに	はじめに	zuerst
〜ほど〜ない	ほど〜ない	nicht so ~ wie ~
目が覚める	めがさめる	aufwachen

4. アクティブ漢字リスト

漢字	意味	筆順	音/訓	熟語	読み	意味
小	klein	丿 亅 小	ショウ ちい-さい	小さい	ちい-さい	klein
				小学校	しょうがっこう	Grundschule
少	wenig	丿 亅 小 少	ショウ すこ-し すく-ない	少ない	すく-ない	wenig
				少年	しょうねん	Junge
				少女	しょうじょ	Mädchen
多	viel	丿 ク タ タ 多 多	タ おお-い	多い	おお-い	viel
				多少	たしょう	ein bißchen, etwas
				多数	たすう	Mehrheit
古	alt	一 十 十 古 古	コ ふる-い	古い	ふる-い	alt
				古今	ここん	alt und neu
早	früh, schnell	丨 口 日 旦 早	ソウ はや-い	早い	はや-い	früh, schnell
				早朝	そうちょう	früh am Morgen
				早春	そうしゅん	Vorfrühling
速	schnell	一 厂 丆 百 束 束 凍 速 速	ソク はや-い	速い	はや-い	schnell (Geschwindigkeit)
				速度	そくど	Geschwindigkeit
				速達	そくたつ	Eilpost
静	ruhig	一 主 青 青 青 靜 靜 靜 靜 静	セイ しず-か	静か	しず-か	ruhig
				静止する	せいし	anhalten
				冷静	れいせい	besonnen, vernünftig
同	gleich	丨 冂 冂 冋 同 同	ドウ おな-じ	同じ	おな-じ	gleich
				同時	どうじ	gleichzeitig
				同一	どういつ	identisch
旅	Reise	丶 亠 ⽅ 方 方 扩 斻 旅 旅 旅	リョ たび	旅行	りょこう	Reise
				旅	たび	Reise
				旅館	りょかん	Hotel im japanischen Stil
開	öffnen	丨 冂 冂 冂 門 門 門 門 門 開	カイ あ-く ひら-く	開く	あ-く・ひら-く	öffnen, aufgehen
				開店	かいてん	Geschäftsöffnung
				開始	かいし	Beginn

アクティブ漢字リスト

漢字	意味 / 書き順	読み	熟語	読み	意味
川	Fluß / 丿 川 川	かわ	川	かわ	Fluß
			ライン川	ラインがわ	der Rhein
			ドナウ川	ドナウがわ	die Donau
庭	Garten / 丶 亠 广 庐 庐 庐 庄 庭 庭	テイ にわ	庭	にわ	Garten
			庭園	ていえん	Garten, Park
			中庭	なかにわ	Innenhof
先	früher, Spitze / 丿 ⺊ 屮 生 先 先	セン さき	先週	せんしゅう	letzte Woche
			先生	せんせい	Lehrer
			先日	せんじつ	neulich
週	Woche / 丿 几 月 月 用 用 周 周 调 週	シュウ	先週	せんしゅう	letzte Woche
			今週	こんしゅう	diese Woche
			来週	らいしゅう	nächste Woche
天	Himmel / 一 二 チ 天	テン あま	天気	てんき	Wetter
			天の川	あま-の-がわ	Milchstraße
			天才	てんさい	Genie
写	fotografieren / 丶 冖 冖 写 写	シャ うつ-す	写真	しゃしん	Foto
			写す	うつ-す	fotografieren, Abzug machen
真	Wahrheit / 一 十 广 方 首 直 真 真	シン まこと	写真	しゃしん	Foto
			真理	しんり	Wahrheit
			真剣	しんけん	ernst, ernsthaft
東	Ost / 一 ⼕ 冂 百 車 東 東	トウ ひがし	東京	とうきょう	Tokyo
			東	ひがし	Ost
			関東	かんとう	Kanto-Gebiet
京	Hauptstadt / 丶 亠 ⼇ 古 古 亨 京 京	キョウ ケイ みやこ	東京	とうきょう	Tokyo
			京都	きょうと	Kyoto
			北京	ペキン	Peking
都	Hauptstadt / 一 十 土 耂 耂 者 者 者⻏ 都	ト みやこ	京都	きょうと	Kyoto
			都	みやこ	Hauptstadt (alt)
			都市	とし	große Stadt

5. 文法 (Grammatik)

(1) Vergangenheitsform der Adjektive

	GF	Bejahung	Verneinung	
IA	高い 安い いい	[katta-desu] 高かったです 安かったです よかったです	[ku-nakatta-desu] 高くなかったです 安くなかったです よくなかったです	[ku-arimasen-deshita] 高くありませんでした 安くありませんでした よくありませんでした
NA	元気 便利 モダン	[deshita] 元気でした 便利でした モダンでした	[dewa-nakatta-desu] 元気ではなかったです 便利ではなかったです モダンではなかったです	[dewa-arimasen-deshita] 元気ではありませんでした 便利ではありませんでした モダンではありませんでした

"でした" ist die Vergangenheitsform von "です". "でした" kann natürlich auch für Nomen verwendet werden.

彼は その会社の 部長でした。　　Er war Abteilungschef der Firma.

Aus anderen Sprachen entlehnte Adjektive wie モダン (modern), ビッグ (big), ラッキー (lucky), ハッピー (happy) usw. werden als **Na-Adjektive** verwendet.

ハイキングは 楽しかったです。	Der Ausflug war schön.
彼女は とても かわいかったです。	Sie war sehr niedlich.
その映画は おもしろくなかったです。	Der Film war nicht interessant.
かれのカメラは 高くありませんでした。	Seine Kamera war nicht teuer.
きのうは ひまでした	Gestern hatte ich frei.
テストは 簡単ではありませんでした。	Der Test war nicht einfach.
かのじょの服はシックでした。	Ihr Kleid war schick.

(2) Die adverbiale Form von IA und NA: IA/NA mit Verben

Mit Hilfe der **Ku-Form** (IA) und **Ni-Form** (NA) funktionieren Adjektive wie Adverbien, d.h. sie bestimmen die nachstehenden Verben genauer.

IA:	ただし-い	⇒ [-ku]	ただしく 話します	richtig sprechen
	はや-い	⇒ [-ku]	速く はしります	schnell fahren
	い-い	⇒ [-ku]	よく なりました	gut/besser geworden
NA:	元気-な	⇒ [-ni]	元気に なりました	gesund geworden
	きれい-な	⇒ [-ni]	きれいに 書きました	sauber geschrieben
	親切-な	⇒ [-ni]	親切に 教えました	freundlich gelehrt

> Echte Adverbien (keine Flexion):
> für Verben: はっきり (deutlich), ゆっくり (langsam), やっと (endlich)
> für Adjektive: とても (sehr), かなり (ziemlich), ちょうど (genau)

(3) Der Komparativ (K) und der Superlativ (S)

(1) Normale Aussage

　　山田さんは　大きいです。

K：山田さんは　木村さん　より　大きいです。
　　Herr Yamada ist größer als Herr Kimura.

S：山田さんは　クラスの中で＊一番/もっとも　大きいです。
　　Herr Yamada ist der größte in der Klasse.

　＊ Das Adjektiv selbst ändert sich bei Komparativ und Superlativ nicht.
　＊ Die HP で kann nicht nur für einen Handlungsort, sondern auch zur **Abgrenzung von Ort und Zeit** verwendet werden, wie z.B. 日本で一番高い山, 一年で一番いい季節.

富士山は　ツークシュピッツェより　高いです。	Der Berg Fuji ist höher als die Zugspitze.
富士山は　日本で一番　高いです。	Der Berg Fuji ist der höchste in Japan.
ドナウ川は　ライン川より　長いです。	Die Donau ist länger als der Rhein.
ドナウ川は　ヨーロッパで一番　長いです。	Die Donau ist der längste Fluß in Europa.
森さんは　林さんより　大きいです。	Herr Mori ist größer als Herr Hayashi.
森さんは　クラスで　一番大きいです。	Herr Mori ist der größte in der Klasse.

　＊ Zur Betonung im Komparativ können "もっと：noch" oder "ずっと：viel" benutzt werden.
　　もっと大きい：noch größer ／ ずっと便利：viel praktischer

(2) Frage und Antwort

> K：AとBと(では)、**どちら(の方)が** Adj. ですか。

春と秋と(では)、どちら(の方)が好きですか。 Was mögen Sie lieber, Frühling oder Herbst?	⇒ 秋(の方)が好きです。 Ich mag den Herbst lieber.
森さんと林さんと(では)、どちら(の方)が若いですか。 Wer ist jünger, Herr Mori oder Herr Hayashi?	⇒ 林さん(の方)が若いです。 Herr Hayashi ist jünger.
電車と車と(では)、どちら(の方)が速いですか。 Was fährt schneller, der Zug oder das Auto?	⇒ 電車(の方)が速いです。 Der Zug fährt schneller.
大人と子供と(では)、どちら(の方)が長く寝ますか。 Wer schläft länger, Erwachsene oder Kinder?	⇒ 子ども(の方)が長く寝ます。 Kinder schlafen länger.

　＊ Als Fragewort wird "どちら"(welches) verwendet. "どちら" wird als Subjekt durch が und als direktes Objekt durch を markiert. Man kann bei der Antwort auch einfach "～の方です" sagen.

> S： ＡとＢとＣ の中で、 Fragewort が 一番 Adj.ですか。

* Je nach Frage (Gegenstand) muß ein anderes Fragewort benutzt werden.
* Das Fragewort wird als Subjekt durch が und als direktes Objekt durch を markiert.
* Am Anfang des Fragesatzes kann anstatt der Aufzählung konkreter Gegenstände (A,B,C) auch ein Oberbegriff genannt werden.

「どれ」oder「何」(welches / was) - bei der Aufzählung konkreter Gegenstände
バスと電車と地下鉄の中で、**どれ**が一番便利ですか。⇒ 地下鉄が一番便利です。
Was ist von Bus, Zug und U-Bahn am praktischsten?　Die U-Bahn ist am praktischsten.
ライオンとチータと馬の中で、**どれ**が一番速いですか。⇒ チータが一番速いです。
Wer läuft von Löwe, Gepard und Pferd am schnellsten?　Der Gepard läuft am schnellsten.
水とビールとワインの中で、**何**が一番高いですか。⇒ ワインが一番高いです。
Was ist von Wasser, Bier und Wein am teuersten?　Wein ist am teuersten.
バナナとりんごとみかんの中で、**何**を一番よく食べますか。⇒ りんごを一番よく食べます。
Was essen Sie am liebsten, Bananen, Äpfel oder Mandarinen?　Ich esse am liebsten Äpfel.
 * Bei der Aufzählung konkreter Namen kann statt の中で auch "**とでは**" verwendet werden.

「何」(was) - bei der Angabe eines Oberbegriffs
くだものの中で、**何**が一番おいしいですか。⇒ りんごが一番おいしいです。
Welche ist die leckerste unter den Obstsorten?　Der Apfel ist die leckerste.
乗り物の中で、**何**が一番便利ですか。⇒ 地下鉄が一番便利です。
Welches ist das praktischste unter den Verkehrsmitteln?　Die U-Bahn ist das praktischste.
動物の中で、**何**が一番強いですか。 ⇒ ライオンが一番強いです。
Welche ist die stärkste unter den Tierarten?　Der Löwe ist am stärksten.
飲み物の中で、**何**を一番よく飲みますか。 ⇒ お茶を一番よく飲みます。
Welches Getränk trinken Sie am liebsten?　Ich trinke am liebsten Tee.

「どのN」(welches) - どのN kann für alle Gegenstände benutzt werden.
クラスで**どの**人が一番若いですか。⇒ 前田さんが一番若いです。
Wer ist die jüngste in der Klasse?　Frau Maeda ist die jüngste.
日本で**どの**町が一番古いですか。⇒ 奈良が一番古いです。
Welche Stadt ist die älteste in Japan?　Nara ist die älteste.
世界で**どの**山が一番 高いですか。⇒ エベレスト山が一番高いです。
Welcher Berg ist der höchste auf der Welt?　Mount Everest ist der höchste.
小説で**どの**作家を一番よく読みますか。⇒ ゲーテを一番よく読みます。
Welchen Schriftsteller lesen Sie am liebsten?　Ich lese am liebsten Goethe.

「だれ」(wer) – Personen
家族の中でだれが一番早く起きますか。 ⇒ 母が一番早く起きます。
Wer steht in Ihrer Familie am frühesten auf?　Meine Mutter steht am frühesten auf.
ピカソ、ダリ、ムンクの中でだれが一番有名ですか。 ⇒ ピカソが一番有名です。
Wer ist von Picasso, Dali und Munk am berühmtesten?　Picasso ist am berühmtesten.
クラスでだれが一番たくさん飲みますか。 ⇒ 山田さんが一番たくさん飲みます。
Wer trinkt am meisten in der Klasse?　Herr Yamada trinkt am meisten.

「いつ」(wann) – Zeit
春と夏と秋と冬（季節）の中で、いつが一番いいですか。 ⇒ 春が一番いいです。
Welche Jahreszeit ist von Frühling, Sommer, Herbst und Winter am besten? Der Frühling ist am besten.
一週間の中でいつが一番いそがしいですか。 ⇒ 月曜日が一番いそがしいです。
Welcher Tag ist der geschäftigteste in der Woche?　Montag ist der geschäftigteste.
ここは一日の中で、いつが一番静かですか。 ⇒ 晩が一番静かです。
Wann ist es hier während des Tages am ruhigsten?　Hier ist es abends am ruhigsten.

「どこ」(wo) – Ort
アメリカと中国とロシアとでは、どこが一番大きいですか。 ⇒ ロシアが一番大きいです。
Welches Land ist von Amerika, China und Rußland am größten?　Rußland ist am größten.
東京と大阪と京都の中で、どこが一番にぎやかですか。 ⇒ 東京が一番にぎやかです。
Welche Stadt ist von Tokyo, Osaka und Kyoto am belebtesten?　Tokyo ist am belebtesten.
ローマとパリとロンドンの中で、どこが一番遠いですか。 ⇒ ローマが一番遠いです。
Welche Stadt ist von Rom, Paris oder London die weiteste?　Rom ist die weiteste.

　* Man kann bei der Antwort einfach auch "～です" sagen, wie z.B. "ローマです".

（4）Aと同じく（ぐ）らい～ ： ebenso ~ wie A
ここで水はビールと同じくらい高いです。　　　Hier ist Wasser ebenso teuer wie Bier.
奈良は京都と同じくらい有名です。　　　　　　Nara ist ebenso berühmt wie Kyoto.
日本語は中国語と同じぐらいむずかしいです。　Japanisch ist ebenso schwierig wie Chinesisch.
北海道はスイスとおなじぐらい大きいです。　　Hokkaido ist ebenso groß wie die Schweiz.
彼女は彼と同じぐらい速く泳ぎます。　　　　　Sie schwimmt ebenso schnell wie er.

（5）Aほど～ない ： nicht so ~ wie A
父は母ほど若くありません。　　　　　　　　　Vater ist nicht so jung wie Mutter.
東京は鎌倉ほど静かではないです。　　　　　　Tokyo ist nicht so ruhig wie Kamakura.
私は彼ほど金持ちではありません。　　　　　　Ich bin nicht so reich wie er.
ひらがなは漢字ほどしくないです。　　　　　　Hiragana sind nicht so schwer wie Kanji.
彼は彼女ほどよく英語を話しません。　　　　　Er spricht Englisch nicht so gut wie sie.

（6）Begründung: ので／から （weil）

（1）Der Begründungssatz (Nebensatz) steht gewöhnlich vor dem Hauptsatz und "から/ので" stehen am Ende des Begründungssatzes. Die Begründung mit ので klingt etwas weicher als mit から.

[I-Adjektiv]

安い（です）ので／から、このペンを買います。
Ich kaufe diesen Stift, weil er billig ist.
安くない（です）ので／から、そのペンを買いません。
安くありませんので／から、そのペンを買いません。
Ich kaufe den Stift nicht, weil er nicht billig ist.
安かった（です）ので／から、このペンを買いました。
Ich habe diesen Stift gekauft, weil er billig war.
安くなかった（です）ので／から、そのペンを買いませんでした。
安くありませんでしたので／から、そのペンを買いませんでした。
Ich habe den Stift nicht gekauft, weil er nicht billig war.

* "です" wird oft im Begründungssatz weggelassen.

[Na-Adjektiv, Nomen]

今日ひまです*ので／から、スポーツをします。
今日ひまなので／だから、スポーツをします。
Ich treibe Sport, weil ich heute frei habe.
今日ひまではない（です）ので／から、スポーツをしません。
今日ひまではありませんので／から、スポーツをしません。
Ich treibe keinen Sport, weil ich heute nicht frei habe.
今日ひま でした（だった*）ので／から、スポーツをしました。
Ich habe Sport getrieben, weil ich heute frei hatte.
今日ひまではなかった（です）ので／から、スポーツをしませんでした。
今日ひまではありませんでしたので／から、スポーツをしませんでした。
Ich habe keinen Sport getrieben, weil ich heute nicht frei hatte.

* "です" kann auch weggelassen werden, aber für die Bejahung im Präsens müssen "なので"／"だから" verwendet werden.

[Verb]

今日外出 します（する*）ので／から、家にいません。
Ich bin heute nicht zu Hause, weil ich ausgehe.
今日外出 しません（しない*）ので／から、家にいます。
Ich bin heute zu Hause, weil ich nicht ausgehe.
今日外出 しました（した*）ので／から、家にいませんでした。
Ich war heute nicht zu Hause, weil ich ausgegangen bin.

今日外出 しませんでした（しなかった*）ので／から、家にいました。
Ich war heute zu Hause, weil ich nicht ausgegangen bin.

* Anstatt der Masu-Form oder Desu-Form wird auch häufig die in (*) stehende Höflichkeitsleerform (L.9) verwendet.

(2) Frage nach der Begründung und Antwortmöglichkeiten:

[どうして ～ か]　　　　　　　　　[Antwort 1: ～から]　　　　[Antwort 2: ～からです]

どうしてその映画を 見ますか。　　⇒　面白いですから。　　　面白い*からです。
Warum sehen Sie den Film?　　　　　　 Weil er interessant ist.
どうしてテレビを 買いましたか。　⇒　便利ですから。　　　　便利だ*からです。
Warum haben Sie den Fernseher gekauft?　Weil er praktisch ist.
どうしてつかれましたか。　　　　⇒　よく働きましたから。　よく働いた*からです。
Warum sind Sie müde?　　　　　　　　 Weil ich viel gearbeitet habe.

* Bei Antwort 2 wird die Höflichkeitsleerform verwendet.

"ですから" (daher, deshalb): Diese Form steht immer am Anfang des zweiten Satzes.
この地図は便利です。ですから買いました。
Diese Landkarte ist praktisch. Deshalb habe ich sie gekauft.
このかさは高いです。ですから買いません。
Dieser Schirm ist teuer. Deshalb kaufe ich ihn nicht.
今日はいそがしいです。ですから外出しません。
Ich bin heute beschäftigt. Deshalb gehe ich nicht aus.
きのう肉を食べました。ですから今日は食べません。
Gestern habe ich Fleisch gegessen. Deshalb esse ich heute kein Fleisch.
きのう病気でした。ですから働きませんでした。
Gestern war ich krank. Deshalb habe ich nicht gearbeitet.

6. 練習 (Übungen)

（1）Vervollständigen Sie die Adjektiv-Tabelle in der Vergangenheitsform!

	Gegenteil	Bejahung	Negation 1	Negation 2
暑い	寒い	暑かったです	暑くなかったです	暑くありませんでした
高い				
おそい				
便利な				
おもしろい				
近い				
ひまな				
広い				
静かな				
新しい				
かんたんな				
いい				
弱い				
あたたかい				

（2）Schreiben Sie die Sätze in die Vergangenheitsform um!

1. その道はとてもせまいです。　⇒
2. 今年の夏はかなり暑いです。　⇒
3. その部屋はあまり明るくないです。　⇒
4. そのねこの子はかわいいです。　⇒
5. 今日はぜんぜんいそがしくないです。　⇒
6. そのけしきは本当に美しいです。　⇒
7. その仕事はたいへんです。　⇒
8. この問題はかんたんではありません。　⇒
9. あの人はとてもすてきです。　⇒
10. この小説はロマンティックです。　⇒
11. 彼女の服はとてもシックですね。　⇒
12. その絵はモダンではありません。　⇒
13. 京都で観光客は多いです。　⇒
14. そのたてものはあまり古くないです。　⇒
15. その映画はぜんぜん面白くないです。　⇒

（3）Wählen Sie die passenden Adjektive aus und setzen Sie die adverbialen Formen ein!

1. 上山さんはいつも手紙を＿＿＿＿＿書きます。
2. 春が来ます。そしてだんだん＿＿＿＿＿なります。
3. この馬はとても＿＿＿＿＿走りますよ。
4. 子どもたちは＿＿＿＿＿公園で遊びます。
5. お酒を少し飲みました。そして顔が＿＿＿＿＿なりました。
6. 母はいつも朝＿＿＿＿＿起きます。
7. スーパーでジュースをとても＿＿＿＿＿買いました。
8. ひさしぶりに部屋を＿＿＿＿＿しました。
9. この町は静かでしたが、最近＿＿＿＿＿なりました。
10. 日曜日に友だちと＿＿＿＿＿ハイキングしました。

元気な
安い
にぎやかな
楽しい
赤い
きれいな
あたたかい
早い
速い
長い

（4）Bilden Sie den Komparativ!

　　　Aは　Bより　Adj

1. その寺／あの神社／ずっと／古い
2. 日本の夏／ドイツの夏／暑い
3. 部長／私／もっと／いそがしい
4. ミュンヘン／フランクフルト／美しい
5. この町の美術館／あの町の美術館／すばらしい
6. 私の部屋／彼の部屋／せまい
7. 英語／フランス語／簡単
8. 金曜日／木曜日／ひま
9. ビデオ／カメラ／便利
10. サラダ／肉料理／ヘルシー
11. 工業／農業／さかん
12. この店／あの店／安い／売ります
13. 彼女／去年／きれい／なりました
14. 社長／社員／おそい／会社／来る
15. 彼女／彼／長い／テレビ／見る

（5）Bilden Sie den Superlativ!

　　　Aは　B（の中で）で　一番／もっとも　Adj

1. 富士山／日本／高い
2. バイエルン／ドイツ／広い／州
3. 川田部長／会社／いそがしい／人
4. 2月／1年／寒い
5. エベレスト山／世界／高い

6. フランス／ヨーロッパ／大きい
7. 日曜日／一週間／ひま
8. ベンツ／ドイツの車／じょうぶ
9. ゲーテ／ドイツ／有名な作家
10. ミヒャエルさん／クラス／元気な学生
11. ユリアさん／友だち／親切
12. 私／家族／おそい／寝る
13. ８月／１年／暑い／なる
14. チータ／動物／速い／走る
15. リンさん／学生／日本語／正しい／話す

（６）Fragen Sie Ihren Nachbarn mit dem Komparativ!　Ihr Nachbar antwortet.

　　<u>ＡとＢとでは、どちらの方が／を ～</u>

1. ワイン／ビール／安い
2. 電車／バス／便利
3. ベルリン／ハンブルク／面白い
4. フランクフルト／ハンブルグ／遠い
5. ナイル川／アマゾン川／長い
6. 仕事／家族／大切
7. 富士山／ツークシュピッツェ／高い
8. スペイン語／フランス語／かんたん
9. 東京／鎌倉／静か
10. クリスマス／カーニバル／にぎやか
11. 工業／農業／さかん
12. つばめ／すずめ／速い／飛ぶ
13. ジョギング／水泳／よく／する
14. クラシック／ポップス／よく／聞く
15. ドイツ人／日本人／長く／働く

（７）Fragen Sie Ihren Nachbarn mit dem Superlativ!　Ihr Nachbar antwortet.

　　<u>ＡとＢとＣ (oder Oberbegriff) の中で、～が／を もっとも／一番 ～</u>

1. りんご／みかん／バナナ／もも／おいしい
2. スペイン／イタリア／ギリシャ／近い
3. 春／夏／秋／冬／いい
4. パンダ／コアラ／犬／ねこ／かわいい
5. ナイル川／アマゾン川／ライン川／長い
6. １週間／忙しい

7. ダリ／ムンク／カンディンスキー／ピカソ／有名
8. 英語／フランス語／ロシア語／日本語／むずかしい
9. 手紙／電話／ファックス／便利
10. ヨーロッパの町／美しい
11. 友だち／にぎやか
12. 動物／人間／近い
13. 家族／よく／スポーツ／する
14. 学生／たくさん／たばこ／吸う
15. ピザ／ソーセージ／サラダ／よく／食べる

（8）Wählen Sie die passenden Adjektive aus und bilden Sie Sätze mit 同じぐらい！

　　　Aは Bと 同じぐらい ～

1. 土曜日／日曜日	にぎやか
2. ＩＣＥ／新幹線	おいしい
3. とら／ライオン	寒い
4. カタカナ／ひらがな	ヘルシー
5. イタリア・ワイン／フランス・ワイン	きれい
6. さとう／しお	速い
7. １月／１２月	ひま
8. くだもの／やさい	強い
9. あの町／この町	白い
10. 梅／桜	やさしい

（9）Wählen Sie die passenden Adjektive aus und bilden Sie Sätze mit ほど～ない！

　　　Aは Bほど ～ ない

1. ３月／４月	長い
2. タイプライター／コンピュータ	簡単
3. ライン川／ドナウ川	高い
4. 漢字／ひらがな	古い
5. 夜行バス／新幹線	あたたかい
6. 京都／奈良	速い
7. ベルリン／ニューヨーク	暑い
8. ツークシュピッツェ／富士山	便利
9. ドイツの夏／日本の夏／なる	安い
10. デパート／スーパー／売る	にぎやか

(10) Vollenden Sie die Begründungssätze!

1. そのテレビは＿＿＿＿＿＿＿＿＿＿、買いませんでした。
2. 部屋が＿＿＿＿＿＿＿＿、電気をつけます。
3. 今日はとても＿＿＿＿＿＿＿＿＿＿、外出しません。
4. 彼女はたいへん＿＿＿＿＿＿＿＿＿＿、たくさん友だちがいます。
5. この車はもう＿＿＿＿＿＿＿＿＿＿、新しい車を買います。
6. 肉料理はあまり＿＿＿＿＿＿＿＿＿＿＿、食べませんでした。
7. たばこは健康に＿＿＿＿＿＿＿＿＿、もう吸いません。
8. 雨がたくさん＿＿＿＿＿＿＿＿＿＿＿、散歩しませんでした。
9. 昨日あまりよく＿＿＿＿＿＿＿＿＿＿＿、ねむいです。
10. よく＿＿＿＿＿＿＿＿＿＿、そのテストは簡単でした。
11. 朝から晩まで長く＿＿＿＿＿＿＿＿＿＿、とてもつかれました。
12. 京都はとても＿＿＿＿＿＿＿＿＿＿＿、たくさんの人が見物に来ます。

(11) Übersetzen Sie die Sätze ins Japanische!

1. Seine alte Tasche ist praktischer als seine neue.
2. Dieser Sommer war schwüler als der letzte.
3. Sie ist zwar nicht so schön, aber sie ist sehr nett.
4. Weil die Straße eng war, fuhren wir langsam.
5. Frankfurt ist größer als Heidelberg, aber Heidelberg ist schöner als Frankfurt.
6. Wer ist die Schönste auf der Welt?   Schneewittchen ist die Schönste.
7. Was fährt schneller, ein Auto oder der Shinkansen?   Der Shinkansen fährt schneller.
8. Was ist schwieriger, Latein oder Griechisch?   Beides ist gleich schwierig.
9. Wer ist ruhiger, Herr Tanaka oder Herr Kimura?   Herr Kimura ist ruhiger.
10. Was ist Ihr Lieblingsessen?   Sushi ist mein Lieblingsessen.
11. Die Frühlingsferien sind nicht so lang wie die Sommerferien.
12. Was ist stabiler, dieses Regal oder jenes?   Dieses Regal ist ebenso stabil wie jenes.
13. Weil der Service des Geschäftes nicht gut ist, kaufe ich da nicht.
14. Weil er großen Hunger hatte, hat er sowohl das ganze Fleisch als auch den Fisch gegessen.
15. Weil ich sehr spät aufgestanden bin, bin ich mit dem Taxi zum Flughafen gefahren.

(12) Beschreiben Sie Ihren letzten Urlaub (Reise)!

7. 性格テスト(せいかく)(Persönlichkeitstest)

1．あなたの好(す)きな動物(Lieblingstier)を３びき書いて下さい。
2．そしてその理由(りゆう：Grund)をそれぞれ(jeweils)３つずつ書いて下さい。

　　　　　　　　　　［名前］　　　　　　　　　［理由］
1番好きな動物　　＿＿＿＿＿＿　（　　　　）（　　　　）（　　　　）
2番目に好きな動物　＿＿＿＿＿＿　（　　　　）（　　　　）（　　　　）
3番目に好きな動物　＿＿＿＿＿＿　（　　　　）（　　　　）（　　　　）

かわいい／強い／大きい／小さい／速い／きれい／やわらかい／すばやい(flink)
やさしい／静か／にぎやか／おもしろい／めずらしい(selten)／れいせい(besonnen)
じょうぶ(kräftig)／きびしい(streng)／気らく(sorglos)／おかしい(witzig)
せいけつ(sauber)／遊び好き(gern amüsieren)／しんちょう(vorsichtig)
エレガント／じゆう(frei)／ちゅうじつ(treu)／やせいてき(wild)／かしこい(klug)
かつどうてき(aktiv)／じょうねつてき(leidenschaftlich)／しんけん(ernst)
あんぜん(sicher)／がまんづよい(geduldig)／きれいな目／長いあし(Bein)　usw.

さて、あなたの性格は？ (Auflösung Seite 203)

8. 復習テスト 第6課 (Lektionstest L6)

(1) Füllen Sie die folgende Adjektivtabelle aus! (12x2)

	Präsens	Präteritum Bejahung	Präteritum Verneinung
1. niedlich	_____	_____	_____
2. wichtig	_____	_____	_____
3. einfach	_____	_____	_____
4. richtig	_____	_____	_____

(2) Setzen Sie die passenden Wörter nach den Anweisungen ein! (4x3)
1. 彼は海で（　　　　　）およぎました。　　　　　(lang)
2. 彼女はいつも人に（　　　　　）します。　　　　(freundlich)
3. 見田さんはとても（　　　　　）絵をかきました。　(schön)
4. 昼から仕事がとても（　　　　　）なりました。　　(beschäftigt)

(3) Setzen Sie die passenden Wörter ein! (18x2)
1. 田中さんと山田さん _____ _____ 大きいですか。
   田中さん _____ 山田さん _____ 大きいです。
2. 日本人とドイツ人 _____ _____ たくさん魚を食べますか。
   日本人 _____ ずっとたくさん食べます。
3. フランスとスペインとイギリス _____ _____ 一番遠いですか。
   スペインが _____ 遠いです。
4. 日本では春と夏と秋と冬 _____ _____ _____ いい季節ですか。
   秋です。
5. 山田さんと森さんと林さん _____ _____ _____ おそく寝ますか。
   田中さんですよ。
6. 土曜日は日曜日と _____ ひまです。

(4) Übersetzen Sie die Sätze ins Japanische! (7x4)
1. Die Sommerferien sind länger als die Frühlingsferien.

2. Was ist teurer, Wein oder Bier?　Wein ist teurer als Bier.

3. Deswegen trinke ich nicht so oft Wein wie Bier.

4. Chinesisches Essen schmeckt ebenso gut wie japanisches.

5. Wer läuft von Herrn Sato, Herrn Kimura, und Herrn Takeda am schnellsten?

6. Weil ich gestern abend sehr müde war, habe ich kaum Japanisch gelernt.

7. Ich habe das Auto nicht gekauft, weil es nicht praktisch ist.

_____ /１００

第7課 (Lektion 7)

1. 基本文型

Te-Form 1

・ボールペンを ください。

・お米と野菜を 買ってください。

・彼は 電話を かけています。

・お寺の門は 開いています。/ 閉まって います。

・8時に 起きて、ごはんを 食べて、大学に 行きます。

・大学の図書館は 大きくて 便利です。

・酒を飲みに 行きましょう(か)。

・手伝いましょうか。

第7課 (Lektion 7)

2. 会話１：カメラ店で（買物シリーズ１）

店員　　　：いらっしゃいませ。
ベルガー　：すみませんが、その　カメラを　見せてください。
店員　　　：これですね。　はい、どうぞ。
ベルガー　：これは　いくらですか。
店員　　　：８５０００（八万五千）円です。
ベルガー　：ちょっと　高いですね。　もう　少し　安いのは　ありませんか。
店員　　　：では、こちらは　いかがですか。　これは　４５０００（四万五千）円
　　　　　　です。　今　とっかセールで、たいへん　安く　なっています。
ベルガー　：せいのうは　どうですか。
店員　　　：もちろん　たいへん　いいです。　軽くて、便利です　から、とても
　　　　　　よく　売れています。
ベルガー　：そうですか。　ちょっと　使い方を　教えてください。
店員　　　：使い方は　とても　かんたんです。　フィルムを入れて、ファインダー
　　　　　　を　のぞいて、シャッターを　おすだけです。
ベルガー　：それは　かんたんですね。　デザインもよくて、気に入りました。
　　　　　　ただ．．．
店員　　　：ただ、何ですか？
ベルガー　：ねだんが、もう少し　安くなりませんか。　４００００（四万）円
　　　　　　ぐらいに　して下さいよ。
店員　　　：それは、ちょっとむりですよ。　そうですね。　じゃあ、思いきり
　　　　　　サービスして　４２０００（四万二千）円に　します。
ベルガー　：そうですか。じゃあ、このカメラにします。　これを　ください。
店員　　　：はい、ありがとうございます。
ベルガー　：それから、３６枚どりの　フィルムを　２本　ください。
店員　　　：はい、しょうちしました。　全部で　４３０００（四万三千）円に
　　　　　　なります。
ベルガー　：５００００（五万）円で　おねがいします。
店員　　　：はい、５００００（五万）円　おあずかりします。
　　　　　　７０００（七千）円の　おつりになります。
　　　　　　どうも　ありがとうございました。
ベルガー　：どうも。

会話２：デートのさそい

山口（母）：もしもし、山口です。
ベルガー：もしもし、山口さんの おたくですか。
　　　　　今 明子さんは いますか。
山口（母）：おりますが、どちらさま ですか。
ベルガー：あ、すみません。ベルガーです。
山口（母）：ああ、ベルガーさん、こんにちは。明子が いつも お世話に
　　　　　なって います。
ベルガー：いえいえ、こちらこそ。
山口（母）：ちょっと、待ってくださいね。
ベルガー：はい、おねがいします。
　　　　　　・・・
明子　　：もしもし、明子です。
ベルガー：ベルガーです。こんにちは、明子さん。今 何をしていますか。
明子　　：今日は ひまで、何も していません。たいくつ していました。
ベルガー：天気が いい から、いっしょに 箱根へ ドライブに 行きませんか。
明子　　：それは いい 考えですね。ぜひ 行きましょう。
　　　　　ベルガーさんは車を 持っていますか。
ベルガー：いいえ、レンタカーを 借ります。
明子　　：そうですか。じゃあ、ぜひ 連れて行ってください。
ベルガー：はい、はじめに 芦の湖へ 行って、ボートに 乗りませんか。
　　　　　それから ロープウェーで 山に登って、高原を 散歩しましょう。
　　　　　山の けしきは すばらしいですよ。とくに 夕方が いいです。
　　　　　まっかな夕日が とても きれいで ロマンティックです。
明子　　：ベルガーさんは、ほんとうに よく 知っていますね。
ベルガー：いえ、それほどでも ありません。じゃあ、今から むかえに 行き
　　　　　ますから、待っていてください。楽しい ドライブを しましょう。
明子　　：はい。それから マリアさんと 木村さんも さそいましょうよ。
ベルガー：え？
明子　　：おもしろい 人たちです から、きっと にぎやかで 楽しいドライブ
　　　　　に なりますよ。とても 楽しみです。

会話の練習 (Konversationsübung): カメラ店で

店員：いらっしゃいませ。
客　：その カメラ①は いくらですか。
店員：これは ８５０００円②です。
客　：ちょっと 高い③ですね。 もう 少し 安い④のは ありませんか。
店員：では、こちらは いかがですか。 これは ４５０００円⑤です。
客　：それがいいです。 そのカメラ①にします。
店員：はい、ありがとうございます。
客　：それから、フィルムを ２本⑥ 下さい。
店員：はい、しょうちしました。 全部で ４３０００円⑦に なります。
客　：５００００円⑧で おねがいします。
店員：はい、７０００円の おつりに なります。
　　　どうも ありがとうございました。

1. ①ノート ②200円 ③小さい ④大きい ⑤300円 ⑥ペンを一本 ⑦600円 ⑧1000円
2. ①ワイン ②2500円 ③高い ④安い ⑤1500円 ⑥ビールを３本 ⑦2400円 ⑧3000円
3. ①かさ ②1700円 ③重い ④軽い ⑤1800円 ⑥かばんを一つ ⑦4200円 ⑧5000円
4. ①辞書 ②2300円 ③古い ④新しい ⑤2800円 ⑥その雑誌 ⑦3250円 ⑧4000円
5. ①シャツ ②800円 ③色が暗い ④明るい ⑤900円 ⑥靴下を一枚 ⑦1400 ⑧2000円

本文質問 (Fragen zum Text): デートのさそい

（１）ベルガーさんは はじめ だれと話しましたか。
（２）明子さんは家にいませんでしたか。
（３）明子さんは何をしていましたか。
（４）どこへドライブに行きますか。
（５）ベルガーさんは車を持っていますか。
（６）車はどうしますか。
（７）箱根で何をしますか。
（８）何がロマンティックですか。
（９）二人はどこで会いますか。
（10）ドライブに二人だけで行きますか。

3. 単語リスト

Nomina

芦の湖	あしのこ	Ashinoko-See in Hakone, westlich von Tokyo
兄	あに	älterer Bruder
姉	あね	ältere Schwester
～行き	いき	Fahrt nach ～
意味	いみ	Bedeutung
妹	いもうと	jüngere Schwester
入り口（入口）	いりぐち	Eingang
受付け（受付）	うけつけ	Rezeption, Empfang
お菓子	おかし	Süßigkeiten
お金持ち	おかねもち	reich ⇒ 金持ち
お宅	おたく	Ihr Haus, Ihre Wohnung, bei Ihnen
お釣	おつり	Wechselgeld
弟	おとうと	jünger Bruder
書き方	かきかた	Schreibweise
鍵	かぎ	Schlüssel
壁	かべ	Wand
体	からだ	Körper
考え	かんがえ	Idee, Gedanke, Meinung
高原	こうげん	Plateau, Hochebene
工場	こうじょう	Fabrik
高速道路	こうそくどうろ	Autobahn, Highway
子供	こども	Kind
米	こめ	Reis
誘い	さそい	Aufforderung, Einladung
三番目	さんばんめ	der, die, das Dritte
質問、～する	しつもん、～する	Frage, eine Frage stellen
市電	しでん	Straßenbahn
週末	しゅうまつ	Wochenende
宿題	しゅくだい	Hausaufgabe
首都	しゅと	Hauptstadt
資料	しりょう	Material
信号	しんごう	Ampel
住所	じゅうしょ	Adresse
寿司	すし	Sushi
性能	せいのう	Leistungsfähigkeit
台所	だいどころ	Küche
地図	ちず	Landkarte, Stadtplan
使い方	つかいかた	Art und Weise der Benutzung
次	つぎ	nächst
手	て	Hand
天ぷら	てんぷら	fritiertes Gemüse und Meeresfrüchte

出口	でぐち	Ausgang
電話番号	でんわばんごう	Telefonnummer
特価セール	とっかセール	Sonderverkauf
動物園	どうぶつえん	Zoo
荷物	にもつ	Gepäck, Last
値段	ねだん	Preis
箱	はこ	Schachtel, Kasten
箱根	はこね	Hakone (schöner Ort westlich von Tokyo)
鋏	はさみ	Schere
部品	ぶひん	Ersatzteil
弁当	べんとう	Lunchbox
帽子	ぼうし	Hut
36枚撮り	36まいどり	36-er Film
門	もん	Tor
夕方	ゆうがた	Abend
夕日	ゆうひ	Abendsonne
読み方	よみかた	Lesart, Leseweise

Fremdwörter (Nomina)

キオスク	キオスク	Kiosk
ケーキ	ケーキ	Kuchen
ゴルフ	ゴルフ	Golf
サービス	サービス	Service
シャッター	シャッター	Auslöser, Rolladen
タンゴ	タンゴ	Tango
ダンス	ダンス	Tanz
デザイン	デザイン	Design
ドライブ	ドライブ	Spazierfahrt
パスポート	パスポート	Paß
ビートルズ	ビートルズ	Beatles
ファインダー	ファインダー	Sucher
フィルム	フィルム	Film
プール	プール	Schwimmbad
ボート	ボート	Ruderboot
レンタカー	レンタカー	Mietwagen
ロープウェー	ロープウェー	Seilbahn

Einstufige Verben

上げる	あげる	hochheben, geben, schenken, anbieten
入れる	いれる	hineintun
売れる	うれる	sich verkaufen, verkäuflich sein
借りる	かりる	von jm etwas ausleihen
答える	こたえる	antworten
助ける	たすける	helfen, retten
訪ねる	たずねる	besuchen, besichtigen

つける	つける	einschalten（電気を〜）, beifügen, beilegen
（〜を）始める	はじめる	mit 〜 beginnen
見せる	みせる	zeigen
迎える	むかえる	empfangen, jn holen

Fünfstufige Verben

預かる	あずかる	aufbewahren
洗う	あらう	waschen
急ぐ	いそぐ	sich beeilen
売る	うる	verkaufen
送る	おくる	schicken, senden
押す	おす	drücken, schieben
踊る	おどる	tanzen
おります	おります	Bescheidenheitsform von いる
貸す	かす	jm etwas ausleihen
気に入る	きにいる	jm gefallen
咲く	さく	blühen
誘う	さそう	auffordern, einladen
死ぬ	しぬ	sterben
閉まる	しまる	zugehen, schließen (Intr.) ⇒ 閉める (tr.)
知る	しる	kennen, wissen
住む	すむ	wohnen
座る	すわる	sich setzen
使う	つかう	benutzen
連れて行く	つれていく	jn mitnehmen
（〜を）手伝う	てつだう	helfen (bei der Arbeit)
止まる	とまる	halten (Intr.) ⇒ 止める (tr.)
覗く	のぞく	hineingucken
（〜に）登る	のぼる	besteigen, aufsteigen
払う	はらう	bezahlen
貼る	はる	kleben
曲がる	まがる	abbiegen
持って行く	もっていく	Sachen mitnehmen
持つ	もつ	haben, besitzen, tragen

Nominalverben

運転する	うんてんする	Auto/Zug fahren
お願いする	おねがいする	bitten ⇒ 願う
結婚する	けっこんする	heiraten
承知する	しょうちする	einverstanden sein
退屈する	たいくつする	sich langweilen
注文する	ちゅうもんする	bestellen

Unregelmäßige Verben

連れて来る	つれてくる	mitbringen (Person)

| 持って来る | もってくる | mitbringen (Gegenstand) |

I-Adjektive

| 明るい | あかるい | hell |
| 暗い | くらい | dunkel |

Na-Adjektive

| 真っ赤(な) | まっか(な) | ganz rot |
| 無理(な) | むり(な) | nicht möglich |

Adverbien

思い切り	おもいきり	gewagt
きっと	きっと	sicher, sicherlich
ただ	ただ	nur
特に	とくに	besonders
ぼつぼつ	ぼつぼつ	langsam
まっすぐ	まっすぐ	geradeaus
もちろん	もちろん	natürlich, selbstverständlich

Fremdwörter

| いくら | いくら | wieviel |
| どちら様 | どちらさま | wer, höfliche Form von だれ |

Hilfsverben

| ない | ない | nicht, Höflichkeitsleerform von ありません |

Interjektionen

| もしもし | もしもし | Hallo (am Telefon) |

Präfixe

| お〜 | お〜 | Höflichkeitspräfix für Nomen |

Idiomatische Redewendungen

遊びに来て下さい	あそびにきてください	Besuchen Sie uns doch mal! (Idiom)
いいえ、けっこうです	いいえ、けっこうです	Nein, danke!
いらっしゃいませ	いらっしゃいませ	Herzlich Willkommen! Guten Tag!
お金を下ろす	おかねをおろす	Geld abheben
お世話になる	おせわになる	von Ihnen unterstützt werden
鍵が掛かる	かぎがかかる	abschließen
〜に沿って	そって	entlang
それほどでもない	それほどでもない	nicht so sehr
何か冷たいもの	なにかつめたいもの	etwas Kaltes, 何か irgendwas
2ヶ月前から	にかげつまえから	seit zwei Monaten
(〜に)する	にする	sich für 〜 entscheiden, nehmen
星が出る	ほしがでる	Die Sterne gehen auf.
まあいい	まあいい	na schön
シャワーを浴びる	シャワーをあびる	duschen

4. アクティブ漢字リスト

漢字	意味	筆順	読み	熟語	読み	意味
公	öffentlich	ノ 八 公 公	コウ / おおやけ	公園	こうえん	Park
				公立	こうりつ	öffentlich gegründet
				公正	こうせい	gerecht
園	Garten	一 冂 門 閂 周 園 園 園 園 園	エン / その	公園	こうえん	Park
				庭園	ていえん	(großer) Garten
				動物園	どうぶつえん	Zoo
夕	Abend	ノ ク 夕	セキ / ゆう	夕方	ゆうがた	Abend
				夕べ	ゆうべ	Abend, letzter Abend
方	Richtung, Seite	、 一 方 方	ホウ / かた	夕方	ゆうがた	Abend
				使い方	つか-い-かた	Gebrauchsweise
				方向	ほうこう	Richtung
万	zehntausend	一 ブ 万	マン / バン	一万円	いちまんえん	zehntausend Yen
				万一	まんいち	im Notfall
				万能	ばんのう	allmächtig
寺	Tempel	一 十 土 土 寺 寺	ジ / てら	お寺	おてら	Tempel
				寺院	じいん	Tempel
門	Tor	丨 冂 冃 門 門 門 門	モン / かど	校門	こうもん	Schuleingang
				入門	にゅうもん	Einführung
				専門	せんもん	Fachgebiet
米	Reis	、 ソ 丷 半 米 米	ベイ / マイ / こめ / よね	米	こめ	Reis
				米国	べいこく	USA
				米寿	べいじゅ	88 Jahre alt
酒	jap. Reiswein	、 冫 氵 汀 沂 沔 洒 酒 酒	シュ / さけ	酒	さけ	jap. Reiswein, Alkohol
				日本酒	にほんしゅ	jap. Reiswein
				洋酒	ようしゅ	europäische Spirituosen
図	Bild, Zeichnung	丨 冂 冂 冈 図 図	ズ / ト / はか-る	地図	ちず	Landkarte, Plan
				図書館	としょかん	Bibliothek
				図画	ずが	Zeichnung

アクティブ漢字リスト

漢字	意味 / 筆順	読み	熟語	読み方	意味
板	Brett / 一 十 † 木 杤 朽 板 板	バン いた	黒板	こくばん	Tafel
			板	いた	Brett
			看板	かんばん	Werbeschild
手	Hand / ノ 二 三 手	シュ て	手伝う	てつだ-う	helfen (bei der Arbeit)
			手	て	Hand
			手紙	てがみ	Brief
伝	mitteilen / ノ イ 仁 仁 伝 伝	デン つた-える つた-わる	手伝う	てつだ-う	helfen (bei der Arbeit)
			伝える	つた-える	mitteilen
			伝言	でんごん	Mitteilung, Nachricht
使	benutzen / ノ イ 仁 仁 佰 佰 使 使	シ つか-う	使う	つかう	benutzen
			使い方	つか-い-かた	Gebrauchsweise
			大使館	たいしかん	Botschaft
楽	fröhlich, bequem / ノ イ 白 白 泊 汹 兆 楽 楽 楽	ガク ラク たの-しい	楽しい	たの-しい	fröhlich, lustig
			楽しみ	たのしみ	sich auf ~ freuen
			音楽	おんがく	Musik
便	praktisch, günstig / ノ イ 仁 仁 佰 佰 便 便	ベン ビン	便利	べんり	praktisch
			不便	ふべん	unpraktisch
			郵便局	ゆうびんきょく	Postamt
利	Profit, Vorteil / ノ 二 千 禾 禾 利 利	リ とし	便利	べんり	praktisch
			利用	りよう	Benutzung
			利益	りえき	Profit, Gewinn
知	wissen, kennen / ノ 二 午 矢 知 知 知	チ し-る	知る	し-る	kennen, wissen
			知人	ちじん	Bekannte(r)
			知識	ちしき	Wissen, Kenntnis
売	verkaufen / 一 十 士 吉 声 声 声 売	う-る バイ	売る	う-る	verkaufen
			売買	ばいばい	Kauf und Verkauf
			売り場	う-り-ば	Verkaufsplatz
閉	zugehen, zumachen / 丨 冂 冃 門 門 門 閉 閉	ヘイ し-まる し-める	閉まる	し-まる	zugehen
			閉める	し-める	zumachen, schließen
			閉店する	へいてん	Geschäft schließen

5. 文法 (Grammatik)

Te-Form 1

Die Te-Form ist eine Verbindungsform für Verben, Adjektive und Nomina. Besonders die Te-Form der Verben ist sehr wichtig, weil man damit z.B. die Verlaufsform, die Zustandsform, die Bittform, Aufzählungen, Satzverbindungen, modale Angaben sowie Verbot und Erlaubnis zum Ausdruck bringen kann. Die Te-Form der Adjektive und Nomina wird hauptsächlich für Aufzählungen und Satzverbindungen verwendet.

（１）Te-Form (Te-F) der Verben

[1 stufige Verben]

GF	MF	Te-F
見る ⇒	見ます ⇒	見て
起きる ⇒	起きます ⇒	起きて
食べる ⇒	食べます ⇒	食べて

[unregelmäßige Verben]

GF	MF	Te-F
来る ⇒	来ます ⇒	来(き)て
する ⇒	します ⇒	して
勉強する ⇒	勉強します ⇒	勉強して

[5 stufiges Verben]： Fünf Variationen je nach der Verbendung (GF)

	GF ⇒ Te-F	GF ⇒ Te-F	Beispiele
1	～く ⇒ ～いて	書く ⇒ 書いて	聞く、開く、歩く、着く、働く *
2	～ぐ ⇒ ～いで	泳ぐ ⇒ 泳いで	急ぐ、脱ぐ
3	～む ⇒ ～んで	読む ⇒ 読んで	飲む、休む、住む
	～ぶ ⇒ ～んで	飛ぶ ⇒ 飛んで	遊ぶ
	～ぬ ⇒ ～んで	死ぬ ⇒ 死んで	―
4	～う ⇒ ～って	買う ⇒ 買って	会う、歌う、吸う、言う、洗う
	～つ ⇒ ～って	待つ ⇒ 待って	持つ
	～る ⇒ ～って	帰る ⇒ 帰って	乗る、入る、降る、切る、座る、走る
5	～す ⇒ ～して	話す ⇒ 話して	押す、貸す

* Ausnahme: 行く ⇒ 行って

（２）Bittform

(1) **Nを ください**： Diese Form wird verwendet, wenn man etwas haben möchte.

この本を ください。	Geben Sie mir bitte dieses Buch!
そのケーキを ください。	Geben Sie mir bitte den Kuchen!
５０円の切手を５枚 ください。	Geben Sie mir bitte fünf 50-er Briefmarken!
東京まで 切符１枚 ください。	Geben Sie mir bitte eine Fahrkarte nach Tokyo!
ビールを２本 ください。	Geben Sie mir bitte zwei Flaschen Bier!

(2) Te-Form + ください

Diese Form wird verwendet, wenn man jemand um eine Handlung bittet.

ここに 来てください。	Kommen Sie bitte hierher!
名前を 言ってください	Sagen Sie bitte Ihren Namen!
パスポートを 見せてください。	Zeigen Sie mir bitte Ihren Paß!
あなたの名前を 書いてください。	Schreiben Sie bitte Ihren Namen auf!
ドアを 閉めてください<u>ませんか</u>*。	Können Sie bitte die Tür zumachen!

*どうぞ (bitte) kann am Satzanfang eingesetzt werden, um die Bitte höflicher zu formulieren.

* Die Bitte wird noch höflicher, wenn "ませんか" am Satzende eingesetzt wird.

(3) Te-Form + います

(1) **Verlaufsform**: Eine Handlung ist gerade im Gange.

かれは 今 新聞を 読んでいます。	Er liest gerade die Zeitung.
子供は 公園で 遊んでいます。	Die Kinder spielen gerade im Park.
私は 彼女に 手紙を 書いています。	Ich schreibe gerade einen Brief an sie.
車が たくさん 駅の前を 走っています。	Viele Autos fahren vor dem Bahnhof.
あなたは 今 何を していますか。	Was machen Sie gerade?

* Für Negation und Vergangenheitsform braucht man nur います zu ändern.
  Die Te-Form bleibt unverändert.

<u>読んで</u>います Präsens-Positiv / <u>読んで</u>いません Präsens-Negativ
<u>読んで</u>いました Präteritum-Positiv / <u>読んで</u>いませんでした Präteritum-Negativ

(2) **Zustandsform**

そのドアは 開いています。	Die Tür steht offen.
部屋の窓は 閉まっています。	Das Fenster des Zimmers ist geschlossen.

  * Dieser Satz kann auch bedeuten, daß die Tür gerade jetzt aufgeht. Obwohl dies selten vorkommt, muß man die beiden Bedeutungen aus dem Kontext heraus unterscheiden.

私は 東京に 住んでいます。	Ich wohne in Tokyo.
山川さんは (もう) 結婚しています。	Herr Yamakawa ist (schon) verheiratet.

* Wenn man hier die ます-Form benutzt, bezieht sich der Satz auf die Zukunft.

来年から 東京に 住みます。	Ab nächstes Jahr wohne ich in Tokyo.
彼は ユリアさんと 結婚します。	Er wird Julia heiraten.

かれは カメラを 持っています。　　　　　Er hat eine Kamera. (Besitz)
私は まだ 車を 持っていません。　　　　Ich habe noch kein Auto.

* Wenn man hier die ます-Form benutzt, heißt das Verb 持ちます "tragen".

私は 田中さんを 知っています。　　　　Ich kenne Herrn Tanaka.
かの女は 京都を よく知りません。　　　Sie kennt sich in Kyoto nicht gut aus.

<u>Achtung</u>: Die Negation von "知っています" ist "**知りません**" (ます-Form).

(3) Gewohnheitsmäßige oder regelmäßige Handlungen

私たちは 毎日 日本語を 勉強しています。　Wir lernen jeden Tag Japanisch.
彼は 週に一回 テニスを しています。　　　Er spielt einmal pro Woche Tennis.
新聞は キオスクで 売っています。　　　　　Die Zeitung wird am Kiosk verkauft.
私は 最近 はしで ごはんを 食べています。　Ich esse in letzter Zeit mit Stäbchen.
あなたは どんな音楽を 聞いていますか。　　Was für Musik hören Sie?

* Die Handlung muß nicht unbedingt gerade jetzt durchgeführt werden.
* Wenn die Handlung keine einzelne, sondern z.B. eine für alle Japaner allgemeingültige ist, wird hingegen die Masu-Form verwendet.

日本人は はしで ごはんを 食べます。　　Japaner essen mit Stäbchen.
ドイツ人は よくビールを 飲みます。　　　Deutsche trinken viel Bier.
アメリカ人は 英語を 話します。　　　　　Amerikaner sprechen Englisch.

(4) Negative Antwort auf die Frage nach der Vollendung einer Handlung

もう ご飯を 食べましたか。　　⇒　　いいえ、まだ 食べていません。
Haben Sie schon gegessen?　　　　　Nein, ich habe noch nicht gegessen.
もう 仕事は 終わりましたか。　⇒　　いいえ、まだ 終わっていません。
Sind Sie schon mit der Arbeit fertig?　Nein, ich bin noch nicht fertig.
もう 新聞を 読みましたか。　　⇒　　いいえ、まだ 読んでいません。
Haben Sie schon die Zeitung gelesen?　Nein, ich habe sie noch nicht gelesen.

* Man kann auch einfach "いいえ、まだです" sagen. Bei einer positiven Antwort wird die normale Vergangenheitsform verwendet, wie z.B. "はい、もう食べました" (Siehe L.5!)

（4）〜て+行く/来る/帰る ： idiomatische Redewendungen, die die Art und Weise der Durchführung einer Handlung ausdrücken

1. 持って行く (etwas mitnehmen) 　私は 旅行に カメラを 持って行きます。
　　　　　　　　　　　　　　　　　Ich nehme eine Kamera auf die Reise mit.
　持って来る (etwas mitbringen) 　彼女は 大学に お弁当を 持って来ました。
　　　　　　　　　　　　　　　　　Sie hat ein Lunchpaket zur Uni mitgebracht.

2. 連れて行く (Person, Tier mitnehmen) 　私たちは 子供を 動物園へ 連れて行きます。
　　　　　　　　　　　　　　　　　　　Wir nehmen die Kinder mit in den Zoo.
　連れて来る (Person, Tier mitbringen) 　山下さんが 友だちを 連れて来ました。
　　　　　　　　　　　　　　　　　　　Herr Yamashita hat seine Freunde mitgebracht.

3. 乗って行く (mit ~ fahren) 　バスに 乗って行きます。
　　　　　　　　　　　　　　　Ich fahre mit dem Bus.
　乗って来る (mit ~ kommen) 　電車に 乗って来ました。
　　　　　　　　　　　　　　　Ich bin mit dem Zug gekommen.
　乗って帰る (mit ~ zurückkehren) 　タクシーに 乗って帰りました。
　　　　　　　　　　　　　　　　　Ich bin mit dem Taxi zurückgefahren.

4. 歩いて行く (zu Fuß gehen) 　そこは とても近い から、歩いて行きます。
　　　　　　　　　　　　　　　Ich gehe dorthin zu Fuß, weil es ganz nah ist.
　歩いて来る (zu Fuß kommen) 　天気が いい ので、歩いて来ました。
　　　　　　　　　　　　　　　Ich bin zu Fuß gekommen, weil das Wetter schön ist.
　歩いて帰る (zu Fuß zurückgehen) 　バスが もうありません ので、歩いて帰ります。
　　　　　　　　　　　　　　　　　Ich gehe zu Fuß nach Hause, weil kein Bus mehr fährt.

5. 走って行く (rennend gehen) 　駅まで 走って行きました。
　　　　　　　　　　　　　　　Ich bin zum Bahnhof gerannt.
　走って来る (rennend kommen) 　時間がありませんでしたので、走って来ました。
　　　　　　　　　　　　　　　　Ich bin hierher gerannt, weil ich wenig Zeit hatte.
　走って帰る (rennend zurückkehren) 　雨が 降っています。走って帰りましょう。
　　　　　　　　　　　　　　　　　　Es regnet gerade. Laßt uns nach Hause rennen!

（5） Satzverbindungen mit der Te-Form

（1） 〜て〜て〜ます： S$_1$, S$_2$ und S$_3$

私は 朝8時に 起きて、朝ごはんを 食べて、(そして) 9時に 大学に 行きます。
Ich stehe um 8 Uhr auf, frühstücke und fahre um 9 Uhr zur Uni.
新聞を 読んで、音楽を 聞いて、(それから) 寝ました。
Ich habe die Zeitung gelesen, Musik gehört und bin dann ins Bett gegangen.

* Aufzählungen aufeinander folgender Handlungen ohne そして.
* Das Tempus (Präsens / Präteritum) wird am Ende des Satzes bestimmt.
* Gewöhnlich kann man nach der letzten Te-Form "そして/それから" einsetzen.

(2) ～てから： nachdem / seitdem ～

Wenn man die Nachzeitigkeit betonen möchte, wird "～て+から" benutzt.

昼ごはんを 食べてから、泳ぎに 行きました。

Nachdem ich zu Mittag gegessen hatte, bin ich schwimmen gegangen.

この会社に 入ってから、もう 3年に なります。

Seitdem ich eingestellt wurde, sind schon 3 Jahre vergangen.

切符を買ってから、電車に乗ってください。

Steigen Sie bitte in den Zug ein, nachdem Sie eine Fahrkarte gekauft haben!

(3) Die Te-Form der Adjektive und Nomen wird zur Aufzählung mehrerer Eigenschaften verwendet.

IA [～い⇒～くて]： この家は 大きいです。そして 新しいです。
この家は 大きくて、新しいです。
Das Haus ist groß und neu.

NA [～です⇒～で]： かの女は親切です。彼女はきれいです。そして有名です。
かの女は親切で、きれいで、(そして)有名です。
Sie ist freundlich, schön und berühmt.

N [～です⇒～で]： かれは日本人です。かれは２４才です。そして銀行員です。
かれは日本人で、２４才で、(そして)銀行員です。
Er ist Japaner, 24 Jahre alt und Bankangestellter.

* Negation: nicht ～, sondern ～

IA: 大きくないです ⇒ 大きくなくて、小さいです。
Es ist nicht groß, sondern klein.

NA: 便利ではありません ⇒ 便利で(は)なくて、不便です。
Es ist nicht praktisch, sondern unpraktisch.

N: 日本人ではありません ⇒ 日本人で(は)なくて、中国人です。
Sie ist keine Japanerin, sondern Chinesin.

* Wenn Sätze mit verschiedenen Subjekten verbunden werden, müssen beide Subjekte genannt werden.

この人は アメリカ人です。+ そして あの人は ドイツ人です。
⇒ <u>この人</u>は アメリカ人で、<u>あの人</u>は ドイツ人です。
Diese Person ist Amerikaner und jene Person ist Deutscher.

今日は 日曜日です。＋ そして あしたは 月曜日です。
⇒ <u>今日</u>は 日曜日で、<u>あした</u>は 月曜日です。
　　Heute ist Sonntag und morgen ist Montag.

（6）Aufforderung und Bereitschaft： ～ませんか/～ましょう/～ましょうか

(1) Aufforderung:　映画に 行きませんか。　　　Wollen wir nicht ins Kino gehen?
　　　　　　　　　　映画に 行きましょう。　　　　Laßt uns ins Kino gehen!
　　　　　　　　　　映画に 行きましょうか。　　　Sollen wir ins Kino gehen?
　　[Antwort]:　　　はい、行きましょう。　　　　Ja, gehen wir!
　　　　　　　　　　ええ、よろこんで。　　　　　　Ja, gern!

* Diese Aufforderungsformen werden direkt aus der Masu-Form abgeleitet. Sie werden verwendet, wenn man ewas mit anderen zusammen machen möchte. "～ませんか", "～ましょうか" sind etwas zurückhaltender als "～ましょう" in dem Sinne, daß nach der Meinung des Gesprächspartners gefragt wird. "～ましょう" hingegen ist eine direkte Aufforderung.

* "いっしょに" (zusammen) wird ab und zu an den Anfang des Satzes oder vor das Verb gestellt.

* Bei einer **negativen Antwort** darf man natürlich "いいえ、行きません" sagen, aber das klingt ziemlich hart. Japaner sagen dabei oft "ありがとう、でもちょっと予定がありまし<u>て</u>", um den Vorschlag diplomatisch abzulehnen. Das Verb steht am Satzende in der Te-Form, d.h. "行きません" sollte eigentlich folgen, aber der Sprecher sagt nicht mehr. Der zweite Satz wird absichtlich ausgelassen, um eine direkte Ablehnung und einen schroffen Tonfall zu vermeiden.

(2) Bereitschaft:　電気を つけましょうか。　　Soll ich das Licht anmachen?
　　[Antwort]:　　　はい、つけてください。　　Ja, bitte!
　　　　　　　　　　はい、お願いします。　　　　Ja, bitte!
　　　　　　　　　　いいえ、けっこうです。　　　Nein, danke!

* Die Form "V-ましょうか" wird nur verwendet, wenn jemand für eine andere Person eine Handlung durchführen möchte oder sollte.
* Bei einer negativen Antwort kann eine negative Bitte "いいえ、つけないでください" verwendet werden. (Siehe L.8!)

6. 練習 (Übungen)

（1） Übersetzen Sie und bilden Sie die Te-Form der Verben!

	[Deutsch]	[Te-Form]			[Deutsch]	[Te-Form]
1. 歩く	___ ⇒ ___			16. 切る	___ ⇒ ___	
2. 泳ぐ	___ ⇒ ___			17. 着る	___ ⇒ ___	
3. 降りる	___ ⇒ ___			18. 作る	___ ⇒ ___	
4. 帰る	___ ⇒ ___			19. 始まる	___ ⇒ ___	
5. 遊ぶ	___ ⇒ ___			20. 入る	___ ⇒ ___	
6. 乗る	___ ⇒ ___			21. 出る	___ ⇒ ___	
7. 歌う	___ ⇒ ___			22. 降る	___ ⇒ ___	
8. 待つ	___ ⇒ ___			23. 走る	___ ⇒ ___	
9. 持つ	___ ⇒ ___			24. 渡る	___ ⇒ ___	
10. 勉強する	___ ⇒ ___			25. なる	___ ⇒ ___	
11. 住む	___ ⇒ ___			26. 来る	___ ⇒ ___	
12. 話す	___ ⇒ ___			27. 買う	___ ⇒ ___	
13. 知る	___ ⇒ ___			28. 売る	___ ⇒ ___	
14. 働く	___ ⇒ ___			29. 終わる	___ ⇒ ___	
15. 休む	___ ⇒ ___			30. 教える	___ ⇒ ___	

（2） Formen Sie Sätze in der Bittform!

1. ちょっと／来る
2. ちょっと／待つ
3. どうぞ／部屋／入る
4. ちょっと／ここ／座る
5. ちょっと／右手／上げる
6. ちょっと／口／開ける
7. ちょっと／これ／見る
8. ここ／名前／住所／電話番号／書く
9. 駅／まで／行く
10. この道／次の交差点／まっすぐ／走る
11. その交差点／右／曲がる
12. 信号／渡る
13. デパート／前／止まる
14. 駅／東京行き／切符／買う
15. ９時３０分／電車／乗る
16. 上野駅／降りる
17. 窓／開ける
18. 毎日／漢字／練習する
19. 日本語／話す
20. もう一度／ゆっくり／言う

（3） Setzen Sie die passenden Verben in der Te-Form ein!

1. このコーヒーは おいしいですよ。どうぞ _____ ください。
2. 今日は 寒いですから、もっと たくさん_____ ください。
3. 時間が ありません。すみませんが、_____ ください。

| 食べる |
| なれる |
| 帰る |
| 起きる |

4. すみません。パスポートを ＿＿＿＿＿＿＿＿＿ ください。
5. 私は もう新聞を 読みました ので、どうぞ ＿＿＿＿＿＿＿＿＿ ください。
6. たばこは その部屋で ＿＿＿＿＿＿＿＿＿ ください。
7. もう おそいです から、早く 家に ＿＿＿＿＿＿＿＿＿ ください。
8. 質問が ありますか。どうぞ 私に ＿＿＿＿＿＿＿＿＿ ください。
9. 夜早く ＿＿＿＿＿＿＿＿＿ ください。そして 朝早く ＿＿＿＿＿＿＿＿＿ ください。
10. よく 働きましたね。３０分ぐらい ＿＿＿＿＿＿＿＿＿ ください。
11. 暗いですから、電気を ＿＿＿＿＿＿＿＿＿ ください。
12. この漢字の 書き方と 読み方を ＿＿＿＿＿＿＿＿＿ ください。
13. 意味を 辞書で ＿＿＿＿＿＿＿＿＿ ください。
14. おなかが すきましたね。どうぞ たくさん ＿＿＿＿＿＿＿＿＿ ください。
15. 早く 新しい 仕事に ＿＿＿＿＿＿＿＿＿ ください。

休む
すう
いそぐ
教える
見せる
つける
寝る
着る
調べる
読む
聞く
飲む

（４） Bilden Sie die Sätze in der Verlaufsform!

1. 山田さん／喫茶店／友だち／話す
2. 私たち／大学／日本語／勉強する
3. 雨／強い／降る
4. 自動車／道／走る
5. 父／駅前／お客さん／待つ
6. 村山さん／ビートルズ／歌／歌う
7. 兄／キオスク／たばこ／新聞／買う
8. 姉／台所／晩ごはん／作る
9. マイヤーさん／そこ／たばこ／吸う
10. 彼／彼女／公園／散歩する
11. 子どもたち／自転車／乗る
12. チンさん／中国／電話／かける
13. 飛行機／今／富士山／上／飛ぶ
14. 妹／部屋／そうじ／する
15. 母／はさみ／弟の髪／切る
16. 子ども／公園／遊ぶ

（５） Sagen Sie, was die Personen auf den Bildern gerade machen!

（6）Bilden Sie Sätze in der Zustandsform!

1. ドア（戸）／開く
2. 窓／閉まる
3. かぎ／かかる
4. 電気／つく
5. かべ／絵／かかる
6. この窓／南／向く
7. その川／橋／かかる
8. 桜の花／きれい／咲く
9. 空／星／たくさん／出る
10. 箱／おかし／入る
11. 彼／もう／結婚する
12. 山田さん／いい車／持つ
13. 私／彼女の住所／知る
14. 彼女／２年間／大阪／住む
15. 彼女／きれいな着物／着る
16. 彼／最近／仕事／つかれる

（7）Setzen Sie die passenden Verben in der Te-Form für gewohnheitsmäßige Handlungen ein!

1. すみません、切手はどこで＿＿＿＿＿いますか。
2. 彼は最近ゴルフを＿＿＿＿＿います。
3. 私は仕事でいつもコンピュータを＿＿＿＿＿います。
4. 私は駅まで毎朝この道を＿＿＿＿＿います。
5. 田中さんは晩日記を＿＿＿＿＿います。
6. ベアントさんはおはしでごはんを＿＿＿＿＿います。
7. ユルゲンさんは週に一回プールで＿＿＿＿＿います。
8. マルチナさんはＶＨＳでドイツ語を＿＿＿＿＿います。
9. この工場は自動車の部品を＿＿＿＿＿います。
10. その電車は大阪と京都の間を＿＿＿＿＿います。
11. 若山さんは週末友だちと畑で＿＿＿＿＿います。
12. 森さんは２カ月前からダンスを＿＿＿＿＿います。

する
泳ぐ
教える
作る
使う
習う
書く
食べる
走る
働く
売る
歩く

（8）Setzen Sie die passende Form ein!: 持って行く/来る/帰る ・ 連れて行く/来る/帰る
乗って行く/来る/帰る ・ 歩いて行く/来る/帰る oder 走って行く/来る/帰る

1. 今から あなたの会社 まで 地下鉄に ＿＿＿＿＿＿＿＿。
2. 時間が ありませんでしたので、ここまで タクシーに ＿＿＿＿＿＿＿＿。
3. 雨が たくさん 降っていた ので、駅から 家まで ＿＿＿＿＿＿＿＿。
4. 郵便局は あまり 遠くないです から、＿＿＿＿＿＿＿＿。
5. 今 東京です。名古屋から 高速道路を ＿＿＿＿＿＿＿＿。
6. 彼は 日本の友だちを 私の家に ＿＿＿＿＿＿＿＿。
7. 今日は 天気が いい ので、子どもを 公園へ ＿＿＿＿＿＿＿＿。
8. 私は あした 日本へ カメラを ＿＿＿＿＿＿＿＿。
9. 彼は 昨日 会社から 家に 雑誌を ＿＿＿＿＿＿＿＿。
10. 友だちは 私に おもしろい本を ＿＿＿＿＿＿＿＿。

（9） Verbinden Sie die beiden Sätze mit der Te-Form!
1. 朝ごはんを食べます。大学に行きます。
2. 鍵（かぎ）をかけました。家を出ました。
3. 郵便局へ行きました。８０円の切手を５枚買いました。
4. 手紙に切手をはりました。友だちに送りました。
5. 銀行へ行きました。お金を１００マルクおろしました。
6. 町で林さんに会いました。いっしょに映画を見ました。
7. レストランに入りました。スパゲッティを食べました。
8. 花を買いました。家に帰りました。
9. シャワーを浴びました。日本語の宿題をしました。
10. ベッドで小説を読みました。１１時半ごろ寝ました。

（10） Formen Sie die Bittform mit dem てから-Satz!

    [〜てから]   [Bitte]
1. くつを脱ぐ　　　　部屋に入る
2. 勉強する　　　　　遊びに行く
3. 名前を書く　　　　テストを始める
4. よく考える　　　　答える
5. 電話をかける　　　山田さんを訪ねる
6. フイルムを入れる　写真をとる
7. はじめに人がおりる　乗る
8. 入口でお金を払う　入る
9. 信号が青になる　　道を渡る
10. はじめに体を洗う　風呂に入る

（11） Vollenden Sie die Sätze mit der Te-Form der IA, NA und N!
1. その町／静か／きれい／有名
2. この机／じょうぶ／大きい
3. このコンピュータ／便利／安い
4. その本／むずかしい／おもしろくない
5. 私のアパート／古い／せまい／安くない
6. 彼女／若い／きれい／親切／人
7. 川村さん／日本人／会社員
8. ミュラーさん／ドイツ人／チンさん／中国人
9. この服／シック／モダン
10. 仕事／多い／忙しい／つかれる

(12) ① Finden Sie die passenden Verben und bilden Sie Sätze mit ～ませんか (Aufforderung)!

1. 午後２時に駅前で＿＿＿＿＿＿。　はい、＿＿＿＿＿＿。　| 歩く
2. ぼつぼつ家に＿＿＿＿＿＿。　　　はい、＿＿＿＿＿＿。　| 閉める
3. すしとてんぷらを＿＿＿＿＿＿。　はい、＿＿＿＿＿＿。　| 注文する
4. テレビでニュースを＿＿＿＿＿＿。はい、＿＿＿＿＿＿。　| 見る
5. 寒いから窓を＿＿＿＿＿＿。　　　はい、＿＿＿＿＿＿。　| 休む
6. 川にそって＿＿＿＿＿＿。　　　　はい、＿＿＿＿＿＿。　| 帰る
7. 私とタンゴを＿＿＿＿＿＿。　　　はい、＿＿＿＿＿＿。　| 会う
8. １時間ぐらい＿＿＿＿＿＿。　　　はい、＿＿＿＿＿＿。　| おどる

② Finden Sie die passenden Verben und bilden Sie Sätze mit ～ましょう (Aufforderung)!

1. ビールを＿＿＿＿＿＿。　　　　　はい、＿＿＿＿＿＿。　| 買う
2. 今晩映画に＿＿＿＿＿＿。　　　　はい、＿＿＿＿＿＿。　| 歌う
3. 公園を＿＿＿＿＿＿。　　　　　　はい、＿＿＿＿＿＿。　| 急ぐ
4. 日本の歌を＿＿＿＿＿＿。　　　　はい、＿＿＿＿＿＿。　| 行く
5. タクシーに＿＿＿＿＿＿。　　　　はい、＿＿＿＿＿＿。　| 散歩する
6. 新幹線の切符を＿＿＿＿＿＿。　　はい、＿＿＿＿＿＿。　| 乗る
7. この橋を＿＿＿＿＿＿。　　　　　はい、＿＿＿＿＿＿。　| 渡る
8. 時間がないから、＿＿＿＿＿＿。　はい、＿＿＿＿＿＿。　| 飲む

③ Finden Sie die passenden Verben und bilden Sie Sätze mit ～ましょうか (Aufforderung oder Bereitschaft)!

1. あのデパートに＿＿＿＿＿＿。　　はい、＿＿＿＿＿＿。　| 来る
2. ここで地下鉄に＿＿＿＿＿＿。　　はい、＿＿＿＿＿＿。　| 座る
3. お荷物を＿＿＿＿＿＿。　　　　　はい、＿＿＿＿＿＿。　| 作る
4. 家まで＿＿＿＿＿＿。　　　　　　はい、＿＿＿＿＿＿。　| 持つ
5. コーヒーを＿＿＿＿＿＿。　　　　はい、＿＿＿＿＿＿。　| 乗りかえる
6. このテーブルに＿＿＿＿＿＿。　　はい、＿＿＿＿＿＿。　| 送る
7. 私が車の運転を＿＿＿＿＿＿。　　はい、＿＿＿＿＿＿。　| 入る
8. いっしょに日本語を＿＿＿＿＿＿。はい、＿＿＿＿＿＿。　| 入れる
9. みんなでカレーライスを＿＿＿＿＿＿。はい、＿＿＿＿＿＿。| 勉強する
10. あした早く会社に＿＿＿＿＿＿。　はい、＿＿＿＿＿＿。　| する

(13) Vollenden Sie den folgenden Text mit der Bittform, der Verlaufsform, der Satzverbindungsform oder der Aufforderungsform!

明子　　　：もしもし、明子です。
ベルガー　：こんにちは、ベルガーです。
　　　　　　明子さん、今何を(する)＿＿＿＿＿＿＿＿＿＿＿＿か。
明子　　　：今日はひまで、何も(しない)＿＿＿＿＿＿＿＿＿＿＿。
　　　　　　少しテレビを(見る)＿＿＿＿＿＿＿＿＿＿＿。
ベルガー　：天気がいいから、箱根へドライブに(行く)＿＿＿＿＿＿＿＿＿＿＿か。
明子　　　：それはいい考えですね。 ぜひ(行く)＿＿＿＿＿＿＿＿＿＿＿。
　　　　　　ベルガーさんは車を(持つ)＿＿＿＿＿＿＿＿＿＿＿か。
ベルガー　：いいえ、レンタカーを借ります。
明子　　　：そうですか。 じゃあ、ぜひ(つれて行く)＿＿＿＿＿＿＿＿＿＿＿。
ベルガー　：はい、はじめに芦の湖へ(行く)＿＿＿＿＿＿＿、ボートに(乗る)
　　　　　　＿＿＿＿＿＿＿＿＿＿＿。
　　　　　　それからロープウェーで山に(登る)＿＿＿＿＿＿、高原を(散歩する)
　　　　　　＿＿＿＿＿＿＿＿＿＿＿。
　　　　　　山のけしきはすばらしいですよ。 とくに夕方がいいです。
　　　　　　夕日がとてもきれいでロマンティックです。
明子　　　：ベルガーさんは、ほんとうによく(知る)＿＿＿＿＿＿＿＿＿＿＿ね。
ベルガー　：いえ、それほどでもありません。
　　　　　　じゃあ、今からむかえに行きますから、(待つ)＿＿＿＿＿＿＿＿＿＿＿。
　　　　　　楽しいドライブを(する)＿＿＿＿＿＿＿＿＿＿＿。
明子　　　：はい。それからマリアさんたちも(さそう)＿＿＿＿＿＿＿＿＿＿＿よ。

(14) Übersetzen Sie die Sätze ins Japanische!
1. Geben Sie mir bitte fünf Bananen und sechs Äpfel!
2. Leihen Sie mir bitte einen leichten und interessanten japanischen Roman aus!
3. Laß uns heute zu Hause bleiben und Musik hören, weil es regnet!
4. Laß uns diesen Fernseher kaufen, weil er billig und praktisch ist!
5. Dieses Auto ist klein.　Zeigen Sie mir bitte ein etwas größeres!
6. Suchen Sie bitte auf dem Stadtplan Aoyama 3-Chome! Der Plan hängt an der Wand!
7. Fahren Sie bitte mit der Straßenbahn bis zum Bahnhof!
8. Nehmen Sie bitte den Zug um 9 Uhr! Und steigen Sie in Ueno um!
9. Steigen Sie bitte an der vierten Haltestelle aus!

10. Nachdem ich dorthin gefahren war, habe ich Herrn Yamazaki angerufen.
11. Gehen Sie zu Fuß bis zur dritten Kreuzung und biegen Sie nach rechts ab!
12. Gehen Sie bitte ins Gebäude hinein und sagen Sie Ihren Namen an der Rezeption!
13. Er war gerade dabei, mit der Schreibmaschine einen Brief an die Firma Tony zu schreiben.
14. Ich kenne ihn, aber er kennt mich noch nicht.
15. Er wohnt schon lange in Tokyo und hat ein großes Haus im Zentrum Tokyos.
16. Er ist sehr reich und freundlich. Er ist noch nicht verheiratet.
17. Er steht in letzter Zeit morgens früh auf und macht einen Spaziergang im Park.
18. Besuchen Sie mich doch einmal zu Hause!
19. Kommen Sie bitte herein! Nehmen Sie bitte Platz!
20. Darf ich Ihnen etwas Kaltes anbieten?   Ja, vielen Dank!

(14) Ich möchte vom Bahnhof bis zu Ihrer Wohnung kommen. Erklären Sie mir bitte den Weg (mit der Te-Form)!

7. 復習テスト 第7課 (Lektionstest L7)

(1) Setzen Sie die Grundform und die Te-Form der folgenden Wörter ein! (14×2)

		Grundform	Te-Form
1.	arbeiten	_____	_____
2.	pausieren	_____	_____
3.	sitzen	_____	_____
4.	sich beeilen	_____	_____
5.	bestellen	_____	_____
6.	schicken	_____	_____
7.	hell	_____	_____

(2) Bilden Sie die Sätze nach den Anweisungen! (6×4)
1. その交差点／右／まがる／デパート／前／とまる (Bittform)

2. かれ／かの女／公園／さんぽする (Verlaufsform)

3. 私／きのう／日本語／勉強する／レコード／聞く (Verbindung mit Te-Form)

4. 田中さん／大学／出る／ドイツ／行く (nachdem ~ : Vergangenheit)

5. あの寺／古い／大きい／有名 (Verbindung mit Te-Form)

6. 大学／駅／地下鉄／乗る／行く (Aufforderung: Laß uns~!)

(3) Übersetzen Sie ins Japanische! (5×6)
1. Kennen Sie ihn?   Nein, ich kenne ihn nicht.

2. Ich bin von der Wohnung hierher zu Fuß gekommen.

3. Im Garten blühen jetzt viele Kirschblüten.

4. Wie gefällt Ihnen dieses Restaurant?   Es gefällt mir sehr.

5. Soll ich Ihnen helfen?   Ja, bitte!

(4) Beantworten Sie die Fragen! (3×6)
1. あなたは どこに 住んでいますか。
2. どんなスポーツを していますか。
3. ビールは どこで 売っていますか。

_____ ／１００

第8課 (Lektion 8)

1. 基本文型

Te-Form 2 / Nai-Form

・公園の草や花を 取っては いけません。

・ここで たばこを 吸っても いいですか。

・この部屋に 入らないで 下さい 。

・窓と戸を 閉めないと いけません。

・土曜日は 働かなくても いいです。

・朝ごはんを 食べないで、大学に 行きました。

第8課 (Lektion 8)

2. 会話1：レポート

ベルガー　　：レポートは 英語で 書いてもいいですか。
竹中部長　　：いいえ、英語で書かないでください。日本語で 書いてください。
ベルガー　　：ワープロで 書かなければなりませんか。
竹中部長　　：はい、ワープロで 書いてください。手で 書かないでください。
ベルガー　　：いつまでに 出さなくてはなりませんか。
竹中部長　　：明日までに 出さなくてはなりません。
ベルガー　　：それから、何枚 書かないといけませんか。
竹中部長　　：１０枚ぐらい 書かないといけません。
ベルガー　　：ええ？ それは たいへんです。 一人で 書かなければなりませんか。
竹中部長　　：いいえ、一人で 書かなくてもいいですよ。
　　　　　　　秘書の 山口さんと 相談して、書いて下さい。
ベルガー　　：あっ、はい、分かりました。
竹中部長　　：じゃあ、がんばって下さい。
ベルガー　　：はい、がんばります。

会話2　高速道路

糸川　　　：日本の道路は せまくて 車が多いから、運転が たいへんですね。
ベルガー　：ええ、それに 左側通行ですからね。 はじめは やっぱり たいへんでした。
糸川　　　：さあ、次のインターチェンジから 高速道路に 入りましょう。
ベルガー　：はい。 私は 日本の高速道路を はじめて 走りますから、とても 楽しみ です。
糸川　　　：入口に 料金所があって、そこで 切符を もらわなければなりません。
ベルガー　：有料ですか。
糸川　　　：ええ、もちろん 有料です。

ベルガー　：料金は そこで 払わないといけませんか。
糸川　　　：いいえ、そこで 払わなくてもいいです。 料金は きょりに よっ
　　　　　　て ちがいますから、高速道路の入口で 払わないで 出口で 払い
　　　　　　ます。それが とても 高くて、いやに なりますよ。
ベルガー　：そうですか。 たいへんですね。
糸川　　　：ドイツのアウトバーン料金は 高くないですか。
ベルガー　：いえ、ドイツのアウトバーンは 無料ですよ。
糸川　　　：へえ、ほんとうですか。 それは 知りませんでした。 いいですね。
ベルガー　：ええ、ですから 私も 週末 よく ドライブに 出かけました。
糸川　　　：うらやましいですね。
ベルガー　：日本の高速道路には 速度せいげんが ありますか。
糸川　　　：ええ、あります。 最高 時速１００キロメートルです。 それ以上
　　　　　　速く 走ってはいけません。 ドイツは どうですか。
ベルガー　：ドイツのアウトバーンには 速度せいげんが ありません。
　　　　　　１００キロ、１５０キロ、２００キロ以上で 走ってもいいですよ。
糸川　　　：そんなに 速く。 すごいですね。
ベルガー　：ええ、でも 私の車は 小さいだけでなく 古かったので、最高１２０
　　　　　　キロぐらい しか 出ませんでしたよ。 あっ、そうだ。 一つだけ
　　　　　　速度せいげんが ありますよ。
糸川　　　：それは 何ですか。
ベルガー　：アウトバーンでは 最低 時速６０キロ以上で 走らなければなり
　　　　　　ません。 それ以下で 走ってはいけません。
糸川　　　：？！？！

本文質問 (Fragen zum Text): 高速道路

（1）どうして日本で運転はたいへんですか
（2）日本では右側通行ですか。
（3）どこから高速道路に入りますか。
（4）ベルガーさんは高速道路をよく走っていますか。
（5）日本の高速道路は有料ですか、無料ですか。
（6）ドイツのアウトバーンは有料ですか、無料ですか。
（7）どうして高速道路の出口で料金を払いますか。
（8）糸川さんはどうしてうらやましいですか。
（9）日本の高速道路では、時速何キロ以上で走ってはいけませんか。
（10）ドイツのアウトバーンはどうですか。
（11）ベルガーさんはどうして最高１２０キロぐらいで走っていましたか。
（12）ドイツのアウトバーンの速度せいげんは何キロメートルですか。

会話の練習 (Konversationsübung): 高速道路

(1)
ベルガー：私は 日本の高速道路①を 初めて 走ります②から、とても楽しみです。 糸川　：入口③で 始めに 切符④を もらわ⑤なければなりません。

1. ①新幹線 ②乗る ③駅 ④切符 ⑤買う
2. ①日本の映画 ②見る ③入口 ④切符 ⑤買う
3. ①旅館 ②泊(と)まる ③受付け ④名前 ⑤言う
4. ①秋葉原の電気店 ②行く ③上野 ④山手線 ⑤乗りかえる

(2)
ベルガー：高速道路①の料金は 入口で② 払わないといけませんか。 糸川　：いいえ、入口で② 払わなくてもいいです。 料金は きょり③ によって違いますから、出口で④ 払います。

1. ①バス ②乗り口で ③きょり ④おり口
2. ①レンタカー ②今 ③時間 ④後で
3. ①ちゅう車場 ②ここで ③時間 ④後で
4. ①テニス場 ②受付け ③時間 ④後で

3. 単語リスト

Nomina

挨拶、〜する	あいさつ、〜する	Gruß, Begrüßung (begrüßen)
赤信号	あかしんごう	rote Ampel
頭	あたま	Kopf
〜以下	いか	weniger als
〜以上	いじょう	mehr als, über, so weit
糸	いと	Faden
糸川	いとかわ	*Familienname*
横断歩道	おうだんほどう	Zebrastreifen
お土産	おみやげ	Mitbringsel, Souvenir
黄色	きいろ	gelb
機械	きかい	Maschine
給料	きゅうりょう	Gehalt
距離	きょり	Strecke, Entfernung
牛肉	ぎゅうにく	Rindfleisch
草	くさ	Gras
薬	くすり	Medikament
警察	けいさつ	Polizei
経済	けいざい	Wirtschaft
答(え)	こたえ	Antwort
ごみ	ごみ	Müll
最高	さいこう	höchst, Spitze, Klasse, Super, höchstens
最低	さいてい	niedrigste, schlechteste, mindestens
作文	さくぶん	Aufsatz
品物	しなもの	Warenartikel
将来	しょうらい	Zukunft
時速	じそく	Stundenkilometer
制限	せいげん	Begrenzung, Beschränkung
速度	そくど	Geschwindigkeit
竹	たけ	Bambus
竹中	たけなか	*Familienname*
楽しみ	たのしみ	sich freuen auf 〜
駐車場	ちゅうしゃじょう	Parkplatz
秘書	ひしょ	Sekretär(in)
左側通行	ひだりがわつうこう	Linksverkehr
右側	みぎがわ	rechte Seite
未成年	みせいねん	Minderjährige, nicht-Erwachsene
無料	むりょう	gebührenfrei
家賃	やちん	Miete
有料	ゆうりょう	gebührenpflichtig
料金	りょうきん	Gebühr

| 料金所 | りょうきんじょ | Kassenstelle, Kasse |

Fremdwörter (Nomina)

インターチェンジ	インターチェンジ	Ein- und Ausfahrt der Autobahn
キロメートル	キロメートル	Kilometer
ストップ	ストップ	anhalten
テニス場	テニスじょう	Tennisplatz
ヒーター	ヒーター	Heizung
レポート	レポート	Bericht
ワープロ	ワープロ	Wordprocessor

Einstufige Verben

考える	かんがえる	überlegen, denken, meinen
捨てる	すてる	wegwerfen
育てる	そだてる	aufziehen
倒れる	たおれる	zusammenbrechen, stürzen, umfallen
貯める	ためる	(Geld) sparen, sammeln
出掛ける	でかける	ausgehen, weggehen
(～を)止める	(～を)やめる	aufhören

Fünfstufige Verben

追い越す	おいこす	überholen
返す	かえす	zurückgeben
頑張る	がんばる	sich anstrengen, sich bemühen
困る	こまる	Schwierigkeiten, Probleme haben
探す	さがす	suchen
触る	さわる	berühren
出す	だす	herausnehmen, abgeben, servieren
立つ	たつ	aufstehen
違う	ちがう	unterschiedlich, falsch sein, nicht stimmen
泊まる	とまる	übernachten
取る	とる	nehmen
無くす	なくす	verlieren (Gegenstände)
寝転ぶ	ねころぶ	sich hinlegen
もらう	もらう	bekommen, erhalten, annehmen
やる	やる	machen, tun (umg.) = する
呼ぶ	よぶ	rufen, nennen
喜ぶ	よろこぶ	sich über ~ freuen
分かる	わかる	verstehen, wissen, einverstanden
笑う	わらう	lachen

Nominalverben

計算する	けいさんする	rechnen
修理する	しゅうりする	reparieren
出張する	しゅっちょうする	Dienstreise machen

掃除する	そうじする	saubermachen, putzen
相談する	そうだんする	besprechen
駐車する	ちゅうしゃする	parken

I-Adjektive

痛い	いたい	schmerzhaft, Es tut weh!
羨ましい	うらやましい	beneidenswert, beneiden
嬉しい	うれしい	glücklich, fröhlich, sich freuen

Na-Adjektive

結構(な)	けっこう(な)	sehr gut, ziemlich (ohne な)
新鮮(な)	しんせん(な)	frisch
馬鹿(な)	ばか(な)	dumm
複雑(な)	ふくざつ(な)	kompliziert
真面目(な)	まじめ(な)	ernsthaft

Adverbien

必ず	かならず	unbedingt
初めて	はじめて	zum ersten Mal

Idiomatische Redewendungen

あっ、そうだ	あっ、そうだ	Ach ja!
後で	あとで	später
いやになる	いやになる	unangenehm, unzufrieden sein
嘘をつく	うそをつく	lügen
風が吹く	かぜがふく	Der Wind weht. Es ist windig.
さようなら	さようなら	Auf Wiedersehen!
～だけで(は)なくて、～(も)	～だけで(は)なくて、～(も)	nicht nur ～, sondern auch ～
200km 出る	200キロメートルでる	bis 200 km beschleunigen können
一人で	ひとりで	allein
迷惑を掛ける	めいわくをかける	belästigen
ピアノを弾く	ピアノをひく	Klavier spielen

4. アクティブ漢字リスト

漢字	意味	筆順	読み	熟語	読み	意味
作	herstellen	ノ イ イ' 个 竹 作 作	サク つく-る	作る	つく-る	herstellen
				作文	さくぶん	Aufsatz
				作家	さっか	Schriftsteller
文	Satz, Text	丶 亠 ナ 文	ブン モン ふみ あや	文	ぶん	Satz, Text
				作文	さくぶん	Aufsatz
				文化	ぶんか	Kultur
次	nächst	丶 冫 冫 次 次 次	ジ つぎ	次の	つぎ-の	nächst
				次週	じしゅう	nächste Woche
				次回	じかい	nächstes Mal
信	glauben	ノ イ イ' 仁 信 信 信 信	シン まこと	信号	しんごう	Ampel
				信じる	しん-じる	glauben
				信用	しんよう	Vertrauen
号	Nummer	丶 口 口 므 号	ゴウ	信号	しんごう	Ampel
				番号	ばんごう	Nummer
				号外	ごうがい	Extrablatt
左	links	一 ナ 九 左 左	サ ひだり	左	ひだり	links
				左側	ひだりがわ	linke Seite
				左右	さゆう	links und rechts
右	rechts	ノ ナ オ 右 右	ユウ みぎ	右	みぎ	rechts
				右側	みぎがわ	rechte Seite
				左右	さゆう	links und rechts
側	Seite	ノ イ イ' 仈 但 但 但 俱 俱 側	ソク かわ がわ	右側通行	みぎがわ つうこう	Rechtsverkehr
				左側通行	ひだりがわ つうこう	Linksverkehr
				側面	そくめん	Seite
通	passieren	マ マ マ 甬 甬 甬 通 通	ツウ とお-る	左側通行	ひだりがわ つうこう	Linksverkehr
				交通	こうつう	Verkehr
				通信	つうしん	Korrespondenz
曲	abbiegen	丶 口 巾 曲 曲 曲	キョク ま-がる	曲がる	ま-がる	abbiegen
				曲	きょく	Musikstück
				作曲家	さっきょくか	Komponist

アクティブ漢字リスト

漢字	意味	書き順	読み	熟語	読み方	意味
戸	Tür	一ララ戸	コ / と	戸外	こがい	außerhalb des Hauses
				戸数	こすう	Zahl der Häuser
				戸籍	こせき	Personenstand
竹	Bambus	ノ ｲ ｹ ｹ 竹	チク / たけ	竹林	たけばやし / ちくりん	Bambushain
				竹刀	しない	Bambusschwert
糸	Faden, Garn	く 乡 幺 糸 糸 糸	シ / いと	毛糸	けいと	Wollgarn
				糸	いと	Faden, Garn
草	Gras	一 十 艹 艹 艹 苎 营 草	ソウ / くさ	草花	くさばな	Blume, Wiesenblume
				雑草	ざっそう	Unkraut
				薬草	やくそう	Arzneipflanze
働	arbeiten	イ イ 仁 仟 价 侱 俥 働 働	ドウ / はたら-く	働く	はたら-く	arbeiten
				労働	ろうどう	Arbeit
				労働者	ろうどうしゃ	Arbeiter
取	nehmen	一 T F E 耳 取 取	シュ / と-る	取る	と-る	nehmen
				取材する	しゅざい	Material sammeln
				取得する	しゅとく	erwerben
以	mit	l レ 以 以 以	イ / も-って	以上	いじょう	mehr als, über
				以下	いか	weniger als, unter
				以前	いぜん	vorher, früher
料	Gebühren	丶 丷 䒑 半 半 米 米 米 料 料	リョウ	料金	りょうきん	Gebühr
				料金所	りょうきんじょ	Kasse, Kassenstelle
				有料	ゆうりょう	gebührenpflichtig
金	Gold, Geld	ノ 人 个 全 全 余 金 金	キン / かね	金	きん・かね	Gold, Geld
				料金	りょうきん	Gebühr
				料金所	りょうきんじょ	Kasse, Kassenstelle
度	Grad	丶 亠 广 广 庐 庐 庐 度 度	ド / たび	速度	そくど	Geschwindigkeit
				温度	おんど	Temperatur
				高度	こうど	Höhe

5. 文法 (Grammatik)

(1) Te-Form 2: Redewendungen mit der Te-Form

(1) Verbot (nicht dürfen): Te-F+は+いけません

V	: ここで たばこを 吸っては いけません。	Man darf hier nicht rauchen.
	絵に さわっては いけません。	Man darf das Bild nicht berühren.
IA	: 高くては いけません。	Es darf nicht teuer sein.
	部屋が 暗くてはいけません。	Das Zimmer darf nicht dunkel sein.
NA	: 不便では いけません。	Es darf nicht unpraktisch sein.
	人に 不親切では いけません。	Man darf nicht unfreundlich sein.
N	: 小さい車(で)は いけません。	Es darf kein kleines Auto sein.
	安いテレビ(で)は いけません。	Es darf kein billiger Fernseher sein

* Die wörtliche Übersetzung von "いけません" ist "es geht nicht".
  Die umgangssprachliche Form von "いけません" ist "だめ(です)". Eine Mutter sagt oft
  "だめ だめ!", wenn die Kinder dumme Streiche machen oder frech sind.
* Bei Nomina kann "で" eventuell weggelassen werden.

(2) Erlaubnis (dürfen): Te-F +も+いいです

V	: もう 家に 帰っても いいです。	Sie dürfen jetzt nach Hause gehen.
	そのペンを 使っても いいです。	Sie dürfen den Stift benutzen.
	ここで たばこを 吸っても いいですか。	Darf ich hier rauchen?
	はい、(吸っても) いいです。	Ja, Sie dürfen rauchen.
	いいえ、(吸っては) いけません。	Nein, Sie dürfen nicht rauchen.
IA	: 高くても いいです。	Es darf teuer sein.
	部屋は 古くても いいです。	Das Zimmer darf alt sein.
NA	: 不便でも いいです。	Es darf unpraktisch sein.
	仕事は 大変でも いいですか。	Darf die Arbeit anstrengend sein?
N	: 小さい車でも いいです。	Es darf ein kleines Auto sein.
	飲み物は ビールでも いいですか。	Darf es (das Getränk) Bier sein?

* Die wörtliche Übersetzung dieser Form ist "es ist auch gut, ~ zu machen".
* Anstatt いいです kann auch かまいません verwendet werden.
* Bei einer negativen Antwort kann auch "だめです" anstatt "いけません" verwendet
  werden.

> * **Egal was/wer/wann/wo**
> ・何が いいですか。 ⇒ 何でも いいです。
> ・誰が やりますか。 ⇒ 誰でも いいです。
> ・どこへ 行きますか。 ⇒ どこでも いいです。
> ・いつ 食べますか。 ⇒ いつでも いいです。

(3) **Begründung**: denn, weil: Te-F, ~

Die Te-Form wird manchmal auch als Begründung wie ähnlich "ため", "ので" verwendet.

たくさんお酒を飲んで、頭がいたいです。
Ich habe Kopfschmerzen, weil ich viel Sake getrunken habe.
お金をなくして、困りました。
Ich hatte Schwierigkeiten, weil ich Geld verloren habe.
日本の夏はとても暑くて、大変です。
Es ist anstrengend, weil der Sommer in Japan sehr heiß ist.
このカメラは便利で、よく売れます。
Diese Kamera verkauft sich gut, weil sie praktisch ist.

(4) **Modale Redewendung** : Art und Weise, wie eine Handlung durchgeführt wird

急いで してください。	Machen Sie bitte schnell!
彼は立って 話しています。	Er spricht gerade im Stehen.
コンピュータを使って 計算します。	Ich rechne mit dem Computer.
がんばって 働きましょう。	Laßt uns fleißig arbeiten!

（２）**Nai-Form = höflichkeitsleere Negation**

"ない" ist ein Negationsadverb, das als Negationsform von IA, z.B. あたらしくない (nicht neu) schon bekannt ist. Für die Negation der Verben wurde bisher "ありません" benutzt, aber man kann "ない" auch an Verben anhängen, um die höflichkeitsleere Negation oder andere Formen (negative Bitte, müssen usw.) zu bilden.

[1 stufiges Verb]　　　　　　　[unregelmäßiges Verb]

Nai-Form	起きない	食べない	しない	来(こ)ない
Masu-Form	起きます	食べます	しません	来(き)ます
Grundform	起きる	食べる	する	来(く)る

[5 stufiges Verb]

		k	s	t	m	r	w
Nai-Form	a	行かない	話さない	待たない	飲まない	乗らない	会わ*ない
Masu-Form	i	行きます	話します	待ちます	飲みます	乗ります	会います
Grundform	u	行く	話す	待つ	飲む	乗る	会う

* Bei einstufigen Verben (i-V und e-V): keine Änderung

* Bei う-Endung (Grundform) des 5V muß nicht あ, sondern わ eingesetzt werden.
  会う ⇒ 会わない / 買う ⇒ 買わない / 言う ⇒ 言わない

* Ausnahme: ある (sich befinden) ⇒ ない   *あらない ist falsch.

彼は たばこを 吸わない。	Er raucht nicht.
映画は まだ 始まらない。	Der Film beginnt noch nicht.
今日は 散歩しない。	Heute gehe ich nicht spazieren.
雨は もう 降らない。	Es regnet nicht mehr.
彼は 部屋を そうじしない。	Er putzt sein Zimmer nicht.
お金が もう ぜんぜんない。	Ich habe kein Geld mehr.

* Die anderen Höflichkeitsleerformen (HLF) der Verben lernen Sie in L.9 kennen.

Verneinung der IA ,NA und N

		[Nai-Form]	[Arimasen-Form]
IA	高い	高くない（です）	高くありません
NA	元気な	元気ではない（です）	元気ではありません
N	日本人	日本人ではない（です）	日本人ではありません

Verschiedene Ausdrucksformen mit der Nai-Form

(1) negative Bitte: Nai-Form +で下さい

食べないで下さい。	Bitte nicht essen!
この部屋に入らないで下さい。	Bitte nicht ins Zimmer gehen!
話さないで下さい。	Bitte nicht sprechen!
今日は来(こ)ないで下さい。	Bitte nicht kommen!
たばこを吸わないで下さい。	Bitte nicht rauchen!
笑わないで下さい。	Bitte nicht lachen!
窓を閉めないで下さい。	Bitte nicht das Fenster zumachen!
酒を飲んで運転しないで下さい。	Bitte nicht Auto fahren, wenn Sie trinken!

(2) **Erfordernis**: müssen, erforderlich sein

| ① Nai-Form + と いけません |
| ② Na + ければ なりません |
| ③ Na + くては なりません |

"いけません" heißt "es geht nicht" (Verbot).
"～と" ist eigentlich die HP für den "Wenn-Satz".
Wörtlich: Wenn Sie nicht ～ , geht es nicht

①～ないといけません

V ： 急がないと いけません。　　　　Sie müssen sich beeilen.
IA： 大きくないと いけません。　　　Es muß groß sein.
NA： 元気で*ないと いけません。　　　Man muß gesund sein.
N ： 日本人で*ないと いけません。　　Es muß ein Japaner sein.

②～なければなりません/いけません

V ： 彼を 待たなければ なりません。　　Sie müssen auf ihn warten.
IA： 家は 新しくなければ なりません。　Das Haus muß neu sein.
NA： 町は 静かで*なければ なりません。　Die Stadt muß ruhig sein.
N ： 学生で*なければ なりません。　　　Es muß ein Student sein.

③～なくてはなりません/いけません

V ： 明日も 来なくては なりません。　　Sie müssen morgen wiederkommen.
IA： 駅は 近くなくては なりません。　　Der Bahnhof muß in der Nähe sein.
NA： 机は 丈夫で*なくては いけません。　Der Tisch muß stabil sein.
N ： ドイツ料理で*なくては いけません。　Es muß deutsches Essen sein.

* Vergangenheitsform: ～なりませんでした (mußten)
* Für ② und ③ kann auch "～いけません" benutzt werden. Mit "～いけません" klingt der Satz aber etwas strenger.
* Bei NA und N fällt "は" immer weg.

(3) **Keine Erfordernis**: nicht müssen, nicht brauchen

～な(Nai-F)-くても いいです

V ： 電気を つけなくても いいです。　　Sie müssen kein Licht anmachen.
　　 お金を 払わなくても いいです。　　Sie müssen kein Geld bezahlen.
IA： かばんは 赤くなくても いいです。　Die Tasche muß nicht rot sein.
　　 家は あまり広くなくても いいです。Das Haus muß nicht so groß sein.

NA：問題は 簡単でなくても いいです。　　　Die Aufgabe muß nicht einfach sein.
　　小説は 有名でなくても いいです。　　　Der Roman muß nicht berühmt sein.
N ：明日 でなくても いいです。　　　　　　Es muß nicht morgen sein.
　　車は ベンツでなくても いいです。　　　Das Auto muß kein Mercedes sein.

* Anstatt いいです kann auch かまいません verwendet werden.
* Nur bei Verben kann sowohl なくても als auch ないでも verwendet werden.
* Bei NA und N fällt "は" immer weg.

(4) Negative Satzverbindung: mit ないで oder なくて (Te-Form von ない)

① nicht ~, sondern ~

V : Nai-Form +で、～
ビールを 飲まないで、ジュースを 飲みました。
Ich habe nicht Bier, sondern Saft getrunken.
昨日は テレビを 見ないで、CDを 聞きました。
Ich habe gestern nicht ferngesehen, sondern CD gehört.
スペインに 行かないで、イタリアに 行きました。
Ich bin nicht nach Spanien, sondern nach Italien gefahren.
彼が やらないで、私が やりました。
Nicht er, sondern ich habe es gemacht.

IA：～く-なくて、～
この時計は 高くなくて、とても 安いです。
Diese Uhr ist nicht teuer, sondern sehr billig.
その映画は おもしろくなくて、つまらなかったです。
Der Film war nicht interessant, sondern langweilig.

NA：～で(は)-なくて、～
このテレビは 便利で(は)なくて、不便です。
Dieser Fernseher ist nicht praktisch, sondern unpraktisch.
彼女は 元気で(は)なくて、病気です。
Sie ist nicht gesund, sondern krank.

N ：～で(は)-なくて、～
これは えんぴつで(は)なくて、ボールペンです。
Das ist kein Bleistift, sondern ein Kugelschreiber.
ここは 教室で(は)なくて、事務所です。
Hier ist kein Unterrichtsraum, sondern ein Büro.

* Bei NA und N kann は ausgelassen werden.

② **nicht nur A , sondern auch B** :　A（HLF）だけではなく（て）、B（も）

V：　彼は日本語を話すだけでなくて、漢字もたくさん書きます。
　　　Er spricht nicht nur Japanisch, sondern er schreibt auch viele Kanji.
IA：　私の車は小さいだけでなく、とても古いです。
　　　Mein Auto ist nicht nur klein, sondern auch sehr alt.
NA：　彼女は親切なだけでなく、とてもきれいです。
　　　Sie ist nicht nur freundlich, sondern auch sehr hübsch.
N：　私たちのところには犬だけでなくて、猫（ねこ）もいます。
　　　Wir haben nicht nur Hunde, sondern auch Katzen.

③ **ohne zu ~** (modale Angabe): Diese Form wird nur für Verben verwendet.

朝ごはんを　食べ**ないで**、会社に　行きました。
Ich bin zur Firma gefahren, ohne zu frühstücken.
車に乗ら**ないで**、歩いて　帰りました。
Ich bin zu Fuß nach Hause gegangen, ohne Auto zu fahren.
辞書を　使わ**ないで**、新聞を　読んで下さい。
Lesen Sie bitte die Zeitung, ohne ein Wörterbuch zu benutzen!
彼は　休ま**ないで**、朝から晩まで働いています。
Er arbeitet von morgens bis abends, ohne Pause zu machen.
彼女は　さよなら<u>も</u>　言わ**ないで**、出て行きました。
Sie ging aus dem Zimmer, <u>sogar</u> ohne "Auf Wiedersehen" zu sagen.

* Anstatt "**V-ないで**" kann man auch "**V-ずに**" gebrauchen.

6. 練習 (Übungen)

（1）Formen Sie Sätze in der Erlaubnisform!
1. おかし／食べる
2. ミルク／飲む
3. 日本／旅行する
4. もう／家／帰る
5. 駅まで／タクシー／乗る
6. ３日間／休暇(きゅうか)／とる
7. 勉強／終わる／から／遊びに行く
8. 暑い／から／窓／開ける
9. このアパート／住む
10. 夜／８時／まで／ピアノ／弾く
11. 自動車／色／赤い
12. 給料／安い
13. 仕事／大変
14. 交通／少し／不便
15. 飲み物／ビール
16. 食べ物／何／いい

（2）Formen Sie Sätze in der Verbotsform!
1. この部屋／入る
2. 子供／お酒／飲む
3. 隣／人／話す
4. 日本／車／右側／走る
5. 今／赤信号だから／道／渡る
6. このこと／他の人／言う
7. ここ／駐車する
8. 未成年／たばこ／吸う
9. うそ／つく
10. 人／迷惑(めいわく)／かける
11. 教室／暗い
12. 仕事／遅い
13. 背広／値段(ねだん)／高い
14. 店／あまり／ひま
15. 不親切／人
16. プレゼント／安い／もの

（3）Beantworten Sie die Fragen!
1. 図書館で本を借りてもいいですか。
2. ゴミを　川にすててもいいですか。
3. １８才でビールを飲んでもいいですか。
4. イギリスで道の右側を走ってもいいですか。
5. 魚料理に赤ワインを注文してもいいですか。
6. あなたの部屋でたばこを吸ってもいいですか。
7. 夜１１時にピアノを弾いてもいいですか。
8. 家は町から遠くてもいいですか。
9. 部屋は小さくて古くてもいいですか。
10. 家賃(やちん)は高くてもいいですか。
11. 晩ごはんはカレーでもいいですか。
12. アウトバーンで時速１４０キロで走ってもいいですか。
13. アウトバーンの料金を払わなくてもいいですか。
14. 日本で道の右側を走ってもいいですか。

（４）Vollenden Sie die Begründungssätze mit der Te-Form und finden Sie dazu einen passenden Hauptsatz!
1. 昨日遅くまで勉強_____、（ ）。   a. うれしいです。
2. よく寝_____、（ ）。   b. みんな知っています。
3. コーヒーを飲_____、（ ）。   c. もうお金がありません。
4. 強い風が吹_____、（ ）。   d. 会社をやめました。
5. ヒーターをつけ_____、（ ）。   e. 元気になりました。
6. 自動車を買_____、（ ）。   f. 全部食べました。
7. 友だちから手紙が来_____、（ ）。   g. 暖かくなりました。
8. このお菓子はおいし_____、（ ）。   h. つかれました。
9. 仕事がつまらな_____、（ ）。   i. 木がたおれました。
10. 彼は有名_____、（ ）。   j. 目がさめました。

（５）Vollenden Sie die modale Angaben mit der Te-Form!
1. 気をつける／帰る （Bitte）
2. そこ／座わる／話す （Aufforderung）
3. 病院／まで／飛ぶ／来る （Präteritum）
4. 駅／まで／送る／行く （Bereitschaft）
5. 外国／から／おみやげ／持つ／帰る （Präteritum）
6. 彼／寝ころぶ／テレビ／見る （Verlaufsform）
7. がんばる／勉強する （Bitte）
8. 彼／立つ／あいさつ／する （Präteritum）
9. ワープロ／使う／手紙／書く （Erlaubnis）
10. 喜ぶ／彼女／あなた／紹介する （Masu-Form）

（６）Formen Sie die Nai-Form der Verben!

歩く ⇒	待つ ⇒	着る ⇒	洗う ⇒
急ぐ ⇒	買う ⇒	帰る ⇒	おどる ⇒
開く ⇒	会う ⇒	飛ぶ ⇒	笑う ⇒
知る ⇒	遊ぶ ⇒	いる ⇒	さそう ⇒
探す ⇒	ある ⇒	返す ⇒	結婚する ⇒

（７）Antworten Sie mit einer negativen Bitte!
1. ドアを閉めましょうか。   いいえ、⇒
2. テレビをつけましょうか。   いいえ、⇒
3. テーブルの上に本を置きましょうか。 いいえ、⇒
4. 牛肉を買いましょうか。   いいえ、⇒
5. 英語で話しましょうか。   いいえ、⇒

6. この部屋をそうじしましょうか。　　　いいえ、⇒
7. あなたを待ちましょうか。　　　　　　いいえ、⇒
8. 髪を短く切りましょうか。　　　　　　いいえ、⇒
9. 彼女を連れて来ましょうか。　　　　　いいえ、⇒
10. 警察を呼びましょうか。　　　　　　　いいえ、⇒
11. 彼にこの写真を見せましょうか。　　　いいえ、⇒
12. 答えを教えましょうか。　　　　　　　いいえ、⇒

（8-a）Schreiben Sie die Sätze mit "ないといけません" in die Erfordernisform um!
1. 朝早く起きる　　　　　　　　6. 満員電車に乗る
2. 毎日残業する　　　　　　　　7. 品物はいいです
3. 時々週末も働く　　　　　　　8. 計算は正しいです
4. 来週ドイツに出張する　　　　9. 体は丈夫です
5. 日本の家ではくつを脱ぐ　　　10. 性格はまじめです

（8-b）Schreiben Sie die Sätze mit "なければなりません" in die Erfordernisform um!
1. 時々スポーツをする　　　　　　　　　6. 日本経済の本を読む
2. 8時間ぐらい寝る　　　　　　　　　　7. 仕事は楽しいです
3. たばこをやめる　　　　　　　　　　　8. 人に親切です
4. たくさん野菜とくだものを食べる　　　9. 魚は新鮮です
5. 1日に3回薬を飲む　　　　　　　　　10. 飲み物はお茶です

（8-c）Schreiben Sie die Sätze mit "なくてはなりません" in die Erfordernisform um!
1. 将来について考える　　　　　　6. このワープロを修理する
2. お金をためる　　　　　　　　　7. 心は暖かいです
3. 子供を育てる　　　　　　　　　8. 家族は健康です
4. 切符を買う　　　　　　　　　　9. 台所はきれいです
5. みんなが手伝う　　　　　　　　10. うで時計はスイスのです

（9）Formen Sie die "Keine-Erfordernisform"!（なくてもいい）
1. 土曜日／働く　　　　　　　　　9. すぐ(に)／お金／払う
2. まだ／寝る　　　　　　　　　　10. 一人／その仕事／やる
3. 映画／予約／取る　　　　　　　11. 今日／部長／レポート／出す
4. ここ／地下鉄／乗りかえる　　　12. ワイン／あまり／高い
5. 家／まで／歩く／行く　　　　　13. 秘書／あまり／若い
6. 私の部屋／そうじする　　　　　14. 部屋の数／あまり／多い
7. 町／まで／買物／行く　　　　　15. 食べ物／日本料理
8. 日本語／長い手紙／書く　　　　16. 専門／経済

(10) Verbinden Sie die beiden Sätze mit "ないで"!
1. 学校へ行きません。 家にいます。
2. 待ちません。 帰ってください。
3. 辞書を使いません。 日本語の新聞を読みました。
4. タイプラーターで書きません。ワープロで書いてください。
5. 切符を買いません。電車に乗ってはいけません。
6. 彼は運転しません。彼女が運転します。
7. 私はイタリアに行きませんでした。フランスへ行きました。
8. 私は秘書と相談しませんでした。一人でやりました。
9. 値段を聞きませんでした。そのフィルムを買いました。
10. その車は赤信号で止まりませんでした。走って行きました。

(11) Beantworten Sie die Fragen über die Verkehrsregeln in Japan!
1. 道の右側を 走ってもいいですか。
2. お酒を 飲んで、運転してはいけませんか。
3. 信号が 黄色です。必ず止まらないといけませんか。
4. 日本の高速道路を 時速１３０ｋｍで 走ってもいいですか。
5. この道に 入ってもいいですか。
6. 前の車を 追い越してもいいですか。
7. ここで 駐車してもいいですか。
8. ここで何をしなければなりませんか。
9. 左の車より 先に 交差点を 渡ってもいいですか。
10. ここで何をしてはいけませんか。
11. 踏切で ストップしなくてもいいですか。
12. ここから ５０Ｋｍ 以上で 走ってはいけませんか。
13. ここで 少し 止まってもいいですか。
14. 横断歩道で 必ず 止まらなくてはなりませんか。
15. ３メートルの車はここを通ってもいいですか。
16. この道を車はゆっくり走ってもいいですか。

180 - L8

(12) Formen Sie Sätze mit Hilfe der Form "だけでなく(て)、～(も)"!

1. ボート／乗る／ロープウェー／山／登る (Aufforderung)
2. カメラ／フィルム3本 (Bitte)
3. このビデオ／軽い／とても／便利 (Präsens)
4. 日本／道路／せまい／車／多い (Präsens)
5. 高速道路／料金／ある／とても／高い (Präsens)
6. 京都／まいこ／見る／いっしょに／写真／とる (Präteritum)
7. 日本人観光客／外国人観光客／たくさん／いる (Präteritum)
8. まだ／日本／生活／慣れない／時々／しっぱい／する (Präsens)

(13) Übersetzen Sie die Sätze ins Japanische!

1. Trinken Sie bitte keinen Kaffee, sondern Tee!
2. Wir haben gestern nicht Japanisch gelernt, sondern Sport getrieben.
3. Er reiste nicht nach Kyushu, sondern nach Hokkaido.
4. Nicht Herr Yamazaki, sondern Frau Takeda hat mich angerufen.
5. Das Auto ist nicht nach rechts, sondern nach links abgebogen.
6. Man darf nicht den Zug nehmen, ohne eine Fahrkarte zu kaufen.
7. Weil ich gestern sehr müde war, bin ich ins Bett gegangen, ohne ein Bad zu nehmen.
8. Ohne Bescheid zu sagen, ist sie plötzlich nach Hause gegangen.
9. Haben Sie den japanischen Aufsatz selber geschrieben, ohne einen Japaner zu fragen?
10. Er wartet im Restaurant auf seine Freunde, ohne etwas zu bestellen.
11. Man darf hier nicht rauchen, aber im Zimmer da drüben darf man rauchen.
12. Weil ich heute viel zu tun habe, muß ich Überstunden machen.
13. Fahren Sie bitte nicht so schnell, weil die Straße eng ist!
14. Gehen Sie bitte nicht über diese Brücke, weil sie kaputt ist!
15. Benutzen Sie bitte dieses Radio nicht, weil ich es reparieren muß!
16. Sie dürfen jetzt Urlaub nehmen. Aber Sie müssen in einer Woche zurückkommen
17. Muß ich alles allein machen? Nein, Sie brauchen es nicht allein zu machen. Ich helfe Ihnen gerne.
18. Kaufen Sie dieses Fahrrad nicht, weil es unpraktisch und teuer ist!
19. Ich muß heute zur Bank gehen, um Geld abzuheben.
20. Er muß bis morgen mit dem Wordprocessor einen Bericht auf Japanisch schreiben.

(13) Erklären Sie bitte kurz das Verkehrssystem in Deutschland!

7. 復習テスト 第8課 (Lektionstest L8)

(1) Übersetzen Sie ins Deutsche und bilden Sie die Nai-Form der Verben. (1×12)

                  Deutsch / Nai-Form (Präsens)   Deutsch / Nai-Form (Präsens)

1．出す　　_____　　4．もらう　　_____
2．相談する　_____　5．知る　　　_____
3．がんばる　_____　6．出かける　_____

(2) Schreiben Sie die Sätze nach den Anweisungen um! (8×5)

1．電車の中でたばこをすう。(Verbot)

2．今お金をはらう。(keine Erfordernis)

3．日本の家ではくつをぬぐ。(Erfordernis)

4．この電話を使う。(Erlaubnis/Frage)

5．毎日たくさんお酒を飲む。(negative Bitte)

6．映画はおもしろいです。(Erfordernis)

7．ドイツのワインです。(keine Erfordernis)

8．朝ごはんを食べませんでした。大学に来ました。(ohne zu)

(3) Beantworten Sie die Fragen! (6×4)

1．日本で自動車は道の右がわを走ってもいいですか。

2．日本でお酒を飲んで運転してもいいですか。

3．信号が黄色です。かならず止まらなければなりませんか。

4．日本の高速道路では時速１２０キロメートルで走ってもいいですか。

(4) Übersetzen Sie ins Japanische! (6×4)

1．Der Sommer in Japan ist anstrengend, weil er sehr heiß ist. (Te-Form)

2．Er hat diesen Bericht mit dem Computer geschrieben. (Te-Form)

3．Sie hat heute keinen Spaziergang gemacht, sondern zu Hause ferngesehen.

4．Er ist aus dem Zimmer gegangen, sogar ohne "Auf Wiedersehen" zu sagen.

　　　　　　　　　　　　　　　　　　　　　　　　　　_____／１００

第9課 (Lektion 9)

1. 基本文型

Höflichkeitsleerform

・彼は 今日 出張する。

・彼は 今日 出張しない。

・彼は 昨日 出張した。

・彼は 昨日 出張しなかった。

・その町は 静かだ。

・その町は 静かではない。

・その町は 静かだった。

・その町は 静かではなかった。

第9課 (Lektion 9)

★ 2.ベルガーさんの週間予定 ★

週間予定表	3月
14（月）	9時から新ソフト開発会議
15（火）	S社木下さん3時来る。 8時から松野屋でせったい
16（水）	名古屋に出張。木村部長と打ち合わせ 午後工場見学、お客さん ほうもん
17（木）	朝東京に帰る。出張報告書を書く。 晩スーパーで買物
18（金）	資料せいり、ダイレクトメール送る。 プレゼントを買う。
19（土）	山田さんの誕生日 パーティー6時から
20（日）	ドイツの友だちに手紙を書く。 午後3時から田中さんとテニス

１４(月) ９時から新ソフト開発会議　１５(火) S社木下さん３時来る。８時から　松野屋で　せったい　１６(水) 名古屋に出張、木村部長と打ち合せ　午後工場見学、お客さん　ほうもん　１７(木) 朝東京に帰る。出張報告書を書く。　晩スーパーで買物　１８(金) 資料せいり、ダイレクトメール送る。プレゼントを買う。　１９(土) 山田さんの誕生日　パーティー６時から　２０(日) ドイツの友だちに手紙を書く。　午後３時から田中さんとテニス

ベルガーさんの日記

3月19日（土）　天気：晴れ 時々 くもり

　今日は どうりょうの山田さんの誕生日で、彼のマンションで パーティーがあった。山田さんは 今日 28才に なった。私は はじめて 行ったが、マンションは とても 新しくて きれいだった。部屋は 3つあって、居間も かなり 広い。それに地下鉄の駅から 歩いて5～6分なので、とても 便利だ。私は 6時すぎに 着いたが、もうどうりょうや友人、知人が 12～3人ぐらい 来ていた。山田さんは 音楽を よく聞く。だから 私は ドイツの歌のCDを 彼に プレゼントした。山田さんは とても 喜んでいた。はじめに ビールで かんぱいして、ハッピー・バースデーを 歌った。それから料理を食べた。山田さんの奥さんの料理は とても おいしかった。　人数が多いので、立食パーティーだったが、テーブルには サンドウィッチやオードブル、サラダのほかに、すしや のりまき、おそばなどの 日本料理も あった。

　山田さんと 奥さんは去年 結婚した。子供は まだ いないが、二人は とても 仲がいい。奥さんも とても 親切で 感じのいい人だ。ドイツのパーティーでは たいてい 飲んで食べて、話をする だけだが、日本人はパーティーで よく 歌を 歌う。みんな 日本のポップスや 演歌を歌っていたが、なかなか いい 歌があった。私は まだ「知床旅情」しか 知らないので、その曲だけを 歌った。もっと 日本の歌を 練習した方が いい。その後は ゲームをしたり、いろんな人と 話をしたりした。パーティーは 11時ごろ 終わって、12時ごろ 家に 帰った。とても 楽しいパーティーだった。新しい人とも 知り合って よかった。

3月20日（日）　天気：くもり のち 晴れたり くもったり

　昨晩は おそく帰ったので、今朝は10時ごろまで 寝ていた。朝ごはんを 食べて 英字新聞を 読んでから、ドイツの友だち3人に 手紙を 書いた。クリスマスに 一時帰国する ので、ひさしぶりに 彼らと 会う。今から 楽しみだ。

　午前中は くもっていたが、雨は 降らなかった。午後からは 晴れたり くもったりした。午後3時に 田中さんと テニスコートで 待ち合わせて、2時間ぐらい テニスを やった。2週間に一度 やっている。彼は 大学時代 テニス部に 入っていたので、ふつうは 私より 強い。でも 今日は 田中さんが 勝ったり、私が 勝ったりした。たくさん あせを かいた。シャワーを あびてから、近くの 飲み屋へ 行って いっしょに ビールを 飲んだ。

　6時ごろ 家に 帰って、晩に 少し 漢字を 練習した。それから 本を 読んだり、音楽を 聞いたり している。明日から また ハードスケジュール なので、今晩は 早く 寝た方が いい。

会話： パーティーで

田村： 山田君、お誕生日 おめでとうございます。
全員： おめでとうございます。
山田： どうも、ありがとう！
全員： ♪ ハッピー バースデイ トゥ ユー ．．．．
　　　　．．．．．

山田： 久しぶりだね、田村君。 ちょうしは どうだい。
田村： うん、まあまあ だね。 あいかわらず いそがしいよ。
山田： でも 最近、課長さんに なったんだね。
田村： いやいや、課長じゃないよ。係長だよ。
山田： 給料 ふえた？
田村： 給料より 仕事の方が ふえて たいへんだよ。
中道： 田村君の ところは 商社だから、海外出張も 多いの？
田村： うん、1か月に2回は 行っているよ。 東南アジアから ヨーロッパ までね。
中道： へえ、それは うらやましいわ。
田村： いやいや、観光旅行じゃない からね。 仕事だからね。 ストレスも 多くて、生活も ふきそくで、けっこう つかれるんだよ。
中道： そうね。 体に気をつけてね。
田村： ありがとう。 ところで、中道さんは まだ いい人いないの。 いつまでも キャリア・ウーマンしていないで、早く 結婚して、子供を 作る。 それが やっぱり 女性にとって 一番 しあわせじゃ ない かな。
中道： まあ、田村君、それは とても 古い考えだわ。 私 そんな考え ぜったい みとめないわ。 最近は 男性だけでなく 女性も たくさん 職場で がんばって、いい 仕事しているのよ。 山田さんの ところも そうよね。
山田： うん、うちも 共働きだよ。 ただ、ぼくの給料が 少ないからね。

本文質問 (Fragen zum Text): ベルガーさんの日記

（１）３月１９日の天気はどうでしたか。
（２）その日、何がありましたか。
（３）山田さんは今何才ですか。
（４）彼のマンションは駅から遠いですか。
（５）パーティーにはどんな人が何人ぐらい来ていましたか。
（６）どんな料理がありましたか。
（７）彼らはいつ結婚しましたか。
（８）ドイツのパーティーでもよく歌を歌いますか。
（９）みんなはどんな歌を歌っていましたか。
（10）ベルガーさんは日本の歌をたくさん知っていますか。
（11）何時ごろパーティーが終わって、何時ごろ家に帰りましたか。
（12）３月２０日の午前中ベルガーさんは何をしましたか。
（13）ベルガーさん何が楽しみですか。
（14）どうしてベルガーさんは田中さんと待ち合わせましたか。
（15）今日はだれが勝ちましたか。
（16）ベルガーさんは家に帰ってから、ビールを飲みましたか。

会話の練習 (Konversationsübung): パーティーで

（１）
> 田村：お誕生日 おめでとうございます。
> 山田：どうも、ありがとうございます。

　　①ご結婚　②試験合格　③ご入学　④クリスマス
　＊ 新年 明けまして おめでとうございます。(Frohes Neujahr!)

（２）
> 山田：久しぶりだね、田村君①。最近 調子は どうだい②。
> 田村：うん、まあまあだね③。でも あいかわらず いそがしいよ④。

　１．①だね、中道さん　②どう　③ね　④わよ
　２．①ね、木村君　②どう　③だね　④よ
　３．①ね、上田さん　②どう　③ね　④わよ
　４．①ですね、町田さん　②どうですか　③ですね　④ですよ

3. 単語リスト

Nomina

後	あと、のち	nach, nachher, später
いい人	いいひと	guter Mensch, Freund(in)
以前	いぜん	früher
一時	いちじ	provisorisch, zeitweise
一杯	いっぱい	voll, überfüllt, ein Glas
居間	いま	Wohnzimmer
歌	うた	Lied, Gesang
打ち合わせ	うちあわせ	Besprechung
英字新聞	えいじしんぶん	englische Zeitung
演歌	えんか	japanischer volkstümlicher Schlager
奥さん	おくさん	Ehefrau (einer anderen Person)
海外	かいがい	Übersee
会議	かいぎ	Sitzung, Konferenz
開発	かいはつ	Entwicklung (Industrie, Technik)
係長	かかりちょう	Sektionsleiter
課長	かちょう	Abteilungsleiter
観光	かんこう	Tourismus
興味	きょうみ	Interesse
曲	きょく	Musikstück
曇(り)	くもり	wolkig
見学(する)	けんがく(する)	Besichtigung (besichtigen)
合格(する)	ごうかく(する)	bestehen
事	こと	Sache
午前中	ごぜんちゅう	vormittags
昨晩	さくばん	letzten Abend, letzte Nacht
幸せ	しあわせ	Glück
試験	しけん	Prüfung
商社	しょうしゃ	Handelsfirma
職場	しょくば	Arbeitsplatz
知床旅情	しれとこりょじょう	ein japanischer Schlager
新年	しんねん	Neujahr
女性	じょせい	Frau, Dame
(〜時)過ぎ	すぎ	kurz nach 〜 Uhr
政治	せいじ	Politik
接待(する)	せったい	Bewirtung (bewirten)
選手	せんしゅ	Wettkampfsspieler
大学時代	だいがくじだい	Studentenzeit
誕生日	たんじょうび	Geburtstag
男性	だんせい	Mann, Herr
知人	ちじん	Bekannte(r)

調子	ちょうし	Kondition
等	とう・など	usw.
東南アジア	とうなんアジア	Südostasien
共働き	ともばたらき	ein Ehepaar, bei dem beide berufstätig sind
入学、～する	にゅうがく、～する	Schuleintritt, in die Schule eintreten
のり巻き	のりまき	ein in Nori gerolltes Sushi (japanisches Essen)
晴(れ)	はれ	heiter (Wetter)
場所	ばしょ	Platz, Ort
左側	ひだりがわ	linke Seite
報告(書)	ほうこく(しょ)	Bericht
湖	みずうみ	See

Fremdwörter (Nomina)

立食パーティー	りっしょくパーティー	Stehparty
エレベーター	エレベーター	Aufzug
オードブル	オードブル	Hors d'œuvre, Vorspeise
キャリアー・ウーマン	キャリアー・ウーマン	Karrierefrau
ゲーム	ゲーム	Spiel
コーチ	コーチ	Trainer
サンドウィッチ	サンドウィッチ	Sandwich
サッカー	サッカー	Fußball
ストレス	ストレス	Stress
ダイレクト・メール	ダイレクト・メール	Postwurfsendung, Direktmail
チーム	チーム	Mannschaft
チケット	チケット	Ticket
テニス部	テニスぶ	Tennisklub
トイレ	トイレ	Toilette
ハード・スケジュール	ハード・スケジュール	ein hartes Tagesprogramm
プレイガイド	プレイガイド	Vorverkauf
プレゼント	プレゼント	Geschenk
マンション	マンション	Etagenhaus

Einstufige Verben

消す	けす	ausmachen, abwischen
増える	ふえる	zunehmen
認める	みとめる	anerkennen, zustimmen

Fünfstufige Verben

歌う	うたう	singen
勝つ	かつ	gewinnen
混む	こむ	überfüllt, voll sein
すく	すく	sich leeren

Nominalverben

帰国する	きこくする	ins Heimatland zurückkehren
整理する	せいりする	sortieren, aufräumen
訪問する	ほうもんする	besuchen, besichtigen

I-Adjektive

うまい	うまい	gut, geschickt, lecker
厳しい	きびしい	streng
深い	ふかい	tief
珍しい	めずらしい	seltsam

Na-Adjektive

危険(な)	きけん(な)	gefährlich
不規則(な)	ふきそく(な)	unregelmäßig
変(な)	へん(な)	komisch
立派(な)	りっぱ(な)	hervorragend

Adverbien

さっき	さっき	vorhin, vor kurzem
絶対	ぜったい	unbedingt, absolut
なかなか	なかなか	ziemlich, wirklich
まあまあ	まあまあ	so so, es geht

Interjektionen

いや、いいや	いや、いいや	nein (umg.)
うん	うん	Ja (umg.)

Suffixe

～君	くん	Herr, Frau: Namenssuffix für Personen, die einem gleichgestellt oder unterstellt sind

Idiomatische Redewendungen

相変わらず	あいかわらず	nach wie vor
汗をかく	あせをかく	schwitzen
おめでとうございます	おめでとうございます	Herzlichen Glückwunsch!
風邪を引く	かぜをひく	sich erkälten
感じのいい	かんじのいい	sympathisch
N にとって Adj.	とって Adj.	~ für N (mit Adjektiv)
どれも	どれも	jede (-s,-r)
仲がいい	なかがいい	gut befreundet sein, gut sich verstehen
2週間に1度	にしゅうかんにいちど	einmal alle zwei Wochen
普通は	ふつうは	normalerweise, gewöhnlich
V(ta)方がいい	ほうがいい	Es ist besser, ~ zu machen
他に	ほかに	außer, außerdem

4. アクティブ漢字リスト

漢字	意味	書き順	読み	熟語	よみ	訳
予	vorher, im voraus	一フマヨ予	ヨ / あらかじ-め	予定	よてい	Plan, Vorhaben
				予約	よやく	Reservierung
				天気予報	てんきよほう	Wetterbericht
定	bestimmen	丶丷宀宀宀宁定定	テイ / ジョウ / さだ-める / さだ-まる	予定	よてい	Plan, Vorhaben
				決定	けってい	Entschluß
				定員	ていいん	volle Zahl (Personen)
屋	Laden	一コアアア尸尸屋屋屋	オク / や	名古屋	なごや	Nagoya (Stadt)
				屋根	やね	Dach
				魚屋	さかなや	Fischladen
工	Technik	一丁工	コウ / ク	工場	こうじょう	Fabrik
				工事	こうじ	Bau
				工業	こうぎょう	Industrie
場	Platz, Ort	一十土 圹坦坦坦場場	ジョウ / バ	工場	こうじょう	Fabrik
				場所	ばしょ	Platz, Ort
				会場	かいじょう	Veranstaltungsort
物	Ding, Sache	ノ 亠 牛 牛 牛 牧 物 物	ブツ / モツ / もの	買い物	かいもの	Einkauf
				動物	どうぶつ	Tier
				食べ物	たべもの	Essen, Nahrung
子	Kind	了子	シ / ス / こ	子供	こども	Kind
				様子	ようす	Aussehen, Zustand
				親子	おやこ	Eltern und Kind
供	darbringen	ノ亻仁什什供供供	キョウ / とも	子供	こども	Kind
				供給	きょうきゅう	Versorgung, Angebot
				提供	ていきょう	Angebot
紙	Papier	く 幺 幺 糸 糸 糸 紅 紙 紙	シ / かみ	紙	かみ	Papier
				用紙	ようし	Formular
				白紙	はくし	weißes Papier, blanko
記	notieren	丶二言言言言記記記	キ / しる-す	日記	にっき	Tagebuch
				記録	きろく	Rekord
				暗記する	あんき	auswendig lernen

アクティブ漢字リスト

漢字	意味	書き順	読み方	熟語	読み	訳
送	senden, schicken	、 、 ﾂ ﾂ 关 关 关 送	ソウ／おく-る	送る	おく-る	senden, schicken
				郵送	ゆうそう	Postsendung
				送料	そうりょう	Sendungsgebühr
雨	Regen	一 ｢ 冂 币 雨 雨	ウ／あめ	雨	あめ	Regen
				大雨	おおあめ	starker Regen
				雨天	うてん	Regenwetter
晴	heiter	1 ｢ 日 日⁺ 旪 晴 晴 晴 晴	セイ／は-れる	晴(れ)	はれ	heiter
				晴れる	は-れる	sich aufklären
				晴天	せいてん	blauer Himmel
才	Jahre alt, Talent	一 十 才	サイ	～才	さい	～ Jahre alt
				才能	さいのう	Talent, Fähigkeit
				天才	てんさい	Genie
外	außerhalb	ノ ク タ タト 外	ガイ／そと／ほか	海外	かいがい	Übersee
				外国	がいこく	Ausland
				外来語	がいらいご	Fremdwort
長	lang	一 ｢ F 巨 長 長 長	チョウ／なが-い	部長	ぶちょう	Abteilungschef
				社長	しゃちょう	Firmenchef
				課長	かちょう	Abteilungsleiter
広	groß, breit, weit	、 亠 广 広 広	コウ／ひろ-い	広い	ひろ-い	groß, breit, weit
				広場	ひろば	öffentlicher Platz
				広告	こうこく	Werbung, Reklame
音	Geräusch, Ton	、 ン ナ 立 立 产 音 音	オン／おと	音楽	おんがく	Musik
				音	おと	Geräusch, Ton
				発音	はつおん	Aussprache
歌	Lied	一 ｢ 冂 口 可 豆 哥 哥 歌 歌	カ／うた	歌(う)	うた(う)	Lied (singen)
				歌手	かしゅ	Sänger(in)
				国歌	こっか	Nationalhymne
理	Vernunft, Theorie	一 T 王 王 玎 玾 理 理	リ／ことわり	料理	りょうり	Kochen
				論理	ろんり	Logik
				理由	りゆう	Grund

5. 文法 (Grammatik)

Die Höflichkeitsleerform

Die Höflichkeitsleerform besteht aus vier Formen: **Grundform** (Präsens/Bejahung), **Nai-Form** (Präsens/Negation), **Ta-Form** (Präteritum/Bejahung) und **Nakatta-Form** (Präteritum/Negation). Sie wird in den folgenden Fällen verwendet:

① in der Umgangssprache, besonders im vertrauten Kreis, z.B. unter Freunden und in der Familie (vergleichbar mit der "Du-Form")
② in der Schriftsprache von Zeitungen, Zeitschriften, Berichten, Büchern, wissenschaftlichen Arbeiten oder Tagebüchern, die nicht unbedingt höflich sein müssen.
(In Briefen wird normalerweise die Masu-Form verwendet.)
③ in Kombination mit anderen Wörtern in vielen verschiedenen Redewendungen, wie z.B.
勉強し<u>ない</u>といけません (lernen müssen), 食べ<u>ない</u>で〜 (ohne zu essen)

(1) Bildung der Ta-Form (Präteritum)

Die Ta-Form kann leicht aus der **Te-Form** abgeleitet werden.
Dafür braucht man nur anstatt "**te**"(de) "**ta**"(da) einzusetzen.

GF		て-F	た-F	GF		で-F	だ-F
見る	sehen	見て	見た	遊ぶ	spielen	遊んで	遊んだ
書く	schreiben	書いて	書いた	飲む	trinken	飲んで	飲んだ
聞く	hören	聞いて	聞いた	泳ぐ	schwimmen	泳いで	泳いだ
買う	kaufen	買って	買った	休む	sich ruhen	休んで	休んだ
来る	kommen	来て	来た	飛ぶ	fliegen	飛んで	飛んだ
する	machen	して	した	急ぐ	sich beeilen	急いで	急いだ

今日ビールを 2本 飲んだ。　　　　Heute habe ich zwei Flaschen Bier getrunken.
京都行きの 切符を 買った。　　　　Ich habe eine Fahrkarte nach Kyoto gekauft.
彼は 去年 彼女と 結婚した。　　　　Er hat sie letztes Jahr geheiratet.
机に 本が 3冊 あった。　　　　　　Auf dem Tisch lagen drei Bücher.
私は 以前 中国に 住んでいた。　　　Ich wohnte früher in China.

(2) Bildung der Nakatta-Form (HLF: Negation im Präteritum)

Nai-Form（〜ない）	⇒	Nakatta-Form（〜なかった）
食べない	⇒	食べなかった
行かない	⇒	行かなかった
買わない	⇒	買わなかった
来(こ)ない	⇒	来(こ)なかった

<u>Achtung</u>: ある ⇒ ない ⇒ なかった

私は テレビを見なかった。		Ich habe nicht ferngesehen.
たばこは もう なかった。		Es gab keine Zigarette mehr.
彼女は もう そこに いなかった。		Sie war nicht mehr da.
かの女は 私を 待たなかった。		Sie hat nicht auf mich gewartet.
もう 雨は 降らなかった		Es hat nicht mehr geregnet.

（３）Höflichkeitsleerform von "です"

	höfliche Form	höflichkeitsleere Form
Präsens	〜です	〜だ
Negation	〜ではありません	〜ではない
Präteritum	〜でした	〜だった
Negation	〜ではありませんでした	〜ではなかった

Diese Tabelle kann für NA und Nomen verwendet werden.

NA: これは便利です。 ⇒ これは
- 便利だ。
- 便利で（は）ない。
- 便利だった。
- 便利で（は）なかった。

N: 彼女は学生です。 ⇒ 彼女は
- 学生だ。
- 学生で（は）ない。
- 学生だった。
- 学生で（は）なかった。

* An Stelle von "ではない" wird in der Umgangssprache oft "じゃない" verwendet.
* Bei der Na-Form und Nakatta-Form kann "は" weggelassen werden.

Für die Höflichkeitsleerform der IA braucht man nur "desu" wegzulassen.

IA: この車は高いです。 ⇒ この車は
- 高い。
- 高くない。
- 高かった。
- 高くなかった。

今日は とても いい天気だった。		Heute hatten wir sehr schönes Wetter.
試験は あまり簡単ではなかった。		Die Prüfung war nicht so einfach.
彼の車は かなり速かった。		Sein Auto war ziemlich schnell.
今週は仕事が多くなかった。		Diese Woche gab es nicht viel Arbeit.

Tabelle der Höflichkeits- und Höflichkeitsleerformen

		Höflichkeitsform	Höflichkeitsleerform
Verb		[〜ます]	[〜る usw.]
1st. V.	PSP	ごはんを食べます。	ごはんを食べる。
	PSN	ごはんを食べません。	ごはんを食べない。
	PTP	ごはんを食べました。	ごはんを食べた。
	PTN	ごはんを食べませんでした。	ごはんを食べなかった。
5st. V.	PSP	手紙を書きます。	手紙を書く。
	PSN	手紙を書きません。	手紙を書かない。
	PTP	手紙を書きました。	手紙を書いた。
	PTN	手紙を書きませんでした。	手紙を書かなかった。
する	PSP	森を散歩します。	森を散歩する。
	PSN	森を散歩しません。	森を散歩しない。
	PTP	森を散歩しました。	森を散歩した。
	PTN	森を散歩しませんでした。	森を散歩しなかった。
来る	PSP	バスは9時に来ます。	バスは9時に来(く)る。
	PSN	バスは9時に来ません。	バスは9時に来(こ)ない。
	PTP	バスは9時に来ました。	バスは9時に来(き)た。
	PTN	バスは9時に来ませんでした。	バスは9時に来(こ)なかった。
Nomen / NA		[〜です]	[〜だ]
Nomen	PSP	彼は学生です。	彼は学生だ。
	PSN	彼は学生ではありません。	彼は学生ではない。
	PTP	彼は学生でした。	彼は学生だった。
	PTN	彼は学生ではありませんでした。	彼は学生ではなかった。
Na-Adj	PSP	彼は親切です。	彼は親切だ。
	PSN	彼は親切ではありません。	彼は親切ではない。
	PTP	彼は親切でした。	彼は親切だった。
	PTN	彼は親切ではありませんでした。	彼は親切ではなかった。
IA		[〜です]	[ohne です]
I-Adj	PSP	その本はいいです。	その本はいい。
	PSN	その本はよくないです。	その本はよくない。
	PTP	その本はよかったです。	その本はよかった。
	PTN	その本はよくなかったです。	その本はよくなかった。

PS: Präsens, PT: Präteritum, P: Positiv, N: Negativ

- **Weiteres Studium 1** -

Die HLF klingt in einer Konversation etwas barsch. Um diesen barschen Ton zu vermeiden und verschiedene Nuancen hinzuzufügen, werden Partikel, wie の, わ, よ am Satzende eingefügt. Die Benutzung der Endungspartikel ist bei Frauen und Männern unterschiedlich.

		Frauen	Männer
V	Frage Antwort	今晩パーティーに行く **の**。 うん、行く **わ/よ**。 ううん、行かない **わ/よ**。	今晩パーティーに行く **の/かい**。 うん、行く **よ**。 ううん/いや、行かない **よ**。
IA	Frage Antwort	その車(は)高い **の**。 うん、高い **わ/よ**。 ううん、高くない **わ/よ**。	その車(は)高い **の/かい**。 うん、高い **よ**。 ううん/いや、高くない **よ**。
NA	Frage Antwort	彼(は)元気 **なの**。 ええ、元気 **よ/だわ**。 ううん、元気じゃない **わ/よ**。	彼(は)元気 **かい**。 うん、元気 **だよ**。 ううん/いや、元気じゃない **よ**。
N	Frage Antwort	あれ(は)何 **なの**。 自転車の工場 **よ**。	あれ(は)何 **だい**。 自転車の工場 **だよ**。

1. Für Fragen wird "**の**" oder "**かい/だい**"(nur Männer) benutzt, aber es wird auch sehr oft weggelassen. Das Satzende wird dabei mit steigender Intonation ausgesprochen.
2. Die Partikeln "**は**" und "**を**" werden genauso oft ausgelassen.
3. Die Partikel "**よ**" wird oft von Männern benutzt, um den Ton abzumildern. Auch junge Frauen benutzen heutzutage oft "**よ**".
4. Die Partikel "**わ**" wird oft von Frauen benutzt, wenn die eigene Meinung, eine Entscheidung oder Erstaunen ausgedrückt werden sollen. Zur Betonung werden auch "**わよ**", "**のよ**" und "**なのよ**" verwendet.

- **Weiteres Studium 2** - "HLF+んです"

	[PS-Positiv]	[PS-Negativ]	[PT-Positiv]	[PT-Negativ]
V	行くんです	行かないんです	行ったんです	行かなかったんです
IA	強いんです	強くないんです	強かったんです	強くなかったんです
NA	有名なんです	有名ではないんです	有名だったんです	有名ではなかったんです
N	病気なんです	病気ではないんです	病気だったんです	病気ではなかったんです

Die **んです**-Form wird in der Alltagskonversation oft benutzt, wenn man eine Aussage betonen möchte. Da diese Form eher als höfliche Form dient, wird sie oft in Kombination mit der です/ます-Form verwendet.

"ん" ist die umgangssprachliche Form der Partikel "の". Dabei können je nach Situation auch die Endungspartikeln よ, ね, わ eingesetzt werden.

[V]　A：　その花、きれいですね。どう**した**んですか。
　　　　B：　私が 持って**来た**んですよ。
[IA]　A：　暑いですね。ちょっと 飲んで行きましょうか。
　　　　B：　ええ、ぜひ。仕事の後の一ぱいが **うまい**んですよね。
[NA]　A：　新しいコンピュータの調子 いかがですか。
　　　　B：　ええ、使い方も 簡単で、とても **便利な**んですよ。
[N]　A：　明日 日本語の**試験な**んです。漢字を たくさん覚えないといけ**ない**んです。
　　　　A：　へえ、それは 大変ですね。がんばってくださいね。

（4）Verschiedene Verwendungsweisen mit der Ta-Form

（1）"～たり、～たりする"（Ta-F+り, Ta-F+りする）

a. Aufzählung von repräsentativen Handlungen (unvollständig)

日曜日、私は本を読んだり、音楽を聞いたり、手紙を書いたりしました。
Am Sonntag habe ich unter anderem Bücher gelesen, Musik gehört und Briefe geschrieben.
明日町へ行って、買い物したり、映画を見たりします。
Ich fahre morgen in die Stadt und da kaufe ich unter anderem ein und gehe ins Kino.
私たちは日本語を読んだり、書いたり、聞いたり、話したりします。
Wir lesen, schreiben, hören und sprechen Japanisch.
午後、工場見学したり、お客さんを訪問したりします。
Nachmittags besichtigen wir unter anderem eine Fabrik und besuchen unsere Kunden.

* Diese Handlungen müssen nicht hintereinander durchgeführt werden.

b. Mal dies tun, mal dies nicht tun oder mal dies, mal jenes sein

かれは大学に来たり、来なかったりします。
Er kommt mal zur Uni und mal nicht.
日本語のテストはむずかしかったり、簡単だったりします（です）。
Der Japanischtest ist mal schwer und mal einfach.
私たちの家で食べ物は日本料理だったり、ドイツ料理だったりします（です）。
Das Essen ist bei uns mal japanisch und mal deutsch.
ここの会社員は日本人だったり、ドイツ人だったりします（です）。
Die Angestellten hier sind teils Japaner und teils Deutsche.

* Bei der Tari-tari-Form mit IA, NA und N kann man nicht nur **する**, sondern auch **です/だ** verwenden.

c. Wiederholung zweier Handlungen

あの男の人は 家の前を ずっと 行ったり来たりしています。
Der Mann geht ständig vor dem Haus hin und her.
窓が 風で 開いたり、しまったりしています。
Das Fenster wird vom Wind ständig auf- und zugestoßen.
この会社は 外国の物を 売ったり、買ったりしています。
Diese Firma betreibt Ein- und Verkauf von ausländischen Produkten.

(2) ～た方がいい (Ta-Form+方がいい) －Empfehlung－

"Es ist besser, etwas zu machen."

暑いから、窓を 開けた方が いい。
Es ist besser, das Fenster aufzumachen, weil es heiß ist.
毎日 日本語を 勉強した方が いいです。
Es ist besser, jeden Tag Japanisch zu lernen.
早く 薬を 飲んだ方が いいですよ。
Es ist besser, schnell das Medikament einzunehmen.

* Anstatt der Ta-Form wird auch manchmal die Grundform benutzt.

* Bei IA wird die GF verwendet, bei NA wird な und bei N wird の vor 方がいい eingesetzt.

IA:	大きい方がいい。	Es ist besser, daß es groß ist.
AN:	便利な方がいい。	Es ist besser, daß es praktisch ist.
N:	イタリア料理の方がいい。	Italienisches Essen ist besser.

(3) ～ない方がいい (Nai-F+方がいい) －negative Empfehlung－

"Es ist besser, etwas nicht zu machen."

たばこを 吸わない方が いいです。
Es ist besser, nicht zu rauchen.
あの店で 買わない方が いいです。
Es ist besser, in jenem Geschäft nicht einzukaufen.
お酒を たくさん 飲まない方が いいよ。
Es ist besser, nicht viel Alkohol zu trinken.

IA:	高くない方がいい。	Es ist besser, daß es nicht teuer ist.
NA:	複雑で(は)ない方がいい。	Es ist besser, daß es nicht kompliziert ist.
N:	日曜日で(は)ない方がいい。	Es ist besser, daß es nicht am Sonntag ist.

* Bei NA und N wird normalerweise は nach で ausgelassen.

6. 練習 (Übungen)

（１）Schreiben Sie die Sätze in die HLF (Grundform) um!
1. 毎日、新聞を読みます。
2. 漢字と文法を勉強しています。
3. 時々友だちと出かけます。
4. 寿司や天ぷらを食べます。
5. 夕方、公園を散歩します。
6. 電車とバスで帰ります。
7. 今晩コンサートに行きます。
8. チケットはプレイガイドで買います。
9. 少しお酒を飲みます。
10. ふろに入って１１時ごろ寝ます。

（２）Schreiben Sie die Sätze in die HLF (Nai-Form) um!
1. 母はけっして飛行機に乗りません。
2. 父はぜんぜん英語を話しません。
3. 兄はめったにたばこを吸いません。
4. 姉はあまり手紙を書きません。
5. 私はほとんど大学を休みません。
6. 弟はあまりスポーツをしません。
7. 妹はまだ働いていません。
8. 友達はやっぱり来ません。
9. 部長は今日出張しません。
10. 課長は今日残業しません。

（３）Schreiben Sie die Sätze in die HLF (Ta-Form) um!
1. エレベーターを７階でおりました。
2. 仕事は８時半に始まりました。
3. 会議は１１時に終わりました。
4. 私は田中さんを駅前で待ちました。
5. 駅のベンチに座っていました。
6. 昨日山川さんに会いました。
7. プールで１時間ぐらい泳ぎました。
8. 午後から雨が降りました。
9. いっしょに料理を作りました。
10. 彼女に家族の写真を見せました。

（４）Schreiben Sie die Sätze in die HLF (Nakatta-Form) um!
1. 昨日先生は大学に来ませんでした。
2. 授業はありませんでした。
3. 私は朝早く起きませんでした。
4. 午前中どこにも出かけませんでした。
5. ですから車を使いませんでした。
6. スーパーは開いていませんでした。
7. ですから何も買いませんでした。
8. だれにも会いませんでした。
9. だれにも電話をかけませんでした。
10. 日本語をぜんぜん話しませんでした。

（５）Beantworten Sie die Fragen!
1. 昨日の映画はおもしろかった？　⇒　うん、とても＿＿＿＿＿＿＿＿＿＿よ。
2. 高かった？　⇒　いや、あまり＿＿＿＿＿＿＿＿＿＿よ。
3. いくらだった？　⇒　ええと、＿＿＿＿＿＿＿＿＿＿よ。
4. その映画は有名？　⇒　うん、かなり＿＿＿＿＿＿＿＿＿＿よ。
5. 映画館はいっぱいだった？　⇒　いや、ぜんぜん＿＿＿＿＿＿＿＿＿＿よ。

(6) Schreiben Sie die Sätze in die HLF um!
1. 彼の新しいアパートは大きくないです。
2. でも部屋も台所もとてもきれいです。
3. そして駅から遠くなくて便利です。
4. あまり静かなアパートではありません。
5. 家賃はあまり高くないです。
6. 彼は以前大学の野球の選手でした。
7. あまり上手ではありませんでした。
8. でも体はとても丈夫でした。
9. 彼のコーチはいつも厳しかったです。
10. でもたいへん親切な人でした。

(7) Beantworten Sie die Fragen in der HLF mit Ja und Nein!

A   [うん、とても～よ] [ううん、そんなに～よ]
1. その橋は長いの。⇒   ⇒
2. そのパンはおいしいの。⇒   ⇒
3. その人は若いの。⇒   ⇒
4. この小説はおもしろいの。⇒   ⇒
5. この動物は珍しいの。⇒   ⇒
6. あの町は美しいの。⇒   ⇒
7. あの湖は深いの。⇒   ⇒
8. あの部屋は明るいの ⇒   ⇒

B   [うん、かなり～よ/わ] [ううん、ぜんぜん～よ/わ]
1. 試験は難しかった。⇒   ⇒
2. 映画は良かった。⇒   ⇒
3. その荷物は重たかった。⇒   ⇒
4. 病院は遠かった。⇒   ⇒
5. 今日は忙しかった。⇒   ⇒
6. 旅行はすばらしかった。⇒   ⇒
7. その寺は古かった。⇒   ⇒
8. 外は暑かった。⇒   ⇒

C   [うん、～だよ/よ] [いや、あまり～よ/わ]
1. その人はきれい（なの）。⇒   ⇒
2. ご両親は元気（なの）。⇒   ⇒
3. その時計は便利（なの）。⇒   ⇒
4. お金は大切（なの）。⇒   ⇒
5. その人は有名（なの）。⇒   ⇒
6. 本棚はじょうぶ（なの）。⇒   ⇒
7. 山下さんは親切（なの）。⇒   ⇒
8. 仕事はたいへん（なの）。⇒   ⇒

D　　　　　　　　　　　　　［うん、本当に～よ/わ］　　［いや、そう～よ/わ］
1. テストは簡単だった(の)。　⇒　　　　　　　　　　　⇒
2. 夜は静かだった(の)。　　　⇒　　　　　　　　　　　⇒
3. 町はにぎやかだった(の)。　⇒　　　　　　　　　　　⇒
4. その辞書は不便だった(の)。⇒　　　　　　　　　　　⇒
5. 週末は暇だった(の)。　　　⇒　　　　　　　　　　　⇒
6. 彼の家は立派だった(の)。　⇒　　　　　　　　　　　⇒
7. その場所は危険だった(の)。⇒　　　　　　　　　　　⇒
8. 魚は新鮮だった(の)。　　　⇒　　　　　　　　　　　⇒
9. 問題は複雑だった(の)。　　⇒　　　　　　　　　　　⇒
10. 彼女は真面目だった(の)。 ⇒　　　　　　　　　　　⇒

（8）Bilden Sie Frage und Antwort mit der Form "んです"!

　　　[Frage]　　　　　　　　　　　　　[Antwort]
1．日曜日／何／する／か　　　　⇒　友達／いっしょに／テニス／する
2．田中さん／明日／大学／行く／か　⇒　いいえ
3．いつから／鎌倉／住む／いる／か　⇒　２年前から／鎌倉／住む／いる
4．どんな／事／興味／持つ／いる／か　⇒　政治／興味／持つ／いる／よ
5．いつ／映画／始まる／か　　　　⇒　午後／８時／から／始まる
6．何／読む／いる／か　　　　　　⇒　アメリカの小説／読む／いる
7．トイレ／どこ／ある／か　　　　⇒　この廊下(ろうか)／奥の左側／ある
8．昨日／何時間／寝た／か　　　　⇒　６時間／しか／寝なかった／よ
9．昨晩／だれ／会った／か　　　　⇒　久しぶり／南川さん／会った／よ
10．駅／バス／いくら／かかった／か　⇒　１２０円／かかった
11．仕事／もう／終わった／か　　　⇒　いいえ
12．日本語／難しい／か　　　　　　⇒　いいえ
13．新しい／コンピュータ／どう／か　⇒　とても／便利／よ
14．課長さん／どんな人／だった／か　⇒　とても／親切／人
15．休暇／どう／だった／か　　　　⇒　とても／楽しかった／よ
16．彼／元気／なかった／か　　　　⇒　いいえ
17．彼女の答え／正しかった／か　　⇒　いいえ
18．その車／高かった／安かった／か　⇒　かなり／高かった／よ
19．昨晩／だれ／誕生日／だった／か　⇒　山田さん／誕生日／だった／よ
20．田村さん／どこ／働いている／か　⇒　商社／働いている

（9）Bilden Sie die Sätze mit der Form "~たり~たりする"!
1．昨日／パーティー／食べる／飲む
2．明日の天気／晴れる／くもる
3．東京／友達／会う／買い物する
4．さっきから／変な人／家の前／行く／来る
5．日本語の勉強／読む／書く／話す／聞く／なければなりません
6．学生／勉強する／アルバイトする
7．そのデパート／混んでいる／すいている
8．魚の値段／高い／安い
9．日本語の試験／難しい／簡単
10．ここの社員／日本人／外国人

(10) Beantworten Sie die Fragen mit der Form "~たり~たりする"!
1．日曜日に何をしますか。
2．あなたは何を飲みますか。
3．あなたは何を食べますか。
4．外国であなたは何語を話しますか。
5．日本であなたは何をしますか。
6．子供は何をして遊びますか。
7．クリスマスにどんなことをしますか。
8．あなたの町の天気はどうですか。
9．あなたの町の人はどうですか。
10．あなたの町のサッカーチームはどうですか。

(11) Ergänzen Sie die Sätze mit einer (negativen) Empfehlung!
1．時間があまりありません。　　　　（タクシー）
2．この問題は難しいです。　　　　　（先生）
3．風邪を引いています。　　　　　　（会社）
4．山田さんはドイツ語を話しません。（日本語）
5．このお寺はきれいです。　　　　　（写真）
6．今日はとても寒いです。　　　　　（外出）
7．もう夜おそいです。　　　　　　　（ピアノ）
8．あまりお金がありません。　　　　（レストラン）
9．その仕事はとても大変です。　　　（一人で）
10．今日はとても天気がいいです。　　（家の中）

(12) Übersetzen Sie die Sätze ins Japanische! (mit der HLF)

1. Weil gestern Sonntag war, bin ich spät aufgestanden.
2. Nachdem ich gefrühstückt hatte, bin ich in aller Ruhe im Park spazierengegangen.
3. Dort gibt es viele schöne Blumen. Sie sind unter anderem rot, gelb und blau.
4. Ich habe mich auf eine Bank gesetzt und eine Stunde lang ein Buch gelesen.
5. Das Wetter war mal schön und mal wolkig, aber es war warm.
6. Nachmittags hat mein Bekannter mich angerufen. Er kam mich besuchen.
7. Wir haben in einem Café in der Stadt über die Sommerferien gesprochen.
8. Wir müssen jetzt viel jobben, weil wir im August nach Hokkaido reisen.
9. Aber wir müssen auch viel lernen, weil wir Anfang Juli Prüfungen haben.
10. Er hat Curryreis gegessen und ich habe Spaghetti gegessen, da wir beide Hunger hatten. Er hat auch einen Hamburger gegessen. Er hat immer großen Hunger, weil er ziemlich groß ist und viel arbeitet.
11. Abends habe ich ein bißchen ferngesehen, aber ich habe sofort abgeschaltet, weil es langweilig war.
12. Ich habe Musik gehört und die Zeitung gelesen. Der japanische Yen ist wieder gestiegen. Takanohana hat gestern gegen Wakanohana gewonnen. Ah ja!
13. Ich habe danach zwei Stunden lang Kanji und neue Grammatik gelernt.
14. Japanischlernen ist mal schwer und mal leicht, aber es macht mir immer Spaß.
15. Nachdem ich ein Glas Whisky getrunken hatte, bin ich um 11:30 Uhr ins Bett gegangen.

(13) Beschreiben Sie Ihre Erlebnisse am Wochenende!

Auflösung des Persönlichkeitstestes (Seite 136)
Die Eigenschaften, die Sie beim ersten Tier genannt haben, entsprechen Ihrer idealen Vorstellung, wie Sie sein möchten. Die Eigenschaften, die Sie beim zweiten Tier genannt haben, entsprechen dem Image, das andere Leute von Ihnen haben. Und die Eigenschaften, die Sie beim dritten Tier genannt haben, zeigen Ihre wahre Persönlichkeit.

7. 復習テスト 第9課 (Lektionstest L9)

（1）Vollenden Sie die Tabelle der HLF!（24×1）

	Deutsch	Nai-Form	Ta-Form	Nakatta-Form
1. 勝つ	_____	_____	_____	_____
2. 住む	_____	_____	_____	_____
3. 来る	_____	_____	_____	_____
4. 混む	_____	_____	_____	_____
5. 知り合う	_____	_____	_____	_____
6. だ(です)	_____	_____	_____	_____

（2）Schreiben Sie die unterstrichenen Teile in die HLF um!（6×3）
1. 雨は<u>ふっていませんでした</u>。　　　（　　　　　）
2. 友だちに電話を<u>かけました</u>。　　　（　　　　　）
3. 大阪はきれいでは<u>ありません</u>が、楽しい町<u>です</u>。（　　　）（　　　）
4. 時間が<u>ありました</u>が、部屋を<u>そうじしませんでした</u>。（　　　）
　　　　　　　　　　　　　　　　　　　　　　　　　　（　　　）

（3）Bilden Sie die Sätze in der HLF nach den Anweisungen!（5×6）
1. きのう／雨／降る／晴れる　(mal~, mal~)

2. 大学／授業／おもしろい／つまらない　(mal~, mal~)

3. 彼の家／食べ物／日本料理／ドイツ料理／中華料理　(mal~, mal~)

4. 早い／結婚する／子供／作る　(Empfehlung)

5. その店／買い物する　(negative Empfehlung)

（4）Übersetzen Sie ins Japanische! (in der HLF)（7×4）
1. Weil gestern schönes Wetter war, sind wir im Park spazierengegangen.

2. Wir haben uns im Café über unsere Reise nach Ostasien unterhalten.

3. Wir müssen jetzt viel jobben.

4. Am Abend haben wir unter anderem ferngesehen und Musik gehört.

　　　　　　　　　　　　　　　　　　　　　　　_____／１００

第10課 (Lektion10)

1. 基本文型

WA-GA-Form 1

・私は 犬や馬が 好きです。

・私は チーズが きらいです。

・私は 新聞が ほしいです。

・私は 牛乳が 飲みたいです。

・私は 車の運転が できます。

・私は 彼の気持ちが わかります。

・彼は 絵が じょうず / へた です。

・彼女は 外国語が とくい / にがて です。

・私は お金と時間が いります。

・予約が 必要です。

第１０課 (Lektion 10)

2. 会話１：グラタンが大好き

真知子 ： マリアさんは いつも いいスタイルで うらやましいわ。
マリア ： それほどでも ないわ。 真知子さんも なかなか スマートよ。
真知子 ： まあ、ありがとう。 でも 私は よく 食べるから．．．
マリア ： 私も 食べることが 大好きよ。
　　　　　ぶた肉は きらいだけど、たいてい 何でも よく食べるわ。
真知子 ： マリアさんは 食べ物の中で 何が 一番 好き？
マリア ： スパゲティーが 一番 好き。 それからピッツァも 好きよ。
　　　　　真知子さんは？
真知子 ： 私も イタリア料理が 好きよ。 とくに マカロニ・グラタンが
　　　　　大好き。 マリアさん、日本料理は いかが？
マリア ： 天ぷらが 好きよ。 でも、お寿司は あまり 好きじゃないの。
　　　　　なま魚が にがてだから。
真知子 ： ああ、それは 残念ね。マリアさんは よく 料理を 作るの。
マリア ： 作りたいけど、ふつうの日は いそがしくて ほとんど
　　　　　できないわ。 それで、仕方なく 時々 ピッツァを テイク・
　　　　　アウトするの。
真知子 ： 私は 料理が 好きで、よく 作るけど、あまり じょうずじゃ
　　　　　ないわ。 ところで、マリアさん、おいしいグラタンの作り方が
　　　　　分(わ)かる。
マリア ： ええ、もちろんよ。 グラタンは 私の とくいな料理なの。
真知子 ： あ、本当、それはよかった。 じゃあ、ぜひ 私に教えて。
マリア ： いいわよ。 それじゃあ、今度の週末 私の家で いっしょに
　　　　　作らない。
真知子 ： ええ、ぜひ、喜んで。

会話２： 買物シリーズ

— 肉屋で —

ベルガー ： ごめんください。
店員 ： いらっしゃいませ。 何に いたしましょうか。
ベルガー ： 牛肉２００グラムと 豚のひき肉３００グラム ほしいんですが。
店員 ： はい、しょうちしました。
ベルガー ： いくらですか。
店員 ： 全部で ８７０円に なります。
ベルガー ： １０００円で お願いします。
店員 ： はい、１３０円のおつりです。 ありがとうございました。
ベルガー ： どうも。

— 電気店で —

ベルガー ： あのう、そこの右から２番目の携帯電話が 見たいんですが。
店員 ： はい、これですね。 どうぞ。
ベルガー ： 私は 機械が にがてですが、使い方は むずかしくないですか。
店員 ： 簡単ですよ。 スイッチを 入れて、ふつうに 電話番号を おすだけですから。 どこからでも 電話を かけることが できて とても便利ですよ。
ベルガー ： そうですね。 値段は いくらですか。
店員 ： ２４０００円 です。
ベルガー ： ううん、ちょっと 高いな。 そんなに 高いのは 必要ないんです。 もう 少し 安いのは ありませんか。
店員 ： じゃあ、こちらは いかがですか。 少々 古い型ですが、これもとても いい製品で 使い方は 同じです。 今 バーゲンセール中で、定価１８５００円が １４６００円に なっています。
ベルガー ： ああ、それは いいですね。 バッテリーが 必要ですか。
店員 ： ええ、もちろん いりますが、電池は もう 入っていますよ。
ベルガー ： そうですか。 じゃあ、それに します。
店員 ： はい、ありがとうございます。 取扱説明書と １年間の保証書は この箱の中に 入っています。
ベルガー ： はい。 あのう、 クレジットカードで 払いたいのですが．．．
店員 ： はい、しょうちしました。 しばらく お待ちください。

— モード店で —

店員 　　　：いらっしゃいませ。　何か　おさがしですか。
ベルガー　：ポロシャツを　さがしていますが、ちょっと　見てもいいですか。
店員 　　　：ええ、どうぞ　ごゆっくり。
　　　　　　　・・・
ベルガー　：すみません。　この赤いポロシャツの　ＬＬサイズは　ありますか。
店員 　　　：もうしわけございません。　今　赤は　品切れです。　黄色は
　　　　　　いかがですか。
ベルガー　：いえ、黄色は　好きじゃないんです。　赤いのが　ほしいんです。
店員 　　　：そうですか。　じゃあ、こちらの赤いのは　いかがでしょうか。
ベルガー　：ううん、デザインが　あまり　気に入りませんね。
店員 　　　：じゃあ、こちらは？
ベルガー　：もようが　ちょっとね。
店員 　　　：おきらいですか？
ベルガー　：ええ。
店員 　　　：では、これは　いかがですか。　ラフォステの　最新モードです。
　　　　　　これは　きっと　よく　にあいますよ。　ぜひ　ためしてください。
ベルガー　：ああ、これは　ほんとうに　いいですね。
店員 　　　：そうでしょう。
ベルガー　：でも、少し値段が　．．．

本文質問 (Fragen zum Text)：グラタンが大好き

（１）真知子さんはどうしてマリアさんがうらやましいのですか。
（２）マリアさんは食べ物で何がきらいですか。
（３）マリアさんは食べ物で何が一番好きですか。
（４）真知子さんはイタリア料理がきらいですか。
（５）マリアさんはどうして寿司があまり好きではないのですか。
（６）マリアさんはよく料理を作りますか。
（７）マリアさんはぜんぜんピッツァをテイク・アウトしませんか。
（８）真知子さんは料理が好きですか。きらいですか。
（９）真知子さんはどんな料理の作り方が知りたいですか。
（10）マリアさんはその料理の作り方を知っていますか。
（11）二人はいつ、だれの家でその料理を作りますか。

会話の練習 (Konversationsübung): 買物シリーズ

```
お客 ： ごめんください。
店員 ： いらっしゃいませ。何に いたしましょうか。
お客 ： 牛肉200グラム①と豚のひき肉300グラム② ほしいんですが。
店員 ： はい、しょうちしました。
お客 ： いくらですか。
店員 ： 全部で870円③に なります。
お客 ： 1000円④で お願いします。
店員 ： はい、130円⑤のおつりです。 ありがとうございました。
```

1. ①りんご5こ ②バナナ4本 ③380円 ④500円 ⑤？
2. ①ビール6本 ②ワイン1本 ③2400円 ④2500円 ⑤？
3. ①ノート3冊 ②鉛筆5本 ③450円 ④1000円 ⑤？
4. ①たばこ2箱(ふたはこ) ②新聞一つ ③560円 ④600円 ⑤？

```
お客 ： あのう、そこの 携帯電話①が 見たいんですが。
店員 ： はい、これですか。
お客 ： いいえ、右から2番目の②です。
店員 ： ああ、これですね。どうぞ。
お客 ： どうもありがとう③。
```

1. ①ラジオ ②そのとなりの ③すみません
2. ①時計 ②一番左の ③あ、どうも
3. ①ケーキ ②前から2番目の ③ありがとう
4. ①ペン ②その後の ③すみません

```
店員 ： いらっしゃいませ。 何を おさがしですか。
お客 ： ポロシャツを さがしていますが、ちょっと 見てもいいですか。
店員 ： ええ、どうぞ ごゆっくり。
```

①独和辞典 ②背広 ③ぼうし ④目覚まし時計 ⑤プレゼント

3. 単語リスト

Nomina

うどん	うどん	japanisches Nudelgericht
運転免許	うんてんめんきょ	Führerschein
運動	うんどう	Bewegung
狼	おおかみ	Wolf
お化け	おばけ	Geist, Gespenst
化学	かがく	Chemie
火事	かじ	Feuer, Brand
型	かた	Format, Modell
雷	かみなり	Gewitter
空手	からて	Karate
外国語	がいこくご	Fremdsprache
学生証	がくせいしょう	Studentenausweis
菊	きく	Chrysantheme
規則	きそく	Regel
黄色	きいろ	gelb
気持ち	きもち	Gefühl
蜘蛛	くも	Spinne
携帯電話	けいたいでんわ	Handy
消しゴム	けしゴム	Radiergummi
剣道	けんどう	japanische Fechtkunst
芸術	げいじゅつ	Kunst
交通	こうつう	Verkehr
こと	こと	Nominalisator für Verben
小鳥	ことり	Vögelchen, kleiner Vogel
最新	さいしん	Neuheit, das Neueste
才能	さいのう	Talent, Fähigkeit
品切れ	しなぎれ	ausverkauft, nicht vorrätig sein
商品	しょうひん	Ware
新聞社	しんぶんしゃ	Zeitungsverlag
地震	じしん	Erdbeben
柔道	じゅうどう	Judo
数学	すうがく	Mathematik
すき焼き	すきやき	Eintopf mit Gemüse, Tofu und Fleisch
相撲	すもう	Sumoringen
製品	せいひん	Fabrikat
石鹸	せっけん	Seife
台風	たいふう	Taifun
注射	ちゅうしゃ	Spritze
地理	ちり	Geographie
作り方	つくりかた	Anleitung, wie man etwas zu machen hat

定価	ていか	Festpreis
店員	てんいん	Verkäufer(in)
電池	でんち	Batterie
取扱説明書	とりあつかいせつめいしょ	Gebrauchsanweisung
独和辞典	どくわじてん	deutsch-japanisches Wörterbuch
生魚	なまざかな	roher Fisch
日常生活	にちじょうせいかつ	alltägliches Leben
人参	にんじん	Möhre, Karotte
鼠	ねずみ	Maus, Ratte
灰皿	はいざら	Aschenbecher
話	はなし	Geschichte, Erzählung, Rede
番号	ばんごう	Nummer
～番目	ばんめ	die ~ste (Nummer)
ひき肉	ひきにく	Hackfleisch
豚肉	ぶたにく	Schweinefleisch
物理	ぶつり	Physik
文学	ぶんがく	Literatur
蛇	へび	Schlange
法学	ほうがく	Jura
他	ほか	andere (-r,-s)
保証書	ほしょうしょ	Garantieschein
ほど	ほど	ungefähr (Menge)
本当	ほんとう	Wahrheit, wahr
漫画	まんが	Comic
目覚し時計	めざましどけい	Wecker
模様	もよう	Muster
やくざ	やくざ	japanischer Mafioso
百合	ゆり	Lilie
4か国語	よんかこくご	vier Sprachen
歴史	れきし	Geschichte

Fremdwörter (Nomina)

ＬＬサイズ	エルエルサイズ	Größe XL
クレジットカード	クレジットカード	Kreditkarte
グラム	グラム	Gramm
シチュー	シチュー	Suppe, Eintopf
シリーズ	シリーズ	Serie
スイッチ	スイッチ	Schalter
スケート	スケート	Schlittschuh
スタイル	スタイル	Figur
スパゲティー	スパゲティー	Spaghetti
スプーン	スプーン	Löffel
タオル	タオル	Badetuch, Handtuch

チャンス	チャンス	Chance
チューリップ	チューリップ	Tulpen
テレフォンカード	テレフォンカード	Telefonkarte
ディスコ	ディスコ	Disko
ネクタイ	ネクタイ	Krawatte
ハンバーグ	ハンバーグ	Hamburger
バーゲンセール	バーゲンセール	Sonderverkauf, Ausverkauf
バイオリン	バイオリン	Geige
バッテリー	バッテリー	Batterie
フォーク	フォーク	Gabel
フルート	フルート	Flöte
ブレザー	ブレザー	Blazer
ポルシェ	ポルシェ	Porsche
ポロシャツ	ポロシャツ	Polohemd
マカロニ・グラタン	マカロニ・グラタン	Makkaroni-Auflauf
マッチ	マッチ	Streichhölzer
メーカー	メーカー	Hersteller
メンチ・ミンチ	メンチ・ミンチ	Hackfleisch
モード	モード	Mode
ラケット	ラケット	Schlager
ローマ字	ローマじ	lateinische Schriftzeichen
ロケット	ロケット	Rakete
ロック	ロック	Rock
ワイシャツ	ワイシャツ	Oberhemd
ワルツ	ワルツ	Walzer

Einstufige Verben

出来る	できる	können, aus ~ bestehen, entstehen, fertig sein

Fünfstufige Verben

要る	いる	brauchen, benötigen, erforderlich sein
絵を描く	えをかく	malen
恐がる	こわがる	sich fürchten (dritte Person)
試す	ためす	(an)probieren
似合う	にあう	gut stehen
欲しがる	ほしがる	gern haben wollen (dritte Person)
分かる	わかる	verstehen, wissen

Nominalverben

テイク・アウトする	テイク・アウトする	Essen mitnehmen
説明する	せつめいする	erklären
努力する	どりょくする	sich bemühen, sich anstrengen
予約する	よやくする	reservieren

I-Adjektive

恐い	こわい	befürchten, Angst haben
欲しい	ほしい	haben möchten

Na-Adjektive

嫌い(な)	きらい(な)	nicht mögen, hassen
得意(な)	とくい(な)	Stärke, stolz
苦手(な)	にがて(な)	Schwäche, Schwachpunkt
必要(な)	ひつよう(な)	nötig, erforderlich sein
下手(な)	へた(な)	nicht geschickt sein

Adverbien

少々	しょうしょう	ein bißchen

Hilfsverben

～たい	たい	möchten

Konjunktionen

～けど	けど	obwohl (umg.) ⇒ ～けれど

Idiomatische Redewendungen

お待ち下さい	おまちください	Einen Moment bitte! (höflich)
ごめんください	ごめんください	Guten Tag! (Grußwort des Besuchers)
どこからでも	どこからでも	von jeglichem Orte
何にいたしましょうか	なんにいたしましょうか	Was darf es sein? (höflich)
何をお探しですか	なにをおさがしですか	Was suchen Sie? (höflich)
申し訳ございません	もうしわけございません	Es tut mir leid. (höflich)

申し訳ございません

4. アクティブ漢字リスト

漢字	意味	書き順	読み	熟語	読み	意味
牛	Kuh, Rind	ノ ヒ 牛	ギュウ うし	牛肉	ぎゅうにく	Rindfleisch
				牛	うし	Kuh
				牛乳	ぎゅうにゅう	Milch
肉	Fleisch	一 冂 内 内 肉 肉	ニク	牛肉	ぎゅうにく	Rindfleisch
				鳥肉	とりにく	Hühnerfleisch
				肉体	にくたい	Leib
魚	Fisch	ノ ク ケ 名 숴 魚 魚 魚	ギョ うお さかな	魚	さかな	Fisch
				魚屋	さかなや	Fischladen
				金魚	きんぎょ	Goldfisch
犬	Hund	一 ナ 大 犬	ケン いぬ	犬	いぬ	Hund
				小犬	こいぬ	kleiner Hund
				番犬	ばんけん	Wachhund
馬	Pferd	一 厂 ⺍ 严 馬 馬 馬	バ うま	馬車	ばしゃ	Kutsche
				馬力	ばりき	PS
				竹馬	たけうま	Stelzen
説	Theorie	丶 亠 言 言 言 言 訁 訜 説 説	セツ と・く	説明する	せつめい	erklären
				小説	しょうせつ	Roman
				説得する	せっとく	überreden
明	hell	一 冂 日 日 明 明 明	メイ あか・るい	説明する	せつめい	erklären
				明るい	あか・るい	hell
				明日	あした	morgen
品	Ware	丶 冂 口 口 品 品	ヒン しな	品切れ	しなぎれ	ausverkauft
				製品	せいひん	Fabrikat
				品物	しなもの	Warenartikel
池	Teich	丶 冫 氵 沪 池 池	チ いけ	電池	でんち	Batterie
				池	いけ	Teich
				貯水池	ちょすいち	Wasserreservoir
雷	Gewitter	一 厂 一 帀 雨 雨 雨 雷 雷 雷	ライ かみなり	雷	かみなり	Gewitter
				雷雨	らいう	Gewitter
				雷鳴	らいめい	Donner

アクティブ漢字リスト

漢字	意味	筆順	読み	熟語	読み方	意味
好	mögen	く 〆 女 女 好	コウ / す-き / この-む	好き	す-き	mögen
				友好	ゆうこう	Freundschaft
				好物	こうぶつ	Lieblingsessen
必	unbedingt	ヽ ツ 必 必 必	ヒツ / かなら-ず	必要	ひつよう	nötig
				必ず	かなら-ず	unbedingt
				必然的	ひつぜんてき	notwendig
要	brauchen, nötig	一 ㄇ ㄇ 襾 襾 西 要 要 要	ヨウ / い-る / かなめ	必要	ひつよう	nötig
				重要	じゅうよう	wichtig
				要求	ようきゅう	Forderung
番	Reihe	ノ ヽ ㄨ 丘 平 釆 釆 番 番 番	バン / つがい	番号	ばんごう	Nummer
				順番	じゅんばん	Reihenfolge
				番地	ばんち	Hausnummer
絵	Bild, Gemälde	く 幺 幺 幺 糸 糹 絎 絵 絵	カイ / え	絵	え	Bild, Gemälde
				絵本	えほん	Bilderbuch
				浮世絵	うきよえ	Ukiyoe (jap. Holzschnitt)
末	Ende	一 二 丰 未 末	マツ / すえ	週末	しゅうまつ	Wochenende
				月末	げつまつ	Monatsende
				年末	ねんまつ	Jahresende
国	Staat, Land	丨 冂 冂 冋 国 国 国	コク / くに	外国	がいこく	Ausland
				国家	こっか	Staat
				国際的	こくさいてき	international
当	treffen	丨 ⺌ ⺌ 当 当 当	トウ / あ-たる	本当	ほんとう	Wahrheit, wahr
				当時	とうじ	damals
				当然	とうぜん	selbstverständlich
教	lehren	一 十 土 耂 耂 孝 孝 孝 教 教	キョウ / おし-える	教える	おし-える	lehren
				教室	きょうしつ	Unterrichtsraum
				教授	きょうじゅ	Professor
探	suchen	一 十 扌 扌 扩 护 挥 挥 探 探	タン / さが-す	探す	さが-す	suchen
				探検	たんけん	Abenteuer
				探偵	たんてい	Detektiv

5. 文法 (Grammatik): WA-GA-Form Teil 1

[Doppelkonstruktion]

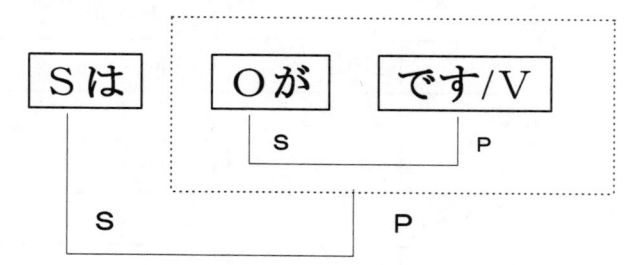

```
┌─────┐   ┌─────┐ ┌──────┐
│ S は│   │ O が│ │です/V│
└──┬──┘   └──┬──┘ └──┬───┘
   │         s        p
   │         └────┬────┘
   │              │
   S              P
```

* Dieser Satz besteht aus einer Doppelkonstruktion, die aus einem großem Subjekt (S) und einem großem Prädikat (P), in dem sich wiederum ein kleines Subjekt (s) und ein kleines Prädikat (p) befinden, besteht.
* Mit Hilfe der speziellen Satzform "S は O が P/V" können die folgenden Konzepte zum Ausdruck gebracht werden: Neigung, Wunsch, Fähigkeit, Erfordernis, Besitz, Eigenschafsbeschreibung, Erfahrung und Vorkommen.
* "S" ist das Thema. "S は" bedeutet also "was S angeht".
* "O" ist semantisch ein Objekt (Nomen), aber grammatikalisch ein Subjekt, das die restlichen Satzteile als Prädikat hat. In der deutschen Grammatik wird hier ein Akkusativ-Objekt verwendet.

(1) Neigung

好き: 私は コーヒーが 好きです。   Ich mag Kaffee.
(mögen)   Was mich angeht, ist Kaffee beliebt.
     彼女は ねこが 大好きです。   Sie mag Katzen sehr.
     Was sie angeht, sind Katzen sehr beliebt.

きらい: 彼は たばこが きらいです。   Er mag keine Zigaretten.
(nicht mögen)   Was ihn angeht, sind Zigaretten nicht beliebt
     彼女は くもが 大きらいです。   Sie mag keine Spinnen.
     Was sie angeht, sind Spinnen sehr unbeliebt.

こわい: 私は 雷が こわいです。   Ich fürchte mich vor Gewittern.
(befürchten)   Was mich angeht, sind Gewitter schrecklich.
     あなたは へびが こわいですか。   Fürchten Sie sich vor Schlangen?
     Was Sie angeht, sind Schlangen schrecklich?

うらやましい: 私は 友達が とてもうらやましいです。   Ich beneide meinen Freund sehr.
(beneiden)   Was mich angeht, so ist mein Freund sehr beneidenswert.
     私は 彼が うらやましくないです。   Ich beneide ihn nicht.
     Was mich angeht, so ist er nicht beneidenswert.

* 好き，きらい，こわい，うらやましい sind keine Verben, sondern 好き，きらい sind NA und こわい，うらやましい sind IA.

(2) Wunsch

ほしい：	私は いい辞書が ほしいです。	Ich möchte ein gutes Wörterbuch.
(haben wollen)	Was mich angeht, ist ein gutes Wörterbuch wünschenswert.	
	私は 大きい車が ほしくないです。	Ich möchte kein großes Auto.
	Was mich angeht, ist ein großes Auto nicht wünschenswert.	
Ｖたい：	私は お酒が/を 飲みたいです。	Ich möchte Sake trinken.
(tun möchten)	Was mich angeht, möchte ich Sake trinken.	
	あなたは 何が/を 飲みたいですか。	Was möchten Sie trinken?
	Was Sie angeht, was möchten Sie trinken?	

* ほしい ist IA und たい ist ein Hilfsverb. ほしい wird verwendet, wenn man etwas haben möchte und たい wird mit Verben verwendet, d.h. wenn man etwas tun möchte. Verben stehen vor たい in der Form des Stamms der Masu-Form (z.B.飲み). Das Hilfsverb たい flektiert dabei genauso wie ein IA. Nach einem Gegenstand (Objekt) können sowohl die HP が als auch die HP を verwendet werden. Wenn ein Verb mit たい aber kein direktes Objekt benötigt, ist dies nicht der Fall, wie z.B.: 私は 日本で 働きたいです。

<u>Flektion</u>

Stamm	PS-P	PS-N	PT-P	PT-N
好き -	です	ではありません	でした	ではありませんでした
きらい -	です	ではありません	でした	ではありませんでした
こわ -	いです	くないです	かったです	くなかったです
うらやまし -	いです	くないです	かったです	くなかったです
ほし -	いです	くないです	かったです	くなかったです
V-た -	いです	くないです	かったです	くなかったです

* Für den Ausdruck eines Wunsches oder eines Gefühls in der dritten Person außer 好き，きらい werden z.B. "ほし-がる", "V-た-がる", "こわ-がる" und "うらやまし-がる" verwendet. "がる" ist eigentlich ein Suffix, aber es funktioniert als Transitiv-Verb, deshalb muß auch die Partikel "を" nach einem Gegenstand (Objekt) eingesetzt werden. Normalerweise wird die Zustandsform "がっています" verwendet.

a) 彼は 日本語の本を ほしがっています。   Er möchte japanische Bücher.
b) 彼女は 日本の歌を 歌いたがっています。   Sie möchte japanische Lieder singen.
c) この人は 犬を こわがっています。   Dieser Mensch fürchtet sich vor Hunde.
d) 同僚は 私を うらやましがっています。   Meine Kollegen beneiden mich.

> **Weiteres Studium**
>
> Bei der ん(の)です-Form (L.9), bei wörtlicher Rede (L.13) sowie beim Hörensagen (L.21) können "ほしい","V-たい" und "こわい" auch für die dritte Person benutzt werden.
>
> 妹はへびがこわいんです。　　　Meine jüngere Schwester hat Angst vor Schlangen.
> 彼女は着物がほしいと言った。　Sie sagte, sie wolle einen Kimono.
> 彼は休みたいそうです。　　　　Ich habe gehört, daß er eine Pause machen möchte.

(3) Fähigkeit

できる (können):　　　　私は 車の運転が できます。
　　　　　　　　　　　　Ich kann Auto fahren.
　　　　　　　　　　　　子供は 水泳が できません。
　　　　　　　　　　　　Mein Kind kann nicht schwimmen.

分かる (verstehen):　　私は 英語が 分(わ)かります。
　　　　　　　　　　　　Ich verstehe Englisch.
　　　　　　　　　　　　フランス語が 分かりますか。
　　　　　　　　　　　　Verstehen Sie Französisch?

じょうず (geschickt sein):　彼女は ダンスが じょうずです。
　　　　　　　　　　　　Sie tanzt gut.
　　　　　　　　　　　　彼女は 料理が あまり じょうずではありません。
　　　　　　　　　　　　Sie kocht nicht so gut.

へた (ungeschickt sein):　彼は 話が へたです。
　　　　　　　　　　　　Er spricht schlecht.
　　　　　　　　　　　　彼は サッカーが とても へたです。
　　　　　　　　　　　　Er spielt Fußball sehr schlecht.

とくい (Stärke):　　　　彼は 経済が とくいです。
　　　　　　　　　　　　Wirtschaft ist seine Stärke.
　　　　　　　　　　　　あなたは 何が とくいですか。
　　　　　　　　　　　　Was ist Ihre Stärke?

にがて (Schwäche):　　私は 英語が にがてでした。
　　　　　　　　　　　　Englisch war meine Schwäche.
　　　　　　　　　　　　あなたは 何が にがてでしたか。
　　　　　　　　　　　　Was war Ihre Schwäche?

1. できる, 分かる sind Verben und じょうず, へた, とくい und にがて sind NA.
2. Im Gegensatz zu じょうず und へた drücken とくい und にがて nicht nur die Geschicklichkeit aus, sondern auch ein Gefühl, daß man etwas gern oder ungern macht.

3. Vor が muß immer ein **Nomen** (Gegenstand) stehen. Jedoch können auch **Verben** durch Nominalisierung mit こと zusammen mit できる，じょうず，へた，とくい und にがて verwendet werden.

a) Er kann Englisch. [Nomen]　　　彼は 英語が できる。
b) Er kann Englisch sprechen. [Verb]　彼は 英語を **話すこと**が できる。
　　　　　　　　　　　　　　　　　＊話す＝Grundform
　　　　　　　　　　　　　　　　　＊こと＝Nominalisator "zu ~"

かれは とても 上手に 漢字を 書くことが できます。
Er kann sehr gut Kanji schreiben.
あなたは 何メートル 泳ぐことが できますか。
Wieviel Meter können Sie schwimmen?
マイヤーさんは絵をかくことがとてもじょうずです。
Herr Mayer malt sehr gut.
私は料理することがにがてです。
Kochen ist meine Schäche.

4. "分かりました" kann "Einverstanden" oder "Alles klar!" bedeuten. Weiterhin sagt man nicht "まだ知りません", sondern "まだ分かりません", wenn man sich noch nicht entschieden hat, was man machen möchte oder wenn man noch nicht weiß, was passieren wird. Während "知りません" einen Mangel an Wissen oder Kenntnis ausdrückt, bedeutet "分かりません", daß es einer Situation an Klarheit mangelt.

今晩 何をしますか。　　　　⇒　まだ 分かりません。
Was machen Sie heute Abend?　　Ich weiß es noch nicht.
ドイツチームは 勝ちますか。　⇒　まだ 分かりませんね。
Gewinnt die deutsche Mannschaft?　Ich weiß es noch nicht.
あなたは 彼と 結婚しますか。　⇒　まだ 分かりません。
Heiraten Sie ihn?　　　　　　　Ich weiß es noch nicht.

5. Zur Einschränkung oder zur stärkeren Kontrastierung kann auch die は-は-Form anstatt der は-が-Form verwendet werden. Wenn zwei Sätze zum Kontrast hintereinander stehen, kann die は-は-Form sowohl in beiden Sätzen als auch nur im ersten oder zweiten Satz verwendet werden.

私は ビールは 好きです。（でも、ほかのお酒は 好きではない。）
Ich mag Bier. (Aber ich mag keinen andren Alkohol.)
彼女は 日本語を 話すことは とくいですが、書くことは にがてです。
Ihre Stärke ist Japanisch sprechen, aber Japanisch schreiben ist ihre Schwäche.

彼は スキーが じょうずですが、スケートは じょうずではありません。
Er kann gut Ski fahren, aber er kann nicht gut Schlittschuh laufen.
私は カメラは ほしくないですが、ビデオカメラが ほしいです。
Ich möchte keine Kamera, sondern eine Videokamera.

（4）Erfordernis

いる [brauchen] ：私は お金が いります。
　　　　　　　　　Ich brauche Geld.
　　　　　　　　　あなたは 仕事に コンピュータが いりますか。
　　　　　　　　　Brauchen Sie bei Ihrer Arbeit einen Computer?
必要 [erforderlich]：日本語の勉強には いい辞書が 必要です。
　　　　　　　　　Man braucht fürs Japanischlernen ein gutes Wörterbuch.
　　　　　　　　　そのレストランには 予約が 必要ですか。
　　　　　　　　　Ist eine Reservierung fürs Restaurant erforderlich?

* 要(い)る ist fünfstufiges Verb und 必要 ist NA. Sie sind austauschbar.
　Achtung: いる ist nicht zu verwechseln mit dem einstufigen Verb いる (sich befinden).
* は wird manchmal durch に/には ersetzt.
　Wenn etwas allgemein erforderlich ist, kann das Subjekt ausgelassen werden.

6. 練習 (Übungen)

（1） Neigung

| 私は＿＿＿＿＿が 好きです。　　私は＿＿＿＿が 好きです。 |
| あなたは 何が 好きですか。 |

1．食べ物　：寿司、天ぷら、そば、すきやき．．．．
2．飲み物　：ビール、ワイン、ジュース、牛乳．．．．
3．スポーツ：テニス、スキー、水泳、野球、空手．．．．
4．音楽　　：ポップス、ジャズ、ロック、クラシック．．．．
5．勉強　　：英語、日本語、経済、歴史、．．．．

| 私は＿＿＿＿＿が きらいです。　　私も きらいです。 |
| あなたは どうですか。　　　　　　私は きらいではありません。 |

1．食べ物　：豚肉、なま魚、にんじん、チーズ．．．．
2．勉強　　：数学、音楽、文学、化学．．．．
3．スポーツ：水泳、ジョッギング、すもう．．．．
4．生活　　：車の運転、買物、そうじ、料理．．．．
5．他　　　：たばこ、雨の日、冬、試験、政治．．．．

| 私は＿＿＿＿＿が こわいです。　彼女も＿＿＿＿＿を こわがっています。 |

1．動物：へび、くも、ねずみ、おおかみ．．．．
2．自然：地震、雷、台風、火事．．．．
3．人　：父、社長、先生．．．
4．場所：高い所、せまい所、暗い所．．．．
5．他　：おばけ、飛行機、ちゅうしゃ．．．．

（2） Wunsch

| 私は＿＿＿＿＿が ほしいです。　　はい、私も ほしいです。 |
| あなたも＿＿＿＿＿が ほしいですか。　いいえ、私は ほしくないです。 |

1．食べ物　　：カレーライス、ピッツァ、ハンバーグ．．．．
2．飲み物　　：水、お茶、コーヒー、コーラ．．．．
3．服　　　　：ジーンズ、背広、ブレザー、ワイシャツ．．．．
4．電気製品　：テレビ、ウォークマン、ステレオ、コンピュータ．．．．
5．他　　　　：自転車、自動車、家、お金、休み．．．．

```
彼は＿＿＿＿を ほしがっています。   彼女は＿＿＿＿を ほしがっています。
彼女は 何を ほしがっていますか。   彼女は 何も ほしがっていません。
```

1．花　　　：バラ、チューリップ、ゆり、きく．．．．
2．動物　　：犬、ねこ、小鳥、馬．．．．
3．本　　　：日本の小説、歴史の本、旅行の本、独和辞典．．．
4．楽器　　：ピアノ、ギター、バイオリン、フルート．．．．
5．他　　　：万年筆、消しゴム、はさみ、いいテレビ．．．．

```
私は＿＿＿＿が/を Ｖ-たいです。          はい、Ｖ-たいです。
あなたも＿＿＿＿が/を Ｖ-たいですか。    いいえ、Ｖ-たくないです。
```

1．食事　　：寿司、天ぷら、うどん、そば．．．．
2．スポーツ：じゅうどう、空手、すもう、けんどう．．．．
3．勉強　　：文学、経済学、政治学、法学．．．．
4．旅行　　：イタリア、アメリカ、中国、オーストラリア．．．．
5．仕事　　：新聞社、商社、銀行、自動車メーカー．．．．
6．音楽　　：クラシック、ジャズ、ポップス、日本の歌．．．．
7．買物　　：靴、セーター、ポロシャツ、ネクタイ．．．．
8．本　　　：小説、まんが、新聞、経済の雑誌．．．．
9．乗り物　：飛行機、新幹線、タクシー、ロケット．．．．
10．他　　　：日本映画、友だち、たばこ、公園．．．

```
Ａさんは Ｖ-たがっていますが、Ｂさんは Ｖ-たがっていません。
```

1．富士山／登る　　　　　　11．コンサート／行く
2．歌／歌う　　　　　　　　12．バス／待つ
3．家／売る　　　　　　　　13．共働き／する
4．安いカメラ／買う　　　　14．海外出張／する
5．写真／とる　　　　　　　15．ドイツ／働く
6．早い／結婚する　　　　　16．ディスコ／おどる
7．ポルシェ／運転する　　　17．今晩／外出する
8．窓／閉める　　　　　　　18．お金／おろす
9．仕事／始める　　　　　　19．図書館／本／借りる
10．手紙／ワープロ／書く　　20．静かな場所／住む

（3）Fähigkeit

> 私は_____が できます。　　はい、もちろん できます。
> あなたも できますか。　　　いいえ、残念ながら できません。

1．テニス
2．ダンス
3．スキー
4．フランス語
5．日本料理
6．イタリア料理
7．ギター
8．自動車の運転
9．商品の説明
10．自転車のしゅうり
11．１００メートルを１５秒で走る
12．１０００メートル以上泳ぐ
13．４か国語を話す
14．日本の歌を歌う
15．ひらがなとカタカナを書く
16．日本語で手紙を書く
17．コンピュータを使う
18．交通規則について質問に答える
19．辞書を使わないで、英字新聞を読む
20．外国人にドイツ語を教える

> 私の姉は_____がじょうずですが、　兄は_____がじょうずです。
> あなたのお兄さんは何がじょうずですか。

1．スポーツ：スケート、ピンポン、スキー、水泳．．．．
2．音楽　　：歌、ピアノ、ギター、フルート．．．．
3．料理　　：スパゲティー、シチュー、サンドウィッチ．．．．
4．ことば　：英語、フランス語、スペイン語、ロシア語．．．．
5．その他　：絵、作文、計算、車の運転．．．．

> 私の弟は_____が へたです。　　私の妹も_____が へたです。
> あなたの妹さんは どうですか。　私の妹は_____が じょうずです。

1．外国語
2．そうじ
3．話
4．ゴルフ
5．タイプライター
6．作文
7．はしの使い方
8．手紙を書く
9．絵をかく
10．ワルツをおどる
11．機械をしゅうりする
12．歌を歌う
13．漢字を書く
14．車を運転する

> 私は＿＿＿はとくいですが、＿＿＿はにがてです。私は＿＿＿がとくいです。
> あなたは何がとくいですか。

1．ことば　：英語、フランス語、イタリア語、日本語、中国語．．．．
2．字　　　：ローマ字、ひらがな、カタカナ、漢字．．．．
3．スポーツ：野球、サッカー、バトミントン、ゴルフ．．．．
4．勉強　　：数学、国語、外国語、歴史、経済、地理．．．．
5．音楽　　：ポップス、クラシック、ジャズ、ロック．．．．
6．料理　　：イタリア料理、フランス料理、ドイツ料理．．．．
7．他　　　：おどる、歌う、走る、飛ぶ、泳ぐ．．．．

(4) Erfordernis

> ＿＿＿＿＿＿ V-たいです。何がいりますか。　＿＿＿＿＿＿が　います。

1．旅行／時間とお金　　　　　　6．寿司／新鮮な魚と米
2．テニス／ラケットとボール　　7．図書館で本／学生証
3．電車／切符　　　　　　　　　8．電話／お金かテレフォンカード
4．自動車／運転免許　　　　　　9．風呂／せっけんとタオル
5．写真／カメラとフィルム　　 10．作家／努力、さいのう、チャンス

> ＿＿＿＿＿ Vます。＿＿＿＿＿＿が　必要ですか。　はい、必要です
> 　　　　　　　　　　　　　　　　　　　　　いいえ、必要ではありません。

1．朝早く起きる／目ざまし時計　　6．レストランで食べる／予約
2．ラジオを聞く／電池　　　　　　7．たばこを吸う／マッチと灰皿
3．散歩する／ぼうし　　　　　　　8．アウトバーンを走る／料金
4．日本語を勉強する／辞書　　　　9．そばを食べる／スプーンとフォーク
5．山に登る／地図　　　　　　　 10．仕事をする／コンピュータ

(5) 次のインタヴューに答えて下さい。

1．春と夏と秋と冬で　いつが　一番　好きですか。
2．イタリア料理とドイツ料理とでは　どちらが　好きですか。
3．食べ物の中で　何が　一番　きらいですか。
4．サッカーが　好きですか、きらいですか。
5．運動の中で　何が　一番　好きですか。
6．色の中で　何色が　一番　好きですか。

7．大きい町が 好きですか、小さい町が 好きですか。
8．音楽とスポーツと どちらが 好きですか。
9．台風や地震が こわいですか。
10．カメラとＣＤプレイヤーと どちらが ほしいですか。
11．今 何が 一番 ほしいですか。
12．クラシックとポップスと、どちらのコンサートを 聞きたいですか。
13．週末 何を したいですか。
14．どこへ 一番 旅行したいですか。
15．漢字を いくつ 書いて 読むことが できますか。
16．１００メートルを 何秒で 走ることが できますか。
17．ドイツのとなりの国の名前が 全部 分かりますか。
18．どんな料理が 上手ですか。
19．学校で あなたは 何が 一番 とくいでしたか。
20．今 あなたに 何が 必要ですか。

（6）Übersetzen Sie die Sätze ins Japanische!
1．Ich mag chinesisches Essen, aber sie mag es nicht.
2．Weil ich die Bedeutung nicht verstehe, schlage ich im Wörterbuch nach.
3．Ich lerne jetzt Japanisch, aber ich kann noch nicht gut sprechen.
4．Er ist gut in Spanisch, aber in Französisch nicht so.
5．Kochen ist meine Stärke, aber Aufräumen ist meine Schwäche.
6．Weil ich nicht Auto fahren kann, bin ich mit dem Zug gefahren.
7．Haben Sie gut verstanden, was der Lehrer erklärt hat?
8．Er konnte früher gar nicht schwimmen, aber jetzt ist er sehr gut.
9．Kanji war ihre Schwäche, aber jetzt kann sie sehr gut Kanji lesen.
10．Er hat das Buch mehrmals gelesen, weil es schwer war und er es nicht gut verstehen konnte.
11．Man braucht sowohl Geld als auch Zeit.
12．Er kann 100 Meter in 50 Sekunden schwimmen.
13．Wie viele Sprachen können Sie?
14．Sie kann sehr gut Japanisch sprechen, aber sie kann es kaum schreiben.
15．Zeigen Sie mir bitte die rote Lampe, die dritte von links!
16．Ich hätte gerne eine etwas Größere!
17．Können Sie diese Kamera etwas billiger machen?
18．Weil ich sehr müde war, konnte ich nicht lernen.
19．Ich habe ihn heute abend angerufen, aber ich konnte ihn nicht erreichen.
20．Ich mache nicht gerne Überstunden, aber ich muß ab und zu welche machen.

（7）作文：あなたは どんなことが とくいですか。

7. 復習テスト 第10課 (Lektionstest L10)

（1）Ergänzen Sie die Sätze mit den passenden Wörtern! (15×4)
1. あなたは辞書_____か。　　　　(brauchen)
2. 弟は新しい自転車_____。　(haben wollen)
3. 私はイギリス_____。　　　　　(reisen möchten)
4. 父はカーニバル_____。(sehen gehen wollten)
5. 私の兄は小説家_____。　　　　(werden wollten)
6. 私は週末あまり人_____。　　　(nicht treffen wollen)
7. 私は日本の古い町_____。　　　(sehr mögen)
8. 私は魚_____が、肉_____。(mögen / nicht mögen)
9. オスカーさんは日本語_____。　　　　(Stärke)
10. 彼は中国語_____。　　　　　　 (nicht können)
11. 彼は英語_____が、_____。(können/nicht gut)
12. 彼はスポーツ_____。　　　　　　　(Scwäche)
13. 彼女は歌_____。　　　　　　　(nicht gut singen)
14. 彼女は漢字_____。　　　　　　(Stärke)
15. 私は先生の話_____。　　　　　(nicht verstanden, was
　　　　　　　　　　　　　　　　　　　　　　　　　　der Lehrer sagte)

（2）Beantworten Sie die Fragen! (5×4)
1. あなたは春と夏と秋と冬とではいつが一番好きですか。

2. あなたは何が一番こわいですか。

3. あなたは今何が一番ほしいですか。

4. あなたは何がとくいですか。

5. 「薔薇」(L.1): あなたはこの漢字の読み方と意味がわかりますか。

（3）Übersetzen Sie ins Japanische! (4×5)
1. Wir möchten in Kyoto alte Tempel und Schreine besuchen.

2. Ich koche gerne, aber ich bin noch nicht sehr gut.

3. Herr Yamada kann sehr gut erklären, wie man diese Maschine benutzt.（つかい方）

4. Wir möchten heute ins Konzert gehen. Braucht man eine Reservierung?

　　　　　　　　　　　　　　　　　　　　　　　　　　_____／１００

第１１課 (Lektion11)

1. 基本文型

WA-GA-Form 2

・石田さんは お金が たくさん あります。

・兄は 子供が 二人 います。

・夜は 星が とても きれいです。

・私は 中国へ 行ったことが あります。

・電車は 時々 おくれることが あります。

第１１課 (Lektion 11)

2. 本文： 私の弟

　私は ３才年下の弟が 一人 あります。名前は ギュンターで ２２才です。彼は３年前に 実業学校を 卒業して、今 町の 自動車工場で 技師として 働いています。 弟は 私より背が高くて、体重も重いです。 体は とてもじょうぶで、ほとんど病気をしたことが ありません。髪は ブロンドで 短いです。 そして 目が青くて大きいです。 性格が明るくて とても楽しいので、友だちが たくさん います。

　彼は 学校の勉強が あまり 好きではありませんでしたが、スポーツは とても得意でした。 サッカークラブと 水泳クラブに 入っていたので、毎日よく練習していました。 時々、試合があって、私たちも 見に 行きました。サッカーでは ジュニアの大会で 優勝したことも あります。 水泳は クロールが上手で 百メートルを １分以内で 泳ぐことが できました。私は スポーツが 苦手だったので、弟が とても うらやましかったです。

　彼は ガールフレンドが あって、二人で アパートに 住んでいます。 彼女の名前は ギーゼラで ２４才の銀行員です。 まだ 結婚していませんが、二人の仲は とても いいです。 彼女は 静かな人ですが、ユーモアが あって 親切な女性です。 それに なかなか美人です。 二人は 休かを よく外国で すごすことが ありますが、日本には まだ来たことが ありません。 私は いつか 二人を 京都や奈良に 案内したいです。

　弟は 今 いっしょうけんめい 働いています。よく 残業することが あります。 彼には夢が あるからです。 彼は 将来 自動車技師のマイスターになって、自分の自動車工場を 経営したいんです。 私は 日本に 住んでいるので、あまり 彼に 会ったり 話したりすることが できませんが、弟を いつも 心の中で おうえんしています。

　　　　　　　　　　　　　　　　　「がんばれ、がんばれ！」

会話： 顔色が悪いですよ

大家さん ： あれ、ベルガーさん、どうしました。 顔色が 悪いですよ。
ベルガー ： ええ、昨日から ちょっと 体が だるくて、せきが 出るんです。
大家さん ： 風邪を 引きましたね。 今 はやっていますから。
　　　　　　 早く 医者に 行った方が いいですよ。
ベルガー ： はい。大家さん、いい病院を 知りませんか。 私は 今まで
　　　　　　 病気に なったことが ありませんので．．．
大家さん ： 私のかかりつけの医者を 紹介しましょうか。
ベルガー ： はい、ぜひ お願いします。
大家さん ： 山中医院です。 場所は 青山通りの 大きなスーパーのとなり
　　　　　　 です。
ベルガー ： ああ、山中医院ですね。 看板を見たことが あります。
　　　　　　 あのスーパーには 時々 買物に 行くことが ありますから。
大家さん ： そうですか。 じゃあ 一人で 行くことが できますね。
ベルガー ： ええ、だいじょうぶです。
大家さん ： とても 親切で いいお医者さんですよ。
ベルガー ： ありがとうございます。 じゃあ、今から すぐ 行ってきます。
大家さん ： そうですね。 行ってらっしゃい。

　　　　　　　　　［病院で］

受付 ： ベルガーさん、診察室にどうぞ。
ベルガー ： はい。
医者 ： どうぞ、ここに かけてください。 どうしましたか。
ベルガー ： 昨日から せきが出て、のどと頭が いたいんです。
医者 ： 熱は ありますか。
ベルガー ： ３８度ぐらい あります。
医者 ： そうですか、ちょっと 口を 開けてください。
　　　　 ああ、へんとう線が 少しはれていますね。 ちょうしんきを
　　　　 当てますので、前を 開けてください。　　・・・
医者 ： やっぱり 風邪ですね。 薬を 出しますので、３～４日ゆっくり
　　　　 休んで ください。 薬は ２種類ありますが、１日３回 食後
　　　　 ２じょうずつ 飲んでください。 ４日分 あります。
ベルガー ： はい。 風呂に 入ってはいけませんか。
医者 ： ええ、今は 熱があるので、入ってはいけません。
　　　　 それから えいようのある物と 水分を よく とってください。
ベルガー ： はい、分かりました。
医者 ： それじゃあ お大事に。

本文質問 (Fragen zum Text): 私の弟

（1） ベルガーさんは今何才ですか。
（2） 彼の弟、ギュンターの仕事は何ですか。
（3） 弟とベルガーさんとでは、どちらの方が大きいですか。
（4） 弟はどうして友だちが多いですか。
（5） 弟は勉強が好きでしたか。
（6） 弟は何のクラブに入っていましたか。
（7） 弟は水泳の大会で優勝しましたか。
（8） ベルガーさんもスポーツがとくいでしたか。
（9） 弟はガールフレンドとどこに住んでいますか。
（10） 彼女はどんな人ですか。
（11） 彼らは休かを日本ですごしたことがありますか。
（12） ベルガーさんは何をしたいのですか。
（13） 弟にはどんな夢がありますか。
（14） ベルガーさんはどうして弟にあまり会うことができませんか。

会話の練習 (Konversationsübung): 顔色が悪いですよ

> O：ベルガーさん、どうしました。　顔色が　悪いですよ。
> B：ええ、昨日①から　ちょっと　体が　だるくて②、せきが　出る③んです。
> O：風邪を　引きましたね。　早く　医者に行った④方が　いいですよ。
> B：ええ、そうします。
> O：じゃあ　お大事に。

1．①今朝　②頭が重い　③くしゃみが出る　④薬を飲む
2．①2日前　②頭がいたい　③熱がある　④病院
3．①昼　②めまいがする　③くしゃみがでる　④家に帰る
4．①家に帰る　②くしゃみが出る　③鼻が出る　④寝る

3. 単語リスト

Nomina

足	あし	Bein, Fuß
医院	いいん	Privatklinik
医学	いがく	Medizin
囲碁 ＝ 碁	いご＝ご	Go-Spiel
医者	いしゃ	Arzt
以内	いない	innerhalb
英文学	えいぶんがく	englische Literatur
大家さん	おおやさん	Vermieter
会議室	かいぎしつ	Konferenzraum
顔色	かおいろ	Gesichtsfarbe
掛かりつけの医者	かかりつけのいしゃ	Hausarzt
看板	かんばん	Reklameschild
教会	きょうかい	Kirche
技師	ぎし	Techniker, Handwerker
銀色	ぎんいろ	silbern
口	くち	Mund
唇	くちびる	Lippe
経営学	けいえいがく	Betriebswirtschaft
劇	げき	Theaterstück
恋人	こいびと	feste(r) Freund(in), Geliebte(r)
高等学校	こうとうがっこう	Oberschule
声	こえ	Stimme
心	こころ	Herz (geistig)
産業	さんぎょう	Industrie
式場	しきじょう	Veranstaltungsraum, -gebäude, -platz
品物	しなもの	Warenartikel
趣味	しゅみ	Hobby
種類	しゅるい	Sorte, Art
将棋	しょうぎ	Shogi-Spiel (jap. Schach)
食後	しょくご	nach dem Essen
診察室	しんさつしつ	Sprechzimmer beim Arzt
自信	じしん	Selbstvertrauen
実業学校	じつぎょうがっこう	Realschule
～錠	じょう	Zählwort für Tabletten
上司	じょうし	Vorgesetzter
助手	じょしゅ	Assistent
人口	じんこう	Bevölkerungszahl
水分	すいぶん	Wassergehalt, Flüssigkeit
背	せ	Körpergröße
成績	せいせき	Zensur, Leistungsergebnis
象	ぞう	Elefant

大会	たいかい	Wettbewerb, Fest, große Veranstaltung
体重	たいじゅう	Körpergewicht
畳	たたみ	Tatami, Bodenbelag aus Reisstroh
力	ちから	Kraft, Macht
茶色	ちゃいろ	braun
妻	つま	Ehefrau
年下	としした	jünger
～通り	どおり	~straße
～日分	にちぶん	Ration für ~ Tage
熱	ねつ	Fieber
博物館	はくぶつかん	Museum
羊	ひつじ	Schaf
美人	びじん	schöne Frau
部下	ぶか	Untergebener ⇔ 上司（じょうし）
扁桃腺	へんとうせん	Mandeln
法律	ほうりつ	Gesetz
野球場	やきゅうじょう	Baseballplatz
夢	ゆめ	Traum

Fremdwörter (Nomina)

エジプト	エジプト	Ägypten
カーステレオ	カーステレオ	Autoradio
カラオケ	カラオケ	Karaoke
カンガルー	カンガルー	Känguruh
ガールフレンド	ガールフレンド	girlfriend, Freundin
クーラー	クーラー	Klimaanlage
クラブ	クラブ	Klub
クロール	クロール	Kraulen
コピー機	コピーき	Kopiermaschine
サービス	サービス	Service
サンルーフ	サンルーフ	Schiebedach
ジュニア	ジュニア	Junior
チェス	チェス	Schach
チャンピオン	チャンピオン	Champion, Weltmeister
トランプ	トランプ	Kartenspiel
トルコ	トルコ	Türkei
バレーボール	バレーボール	Volleyball
パートナー	パートナー	Partner
ブロンド	ブロンド	blond
ポルトガル	ポルトガル	Portugal
マイスター	マイスター	Meister
ユーモア	ユーモア	Humor
ライバル	ライバル	Rivale

Einstufige Verben

遅れる	おくれる	sich verspäten
腫れる	はれる	schwellen

Fünfstufige Verben

飼う	かう	ein Tier halten
過ごす	すごす	verbringen
進む	すすむ	fortschreiten, vorwärtsgehen
摂る	とる	einnehmen
流行る	はやる	sich verbreiten, in Mode sein

Nominalverben

案内する	あんないする	führen, zu einem Ort bringen, einen Ort zeigen
応援する	おうえんする	anfeuern
経営する	けいえいする	betreiben
招待する	しょうたいする	einladen
卒業する	そつぎょうする	absolvieren
優勝する	ゆうしょうする	eine Meisterschaft erringen

I-Adjektive

だるい	だるい	schlapp, matt

Na-Adjektive

大好き（な）	だいすき（な）	sehr gerne haben, sehr mögen

Adverbien

一生懸命	いっしょうけんめい	mit voller Kraft
すぐ	すぐ	sofort
として	として	als

Fragewörter

いつか	いつか	irgendwann

Idiomatische Redewendungen

行ってきます	いってきます	Grußwort der Person, die das Haus verläßt
行ってらっしゃい	いってらっしゃい	Grußwort der Person, die zu Hause bleibt
お大事に	おだいじに	Gute Besserung!
くしゃみが出る	くしゃみがでる	niesen
咳が出る	せきがでる	husten
聴診器を当てる	ちょうしんきをあてる	abhorchen
〜について	ついて	über
〜と言う	という	heißt 〜, namens 〜
人気の／がある	にんきの／がある	beliebt, populär
鼻が出る	はながでる	die Nase läuft
めまいがする	めまいがする	schwindelig sein

4. アクティブ漢字リスト

漢字	意味	書き順	読み方	熟語	読み	意味
兄	älterer Bruder	丿 口 口 尸 兄	ケイ キョウ あに	兄	あに	älterer Bruder
				兄弟	きょうだい	Geschwister
弟	jüngerer Bruder	丶 丷 屮 屰 弟 弟	テイ おとうと	弟	おとうと	jüngerer Bruder
				兄弟	きょうだい	Geschwister
口	Mund	丨 冂 口	コウ ク くち	口	くち	Mund
				人口	じんこう	Bevölkerungszahl
				出入口	でいりぐち	Ein- und Ausgang
星	Stern	丨 冂 日 旦 旦 早 昱 星	セイ ほし	星	ほし	Stern
				星座	せいざ	Sternbild
				火星	かせい	Mars
石	Stein	一 ナ 广 石 石	セキ いし	石油	せきゆ	Erdöl
				石鹸	せっけん	Seife
				宝石	ほうせき	Edelstein
色	Farbe	丿 ク 勹 夅 冶 色	ショク シキ いろ	色	いろ	Farbe
				景色	けしき	Landschaft
				特色	とくしょく	Eigenschaft
体	Körper	丿 亻 仁 什 休 休 体	タイ からだ	体	からだ	Körper
				体重	たいじゅう	Gewicht
				体育	たいいく	Sport
重	schwer	丿 一 千 台 盲 盲 重 重	ジュウ おも-い	重い	おも-い	schwer
				体重	たいじゅう	Gewicht
				重大	じゅうだい	wichtig, ernst
病	krank	丶 亠 广 广 广 疒 疒 病 病 病	ビョウ やまい	病気	びょうき	Krankheit
				病院	びょういん	Krankenhaus
				病人	びょうにん	der Kranke, Patient
心	Herz	丿 八 心 心	シン こころ	心	こころ	Herz
				心臓	しんぞう	Herz (Organ)
				中心	ちゅうしん	Zentrum, Mitte

アクティブ漢字リスト

漢字	Bedeutung	Strichfolge	Lesung	Wort	Lesung	Bedeutung
水	Wasser	丨 刁 水 水	スイ / みず	水	みず	Wasser
				水分	すいぶん	Wassergehalt
				水道	すいどう	Wasserleitung
分	teilen, verstehen	ノ 八 分 分	フン / わ-ける / わ-かる	水分	すいぶん	Wassergehalt
				部分	ぶぶん	Teil
				分かる	わ-かる	verstehen
後	spät, hinten	ノ ク イ 彳 彳 / 伐 後 後 後	ゴ / あと / のち / うしろ	後	あと	spät, hinten
				食後	しょくご	nach dem Essen
				午後	ごご	Nachmittag
美	schön	丶 丷 丷 丷 / 羊 羊 美 美	ビ / うつく-しい	美しい	うつく-しい	schön
				美人	びじん	schöne Frau
				美術	びじゅつ	Kunst
悪	schlecht	一 丆 丏 甫 甫 / 亜 亜 悪 悪	アク / わる-い	悪い	わる-い	schlecht
				悪人	あくにん	böser Mensch
				善悪	ぜんあく	Gut und Böse
泳	schwimmen	丶 冫 氵 汀 / 汀 泳 泳	エイ / およ-ぐ	泳ぐ	およ-ぐ	schwimmen
				水泳	すいえい	Schwimmen
親	Eltern	丶 亠 立 立 立 / 辛 亲 亲 親 親	シン / おや	親切	しんせつ	freundlich
				両親	りょうしん	Eltern
				親戚	しんせき	Verwandte(r)
切	schneiden	一 七 切 切	セツ / き-る	切る	き-る	schneiden
				切手	きって	Briefmarke
				切符	きっぷ	Ticket
住	wohnen	ノ イ イ 仁 住 / 住 住	ジュウ / す-む	住む	す-む	wohnen
				住所	じゅうしょ	Adresse
				住宅	じゅうたく	Wohnung
所	Ort, Platz	一 ラ ヨ 戸 戸 / 戸 所 所	ショ / ところ	料金所	りょうきんじょ	Kasse, Kassenstelle
				近所	きんじょ	Nachbarschaft
				住所	じゅうしょ	Adresse

5. 文法 (Grammatik): WA-GA-Form Teil 2

(1) **Besitz** (haben)

いる： 私(に)は 友だちが たくさんいます。　　Ich habe viele Freunde.
　　　 弟(に)は 恋人が います。　　　　　　　Mein Bruder hat eine Freundin.
　　　 彼ら(に)は 子供が いません。　　　　　Sie haben keine Kinder.
　　　 社長(に)は 秘書が３人 います。　　　　Der Chef hat drei Sekretärinnen.

　　　* Sowohl Subjekt als auch Objekt sind Personen.

ある： 私(に)は 質問が あります。　　　　　Ich habe eine Frage.
　　　 今晩 時間が ありますか。　　　　　　Haben Sie heute Abend Zeit?
　　　 彼は もう あまりお金が ありません。　Er hat nicht mehr viel Geld.
　　　 弟(に)は 一つ夢が あります。　　　　 Mein Bruder hat einen Traum.

　　　* Die Objekte sind grundsätzlich keine Lebewesen und das Subjekt sollte eine Person sein.

Auf **Tiere** kann die WA-GA-Form nicht angewendet werden. Bei Tieren muß ein Verb wie "飼(か)う"(halten) oder einen Ausdruck des Sich Befindens (Existenz) benutzt werden.
(×) 私(に)は 犬が ３匹 います。 ⇒ (○) 私は 犬を ３匹 飼っています。
　　　　　　　　　　　　　　　　　 (○) 私の家に 犬が ３匹います。

Die Form "〜は〜がある" wird oft bei abstrakten Konzepten wie z.B. Zeit, Geld (Vermögen), Arbeit oder auch Fieber und Familie angewendet. Auf konkrete Sachen (Gegenstände) wie z.B. Auto, Fernseher, Uhr, Tisch kann sie auch angewendet werden, aber in diesem Fall wird der Ausdruck "持っている" oder ein Ausdruck des Sich Befindens bevorzugt.
(△) 私(に)は テレビが あります。 ⇒ (○) 私は テレビを 持っています。
　　　　　　　　　　　　　　　　　 (○) 私の家に テレビが あります。

Für eine Frage beim Einkauf, wie z.B. "Haben Sie Wirtschaftszeitschriften?" kann man weder die "〜は〜が-Form" noch "持っている" verwenden. Im Japanischen muß eine solche Frage mit einem Ausdruck des Befindens ausgedrückt werden.
(×) あなたは 経済の雑誌が ありますか。 ⇒ (○) 経済の雑誌が/は ありますか。
(×) あなたは 経済の雑誌を 持っていますか。

Bei Personen, die in enger, persönlicher Beziehung zum Subjekt stehen wie Familie, Freunde und Verwandte, kann nicht nur "います", sondern auch "あります" verwendet werden.
(○) 私(に)は 友達が ５人 います。 ⇒ (○) 私(に)は 友達が ５人 あります。
(○) 私(に)は 秘書が いません。　　⇒ (×) 私(に)は 秘書が ありません。

(2) Eigenschaftsbeschreibung oder Teilbeschreibung

S1は S2が ～です。 (Was S1 angeht, ist S2 ~)

```
das Ganze = 彼女
  ein Teil = 目
```

・S1 = "彼女(sie)"= Thema oder Ganzes
・S2 = "目(Augen)"= ein Teil des Ganzen, der charakterisiert wird
彼女は 目が 青いです。　Sie hat blaue Augen.
Was sie angeht, so sind ihre Augen blau.

ドイツは 森が 多いです。	Deutschland hat viele Wälder.
ドイツは アウトバーンが 有名です。	Die Autobahn in Deutschland ist berühmt.
ドイツは サッカーが さかんです。	Fußball ist in Deutschland populär.
日本は 夏が 暑いです。	Im Sommer ist es in Japan heiß.
日本は すもうが おもしろいです。	Was Japan angeht, so ist Sumo interessant.
日本は 秋が 特に きれいです。	Japan ist im Herbst besonders schön.
この人は 頭が いいです。	Diese Person ist intelligent.
この人は 声が 大きいです。	Seine Stimme ist laut.
この人は 足が とても 速いです。	Er läuft sehr schnell.

(3) Erfahrung

Sは | Ta-F+こと | がある　(S hat schon einmal ~ getan.)

Ta-Form+こと = Nominalisierung der Vergangenheitsform des Verbs
wörtlich: "S hat die Tatsache (Erfahrung), etwas gemacht zu haben."

[V]　私は 日本へ 行ったことが（一度/一回）あります。
　　　Ich bin schon (einmal) nach Japan gefahren.
　　　あなたは 酒を飲んだことが ありますか。
　　　Haben Sie schon mal Sake getrunken?
　　　はい、（二度/二回）あります。 / いいえ、（一度も/一回も）ありません。
　　　Ja, ich habe schon (zweimal) Sake getrunken.　Nein, ich habe noch nie Sake getrunken.
[IA]　彼のせいせきは とても 悪かったことが あります。
　　　Seine Zensuren waren einmal sehr schlecht.
[NA]　この町は 以前 静かだったことが あります。
　　　Diese Stadt war früher einmal ruhig.
[N]　彼女は 水泳の世界チャンピオンだったことが あります。
　　　Sie war einmal Weltmeisterin im Schwimmen.

* Wörter, die auf eine bestimmte Zeit in der Vergangenheit hinweisen, wie z.B. "vor zwei Stunden", "gestern", "letzte Woche" können in diesem Fall nicht verwendet werden.

（４）Vorkommen

Sは │ GF/Nai-F ＋こと │ がある　（es kommt vor, ~ zu machen / es kann passieren）

wörtlich: S hat eine Tatsache (Gelegenheit), ~ zu machen oder ~ zu sein

[V]　彼は 時々 授業を 休むことが あります。
　　　Er fehlt manchmal im Unterricht. (Es kommt manchmal vor, daß er im Unterricht fehlt.)
　　　私は めったに 映画を 見ることが ありません。
　　　Ich gehe selten ins Kino. (Es kommt selten vor, daß ich ins Kino gehe.)
　　　彼は お酒を 飲まないことが ありません。
　　　Er trinkt jeden Tag Sake. (Es kommt gar nicht vor, daß er nicht Sake trinkt.)
[IA]　授業は たまに つまらないことが あります。
　　　Der Unterricht ist manchmal langweilig.
　　　時々夏でも 暑くないことが あります。
　　　Es kommt manchmal vor, daß es sogar im Sommer nicht warm ist.
[NA]　問題は 時々 ふくざつなことが あります。
　　　Probleme sind manchmal kompliziert.
　　　山下さんは ひまなことが ぜんぜん ありません。
　　　Herr Yamashita hat nie frei.
[N]　学生は よく 外国人の/であることが あります。
　　　Studenten sind oft Ausländer.

```
Der Häufigkeitsgrad:
1. いつも           (immer)
2. よく            (oft)
3. しばしば         (oft, häufig)
4. ときどき         (ab und zu)
5. たまに           (manchmal/selten)
6. めったに～ない    (selten)
7. ほとんど～ない    (kaum)
8. ぜんぜん～ない    (gar nicht)
9. 一度も～ない      (niemals)
```

複雑だ！！

6. 練習 (Übungen)

（1）Besitz（います）:

(1) | あなたは_____の友だちが いますか。 | ⇒ | はい、（たくさん）います。
いいえ、ぜんぜん いません。 |

　　［日本、アメリカ、イギリス、フランス、スペイン、外国］

(2) | 私は_____が ___人います。
あなたは？ | ⇒ | 兄が 一人と 弟が二人 います。
一人も いません。 |

　　［兄、姉、弟、妹］

(3) | 彼(に)は いい_____が いますが、私(に)はいません。 |

　　［秘書、助手、弁護士、運転手、パートナー、ライバル、上司、部下］

（2）Besitz（あります）:

(1) | 私は 今日_____が ありますが、
あなたは どうですか。 | ⇒ | はい、私も（たくさん）あります。
いいえ、私は（ぜんぜん）ありません。 |

　　［時間/ひま、仕事、授業、試験、予定、会議、パーティー、熱］

(2) | この会社(に)は_____が いくつ ありますか。 | ⇒ | _____あります。
一つもありません。 |

　　［電話、ファックス、コンピュータ、コピー機、会議室、トイレ］

(3) | 質問がありますか。 | ⇒ | はい、あります。
_____(に)は _____が ありますか。 |

1．この町　　：公園、博物館、映画館、ディスコ、野球場...
2．そのホテル：プール、レストラン、結婚式場、ちゅうしゃじょう...
3．その部屋　：ベッド、たたみ、シャワー、風呂、テレビ...
4．その車　　：クーラー、サンルーフ、カーステレオ...
5．彼女／彼　：お金、家族、家、仕事、人気、自信、夢、...

（3）Eigenschaftsbeschreibung:

(1) Sは＿＿＿＿が＿＿＿＿ですか。　⇒　はい、＿＿＿＿です。
　　　　　　　　　　　　　　　　　　　　いいえ、＿＿＿＿です。

1．その人　　　［背、目、力、頭、髪］　　　　　［黒い、丸い、いい、高い、強い］
2．このテレビ　［色、デザイン、値段、使い方］　［安い、簡単、いい、きれい］
3．その町　　　［公園、歴史、人口、スポーツ］　［多い、さかん、きれい、古い］
4．この会社　　［仕事、社長、給料、建物］　　　［若い、新しい、面白い、いい］
5．この店　　　［品物、サービス、店員、値段］　［高い、悪い、親切、少ない］
6．奥さん　　　［料理、歌、買物、掃除、水泳］　［好き、得意、苦手、上手、下手］

(2) Vollenden Sie die Sätze in der Wa-Ga-Form!
1．私の父は　　＿＿＿が＿＿＿＿て／で、＿＿＿＿が＿＿＿＿。
2．私の友だちは＿＿＿が＿＿＿＿て／で、＿＿＿＿が＿＿＿＿。
3．私の町は　　＿＿＿が＿＿＿＿て／で、＿＿＿＿が＿＿＿＿。
4．私の家は　　＿＿＿が＿＿＿＿て／で、＿＿＿＿が＿＿＿＿。
5．日本語は　　＿＿＿が＿＿＿＿て／で、＿＿＿＿が＿＿＿＿。
6．京都は　　　＿＿＿が＿＿＿＿て／で、＿＿＿＿が＿＿＿＿。
7．ミュンヘンは＿＿＿が＿＿＿＿て／で、＿＿＿＿が＿＿＿＿。
8．ドイツの産業は＿＿＿が＿＿＿＿て／で、＿＿＿＿が＿＿＿＿。
9．ドイツのワインは＿＿＿が＿＿＿＿て／で、＿＿＿＿が＿＿＿＿。
10．ドイツの天気は＿＿＿が＿＿＿＿て／で、＿＿＿＿が＿＿＿＿。

(3) Erraten Sie, was es ist!
1．それは鼻が長いです。体が大きいです。そして力が強いです。
2．それは形が丸いです。色が銀色です。そして音がきれいです。
3．その人は顔が白いです。髪が黒いです。そしてくちびるが赤いです。
4．そこは町がきれいです。歴史が古いです。そして寺や神社が多くて有名です。
5．それは色が茶色か黒か白です。目がきれいです。足がはやいです。
6．その国は大きいです。ひつじが多いです。そしてコアラやカンガルーが有名です。

（４）Erfahrung:

(1) | 私は_____へ行ったことがあります。 | ⇒ | はい、___度あります。
    | あなたも 行ったことがありますか。 | | いいえ、一度もありません。

［イギリス、ギリシャ、トルコ、エジプト、ポルトガル．．．］

(2) | _____を 食べたことがありますか。 | ⇒ | はい、___度あります。
    | | | いいえ、一度もありません。

［寿司、天ぷら、うどん、そば、インド料理、韓国料理．．．］

(3) | 彼は_____を_____ことがありませんが、彼女は_____ことがあります。

　　１．スポーツ：スキー、スケート、テニス、バレーボール．．．
　　２．勉強　　：英文学、経済、法律、経営学、医学．．．
　　３．ゲーム　：トランプ、チェス、いご、しょうぎ．．．
　　４．音楽　　：コンサート、クラシック、ジャズ、日本の歌．．．
　　５．他　　　：富士山、日本映画、新幹線、教会、ワープロ．．．

(4) Bilden Sie Erfahrungssätze!
　　１．彼／重い病気／なる　　　　　　　６．私／車／運転する (Negation)
　　２．彼女／試験の成績／悪い　　　　　７．部長／英語／話す (Negation)
　　３．彼のお父さん／高等学校の先生　　８．私／その人／会う (Negation)
　　４．この町／金で有名　　　　　　　　９．彼の部屋／きれい (Negation)
　　５．この会社／給料／いい　　　　　　10．彼の映画／つまらない (Negation)

（５）Vorkommen:

(1) | 私は（　）_____ことがあります。 | ⇒ | 私も（　　）_____ことがあります。
    | あなたは どうですか。 | | 私は（　　）_____ことがありません。

　　　　（よく、時々、たまに、めったに、ぜんぜん）

　　１．スポーツ：ピンポン、野球、水泳、ジョギング、テニス．．．
　　２．仕事　　：海外出張、残業、レポート、しっぱい．．．

3．生活　　：料理、手紙、満員電車、休暇、パーティー、ゆめ．．．
4．趣味　　：小説、げき、コンサート、ワルツ、サイクリング．．．
5．他　　　：政治について、カラオケ、べんとう、図書館、風邪．．．

(2) _____は_____ことがありますか。⇒ はい、(　　)_____ことがあります。
　　　　　　　　　　　　　　　　　　　　いいえ、(　　)_____ことがありません。

　　　　（よく、時々、たまに、めったに、ぜんぜん）

1．あなたの時計　：進む　　　　　6．メンザのごはん：おいしい
2．この自転車　　：こしょうする　7．その会社：ひま
3．電車やバス　　：おくれる　　　8．あなたの友だち：親切でない
4．コピー機　　　：調子が悪い　　9．彼の子供：病気
5．日本語の試験　：むずかしい　　10．彼女の小説：おもしろくない

(3) Bilden Sie Vorkommenssätze!

1．私／最近／よく／夢／見る　　　　　6．この国の政治／いい／ほとんど
2．彼／時々／彼女／食事／招待する　　7．私／よく／バーゲンセール／買う
3．彼女／めったに／たたみ／座る　　　8．日本人／パーティー／よく／歌う
4．この時計／時々／止まる　　　　　　9．お客さん／外国人／時々
5．この店の野菜／新鮮／ぜんぜん　　　10．この町の空気／きれい／ぜんぜん

(6) Übersetzen Sie ins Japanische!

1．Ich habe zwei Söhne und drei Töchter.
2．Er hat ein großes Haus und zwei Geschäfte in Tokyo.
3．Sie hatte viele Fragen, aber sie hat den Lehrer nicht gefragt.
4．Ich konnte nicht reisen, weil ich kein Geld und keine Zeit hatte.
5．Ich habe kein eigenes Haus, aber ich habe eine wundervolle Familie.
6．Er sieht schlecht aus. (Seine Gesichtsfarbe ist schlecht.) Er hat 38,3℃ Fieber.
7．Mein älterer Bruder hat lange Arme und lange Beine.
8．Er hat große, grüne Augen und blonde Haare.
9．Er ist intelligent, aber er ist gar nicht hochnäsig.
10．Meine Stadt hat einen schönen Park und zwei große Konzertsäle.
11．Was diese Stadt angeht, so sind ihr Bier und ihre Autoindustrie berühmt.

12. Was das Einkaufen angeht, ist das Kaufhaus vor dem Bahnhof praktisch und gut.
13. Diese Sängerin war sehr beliebt, weil sie gut sang und schön war.
14. Der Sommer in Japan war sehr schwül, deshalb kam es manchmal vor, daß ich nicht gut schlafen konnte.
15. Ich habe im Zimmer eine Klimaanlage, aber ich mache sie selten an, weil es nicht gut für den Körper ist.
16. Es kommt oft vor, daß ich Englisch spreche, weil ich viele ausländische Kunden habe.
17. Meine Mutter hat die Erfahrung, als Lehrerin in einem kleinen Dorf tätig gewesen zu sein.
18. Ich bin noch nie mit ihnen ans Meer schwimmen gefahren.
19. Ich habe ihren Namen schon oft gehört, aber ich habe noch nie mit ihr gesprochen.
20. Er muß jeden Tag fleißig arbeiten, weil er eine Frau und zehn Kinder hat.

（7） 作文題名：私の家族と私の友だち

7. 復習テスト 第11課 (Lektionstest L11)

（1） Setzen Sie die passenden Wörter ein！（7×5）
1．あなたは今晩 _____ か。　　　(frei haben)
2．友だちは自動車 _____。　　　(zwei besitzen)
3．彼女は兄 _____ が、姉 _____。　(haben/nicht haben)
4．この町は古いお寺 _____。　　(berühmt)
5．顔には目と口と耳と _____。　(es gibt eine Nase)
6．彼女は _____。　　　　　　　(schöne Augen haben)
7．日本語は漢字 _____。　　　　(nicht wenig)

（2） Bilden Sie die Sätze nach den Anweisungen！（7×5）
1．私／北海道／行く （Erfahrung）

2．日本／新聞／まだ／読む （Erfahrung: negativ）

3．彼女／せいせき／悪い （Erfahrung: negativ）

4．彼のお父さん／その会社／部長 （Erfahrung）

5．私／日本の美術／ついて／友だち／話す （manchmal: Vorkommen）

6．母／クラシック音楽／聞く （oft: Vorkommen）

7．ベルガーさん／教会／行く （fast nie: Vorkommen）

（3） Übersetzen Sie ins Japanische！（5×6）
1．Was meinen jüngeren Bruder angeht, ist seine Stärke das Schwimmen.

2．Er hat einmal in einem Wettbewerb gewonnen (eine Meisterschaft errungen).

3．Japaner tragen heutzutage selten einen Kimono, aber meine Mutter trägt oft einen Kimono. (mit ～ことがある)

4．Tokyo hat sehr viele Einwohner.

5．Ich habe 38℃ Fieber und Kopfschmerzen.

_____/１００

第１２課　(Lektion12)

1. 基本文型

Temporalsätze

- 私は　日本へ　行った　時、歌舞伎を　見ました。
- 雪がふっている間、私は　家で本を読んでいました。
- 私たちは　ビールを　飲みながら、話しました。
- その車は　エンジンを　かけたまま、止まっています。
- 日本へ　行く　前に、よく　日本語を　練習して下さい。
- 車は　交差点をわたった　後で、すぐ止まりました。

2. 会話1：見ながらやるよ

夫は家に帰って来た後、ビールを飲みながら、テレビで野球を見たい。

妻： ねえ、テレビを 見る前に、その部屋を かたづけて。
夫： 今から 巨人 対 阪神の試合が あるから、見た後で やるよ。
妻： だめよ。 後一時間で お客さんが 来るんだから。
夫： だれが 来るの？
妻： 私の 大学の時の お友だち。 さっき きゅうに 電話が あったの。
夫： 君、今 時間ないのかい？
妻： 私は ケーキを 焼いているから、いそがしいのよ。
夫： あっ、そう。 じゃあ、テレビを 見ながら かたづけるよ。
妻： お願いね。 でも、お友だちが 来た時は、テレビを つけたままに しないでね。
夫： はい、はい。

会話2　買う前に考える

山口　　　：まあ、困ったわ。
ベルガー　：どうしましたか。
山口　　　：買物を たくさんしたので、また お金が たりなくなったんです。
ベルガー　：何を 買ったのですか。
山口　　　：バーゲンセールで スカートやセーターやブラウスを 買ったんです。
ベルガー　：そうですか。 山口さんは よく買物を するんですか。
山口　　　：ええ、町を 歩いていて、いい物を 見つけた時、すぐ買いたくなるんですよ。
ベルガー　：ああ、しょうどう買いですね。
山口　　　：そうです。 ですから すぐお金が なくなるんです。
ベルガー　：それは 困りましたね。

山口　　　：買った後で 反省しますが、すぐ また そのことを 忘れるんです。 ベルガーさんは 何か 買いたい時、どうしますか。
ベルガー　：僕の場合、買う前に かなり 考えたり 調べたりします。 たとえば この間 この８ミリビデオを 買いましたが、高かったので、かなり悩みましたよ。
山口　　　：私の場合、悩む前に 買って、買った後で 悩んでいるんですよ。
ベルガー　：ハハハ、それは おかしいですね。
山口　　　：笑わないでください。 本当に悩んでいるんですから。
ベルガー　：ごめんなさい。
山口　　　：それで ベルガーさんは どんなことを 調べるのですか。
ベルガー　：そうですね。 値段は どうか。 種類は どんな物が あるか。 新しい商品か、古い商品か。 色やデザインや 材質は どうか。 性能や使い方は どうか などです。 それに アフターサービスも 大切です。
山口　　　：へえ、ベルガーさんの買物は たいへんですね。
ベルガー　：いいえ、とても楽しいんですよ。 いろんな店を 回って、商品を 見たり 比べたり、店員に いろいろ 質問したりします。 でも まだ 買いません。
山口　　　：まあ、 まだ 買わないんですか。
ベルガー　：ええ、まだです。 いい物を 安く 買いたいですからね。 パンフレットを たくさん 持って帰って 家でゆっくり読みます。 いろいろ 調べている 間に、だんだん 商品について 知識が 多くなりますよ。
山口　　　：それは いいですね。
ベルガー　：ええ、でも、時々 困るんですよ。
山口　　　：どうして ですか。
ベルガー　：いろいろ 調べている 間に、もっと いいものが ほしくなるんです。 でも残念ながら、お金がたりないので、買うことが できません。
山口　　　：？？？

会話の練習 (Konversationsübung): 見ながらやるよ

妻： ねえ、テレビを見る前に、部屋をかたづけて。
夫： 今、巨人対阪神①の試合があるから、見た後でやるよ。
妻： だめよ。後一時間②でお客さんが来るんだから。
夫： だれが来るの？
妻： 私の大学の時のお友だち③。さっき急に電話があったの。
夫： 君、今時間ないのかい？
妻： 私はケーキを焼いている④から、忙しいのよ。
夫： あっ、そう。じゃあ、テレビを見ながらかたづけるよ。
妻： お願いね。でも、お友だち⑤が来た時は、テレビをつけたままにしないでね。
夫： はい、はい。

1．①ボルシア・ドルトムント対バイエルン・ミュンヘン ②３０分 ③会社の同僚（どうりょう） ④料理を作っている ⑤同僚
2．①ペッカー対サンポリス ②２０分 ③高校の時のお友だち ④買物に行かなければならない ⑤お友だち
3．①ドイツ対日本のすもう ②少し ③日本語の先生 ④漢字を勉強している ⑤先生

本文質問 (Fragen zum Text): 買う前に考える

（１）山口さんはどうして困っているのですか。
（２）いつ何を買ったのですか。
（３）「いい物を見つけた時、すぐ買う。」ほかのことばで言って下さい。
（４）ベルガーさんは買う前に、どうしますか。
（５）ベルガーさんはどうしてなやみましたか。
（６）山口さんはいつなやみますか。
（７）ベルガーさんは買う前に、どんなことを調べますか。
（８）ベルガーさんは店で店員にいろいろ質問してから、買いますか。
（９）ベルガーさんはどうしてなかなか買わないのですか。
（10）ベルガーさんは家で何をしますか。
（11）いつ商品について知識がふえるのですか。
（12）どうしてベルガーさんは困るのですか。

3. 単語リスト

Nomina

後(で)	あと(で)・のち	nachdem ~, später
夫	おっと	(eigener) Ehemann
籠	かご	Korb
歌舞伎	かぶき	Kabuki (japanisches Theater)
教授	きょうじゅ	Professor
巨人	きょじん	Gigant, *Name einer Baseballmannschaft*
言葉	ことば	Wort, Sprache
この前	このまえ	vor kurzem, neulich
刺身	さしみ	dünn geschnittener roher Fisch
材質	ざいしつ	Materialqualität
衝動	しょうどう	Trieb, Drang
衝動買い	しょうどうがい	Impulskauf
授業	じゅぎょう	Unterricht
席	せき	Sitz, Platz, Tisch
知識	ちしき	Kenntnis
歯	は	Zahn
阪神	はんしん	Gebiet Osaka und Kobe, *Baseballmanschaft im Gebiet Osaka und Kobe*
場合	ばあい	Fall
番組	ばんぐみ	Sendung
まま	まま	so wie es ist, unverändert

Fremdwörter (Nomina)

アフターサービス	アフターサービス	Kundendienst, Afterservice
アルバイト	アルバイト	Job, Nebenjob
エンジン	エンジン	Motor
サウナ	サウナ	Sauna
スカート	スカート	Rock
ズボン	ズボン	Hose
セールスマン	セールスマン	Außendienstvertreter
パリ	パリ	Paris
パンフレット	パンフレット	Prospekt
ブラウス	ブラウス	Bluse
8ミリビデオ	8ミリビデオ	Videokamera
ルーブル	ルーブル	Louvre
ローマ	ローマ	Rom

Einstufige Verben

覚える	おぼえる	sich merken, lernen, auswendig lernen
掛ける	かける	Platz nehmen, hängen
片付ける	かたづける	aufräumen
比べる	くらべる	vergleichen

足りる	たりる	ausreichen
見つける	みつける	finden
破れる	やぶれる	zerrissen sein, 破る zerreißen
忘れる	わすれる	vergessen

Fünfstufige Verben

祈る	いのる	beten
選ぶ	えらぶ	auswählen
被る	かぶる	帽子(ぼうし)を被る einen Hut aufsetzen
困る	こまる	Schwierigkeiten haben, Schlimm!
悩む	なやむ	leiden, unschlüssig sein
履く	はく	靴(くつ)を履く Schuhe anziehen
回す	まわす	drehen
回る	まわる	sich drehen, herumlaufen
磨く・研く	みがく	polieren, schleifen 歯(は)を磨く Zähne putzen
見直す	みなおす	noch einmal sehen, kontrollieren
焼く	やく	braten, backen

Nominalverben

研修する	けんしゅうする	ein Praktikum machen
合格する	ごうかくする	bestehen
準備する	じゅんびする	vorbereiten
洗濯する	せんたくする	Wäsche waschen
体操する	たいそうする	turnen, Gymnastik machen
注意する	ちゅういする	aufpassen, warnen
討論する	とうろんする	diskutieren
反省する	はんせいする	sich selbst prüfen

Na-Adjektive

駄目(な)	だめ(な)	schlecht, だめです Das geht nicht.

Adverbien

例えば	たとえば	zum Beispiel

Hilfspartikeln

ながら	ながら	während, bei
等	など	usw.

Interjektionen

ねえ	ねえ	Wissen Sie?, Hör mal! Du!

Idiomatische Redewendungen

後一時間で	あといちじかんで	schon in einer Stunde
家に上がる	いえにあがる	die Wohnung / Haus betreten
計画を立てる	けいかくをたてる	planen
子供が出来る	こどもができる	ein Kind bekommen
試験を受ける	しけんをうける	eine Prüfung machen

4. アクティブ漢字リスト

漢字	意味	書き順	読み	語例	読み	訳
雪	Schnee	一 ア 币 而 雨 / 雨 雪 雪 雪	セツ ゆき	雪	ゆき	Schnee
				積雪量	せきせつりょう	Schneehöhe
				雪だるま	ゆきだるま	Schneemann
足	ausreichen, Bein	丨 口 口 早 足 / 足 足	ソク た-りる	足りる	た-りる	ausreichen
				足	あし	Bein, Fuß
				遠足	えんそく	Ausflug
反	gegen	一 厂 万 反	ハン かえ-す	反省する	はんせい	sich selbst prüfen
				反対する	はんたい	dagegen sein
				反動	はんどう	Reaktion
省	auslassen	丿 丨 小 少 少 / 劣 省 省	セイ ショウ はぶ-く	反省する	はんせい	sich selbst prüfen
				省略	しょうりゃく	Abkürzung
				省く	はぶ-く	auslassen
忘	vergessen	丶 亠 亡 亡 / 忘 忘	ボウ わす-れる	忘れる	わす-れる	vergessen
				忘年会	ぼうねんかい	Jahresabschlußfeier
				忘却	ぼうきゃく	Vergessenheit
急	plötzlich	丿 ク 刍 刍 刍 / 急 急 急	キュウ いそ-ぐ	急に	きゅう-に	plötzlich
				急ぐ	いそ-ぐ	sich beeilen
				急行	きゅうこう	D-Zug
調	untersuchen	丶 亠 言 言 言 / 訓 訓 訓 調 調	チョウ しら-べる	調べる	しら-べる	untersuchen
				調査	ちょうさ	Untersuchung
				調和	ちょうわ	Harmonie
夫	Ehemann	一 二 チ 夫	フ おっと	夫	おっと	Ehemann
				夫婦	ふうふ	Ehepaar
				夫妻	ふさい	Ehepaar
回	drehen	丨 冂 冋 回 回 / 回	カイ まわ-す まわ-る	回る	まわ-る	herumlaufen, sich drehen
				回す	まわ-す	drehen, wählen
				今回	こんかい	diesmal
対	Paar, gegenüber	丶 亠 ナ 文 文 / 対 対	タイ つい	A 対 B	A たい B	A gegen A, ~ zu ~
				反対	はんたい	dagegen
				対立	たいりつ	Gegensatz

アクティブ漢字リスト

漢字	意味	筆順	読み	熟語	読み	訳
交	sich kreuzen	、亠ナ六亣交	コウ まじ-わる	交通	こうつう	Verkehr
				交差点	こうさてん	Kreuzung
				交換	こうかん	Austausch, Wechsel
差	Unterschied	、ヽソ゛ヰ羊差差差	サ	差しこむ	さ-しこむ	hineinstecken
				交差点	こうさてん	Kreuzung
				差	さ	Unterschied
点	Punkt	一ト⺊占占 点点点点	テン	点	てん	Punkt, Note
				終点	しゅうてん	Endpunkt, Endstation
				点線	てんせん	punktierte Linie
質	Qualität	ノ⺂斤斤 竹师質質質	シツ ただ-す	質問	しつもん	Frage
				性質	せいしつ	Charakter, Eigenschaft
				体質	たいしつ	Konstitution
問	Frage	丨冂冂冃門 門門問問	モン とい と-う	質問	しつもん	Frage
				問題	もんだい	Problem, Frage, Aufgabe
				疑問	ぎもん	Zweifel
持	haben, tragen	一十扌扌扩 扩持持持	ジ も-つ	持つ	も-つ	haben, besitzen, tragen
				金持ち	かねもち	reicher Mensch
				持病	じびょう	chronisches Leiden
止	halten	丨⺊止止	シ とめ-る とま-る	止まる	と-まる	halten
				止める	と-める	anhalten, ausschalten
				中止する	ちゅうし	aufgeben
練	kneten	く么幺糸糸 紀紀細紳練	レン ね-る	練習	れんしゅう	Übung
				訓練	くんれん	Training
				試練	しれん	Probe
習	lernen	⼘ヨヨ羽羽 羽習習	シュウ なら-う	練習	れんしゅう	Übung
				習う	なら-う	lernen
				習慣	しゅうかん	Gewohnheit
忙	beschäftigt	丨丿小小忄 忙	ボウ いそが-しい	忙しい	いそが-しい	beschäftigt
				多忙	たぼう	viel beschäftigt

5. 文法 (Grammatik)

Temporalsätze

Die temporale Satzverbindung hat drei Aspekte: Gleichzeitigkeit（時 usw.）, Vorzeitigkeit（前）und Nachzeitigkeit（後）. Die Handlung oder das Thema des Hauptsatzes (HS) wird durch den Nebensatz (NS) zeitlich - nämlich gleichzeitig, vorzeitig oder nachzeitig - bedingt.

（１）Gleichzeitigkeit

(1) ～時 (wenn, als)

| S1:Nebensatz (HLF) 時（は/には）、S2:Hauptsatz | Wenn / Als S1～, S2～ |

* Handlung oder Thema im Hauptsatz (HS) und Nebensatz (NS) geschehen gleichzeitig.
* Der NS（時-Satz）steht immer vor dem HS. 時 steht am Ende des NS und nach 時 wird oft ein Komma gesetzt.

a. Für die Verbindung mit 時 muß im NS immer die **Höflichkeitsleerform** verwendet werden.

私はごはんを食べる時、いつもはしを使う/使います。
Wenn ich esse, benutze ich immer Stäbchen.

わからない時には、質問して下さい。
Fragen Sie mich bitte, wenn Sie etwas nicht verstehen!

私は東京へ行った時、友だちに会った/会いました。
Als ich nach Tokyo gefahren bin, habe ich meine Freunde gesehen.

忙しい時は、スポーツができません。
Ich kann keinen Sport treiben, wenn ich beschäftigt bin.

ひまな時、北海道に旅行したいです。
Ich möchte gerne nach Hokkaido reisen, wenn ich Zeit habe.

授業の時は、静かにして下さい。
Bitte Ruhe während des Unterrichts!

b. Wenn Subjekt in NS und HS verschieden sind, muß die HP が für das Subjekt im NS （時-Satz）verwendet werden.

友だちが来た時、私は家にいませんでした。
Als meine Freunde kamen, war ich nicht zu Hause.

天気がいい時、彼はよく散歩します。
Wenn das Wetter schön ist, geht er oft spazieren.

c. Die HP に, は oder には können zur Betonung oder zur Beschränkung nach 時 eingesetzt werden.

ごはんを食べる時、ワインを飲みます。
Ich trinke Wein, wenn ich esse.
ごはんを食べる時に/は/には、ワインを飲みます。
Es ist, wenn ich esse, daß ich Wein trinke.

d. Das Tempus (Präsens / Präteritum) des 時-Satzes (NS) wird durch das Tempus im HS bestimmt.

① Abgesehen von einigen Ausnahmen (siehe S. 255) ist das Tempus der Verben in HS und NS gleich.

テニスをする時、よく山田さんに会います。　[PS / PS]
Ich sehe Herrn Yamada oft, wenn ich Tennis spiele.
昨日テニスをした時、山田さんに会いました。　[PT / PT]
Ich habe Herrn Yamada gesehen, als ich gestern Tennis gespielt habe.
お酒を飲む時は、車を運転しません。　[PS / PS]
Ich fahre kein Auto, wenn ich trinke.
お酒を飲んだ時は、車を運転しませんでした。　[PT / PT]
Ich fuhr kein Auto, wenn ich trank.
漢字の読み方が分からない時は、日本の友達に聞きます。　[PS / PS]
Ich frage meine japanischen Freunde, wenn ich die Lesung eines Kanji nicht kenne.
漢字の読み方が分からなかった時は、よく日本の友達に聞きました。　[PT / PT]
Ich fragte oft meine japanischen Freunde, wenn ich die Lesung eines Kanji nicht kannte.
お金と時間がある時、京都へ旅行したいです。　[PS / PS]
Ich möchte nach Kyoto reisen, wenn ich Geld und Zeit habe.
お金と時間があった時、京都へ旅行しました。　[PT / PT]
Ich bin nach Kyoto gereist, als ich Geld und Zeit hatte.

② Bei IA und NA ist das Tempus des NS Präsens, wenn der HS im Präsens steht. Wenn der HS dagegen im Präteritum steht, kann das Tempus des NS sowohl Präsens als auch Präteritum sein.

IA:　天気がいい時、私たちはよく散歩します。
　　　Wir gehen oft spazieren, wenn das Wetter gut ist.
　　　天気がいい／よかった時、私たちはよく散歩しました。
　　　Wir sind oft spazierengegangen, wenn das Wetter gut war.
NA:　私は部屋が静かな時に、手紙を書きます。
　　　Ich schreibe den Brief, wenn es im Zimmer ruhig ist.
　　　私は部屋が静かな／静かだった時に、手紙を書きました。
　　　Ich habe den Brief geschrieben, als es im Zimmer ruhig war.

③ Bei Nomen wird unabhängig vom Tempus des Satzes immer "の" eingesetzt.

晩ご飯の時、ワインをいつも飲みます。
Beim Abendessen trinke ich immer Wein.

晩ご飯の時、ワインをいつも飲みました。
Beim Abendessen habe ich immer Wein getrunken.

<u>Ausnahmen</u>

a) Wenn das Verb des NS mit einer <u>räumlichen Bewegung</u> zu tun hat, wie 行く, 来る, 帰る, 飛ぶ, 走る :

1. 私は日本へ行く時、カメラを買います。[PS/PS]
    Ich kaufe eine Kamera, kurz bevor ich nach Japan fahre.
2. 私は日本へ行く時、このカメラを買いました。[PS/PT]
    Ich hatte diese Kamera gekauft, kurz bevor ich nach Japan gefahren bin.
3. 私は日本へ行った時、このカメラを買いました。[PT/PT]
    Ich habe diese Kamera gekauft, als ich nach Japan gefahren bin.
4. 私は日本へ行った時、カメラを買います。[PT/PS]
    Ich werde eine Kamera gekauft haben, wenn ich nach Japan gefahren bin.

b) Verben, die im Präteritum benutzt werden, um eine gegenwärtige Situation zu erklären, wie "おなかがすく","困る","風邪(かぜ)を引く" werden im NS immer im Präteritum verwendet.

1. おなかがちょっとすいた時、ビスケットを食べます。
    Ich esse Kekse, wenn ich etwas Hunger habe.
2. 困った時、いつでも私に言って下さい。
    Sagen Sie mir bitte Bescheid, wenn Sie Probleme haben.
3. 風邪を引いた時、この薬を飲みます。
    Ich nehme dieses Medikament, wenn ich mich erkältet habe.
4. ほしい物を見つけた時、すぐ買いたくなる。
    Wenn ich etwas finde, das ich haben will, möchte ich es sofort kaufen.

---

(2) ～間 (während, wenn, solange)

Im Nebensatz kann - unabhängig vom Tempus des HS - immer Präsens verwendet werden.

| S1: Nebensatz (HLF) 間、S2: Hauptsatz | Während S1~ , S2~ |

V：〜ている間（に）

Die regulären Verben stehen in der "ている-Form". Ausnahme sind "いる" bzw."ある", wenn Sie das Sich Befinden ausdrücken. Sie stehen in der Grundform.

私は彼を待っている間、新聞を読みます。[PS/PS]
Ich lese Zeitung, während ich auf ihn warte.

私は日本にいる間、いつも日本語だけを話しました。[PS/PT]
Während ich in Japan war, habe ich immer nur Japanisch gesprochen.

私が仕事をしている間、彼は散歩していました。
Während ich arbeitete, ist er spazierengegangen.

* "間 mit に" oder "間 ohne に"

「間に」：zu einem Zeitpunkt oder innerhalb eines kürzeren Zeitraums, während

私はドイツにいる間に、ベルリンへ３度行きました。
Ich bin dreimal nach Berlin gefahren, während (als) ich in Deutschland war.

「間」：die ganze Zeit durch, während

私はドイツにいる間、ベルリンに（ずっと）住んでいました。
Ich wohnte (die ganze Zeit) in Berlin, während (als) ich in Deutschland war.

IA：〜い間（に）

天気が悪い間（は）、家にいましょう。
Laß uns zu Hause bleiben, während (wenn) das Wetter nicht gut ist!

天気がいい間に、洗濯しました。
Ich habe die Wäsche gewaschen, während (solange) das Wetter schön war.

NA：〜な間（に）

ひまな間、何をしていましたか。
Was haben Sie gemacht, während (als) Sie frei hatten?

くだものは新鮮な間に、食べて下さい。
Essen Sie Obst, während (solange) es frisch ist!

N：〜の間（に）

夏休みの間、東京にいませんでした。
Während der Sommerferien war ich nicht in Tokyo.

夏休みの間に、漢字を２００おぼえました。
Während der Sommerferien habe ich 200 Kanji gelernt.

* 時 und 間 sind ähnliche Begriffe, aber während 間 immer die Zeitdauer einer Handlung oder eines Zustands ausdrückt, kann 時 auch auf den genauen Zeitpunkt einer Handlung hinweisen.

(3) V＋ながら (während)

Diese Form wird verwendet, wenn das Subjekt in Hauptsatz (HS) und Nebensatz (NS) identisch ist und wenn ein Aktionsverb in NS und HS steht.

* Beide Handlungen müssen **gleichzeitig** durchgeführt werden.
* Das Verb im HS ist primär und das Verb im ながら-Satz (NS) sekundär.
* Es wird immer der Stamm der Masu-Form verwendet.
  1 V：見る ⇒ 見-ます ⇒ 見-ながら
  5 V：歌う ⇒ 歌い-ます ⇒ 歌い-ながら

父はいつも朝ごはんを食べながら、新聞を読みます。
Mein Vater liest immer die Zeitung, während er frühstückt.
私たちは公園を歩きながら、アイスクリームを食べました。
Wir haben Eis gegessen, während wir im Park spazierengegangen sind.
コーヒーでも飲みながら、話しませんか。
Wollen wir uns beim Kaffee unterhalten?
彼は働きながら 大学に通っている。＊
Er besucht die Universität, während er arbeitet.

* Genauer gesagt finden diese beiden Handlungen nicht gleichzeitig statt, aber sie werden im Alltagsleben als gleichzeitig behandelt.

(4) Vた(Ta-F)＋まま： Unveränderte Situation

Diese Form wird verwendet, wenn eine Handlung im HS innerhalb einer unveränderten Situation durchgeführt wird, die durch eine Handlung im NS zustande gekommen ist. Dabei haben HS und NS das gleiche Subjekt.

彼は服を着たまま、寝ています。
Er schläft, ohne seine Kleidung auszuziehen.
彼女はドアを開けたまま、出て行きました。
Die Tür offen lassend ist sie hinausgegangen.
彼は日本へ行ったまま、帰ってきません。
Er ist nach Japan gegangen und nicht mehr zurückgekommen.
日本では家に靴をはいたまま、上がってはいけません。
Ohne die Schuhe auszuziehen darf man in Japan nicht in eine Wohnung eintreten.
見たままを言って下さい。
Sagen Sie bitte genau, was Sie gesehen haben!

(2) Vorzeitigkeit

～前に (vor, bevor)

S1(NS)前(に)、S2(HS)～：Die Handlung oder das Thema im Hauptsatz geschehen vor der Handlung oder dem Thema im Nebensatz.

V：Die **Grundform** wird unabhängig vom Tempus im HS verwendet.

彼らはごはんを食べる前(に)、いつも おいのりをします。
Sie beten immer vor dem Essen.

彼は日本へ来る前に、ドイツに住んでいました。
Er war in Deutschland, bevor er nach Japan kam.

彼の家を訪問する前に、電話しなければなりません。
Sie müssen ihn anrufen, bevor Sie ihn besuchen.

買う前によく考えて下さい。
Überlegen Sie gut, bevor Sie es kaufen.

N：**～の前(に)**： Diese Form ist in jedem Temps verwendbar.

日本人は仕事の前に よくみんなでたいそうします。
Japaner machen oft vor der Arbeit zusammen Gymnastik.

旅行の前によく準備して下さい。
Bereiten Sie sich bitte vor der Reise sorgfältig vor!

夏休みの前にたくさん試験を受けなければなりません。
Vor den Sommerferien müssen wir viele Prüfungen machen.

私たちは試合の前によく練習しました。
Wir haben vor dem Spiel viel trainiert.

* Adjektive können nicht an diese Form angeschlossen werden.

* Nach 時 wird häufig die HP に eingesetzt. Der Unterschied zwischen der Form mit に und ohne に ist jedoch gering. Wenn man die Vorzeitigkeit besonders betonen möchte, benutzt man 前は oder 前には.

(3) Nachzeitigkeit

～後で (nach, nachdem)

S1(NS)後(で)、S2(HS)～：Die Handlung oder das Thema im Hauptsatz geschehen nach der Handlung oder dem Thema im Nebensatz.

V：Die **Ta-Form** wird unabhängig vom Tempus des HS verwendet.

今晩シャワーをあびた後、コンサートに行きます。
Heute abend gehe ich ins Konzert, nachdem ich geduscht habe.

勉強した後、ビールを飲みに行きました。
Ich bin ein Bier trinken gegangen, nachdem ich gelernt hatte.
試験に合格した後（で）、日本で研修することができます。
Wir können erst ein Praktikum in Japan machen, nachdem wir die Prüfungen bestanden haben.
私たちはひらがなを勉強した後で、カタカナを勉強しました。
Wir haben Katakana gelernt, nachdem wir Hiragana gelernt hatten.

* Anstatt ～後で kann man ～てから benutzen.

N：～の後（で）：　　Diese Form ist in jedem Tempus verwendbar.

食事の後、テニスをしませんか。
Wollen wir nach dem Essen Tennis spielen?
映画の後で、私たちは喫茶店で話しました。
Nach dem Kino haben wir uns im Café unterhalten.
誕生日のパーティーでかんぱいの後、ハッピー・バースデーを歌いました。
Wir haben auf der Geburtstagsparty "Happy Birthday" gesungen, nachdem wir angestoßen hatten.
長い討論の後、私たちはやっと新しい教授を選びました。
Nach einer langen Diskussion haben wir endlich einen neuen Professor ausgewählt.

* Adjektive können nicht an diese Form angeschlossen werden.
* Der Ausdruck "の後" kann mit oder ohne "で" gebraucht werden.
　Falls man die Nachzeitigkeit betonen möchte, wird die HP は eingesetzt.

6. 練習 （Übungen）

（1）Gleichzeitigkeit 1：〜時

(1) Bilden Sie den V(GF)＋時-Satz im Präsens nach den Anweisungen!

1．部屋を掃除(そうじ)する／窓を開ける （Bitte）
2．道をわたる／車に注意する （Bitte）
3．電車に乗る／切符を買う （müssen）
4．ハイキングする／おべんとうを持って行く （Aufforderung）
5．日本に電話をかける／はじめに００８１を回す （Bitte）
6．熱がある／早くお医者さんに行く （Empfehlung）
7．漢字の意味が分からない／私に聞く （Bitte）
8．アウトバーンを走る／お金を払う （nicht müssen）
9．買い物する／電車で町に行く （Empfehlung）
10．映画を見ている／話をする （Verbot）

(2) Bilden Sie den V（た-F）＋時-Satz im Präteritum!

1．日本にいる／よく歌舞伎を見る
2．今日買物している／山田さんに会う
3．ステレオを買う／クレジットカードで払う
4．ごはんを食べている／友だちから電話がかかって来る
5．ひまがある／よく美術館やはくぶつ館に行く
6．今朝起きる／雨がふっている
7．京都と奈良に旅行する／たくさん写真をとる
8．パーティーに行く／彼女と知り合う
9．いすに座る／ズボンがやぶれる
10．日本の小説を読む／たくさんことばが分からない

(3) Bilden Sie den IA＋時-Satz nach den Anweisungen!

1．天気がいい／よく森を散歩する （Präsens）
2．この車は新しい／とてもきれいだ （Präteritum）
3．授業がつまらない／寝る （Vorkommen/Präsens）
4．値段が高い／買わない （Wunsch）
5．頭がいたい／この薬を飲む （Bitte）
6．部屋が暗い／電気をつける （Aufforderung）
7．仕事が忙しい／彼がよく手つだう （Präteritum）

8．夜むし暑い／寝る (nicht können/Präteritum)
9．彼は若い／アメリカで働く (Zustand/Präteritum)
10．漢字がむずかしい／ひらがなで書く (Erlaubnis)

(4) Bilden Sie den NA＋時-Satz nach den Anweisungen!

1．ひまだ／何をする (Zustand)
2．お金が必要だ／銀行から借りる (Präteritum)
3．彼女は有名で(は)ない／もっと親切だ (Präteritum)
4．問題が簡単だ／みんな答える (können/Präteritum)
5．彼は若くて元気だ／よく山に登る (Präteritum)
6．電車やバスが不便だ／車で行く (Empfehlung)
7．その仕事が無理だ／私に言う (Bitte)
8．けしきがきれいだ／写真をとる (Aufforderung)
9．魚が新鮮だ／さしみを食べる (Wunsch)
10．道がせまくて危険だ／気をつけて走る (Bitte)

(5) Bilden Sie den N＋時-Satz nach den Anweisungen!

1．病気／働く (nicht müssen)
2．大学／よく／アルバイトする (Präteritum)
3．海外出張／観光旅行もする (Wunsch)
4．試験／となりの人と話す (Verbot)
5．地震／外に出る (negative Empfehlung)
6．今年の休暇／イタリアへ行く (Wunsch)
7．買物／すぐ買う (negative Empfehlung)
8．弟の試合／よく見に行く (Präteritum)
9．はじめてのデート／車で箱根へ行く (Präteritum)
10．今年のクリスマス／母に歌舞伎の切符をプレゼントする (Präteritum)

（2）Gleichzeitigkeit 2: 〜間 oder 〜間(に)

(1) Bilden Sie den V(ている)＋間-Satz nach den Anweisungen!

1．赤ちゃんが寝る／お母さんは本を読む (Präsens)
2．日本にいる／私はずっと大阪に住む (Präteritum)
3．日本人とよく話をする／日本語がじょうずになる (Präteritum)
4．熱がある／風呂に入らない (negative Bitte)
5．彼女が買物する／私は喫茶店で新聞を読む (Präteritum)
6．手紙を書く／少し待つ (Bitte)

7．前田さんが休暇をとる／私が彼の仕事をする (müssen)
8．私が料理を作る／部屋をかたづける (Bitte)
9．社長がいる／みんな一生懸命働く (Verlaufsform/Präteritum)
10．日本で生活する／満員電車になれる (Präteritum)

(2) Bilden Sie den IA＋間-Satz nach den Anweisungen!

1．天気が悪い／家にいる (Aufforderung)
2．信号が青い／早く道をわたる (Aufforderung)
3．朝のすずしい／日本語を勉強する (Bitte)
4．ごはんがあたたかい／食べる (Bitte)
5．仕事が忙しい／スポーツをする (nicht können)
6．明るい／山をおりる (müssen)

(3) Bilden Sie den NA＋間-Satz nach den Anweisungen!

1．ひまだ／泳ぎに行く (Aufforderung)
2．道が危険だ／私が運転する (Bereitschaft)
3．彼は私が必要だ／親切にする (Präteritum)
4．野菜は新鮮だ／食べる (Empfehlung)
5．部屋が静かだ／手紙を書く (Bitte)
6．体がじょうぶだ／いろんな国に行く (Wunsch)

(4) Bilden Sie den N＋間-Satz nach den Anweisungen!

1．クリスマス休み／ドイツに帰る (Präteritum)
2．そうじ／このトイレを使う (negative Bitte)
3．共働き／彼らは子供を作らない (Wunsch/Präteritum)
4．食事／彼女はずっと話す (Verlaufsform/Präteritum)
5．一年／2～3回しか雨が降らない (Präteritum)
6．映画館が満員／入らない (Wunsch)

（3）Gleichzeitigkeit 3: 〜V(ます-F)ながら

Bilden Sie den V＋ながら-Satz nach den Anweisungen!

1．私は学生の時、音楽を聞く／勉強する (Präteritum)
2．父は朝ごはんを食べる／新聞を読む (Vorkommen)
3．彼は笑う／むこうから歩いてくる (Präteritum)
4．説明を聞く／コンピュータ工場を見学する (Präteritum)

5．歩く／食べる (negative Empfehlung)
6．母は歌う／料理する (Verlaufsform)
7．彼女は子供を育てる／日本語を勉強する (Verlaufsform)
8．店員は客に商品を見せる／使い方を説明する (Präteritum)
9．ごはんを食べる／たばこを吸う (Verbot)
10．ここで雑誌でも読む／少し待つ (Bitte)

（4）**Gleichzeitigkeit 4**: 〜V（た-F）まま

Bilden Sie den V＋まま-Satz nach den Anweisungen!

1．私は昨日電気をつける／寝る(Präteritum)
2．彼は立つ／２時間以上話す (Verlaufsform)
3．テレビをつける／部屋を出る (negative Bitte)
4．ぼうしをかぶる／教会に入る (Verbot)
5．あなたが見た／聞いた／を話す (Bitte)
6．彼はお金を借りる／まだ返さない (Zustand)
7．ドアを開ける／にする (Bitte)
8．彼女はコンピュータを買う／ぜんぜん使わない (Präteritum)
9．車のエンジンをかける／長く止まる (Verbot)
10．私はその手紙を引き出しに入れる／忘れる (Zustand/Präteritum)

（5）**Vorzeitigkeit**: 〜前（に）

(1) Bilden Sie den V(GF)＋前（に）-Satz nach den Anweisungen!

1．お客さんを訪問する／電話をかける (Empfehlung)
2．ごはんを食べる／手をよく洗う (Aufforderung)
3．風呂に入る／体をよく洗う (Bitte)
4．寝る／歯をみがく (Bitte)
5．東京に住む／大阪に住む (Präteritum)
6．パーティーで歌を歌う／よく練習する (Aufforderung)
7．日本語の先生になる／セールスマンをする (Zustand/Präteritum)
8．スポーツをする／よくたいそうする (müssen)
9．休暇に行く／仕事を全部／かたづける (müssen)
10．この機械を使う／取扱説明書をよく読む (Bitte)

(2) Bilden Sie den N＋前（に）-Satz nach den Anweisungen!

1．試験／たくさん漢字／勉強する (müssen)
2．会議／出張の報告書／書く (müssen)

3．かんぱい／みんな立つ (Präteritum)
4．仕事／コーヒーを一ぱい／飲む (Aufforderung)
5．夏休み／旅行の計画／立てる (Präteritum)
6．パーティー／たくさん／買い物する (müssen)
7．旅行／病気／なる (Präteritum)
8．結婚／子供／できる (Präteritum)
9．授業／先生も学生も／準備する (müssen)
10．帰国／両親／おみやげ／買う (möchten)

（6）**Nachzeitigkeit**：〜後（で）

(1) Bilden Sie den V（た-F）+後（で）-Satz nach den Anweisungen!

1．スポーツをする／シャワーをあびる (Empfehlung)
2．映画を見る／中華料理を食べに行く (Präteritum)
3．彼女はたくさん買う／いつも反省する (Zustand)
4．私たちは２時間働く／１０分間休む (Präteritum)
5．パリに着く／すぐルーブル美術館へ行く (Wunsch)
6．ごはんを食べる／みんなでかたづける (Aufforderung)
7．社長が帰る／みんな話をしたり、新聞を読んだりする (Zustand/Präteritum)
8．大学を出る／どんな会社に入る (Wunsch/Frage)
9．仕事が終わる／酒を飲みに行く (Aufforderung)
10．お酒をたくさん飲む／気持ちが悪くなる (Präteritum)

(2) Bilden Sie den N+後（で）-Satz nach den Anweisungen!

1．食事／散歩する (Aufforderung)
2．スポーツ／サウナに入る (Wunsch)
3．日本旅行／お金がなくなる (Präteritum)
4．パリ／ローマに行く (Präteritum)
5．長い相談／私たちは予定を変える (mußten)
6．工場見学／食堂でごはんを食べる (Präteritum)
7．休暇／また一生懸命働く (müssen)
8．彼／仕事／ジョギングする (Vorkommen)
9．新ソフトの開発／その会社は急に有名になる (Präteritum)
10．長い討論／やっと給料が少し良くなる (Präteritum)

（7）Setzen Sie die Vokabeln mit 時, 間(に), ながら, まま, 前(に) oder 後(で) ein!

1. 夕方テニスを（　　　　　　）ビールを飲んだ。「する」
2. 彼女はよくぼうしを（　　　　　　　）授業を聞いています。「かぶる」
3. 私はテストを全部（　　　　　　）もう一度見なおしました。「書く」
4. どうぞ（　　　　　　　）遊びに来てください。「ひま」
5. 私は部長が電話を（　　　　　　）外で待っていた。「かける」
6. その喫茶店でお茶でも（　　　　　　　）話しませんか。「飲む」
7. くだものは（　　　　　　　）食べたほうがいいですよ。「新鮮」
8. 父は服を（　　　　　　　）ぜんぜんかたづけません。「ぬぐ」
9. その商品が高く（　　　　　　　）買いましょう。「なる」
10. 駅前で友達を（　　　　　　　）、交通事故がありました。「待つ」
11. 駅前で友達を（　　　　　　　）、この本をずっと読んでいました。「待つ」
12. 駅前で友達を（　　　　　　　）、たばこを５本吸いました。「待つ」
13. ずっと（　　　　　　　）待っていたので、つかれました。「立つ」
14. 仕事が（　　　　　　　）、町に映画を見に行きませんか。「終わる」
15. 彼は工場で仕事を（　　　　　　　）あまりしゃべらない。「する」
16. 彼はびっくりして口が（　　　　　　　）閉まりませんでした。「開く」
17. 彼女はアメリカで５年（　　　　　　　）日本に来ました。「働く」
18. 何人かの学生は試験を（　　　　　　　）日本へ行っています。「受けない」
19. でも日本に（　　　　　　）美人の彼女ができました。「いる」
20. 電話を（　　　　　　　）車を運転することはとても危険ですよ。「かける」
21. 頭が（　　　　　　　）すぐこの薬を飲んでください。「いたい」
22. その戸は昨日から（　　　　　　　）です。「開く」
23. （　　　　　　　）勉強するのは大変ですね。「働く」
24. テストを（　　　　　　　）静かに一人でしてください。「する」
25. 映画を（　　　　　　）切符を買ってください。「見る」
26. 映画を（　　　　　　）ご飯を（　　　　　　　）話しましょう。「見る」「食べる」
27. 山田さんが向こうから（　　　　　　　）歩いてきました。「笑う」
28. 私は日本に（　　　　　　）いろんな電気会社を訪問したいです。「いる」
29. 日本では靴を（　　　　　　　）家に上がらないでください。「はく」
30. （　　　　　　　）かならずスイッチを切ってください。「使う」

（8）Übersetzen Sie die folgenden Sätze ins Japanische!

1. Als ich nach Japan gekommen bin, konnte ich kaum Japanisch sprechen.
2. Wenn ich mit Japanern spreche, kommt es auch jetzt manchmal vor, daß ich sie nicht verstehe.

3. Ich hatte 38,6℃ Fieber und Kopfschmerzen, als ich heute aufgestanden bin.
4. Ich habe schon einige Male das Reklameschild der Firma gesehen, wenn ich in die Stadt gefahren bin.
5. Man arbeitet mit voller Kraft, wenn man einen Traum in der Zukunft hat.
6. Ich möchte meinen Eltern Kyoto und Nara zeigen, während ich in Japan bin.
7. Es hat gar nicht geregnet, während wir durch Europa gereist sind.
8. Viele ihre Freundinnen haben schon geheiratet und Kinder bekommen, während sie Karriere gemacht hat (ｷｬﾘｱｰをつむ).
9. Wir haben uns auf der Party unterhalten, während wir unter anderem Salat gegessen, Wein getrunken und Karaoke gesungen haben.
10. Während ich mit Herrn Tamura zusammen zum Bahnhof gelaufen bin, haben wir Eis gegessen.
11. Ich lerne jetzt Japanisch, während ich Deutsch unterrichte.
12. Er ist nach dem Abschluß der Universität nach China gegangen und nie mehr nach Deutschland zurückgekommen.
13. Er hat im Sitzen geredet, weil er müde war.
14. Sie wohnten schon lange zusammen, bevor sie geheiratet haben.
15. Das Wetter war schön, solange ich zu Hause war, aber es hat sich bewölkt, nachdem ich (von zu Hause) ausgegangen bin.
16. Man braucht nicht zu bezahlen, bevor man die Ware bekommt.
17. Es ist besser, Abendbrot zu essen, bevor ich die Überstunden beginne.
18. Nach den Sommerferien müssen wir wieder mit voller Kraft Japanisch lernen.
19. Nach der Dienstreise muß ich einen Bericht schreiben.
20. Ich habe den Kunden besucht, nachdem ich mit der Sekretärin, Frau Sugiyama, gesprochen hatte.

（9）作文： あなたは店員です。むずかしいお客さんが来ました。品物を上手に説明して、売って下さい。

7. 復習テスト 第12課 (Lektionstest L12)

（1）Verbinden Sie die beiden Sätze mit temporalen Ausdrücken!（10×6）

1. 道をわたります。 気をつけてください。 （時）

2. アメリカに去年旅行しました。 たくさん写真をとりました。 （時）

3. ひまです。 どうぞ遊びに来てください。 （時）

4. 授業です。 よく聞かなければなりません。 （時）

5. 部屋を出ます。 窓をしめなければなりません。 （前）

6. 手紙を書きます。 買い物に行きます。 （後）

7. 山田さんが休んでいます。 私たちは彼の仕事をしました。 （間）

8. 夏休みです。 経済のレポートを書かなければなりません。 （間）

9. ドイツ人は歩きます。 よく物を食べます。 （ながら）

10. くつをはきます。 家に上がってはいけせん。 （まま）

（2）Setzen Sie die richtigen temporalen Begriffe ein!（6×2）

1. おもしろいテレビ番組があるから、テレビを見た［　　　］やるよ。
2. 調べている［　　　］、だんだん知識がふえました。
3. テレビをつけた［　　　］出て行かないで下さい。
4. いい物を見つけた［　　　］、すぐ買いたくなります。
5. 父はいつも朝コーヒーを飲み［　　　］、新聞を読みます。
6. ふろに入る［　　　］、体をよく洗って下さい。

（3）Übersetzen Sie ins Japanische!（7×4）

1. Wenn man Kopfschmerzen hat, ist es besser, schnell ins Bett zu gehen.

2. Als ich gestern in die Stadt einkaufen ging, habe ich Frau Ueda getroffen.

3. Wir gingen im Park spazieren, nachdem wir Japanisch gelernt hatten.

4. Ich habe Ihnen alles gesagt, was ich gesehen haben. （まま）

　　　　　　　　　　　　　　　　　　　　　　　　　　　　／100

第１３課 (Lektion13)

1. 基本文型

Wörtliche Rede

- 彼は「私は北海道に旅行します。」と 言いました。

- 彼は 北海道に旅行すると 言いました。

- 彼は 林さんは北海道に旅行すると 言いました。

- 日本人は朝起きた時、「おはようございます」と 言います。

- 「お元気で!」はドイツ語で何と言いますか。

- 「鳥」と言う 映画は とても おもしろいと 思います。

第１３課 (Lektion 13)

2. 会話：ベルガーといいますが

ベルガー　　：もしもし、町田さんのおたくですか。
町田(母)　　：はい、町田ですが、どちら様ですか。
ベルガー　　：ベルガーと 言いますが 香織(かおり)さんは いらっしゃいますか。
町田(母)　　：あ、ベルガーさん、香織が いつも お世話に なっています。
ベルガー　　：いえいえ、こちらこそ。
町田(母)　　：香織は 今ちょうど 外出しているんですよ。
ベルガー　　：そうですか。 いつごろ 帰りますか。
町田(母)　　：おそくならないと 言っていましたから、夕方には 帰って来る
　　　　　　　と 思います。
ベルガー　　：そうですか。 じゃあ、そのころ もう一度 お電話します。
町田(母)　　：すみませんね。 あのう、何か 伝言しましょうか。
ベルガー　　：あ、ありがとうございます。 じゃあ、明日の待ち合わせの時間
　　　　　　　のことですが、都合で ９時から９時半に 変わったと 伝えて
　　　　　　　ください。
町田(母)　　：９時半ですね。 はい、分かりました。
ベルガー　　：それでは、どうぞ よろしくお願いします。 失礼します。
町田(母)　　：さようなら。

Small talk am Telefon

［まちがい電話］

ベルガー　：もしもし、前田さんですか。
橋本　　　：いいえ、橋本です。
ベルガー　：あれ、前田さんではありませんか。
橋本　　　：いいえ、ちがいますよ。
ベルガー　：あ、すみません、かけまちがいました。

［番号案内係］
ベルガー ： 京都の東山ホテルの電話番号が 知りたいのですが。
案内係 ： 東山ホテルですね。しばらくお待ち下さい。
・・・
案内係 ： お待たせしました。 東山ホテル、京都０７５の７１２３です。
ベルガー ： ０７５の７１２３ですね。 分かりました。

［留守番電話］
留守電 ： はい、前田でございます。
ベルガー ： あ、前田さん、こんにち．．？？
留守電 ： 申し訳ございませんが、ただ今、外出しております。
ピーという音の後に メッセージをお入れ下さい。

童話： ねずみの嫁入り（日本昔話）

　昔 あるところに ねずみの夫婦が 住んでいました。 この夫婦には ちゅう子という 一ぴきの かわいい娘ねずみが あり、その子を とても大切に 育てました。 その娘が 年ごろになったので、お父さんねずみと お母さんねずみは そろそろ娘に いいおむこさんを探したいと 思いました。二人は「お前は だれと 結婚したいか。」と娘に 聞きました。 娘は「私は 世界で 一番強いかたと 結婚したい。」と答えました。

　そこで お父さんねずみは 世界で 一番強いおむこさんを 探しに 旅に出かけました。 はじめに お父さんねずみは お日さまが きっと一番強いと 考えて、彼のところまで 行きました。 そして「お日さま、娘は 世界で 一番強いかたと 結婚したいのです。 私はあなたが 世界で 一番強いと 思います。 だから どうか、私の娘と結婚して下さい。」とたのみました。 お日さまは とても 喜びましたが、でもこう言いました。「残念ながら 私は そんなに 強くない。 雲さんの方が 私より 強いんだ。 なぜなら 雲さんは 私の明るい光を おおいかくすことが できるんだからね。」

そこで お父さんねずみは 次に 雲のところへ 行って 言いました。「雲さん、あなたは お日さまを おおいかくすことが できる。だから あなたが 世界で一番強いです。 娘は 世界で一番強いかたと 結婚したいのです。 どうぞ 私の娘と結婚して下さい。」 ところが 雲は こう言いました。「うん、たしかに 僕は お日さまを おおいかくすことは できるよ。 でも 残念ながら、風さんは もっと強いんだ。 風さんは 僕を 吹き飛ばすことが できるんだからね。」

　そこで お父さんねずみは 今度は 風のところへ 行って 言いました。「風さん、あなたは 雲さんを 吹き飛ばすことが できる。あなたが 世界で 一番強いです。娘は世界で一番強いかたと 結婚したいのです。 ぜひ 私の娘と結婚して下さい。」風は「ああ、もちろん 僕は 雲さんを 吹き飛ばすことは できるよ。 でも 残念ながら、あなたの家の壁さんは もっと強いんだ。 壁さんは とてもじょうぶで、僕が 力いっぱい 吹いている時も、びくともしないからね。」と言いました。

　こうして、ねずみのお父さんは また 自分の家に 帰って来ました。 そして自分の家の壁のところに 行って 言いました。「壁さん、あなたが 世界で 一番強いです。あの強い風さんも あなたを 吹き飛ばすことが できません。 娘は 世界で 一番強いかたと結婚したいのです。 ぜひ 私の娘と 結婚して下さい。」 すると 壁は こう言いました。「ありがとう、ねずみのお父さん。 でも、実は 僕より もっと強いかたが いますよ。」 お父さんねずみは「いったい それは だれですか。 どうか教えて下さい。」とたのみました。 壁は 笑って答えました。「それは ちゅう助さん という となり町の 若いねずみさんですよ。 彼の歯は とても 強いので、私を ガリガリ かじって 穴を 開けることが できるんです。ほら、見てください。 とても かなわない。」

　こうして お父さんねずみは やっと 世界で 一番強い 娘のおむこさんを 見つけることが できたのです。 ちゅう子も ちゅう助も おたがい たいへん 気に入りました。 彼らは 大喜びで 結婚して、いつまでも しあわせに くらしました。

おわり

会話の練習 (Konversationsübung): ベルガーと言いますが

> ベルガー　　：もしもし、町田①さんのおたくですか。
> 町田（母）　：はい、町田ですが、どちら様ですか。
> ベルガー　　：ベルガー②と 言いますが、香織③さんは いらっしゃいますか。
> 町田（母）　：香織③は 今 外出して④います。
> ベルガー　　：そうですか。 じゃあ、また後で 電話します。
> 町田（母）　：あの、何か 伝言しましょうか。
> ベルガー　　：ありがとうございます。 じゃあ 待ち合わせ⑤の時間は
> 　　　　　　　9時⑥から 9時半⑦に 変わったと 伝えて下さい。
> 町田（母）　：はい、分かりました。
> ベルガー　　：では、よろしくお願いします。 失礼します。
> 町田（母）　：さようなら。

1．①山田　②トーマス　③けいすけ　④散歩して　⑤出発　⑥8時半 8時15分
2．①林　②ミュラー　③道子　④出かけて　⑤授業　⑥1時半　⑦2時
3．①山下　②シュルツ　③まり子　④出かけて　⑤映画　⑥1時半　⑦2時
4．①木下　②マイヤー　③たけお　④風呂に入って　⑤会議　⑥8時　⑦7時
5．①前川　②スザネ　③さゆり　④買物に出かけて　⑤見学　⑥5時半　⑦6時

本文質問 (Fragen zum Text): ねずみの嫁入り

（１）娘ねずみの名前は何と言いますか。
（２）その娘はまだ子供ですか。
（３）お父さんとお母さんは何を考えましたか。
（４）お父さんねずみは何を探しに旅に出ましたか。
（５）彼ははじめにどこへ行きましたか。
（６）お日さまは自分が一番強いと言いましたか。
（７）次にお父さんねずみはどこへ行きましたか。
（８）雲はどうして風の方が強いと言いましたか。
（９）風はだれが自分より強いと言いましたか。
（10）それはどうしてですか。
（11）それからお父さんねずみはどこへ行きましたか。
（12）壁は自分より強いのはだれだと言いましたか。
（13）その若いねずみは何が出来るのですか。
（14）ちゅう助だけがちゅう子を気に入ったのですか。

3. 単語リスト

Nomina

穴	あな	Loch
ある所	あるところ	an einem Ort
お互い	おたがい	miteinander
音	おと	Geräusch, Ton
お日様	おひさま	Sonne (Umg.) = 太陽(たいよう)
終わり	おわり	Ende
香織	かおり	*weiblicher Vorname*
きゅうり	きゅうり	Gurke
雲	くも	Wolke
故郷	こきょう	Heimat
今度	こんど	diesmal, nächstes Mal
札幌	さっぽろ	Sapporo (Hauptstadt von Hokkaido)
城	しろ	Schloß, Burg
自分、 自分で	じぶん じぶんで	selber, selbst, eigen selbst, von selbst
世話 世話になる	せわ せわになる	Hilfe, Unterstützung Hilfe finden
旅	たび	Reise
ちゅう子	ちゅうこ	*Vorname einer weiblichen Maus*
ちゅう助	ちゅうすけ	*Vorname einer männlichen Maus*
都合(で)	つごうで	Umstand, Grund (aus dem Grunde)
点	てん	Punkt, Note
番号案内係	ばんごうあんないがかり	Telefonauskunft
光	ひかり	Licht
夫婦	ふうふ	Ehepaar
間違い	まちがい	Fehler
昔	むかし	alte Zeit, früher
婿・お婿さん	むこ・おむこさん	Bräutigam
息子	むすこ	Sohn
娘	むすめ	Tochter
嫁入り	よめいり	Heirat (für Frauen)
留守番電話	るすばんでんわ	Anrufbeantworter

Fremdwörter (Nomina)

インド	インド	Indien
カフカ	カフカ	Kafka
タイ	タイ	Thailand
ヘッセ	ヘッセ	Hesse
メッセージ	メッセージ	Grußwort, Nachricht
モーゼル川	モーゼルがわ	Fluß Mosel

Einstufige Verben

捧げる	ささげる	widmen
伝える	つたえる	mitteilen, Bescheid geben, überliefern

Fünfstufige Verben

言う	いう	sagen, heißen
覆い隠す	おおいかくす	verstecken, verdecken
思う	おもう	meinen, glauben, finden, denken
掛け間違う	かけまちがう	sich verwählen
齧る	かじる	knabbern, beißen
かなわない	かなわない	Ich kann mich mit jm nicht messen.
変わる	かわる	sich ändern
暮らす	くらす	leben (Alltagsleben der Menschen)
頼む	たのむ	bitten, bestellen
吹き飛ばす	ふきとばす	wegblasen
吹く	ふく	blasen, wehen
見舞う	みまう	einen Kranken besuchen
申す	もうす	sagen, heißen (bescheide Form)
戻る	もどる	zurückkehren

Nominalverben

失礼する	しつれいする	Abschied nehmen, stören
出発する	しゅっぱつする	abfahren
伝言する	でんごんする	ausrichten

Na-Adjektive

確か(な)	たしか(な)	sicher, sicherlich

Adverbien

いったい	いったい	überhaupt, eigentlich
そんなに	そんなに	so sehr
だから	だから	deswegen
どうか	どうか	bitte

Interjektionen

ああ	ああ	Ach
あの(う)	あの(う)	Äh, wissen Sie?

Konjunktionen

すると	すると	dann, und dann
ところが	ところが	aber, jedoch

Lautmalereien

ガリガリ	ガリガリ	Geräusch des Knabberns
ピー	ピー	Piep, Pfiff

Idiomatische Redewendungen

穴を開ける	あなをあける	lochen, bohren
以前から	いぜんから	seit früher
いただきます	いただきます	Guten Appetit!
行ってまいります	いってまいります	Grußwort der Person, die das Haus verläßt
行ってらっしゃい	いってらっしゃい	Grußwort der Person, die zu Hause bleibt
いつまでも	いつまでも	ewig
大喜びで	おおよろこびで	mit großer Freude
お帰り	おかえり	Grußwort der Person, die Zurückgekommene empfängt
お元気で	おげんきで	Alles Gute!
お待たせしました	おまたせしました	Ich habe Sie warten lassen!
こうして	こうして	in dieser Weise, schließlich
ごちそうさま	ごちそうさま	Grußwort nach dem Essen (Es hat mir sehr gut geschmeckt!)
残念ながら	ざんねんながら	bedauerlicherweise
しばらくして	しばらくして	nach einer Weile
実は	じつは	in Wirklichkeit, ehrlich gesagt
そこで	そこで	dann
ただ今	ただいま	Grußwort der zurückgekommenen Person (gerade jetzt)
力いっぱい	ちからいっぱい	mit voller Kraft
次に	つぎに	als nächstes
年頃になる	としごろになる	erwachsen, aber noch nicht verheiratet
何故なら～から	なぜなら～から	weil
～の代りに	のかわりに	anstatt ～
びくともしない	びくともしない	unerschütterlich, ganz solide
宜しくお願いします	よろしくおねがいします	Dürfte ich Sie darum bitten?
悪口を言う	わるくちをいう	von ～ schlecht sprechen
メッセージをお入れ下さい	メッセージをおいれください	Bitte hinterlassen Sie eine Nachricht!

ピーという音のあとに、メッセージをお入れ下さい！

4. アクティブ漢字リスト

Kanji	Bedeutung / Strichfolge	Lesung	Wort	Lesung	Übersetzung
世	Welt	セ / よ	世界	せかい	Welt
			世話	せわ	Bemühung, Hilfe
			世代	せだい	Generation
界	Welt, Kreis	カイ	世界	せかい	Welt
			生物界	せいぶつかい	Tier- und Pflanzenwelt
			限界	げんかい	Grenze
北	Norden	ホク / きた	北海道	ほっかいどう	Hokkaidoo-Insel
			北	きた	Norden
			北風	きたかぜ	Nordwind
雲	Wolke	ウン / くも	雲	くも	Wolke
			雨雲	あまぐも	Regenwolken
			星雲	せいうん	Nebelfleck (Stern)
光	Licht	コウ / ひかり	光	ひかり	Licht
			日光	にっこう	Sonnenschein
			月光	げっこう	Mondschein
風	Wind	フウ / かぜ	風	かぜ	Wind
			台風	たいふう	Taifun
			風車	ふうしゃ	Windmühle
半	halb	ハン / なかば	8時半	8じはん	halb neun
			半分	はんぶん	halb
			半年	はんとし	ein halbes Jahr
力	Kraft, Macht	リョク / リキ / ちから	力	ちから	Kraft, Macht
			体力	たいりょく	Körperkraft
			馬力	ばりき	PS
失	verlieren	シツ / うしな-う	失礼	しつれい	Unhöflichkeit
			失敗	しっぱい	Mißlingen
			失業	しつぎょう	Arbeitslosigkeit
礼	Dank	レイ	失礼	しつれい	Unhöflichkeit
			お礼	おれい	Dank
			礼儀	れいぎ	(gute) Umgangsformen

アクティブ漢字リスト

漢字	意味	書き順	読み	例	読み	訳
父	Vater	ノ ハ グ 父	フ / ちち	父	ちち	Vater
				お父さん	おとうさん	Vater
				父親	ちちおや	Vater
母	Mutter	ㄥ 口 母 母	ボ / はは	母	はは	Mutter
				お母さん	おかあさん	Mutter
				母親	ははおや	Mutter
鳥	Vogel	ノ 亻 冂 白 自 鳥 鳥 鳥	チョウ / とり	鳥	とり	Vogel
				小鳥	ことり	Vögelchen
				白鳥	はくちょう	Schwan
島	Insel	ノ 亻 冂 白 自 鳥 鳥 島 島	トウ / しま	島国	しまぐに	Inselreich
				半島	はんとう	Halbinsel
				列島	れっとう	Inselkette
合	passen	ノ 𠆢 ム 今 合 合	ゴウ / あ-う	待ち合わせ	まちあわせ	Verabredung
				都合	つごう	Umstände
				合格する	ごうかく	bestehen
言	sagen	ヽ 亠 言 言 言 言	ゲン / い-う	言う	い-う	sagen, heißen
				言語	げんご	Sprache
				方言	ほうげん	Dialekt
結	binden	く 幺 幺 糸 糸 糸 糺 結 結	ケツ / むす-ぶ	結婚	けっこん	Heirat
				結果	けっか	Ergebnis
				結局	けっきょく	schließlich
婚	Eheschließung	く 夕 夕 女 妌 姤 姤 婚 婚	コン	結婚	けっこん	Heirat
				結婚式	けっこんしき	Hochzeit
				離婚	りこん	Scheidung
強	stark	ㄱ ㄱ 弓 弘 弘 弘 弹 強 強	キョウ / つよ-い	強い	つよ-い	stark
				勉強	べんきょう	Lernen
				強力	きょうりょく	kräftig
答	antworten	ノ ト ト 竹 竹 灰 次 答	トウ / こた-える	答える	こた-える	antworten
				解答	かいとう	Lösung
				応答	おうとう	Antwort, Meldung

5. 文法 (Grammatik): Die wörtliche Rede

Bei der wörtlichen Rede wird die Aussage einer Person wiederholt oder einer anderen Person mitgeteilt. Die wörtliche Rede umfaßt die direkte Rede und die indirekte Rede.

Satzform: ① Sは │Aussage＋と│ 言う。　② │Aussage＋と│ Sは 言う。

* Für Zitate wird nach einer Aussage immer die HP "と" eingesetzt.
* Das S (Subjekt) kann auch nach dem "と" eingesetzt werden.

（1）Direkte Rede
・Die Aussage wird wörtlich wiederholt.
・Die Aussage wird mit Anführungszeichen (kakko)「　」versehen.

Aussage: 私(Schmidt)は今日映画に行きます。 ＋ シュミットさんは言いました。
　　　　　Ich gehe heute ins Kino.　　　　　　Herr Schmidt sagte.
⇒ ① シュミットさんは「私は今日映画に行きます。」と言いました。
⇒ ②「私は今日映画に行きます。」と シュミットさんは言いました。
　　　Herr Schmidt sagte, "Ich gehe heute ins Kino".

「今日会議をします。」と部長は言いました。
Der Abteilungschef sagte, " Wir haben heute eine Sitzung."
彼は「これは日本のカメラです。」と言いました。
Er sagte, "Das ist eine japanische Kamera."
先生は「おはようございます。」と言いました。
Der Lehrer hat gesagt, "Guten Morgen!".

（2）Indirekte Rede
・Das Verb des Zitats wird in die Höflichkeitsleerform umgeformt.
・Die HP と wird nach dem Zitat eingesetzt, aber Anführungszeichen sind nicht nötig.
・Falls das Subjekt des ganzen Satzes mit dem Subjekt der Aussage identisch ist, wird das Subjekt in der Aussage ausgelassen.

①シュミットさんは │今日映画に行く│ と 言いました。

②│今日映画に行く│ と シュミットさんは 言いました。
　　Herr Schmidt sagte, er gehe heute ins Kino.

シュミットさんは何と 言いましたか。
Was hat Herr Schmidt gesagt?
彼は今晩ディスコに行くと 言いました。
Er sagte, er gehe heute abend in die Disko.
もうその会社で働きたくないと 彼は言いました。
Er sagte, er wolle nicht mehr in dieser Firma arbeiten.

- Falls das Subjekt des ganzen Satzes und das Subjekt in der Aussage verschieden sind, müssen beide Subjekte erwähnt werden.

山田さんは今日映画に行きます。 ＋ シュミットさんは言いました。
Herr Yamada geht heute ins Kino.　　　Herr Schmidt sagte.

⇒ ① シュミットさんは 山田さんは今日映画に行くと 言いました。

⇒ ② 山田さんは今日映画に行くと シュミットさんは 言いました。

　　Herr Schmidt sagte, Herr Yamada gehe heute ins Kino.

山田さんは新しい家を買ったと あなたは言いました。
Sie haben gesagt, Herr Yamada habe ein neues Haus gekauft.
彼女は病気だと 先生は言いました。
Der Lehrer sagte, sie sei krank.
この雑誌はおもしろいと 田中さんは言いました。
Herr Tanaka sagte, diese Zeitschrift sei interessant.

Falls das Subjekt des HS in der dritten Person steht und das Verb des HS (sagen) im Präsens steht, wird gewöhnlich die Te-Form 言っています verwendet. Beim Präteritum kann sowohl 言っていました als auch 言いました verwendet werden.

彼は肉をあまり食べないと 言っています。
Er sagt, er esse nicht viel Fleisch.
部長は親切な人だと 彼女はいつも言っています。
Sie sagt immer, der Abteilungschef sei freundlich.
お客さんは１０時ごろ来ると 言っています。
Der Kunde sagt, er komme gegen 10 Uhr.
彼はもうたばこを吸わないと よく言っています。
Er sagt oft, er rauche nicht mehr.

Ausnahmen

Wenn eine Aussage <u>allgemeingültig</u> ist, verwendet man "言います".

日本人はごはんを食べる前に、「いただきます」と言います。
Japaner sagen vor dem Essen "Itadakimasu!".

日本人はごはんを食べた後で、「ごちそうさま」と言います。
Japaner sagen nach dem Essen "Gochisoo sama!".

日本人は家を出る時、「行ってまいります」* と言います。
Japaner sagen "Itte mairimasu!", wenn sie von zu Hause weggehen.

日本人は家に帰った時、「ただいま」* と言います。
Japaner sagen "Tada ima!", wenn sie nach Hause zurückgekommen sind.

日本人は寝る時、「おやすみ」と言います。
Japaner sagen "Oyasumi nasai", wenn sie schlafen gehen.

* Begrüßungen in der Familie

Während Personen, die das Haus verlassen, "行ってまいります" sagen, sagen Personen, die zu Hause bleiben, "行ってらっしゃい". Personen, die nach Hause zurückgekommen sind, sagen "ただいま" und Personen, die die Zurückgekommenen empfangen, sagen "おかえり（なさい）".

* Außer 言う werden auch 話す(sprechen, sagen), 書く(schreiben), 答える(antworten), 説明する(erzählen) und 思う(meinen) oft in der wörtlichen Rede gebraucht.

ベルガーさんは日本語が上手になった と先生は話していました。
Der Lehrer sagte, Herr Berger sei in Japanisch gut geworden.

ベルガーさんは日記に昨日のパーティーは楽しかった と書いた。
Herr Berger hat in seinem Tagebuch geschrieben, die gestrigen Party sei fröhlich gewesen.

駅員は次の電車は９時１０分に出る と答えた。
Der Bahnbeamte antwortete, der nächste Zug fahre um 9 Uhr 10 ab.

おとうさんは娘は世界で一番強い人と結婚したい と説明しました。
Der Vater erzählt, daß seine Tochter den stärksten Mann der Welt heiraten wolle.

（３）"～と言います" bedeutet außerdem "heißen" oder "nennen"

私は山本と言います（申します）。　　　　Ich heiße Yamamoto.
この町はブレーメンと言います。　　　　　Diese Stadt heißt Bremen.
テレビを（は）ドイツ語で何と言いますか。　Was heißt "テレビ" auf Deutsch?

　* "申（もう）します" ist eine bescheidene Form von "言います".

N１というN２： N1, der N2 heißt [Attribut] (Siehe L.20!)

山本という日本人	der Japaner, der Yamamoto heißt
名古屋という都市	die Stadt, die Nagoya heißt
ヘッセという作家	der Schriftsteller, der Hesse heißt
ねずみという漢字	das Kanji für "Nezumi" ［鼠］

（４）Meinungsäußerung: Zitat +と思う
- Zur Meinungsäußerung wird ebenfalls die Satzstruktur der wörtlichen Rede verwendet.
- Für die Verben "meinen, denken, glauben, finden, empfinden" wird 思う benutzt.

私はこの本はとてもおもしろいと 思います。
Ich finde das Buch sehr interessant.
彼女はとてもきれいだと 私は思います。
Ich glaube, daß sie sehr schön ist.
私は彼はもう日本へ行ったと 思いました。
Ich dachte, daß er schon nach Japan gegangen sei.
あなたはこの町についてどう 思いますか。
Was halten Sie von dieser Stadt?

- Wenn das Subjekt in der dritten Person steht und das Verb des HS (meinen) im Präsens steht, wird gewöhnlich die Te-Form 思っています verwendet. Beim Präteritum kann sowohl 思っていました als auch 思いました verwendet werden.

彼はこの町は静かだと 思っています。	Er meint, daß diese Stadt ruhig ist.
彼は日本語はむずかしいと 思っています。	Er findet Japanisch schwierig.
彼女は彼は日本人だと 思っています。	Sie glaubt, daß er Japaner ist.
子供は寝ていると 彼女は思っています。	Sie glaubt, daß die Kinder schlafen.
息子はよく勉強していると両親は思っていました。	Die Eltern dachten, daß ihr Sohn fleißig lernt.

6. 練習 （Übungen）

（1） Vollenden Sie die indirekte Rede mit "言っています"!
1．毎日日本語を勉強しなければなりません。（先生）
2．今日は早く家に帰ります。（山田さん）
3．去年からテニスをしています。（彼女）
4．テレビを見た後で、部屋をかたづけます。（夫）
5．人の悪口を言ってはいけません。（父）
6．スパゲティーが一番好きです。（マリアさん）
7．熱は３８．７（３８てん７）度あります。（木下さん）
8．自動車工場を経営したいです。（私の弟）
9．アフターサービスが大切です。（社長）
10．３～４日（さん・よっか）家で休んだ方がいいです。（医者）

（2） Vollenden Sie die indirekte Rede mit "言っていました"!
1．一度仕事でタイへ行ったことがあります。（部長）
2．この漢字の読み方が分かりません。（彼女）
3．夕方にはもどって来ます。（山口さん）
4．ドイツのお城はとてもきれいでした。（町田さんの娘さん）
5．昨日、川中さんはビールを飲みませんでした。（田中さん）
6．日本の夏はとてもむし暑かったです。（ベルガーさん）
7．まだ日本に行ったことがありません。（シュミットさん／私に）
8．勉強はあまり好きではないが、スポーツはとくいです。（彼／彼女に）
9．赤いポロシャツがほしいです。（客／店員に）
10．風邪を引いて今日会社を休みます。（田村さん／私に／電話で）
11．今日２回もまちがい電話がかかって来ました。（母）
12．銀閣寺の静かなふんいきはすばらしかったです。（ベルガーさん）

（3） Setzen Sie die richtige HP in die Lücke ein!
1．スミスさん＿＿来年日本＿＿旅行する時、私＿＿会いたい＿＿手紙＿＿書いていた。
2．私＿＿パーティー＿＿たくさんの人＿＿知り合うこと＿＿できた＿＿日記＿＿書いた。
3．先生＿＿黒板＿＿「田川です。どうぞ、よろしく！」＿＿書いた。
4．私＿＿クリスマスカード＿＿「クリスマスおめでとう」＿＿書いた。
5．弟＿＿いつか彼女＿＿京都＿＿行きたい＿＿電話＿＿話していました。
6．父＿＿特にモーゼルワイン＿＿おいしかった＿＿話していました。

7. 留守番電話＿＿「もうしわけありません＿＿、ただ今外出しております」＿＿言った。
8. 学生＿＿先生＿＿「明日漢字＿＿テスト＿＿ありますか。」＿＿聞きました。
9. 先生＿＿学生＿＿明日テスト＿＿ない＿＿答えました。
10. 彼＿＿彼女＿＿「私＿＿結婚して下さい。」＿＿たのみました。
11. 彼女＿＿彼＿＿「残念ながら、結婚できません。」＿＿答えました。

（4） Beantworten Sie die Fragen!
1. 日本人はごはんを食べる時、何と言いますか。
2. 日本人はごはんを食べた時、何と言いますか。
3. 日本人は家を出る時、何と言いますか。
4. 日本人は家に帰った時、何と言いますか。
5. 日本人は店に入る時、何と言いますか。
6. その時、店員はお客に何と言いますか。
7. 日本人は電話をかけた時、何と言いますか。
8. 日本人は人の誕生日に何と言いますか。
9. 日本人は病気の人を見まって帰る時、何と言いますか。
10. 日本人は人に何かたのむ時、何と言いますか。

（5） Beantworten Sie die Fragen!
1. 「ねずみ」はドイツ語で何と言いますか。
2. 「雲」はドイツ語で何と言いますか。
3. 「夫婦」はドイツ語で何と言いますか。
4. 「歯」はドイツ語で何と言いますか。
5. 「留守番電話」はドイツ語で何と言いますか。
6. 「伝言する」はドイツ語で何と言いますか。
7. 「ありがとう」はフランス語で何と言いますか。
8. 「とてもいいです」はフランス語で何と言いますか。
9. 「はじめまして」は英語で何と言いますか。
10. 「どうぞ、座って下さい」は英語で何と言いますか。
11. 「Ich liebe dich.」は日本語で何と言いますか。
12. 「Entschuldigung!」は日本語で何と言いますか。
13. 「Einen Moment, bitte!」は日本語で何と言いますか。
14. 「Ich habe mich verwählt.」は日本語で何と言いますか。
15. 「Schönes Wochenende!」は日本語で何と言いますか。
16. 「Herzlichen Glückwunsch zum Geburtstag!」は日本語で何と言いますか。

（6） Beantworten Sie die Fragen!
1．世界で一番高い山は何と言いますか。
2．世界で一番大きい国は何と言いますか。
3．世界で一番長い川は何と言いますか。
4．世界で一番速い動物は何と言いますか。
5．あなたのお母さんの名前は何と言いますか。
6．あなたのこきょうの町の名前は何と言いますか。
7．あなたの会社／大学の名前は何と言いますか。
8．この漢字は何と読みますか。（取扱説明書）
9．この漢字は何と読みますか。（留守番電話）
10．この漢字は何と読みますか。（携帯電話）

（7） Stellen Sie Ihrem Nachbarn die folgenden Fragen!

1.	きゅうり		漢字
2.	ねずみ		作家
3.	新宿		花
4.	アマゾン		日本料理
5.	弁護士	という	駅
6.	天ぷら		美術館
7.	カフカ		動物
8.	菊		チーム
9.	ルーブル		野菜
10.	巨人		川

を知っていますか。⇒ はい／いいえ、．．

（8） Verbinden Sie die beiden Sätze!
1．私は思います。＋ 彼女は来年から日本の会社で働きます。
2．（私は）思います。＋ もうすぐ名古屋に着きます。
3．あなたは思いますか。＋ しょうらい社会がもっとよくなります。
4．私は思いません。＋ 今の日本の政治はいいです。
5．彼女のお父さんは思っています。＋ 彼女が一生けんめい勉強しています。
6．彼は思っています。＋ 自分の小説が一番おもしろいです。
7．私は思いました。＋ 漢字のテストで全部正しく書くことができました。
8．彼女は思っていました。＋ 中山さんはインドに住んでいます。
9．兄は思っていませんでした。＋ 友だちがうそをつきます。
10．あなたは以前から考えていましたか。＋ 日本語を勉強したいです。

（９）Beantworten Sie die Fragen!

1．日本語の勉強の中で何が一番むずかしいと思いますか。
2．日本でどの町に住みたいと思いますか。
3．日本に手紙を出す時、いくらの切手が必要だと思いますか。
4．東京から大阪まで新幹線でどのくらいかかると思いますか。
5．日本でビールは一本何円ぐらいだと思いますか。
6．歌舞伎についてどう思いますか。
7．ライン川とエルベ川とでは、どちらが長いと思いますか。
8．ミュンヘンと札幌（さっぽろ）とでは、どちらが北にあると思いますか。
9．ドイツの中で一番きれいなところはどこだと思いますか。
10．ドイツの車で、どの車が一番よく売れていると思いますか。
11．あなたはその車についてどう思いますか。
12．ドイツのまわりにいくつ国があると思いますか。

（10）Übersetzen Sie die Sätze ins Japanische!

1．Die Sekretärin sagte mir, der Chef komme morgen um 9 Uhr von Osaka zurück.
2．Ein Freund von mir sagt immer, Frau Miyazaki sei sehr freundlich.
3．Sie wünschte ihm "Gute Reise!, als er nach Europa abreiste.
4．Sagen Sie ihr bitte, daß der Termin von 7 Uhr auf 8 Uhr verschoben worden sei.
5．Anstatt "Arigatoo"（～のかわりに）sagen die Leute in Osaka manchmal "Ookini".
6．Herr Yamashita sagt immer "links", wenn Herr Tanaka "rechts" sagt.
7．Mein Vater sagte immer, "Man darf nicht lügen".
8．Die Frau sagte zu den Kindern, "Laßt bitte die Fenster nicht geöffnet!".
9．Sie sagte, das Geld sei weniger geworden, weil sie viel eingekauft habe.
10．Sie sagte, daß sie sich zwar selbst prüfe, aber sie es schnell wieder vergessen werde.
11．Sie hat mir gesagt, daß die neue Wohnung ihr gut gefallen habe.
12．Frau Maenaka hat den Verkäufer gebeten, ihr etwas Billigeres zu zeigen.
13．Sagen Sie ihm bitte, daß ich ihn morgen im Büro besuchen möchte.
14．Der Angestellte hat auf die Frage des Chefs geantwortet, daß das Geschäft
    10% mehr Waren als letztes Jahr verkauft habe.
15．Er schrieb am Anfang seines Buchs, daß er dieses Buch seinen Eltern widmen möchte.
16．Ich finde, daß sein neuer Roman langweilig ist.
17．Glauben Sie, daß Herr Nakata im Skifahren gut ist?
18．Ich finde, daß Frau Nishikawa in der letzten Zeit sehr schön geworden ist.
19．Ich dachte, daß die Ampel grün gewesen wäre.
20．Er hat gedacht, Japanisch sei schwer, aber jetzt findet er es einfach und sehr interessant.

（11）作文：ドイツの童話を書いてください。

7. 復習テスト 第13課 (Lektionstest L13)

（1）Schreiben Sie die folgenden Sätze in die indirekte Rede um!（4×6）
  1．母は言っています。今日は天気が悪いから外出しません。

  2．山田さんは言いました。きのう田中さんに手紙を書きました。

  3．木村さんは言いました。仕事でロンドンへ行かなければなりませんでした。

  4．彼はいつも言っています。お金もひまもありません。

（2）Antworten Sie auf die Fragen!（4×6）
  1．日本人はごはんを食べる時、何と言いますか。

  2．日本人は人にはじめて会った時、何と言いますか。

  3．"Herzlichen Glückwunsch!"は日本語で何と言いますか。

  4．"Ich habe eine Frage."は日本語で何と言いますか。

（3）Antworten Sie auf die Fragen mit "と思います"!（4×6）
  1．あなたは今日ビールを飲みますか。

  2．新宿というところはどこにありますか。

  3．明日の天気はどうですか。

  4．ドイツ統一（とういつ：Vereinigung）はいつでしたか。

（4）Übersetzen Sie die Sätze ins Japanische!（4×7）
  1．Die Mutter von Frau Machida sagte, "Soll ich etwas ausrichten?"

  2．Die Vatermaus meinte, daß er für seine Tochter einen guten Bräutigam suchen wolle.

  3．Er hat mir in seinem Brief geschrieben, es gehe ihm sehr gut.

  4．Sie dachte, daß er in Japan die Universität absolviert hätte.

＿＿＿＿＿／１００

第１４課 (Lektion14)

1. 基本文型

Aufforderung, Vorhaben, Entschluß

- さあ、行こう。
- 冬休みに 九州に 旅行しようと 思います。
- 今 その男性が 車から おりようと しています。
- 土曜日に サッカーをする つもりです。
- 休暇について 作文を 書くことに しました。
- パーティーは 月曜日から 火曜日に 延期することに なりました。

第１４課　(Lektion 14)

2. 会話１：何をするつもり

社員Ａ： やっと　仕事が　終わったね。
社員Ｂ： うん、今日は　本当に　いそがしかったね。おつかれさん。
社員Ａ： じゃあ、ぼつぼつ　帰ろうか。
社員Ｂ： そうだね。
社員Ａ： 今度の　ゴールデンウィークに　何を　するつもり？
　　　　 何か　予定が　あるの？
社員Ｂ： うん、友だちと　日本アルプスに　登ろうと　思っているんだ。
社員Ａ： へえ、すごいね。　ぼくは　家で　ゆっくり　休む　ことにするよ。
社員Ｂ： それも　いいよね。
社員Ａ： じゃあ、気をつけて。
社員Ｂ： ありがとう。

　　　　＝ゴールデンウィークの後で＝

社員Ａ： アルプス登山は　どうだった？
社員Ｂ： うん、それがずっと雨が降っていたので、中止することに
　　　　 なったんだ。

会話２　社員食堂で

春川課長：ベルガーさん、そろそろ、昼ごはんを食べに行こうか。
ベルガー：もうそんな時間ですか。　じゃあ、行きましょう。

　　　　　－　食堂入口の自動券売機で　－

春川課長：今日は　何にしようか。
ベルガー：私は　カレーライスにします。　課長は？
春川課長：ぼくは　昨日カレーだったから、今日はカツドンにでもするよ。
ベルガー：飲み物は　お茶でいいですか。
春川課長：ああ、お願いします。

― 食事の後、コーヒーを飲みながら ―

春川課長：例の 新しいゲーム用ソフトの開発、その後 うまくいっている？
ベルガー：ええ、今週中に 仕上げるつもりでしたが、まだ少し 技術上の問題が ありまして。 でも、来週中には 仕上げる つもりです。
春川課長：ああ、よろしくたのむよ。 来月の始めに テレビ広告を 出すことに したんだ。 そのことで 今日の午後 広報部の者が 相談に来るから、技術的説明と セールスポイントの紹介を たのむよ。
ベルガー：はい、承知しました。
春川課長：ところで ベルガーさん、あの女性 知ってる？
ベルガー：どの人ですか。
春川課長：ほら、あそこで 今 席を 立とうとしている。
ベルガー：ああ、あの人は 営業部の大町さん ですね。 販売会議で 時々 会うから、よく知っていますよ。
春川課長：うん、彼女は 若いが、なかなか 有能な社員だね。
ベルガー：ええ、仕事がよくできて、親切で すばらしい女性です。 新製品の 説明の時には、いっしょに 代理店を 回ろうと 思っているんです。
春川課長：ああ、それは いいね。
ベルガー：課長の午後の予定は？
春川課長：うん、山中電気の南さんと 会うことに なっているんだ。 代理店 拡大の件でね。
ベルガー：そうですか。 それで お帰りは 何時ごろですか。
春川課長：まだ よく分からないが、社で 仕事が いろいろ 残っているから、あまり おそくならない つもりだよ。 それじゃあ、行こうか。
ベルガー：はい。

本文質問 (Fragen zum Text): 社員食堂で
（１）ベルガーさんと課長はどこに昼ごはんを食べに行きましたか。
（２）どこで食券(しょっけん)を買いましたか。
（３）課長はどうしてカレーを食べませんでしたか。
（４）課長は飲み物について どうして「お願いします」と言いましたか。
（５）食事の後、彼らはいくつのテーマについて話しましたか。
（６）新しいゲームソフトはどうして今週仕上がりませんでしたか。
（７）そのテレビ広告はいつ出すつもりですか。
（８）今日の午後広報部の人が何をしに来ますか。
（９）営業部の大町さんは今からごはんを食べるのですか。

(10) 彼女はどんな人ですか。
(11) ベルガーさんは彼女と何をしようと思っていますか。
(12) 課長は午後、山中電気の南さんと会って何をしますか。
(13) 課長はおそく社に帰るつもりですか。

会話の練習 (Konversationsübung): 社員食堂で

K：今日は何にしようか。
B：僕は<u>カレーライス</u>①にします。課長は？
K：僕は昨日<u>カレーライス</u>①だったから、今日は<u>カツドン</u>②にでもするよ。

---

1. ①ラーメン ②うどん　　2. ①焼きそば ②天どん
3. ①親子どんぶり ②定食　4. ①スパゲティー ②ピッツァ

K：新しい<u>ソフト</u>①の開発、うまくいっている？
B：ええ、<u>今週中</u>②に <u>仕上げる</u>③つもりでしたが、少し 問題がありまして。 でも、<u>来週中</u>④には 仕上げる つもりです。
K：ああ、よろしくね。
B：はい、承知しました。

---

1. ①エンジン ②今年中 ③生産する ④来年中
2. ①ビデオ ②今月中 ③販売する ④来月中
3. ①エネルギー ②２０世紀 ③完成する ④２１世紀始め

B：<u>課長</u>①の<u>午後</u>②の予定は？
K：<u>南さん</u>③と <u>代理店拡大</u>④の件で 会うことに なっているんだ。
B：お帰りは いつごろですか。
K：まだ よく分からないが、<u>おそくならない</u>⑤ つもりだよ。

---

1. ①部長 ②今日 ③シュミットさん ④海外出張 ⑤早く帰る
2. ①係長 ②午前中 ③北村さん ④新聞広告 ⑤１１時半ごろには帰る
3. ①教授 ②明日 ③林教授 ④国際会議 ⑤今日はもう帰らない

3. 単語リスト

Nomina

甘いもの	あまいもの	Süßigkeiten
案内係	あんないがかり	Personal bei der Auskunft
営業部	えいぎょうぶ	Verkaufsabteilung
遠足	えんそく	Ausflug
大雨	おおあめ	starker Regen
親子丼	おやこどんぶり	Reisgericht mit Hühnchen und Ei
拡大	かくだい	Erweiterung
歌手	かしゅ	Sänger(in)
関係	かんけい	Beziehung
九州	きゅうしゅう	die Insel Kyushu
教科書	きょうかしょ	Lehrbuch
技術	ぎじゅつ	Technik
技術上	ぎじゅつじょう	im Hinblick auf die Technik
経済学	けいざいがく	Wirtschaftswissenschaften
件	けん	Angelegenheit
広告	こうこく	Reklame, Werbung
広告を出す	こうこくをだす	Reklame machen, inserieren
広報部	こうほうぶ	Informationsabteilung
国際会議	こくさいかいぎ	internationale Konferenz
故障	こしょう	Defekt, Panne, kaputt
今年中	ことしじゅう	innerhalb dieses Jahr
今月中	こんげつちゅう	innerhalb dieses Monats
今週中	こんしゅうちゅう	innerhalb dieser Woche
作曲家	さっきょくか	Komponist
支店	してん	Filiale
自動車関係	じどうしゃかんけい	im Bereich der Automobilindustrie
社	しゃ	Firma
社員食堂	しゃいんしょくどう	Kantine
食券	しょっけん	Essensmarke
自動券売機	じどうけんばいき	Ticketautomat, 自動販売機（じどうはんばいき）Automat
冗談、	じょうだん	Scherz
冗談を言う	じょうだんをいう	Spaß machen
20世紀	にじゅっせいき	20. Jahrhundert
代理店	だいりてん	Agentur
つもり	つもり	Vorhaben, Absicht
定食	ていしょく	Menü
天丼	てんどん	Reisgericht mit fritierten Garnelen
伝統	でんとう	Tradition
販売会議	はんばいかいぎ	Sitzung der Verkaufsabteilung
文化	ぶんか	Kultur

港	みなと	Hafen
者	もの	Person
焼きそば	やきそば	japanische gebratene Nudeln
N1 用(の) N2	よう	N2 für N1

Fremdwörter (Nomina)

アルプス	アルプス	Alpen
エネルギー	エネルギー	Energie
エベレスト山	エベレストさん	Mount Everest
オーストラリア	オーストラリア	Australien
オーストリア	オーストリア	Österreich
オリンピック	オリンピック	Olympiade
カツ丼	カツどん	Reisgericht mit Schweinekotelett
ゴールデンウィーク	ゴールデンウィーク	Feiertage vom 29.4. bis 5.5.
セールスポイント	セールスポイント	Vorteil
テーマ	テーマ	Thema
デート	デート	Verabredung
フェリー	フェリー	Fähre
プロジェクト	プロジェクト	Projekt
マレーシア	マレーシア	Malaysia
ラーメン	ラーメン	chinesische Nudeln

Einstufige Verben

仕上げる	しあげる	fertigmachen, vollenden

Fünfstufige Verben

貸す	かす	jm. etwas ausleihen
助け合う	たすけあう	einander helfen
直る	なおる	repariert werden
残る	のこる	übrigbleiben
酔っ払う	よっぱらう	betrunken sein

Nominalverben

延期する	えんきする	verschieben
完成する	かんせいする	vollenden
研究する	けんきゅうする	forschen, studieren
生産する	せいさんする	produzieren
中止する	ちゅうしする	aufhören, ausfallen
批判する	ひはんする	kritisieren

Na-Adjektive

嫌(な)	いや(な)	unangenehm
技術的(な)	ぎじゅつてき(な)	technisch
有能(な)	ゆうのう(な)	tüchtig, talentiert, fähig

Adverbien

そろそろ	そろそろ	langsam
のんびり	のんびり	ruhig, gelassen, sorglos
まだまだ	まだまだ	immer noch

Demonstrativpronomina

そんな	そんな	solch

Interjektionen

さあ	さあ	nun, jetzt, also

Idiomatische Redewendungen

うまくいく	うまくいく	es läuft gut
お帰り	おかえり	Rückkehr, Grußwort der Person, die Zurückgekommene empfängt
今日中に	きょうじゅうに	innerhalb des heutigen Tages
そのことで	そのことで	wegen dieser Sache
Nでも	でも	~ so was
なかなか～ない	なかなか～ない	nicht einfach ~ machen oder machen können
喉が渇く	のどがかわく	Durst haben
宜しく頼む	よろしくたのむ	Ich bitte Sie um die Mühe.
例の	れいの	schon genannt

4. アクティブ漢字リスト

漢字	意味 / 書き順	読み	熟語	よみ	訳
相	Lage, Aussehen	ソウ あい	相談する	そうだん	besprechen, beraten
			相手	あいて	Partner
			相続	そうぞく	Erbschaft
談	reden	ダン	相談する	そうだん	besprechen, beraten
			会談	かいだん	Besprechung
			冗談	じょうだん	Scherz
発	etw. von sich geben	ハツ ホツ はな-つ	開発	かいはつ	Entwicklung
			出発する	しゅっぱつ	abfahren
			発見する	はっけん	entdecken
月	Mond, Monat	ゲツ がつ つき	先月	せんげつ	letzter Monat
			今月	こんげつ	dieser Monat
			来月	らいげつ	nächster Monat
火	Feuer	カ ひ	花火	はなび	Feuerwerk
			火曜日	かようび	Dienstag
			火事	かじ	Brand, Feuer
土	Erde	ド ト つち	土曜日	どようび	Samstag
			土地	とち	Grundstück
			土星	どせい	Saturn
春	Frühling	シュン はる	春	はる	Frühling
			新春	しんしゅん	Neujahr
			早春	そうしゅん	Vorfrühling
夏	Sommer	カ なつ	夏休み	なつやすみ	Sommerferien
			初夏	しょか	Anfang des Sommers
			春夏秋冬	しゅんかしゅうとう	vier Jahreszeiten
秋	Herbst	シュウ あき	秋	あき	Herbst
			秋風	あきかぜ	Herbstswind
			晩秋	ばんしゅう	Spätherbst
冬	Winter	トウ ふゆ	冬	ふゆ	Winter
			冬休み	ふゆやすみ	Winterferien

アクティブ漢字リスト

漢字	意味	筆順	読み	熟語	読み	意味
男	Mann	丨 冂 冊 田 甼 男	ダン / ナン / おとこ	男性	だんせい	männliches Geschlecht
				男子	だんし	Junge
				長男	ちょうなん	der älteste Sohn
女	Frau	く ム 女	ジョ / ニョ / おんな	女性	じょせい	weibliches Geschlecht
				女子	じょし	Mädchen
				長女	ちょうじょ	die älteste Tochter
性	Geschlecht	ノ 丷 忄 忄 忄 忄 忄 性	セイ / ショウ / さが	男性	だんせい	männliches Geschlecht
				女性	じょせい	weibliches Geschlecht
				性質	せいしつ	Charakter
茶	Tee	一 ナ サ サ 艾 苁 苯 茶 茶	チャ / サ	お茶	おちゃ	Tee
				茶道	さどう	der Weg des Tees
				喫茶店	きっさてん	Café
用	benutzen	ノ 冂 月 月 用	ヨウ / もち-いる	用事	ようじ	Erledigung
				使用する	しよう	benutzen
				用心する	ようじん	vorsichtig sein
立	aufstehen/stehen	丶 亠 十 立 立	リツ / た-つ / た-てる	立つ	た-つ	aufstehen / stehen
				自立	じりつ	selbständig sein
				国立	こくりつ	staatlich
午	Mittag	ノ ト 上 午	ゴ / うま	午前	ごぜん	Vormittag
				午後	ごご	Nachmittag
				正午	しょうご	Mittag
課	Abteilung	丶 讠 言 訁 訁 訳 訳 訳 評 課 課	カ	課長	かちょう	Abteilungsleiter
				～課	か	Lektion ～, Abteilung
				課題	かだい	Aufgabe
曜	Wochentag	日 日 日 日 明 明 明 明 明 曜 曜	ヨウ	日曜日	にちようび	Sonntag
				月曜日	げつようび	Montag
				火曜日	かようび	Dienstag
堂	Halle	丨 丷 丷 丷 尚 尚 営 堂 堂	ドウ	食堂	しょくどう	Restaurant, Eßzimmer
				講堂	こうどう	Aula

5. 文法 (Grammatik)

（１） Höflichkeitsleere Aufforderung (Du-Form): Laßt uns ~ !

Die V（よ）う-Form wird für Aufforderungen im vertrauten Kreis gebraucht.
"V-ましょう" oder "V-ませんか" hingegen werden für den höflichen Stil benutzt.

	Verb	[oo/yoo] vertraute Form	höfliche Form
1 V	見る	[－yoo] 見よう（か）	見ましょう
5 V	飲む	[－oo] 飲もう（か）	飲みましょう
U R	来る	[－yoo] 来(こ)よう（か）	来ましょう
U R	する	[－yoo] しよう（か）	しましょう

* Mit "か" wird der Aufforderungsgrad des Satzes abgeschwächt.

今晩、映画を見よう（か）。	Laß uns heute abend einen Film sehen!
ビールでも*飲もう（か）。	Laß uns ein Bier oder so trinken!
明日また来よう（か）。	Laß uns morgen wiederkommen!
いっしょに日本語を勉強しよう（か）。	Laß uns zusammen Japanisch lernen!

* N＋でも： Aufzählung eines Beispiels (N oder so)
（たとえば）テニスでも (beispielsweise) Tennis oder so
* Fragewort＋でも： vollständige Bejahung (alles/egal ~)
私は何でも食べます。　　Ich esse alles.
だれでもいいです。　　Egal wer.
いつでも来て下さい。　　Kommen Sie bitte jederzeit!

（２） V（よ）う＋と思う： beabsichtigen, vorhaben

Durch die Verbindung der höflichkeitsleeren Aufforderungsform "（よ）う" und "と思う" können eine Absicht, ein Vorhaben oder ein Wille zum Ausdruck gebracht werden.

1V:　早く寝ようと思います。
　　　Ich beabsichtige, früh ins Bett gehen.
　　　彼女に電話をかけようと思います。
　　　Ich beabsichtige, sie anzurufen.
5V:　ＣＤを聞こうと思います。
　　　Ich will eine CD hören.
　　　彼に手紙を書こうと思います。
　　　Ich habe vor, ihm einen Brief zu schreiben.

UR: 来年また来ようと思います。
　　Ich will nächstes Jahr wiederkommen.
　　オーストラリアに旅行しようと思います。
　　Ich beabsichtige, nach Australien zu fahren.

* Negation: "～よう/うと（は）思いません" oder "Ｖ(GF)まいと思います"
* Soll die Absicht einer anderen Person ausgedrückt werden muß "思っています" verwendet werden.

（３）Ｖ（よ）う＋とする： im Begriff sein / versuchen

Wenn die höflichkeitsleere Aufforderungsform "Ｖ（よ）う" mit "とする" verbunden wird, drückt dies ein "im Begriff sein" oder einen "Versuch" aus.

彼はちょうど風呂に入ろうとしています。
Er ist im Begriff zu baden.
彼はいつも人を助けようとします。
Er versucht immer, den Menschen zu helfen.
彼はその漢字を書こうとしました。
Er versuchte, das Kanji zu schreiben (, aber ...)
忘れようとしましたが、なかなか忘れることができません。
Obwohl ich versuche, es zu vergessen, kann ich's einfach nicht vergessen.

* Für "im Begriff sein" wird immer "Ｖ（よ）うとしています" verwendet.
* Wenn die Vergangenheitsform "Ｖ（よ）うとしました" verwendet wird, wurde der Versuch nicht realisiert.

（４）～つもりだ： vorhaben, beabsichtigen, glauben

Die Funktion von "Ｖ(GF)-つもりだ" ähnelt der von "Ｖ（よ）うと思う".

新しい自動車を買うつもりです。
Ich habe vor, ein neues Auto zu kaufen.
冬休みに家族とオーストリアへスキーに行くつもりです。
Ich habe vor, in den Winterferien mit meiner Familie nach Österreich zum Schilaufen zu fahren.
今日先生を訪(たず)ねるつもりでしたが、時間がありませんでした。
Ich hatte heute vor, meinen Lehrer zu besuchen, aber ich hatte keine Zeit.
日本で研修するつもりですか。　はい、そのつもりです。
Haben Sie vor, in Japan ein Praktikum zu machen?　Ja, das habe ich vor.

Negation

映画を見ないつもりです。(normale Negation)

Ich habe vor, den Film nicht zu sehen.

映画を見るつもりはありません。(starke Negation)

Ich habe nicht vor, den Film zu sehen.

Einbildung: "つもりだ" bedeutet "glauben" oder "sich einbilden", wenn es an V(Te-F, Ta-F) oder an IA,NA oder N angeschlossen wird.

［V-ているつもり］：彼はよく働いているつもりです。
　　　　　　　　　　　Er bildet sich ein, daß er fleißig arbeitet.
［V-たつもり］　　：私はよく勉強したつもりです。
　　　　　　　　　　　Ich dachte eigentlich, gut gelernt zu haben.
［IA-つもり］　　　：彼女はまだ若いつもりです。
　　　　　　　　　　　Sie bildet sich ein, noch jung zu sein.
［NA-つもり］　　　：彼は親切なつもりです。
　　　　　　　　　　　Er bildet sich ein, freundlich zu sein.
［N-のつもり］　　 ：じょうだんのつもりでしたが。
　　　　　　　　　　　Ich meine eigentlich, daß es nur ein Scherz war.

(5) Entschluß, Festlegung

(1) ～ことにする

1. "～ことにする" beschreibt eine Entscheidung, die man selbst getroffen hat.
2. "こと" wird als Nominalisator eingesetzt.

1a. | V (GF/ない F) ＋ことにする |　　　eigene Entscheidung

来年からアメリカで働くことにしました。
Ich habe mich entschlossen, ab nächstes Jahr in Amerika zu arbeiten.
彼はこの会社をやめることにしました。
Er hat sich entschlossen, bei dieser Firma zu kündigen.
大学で伝統文化の研究をすることにしました。
Ich habe mich entschieden, an der Uni traditionelle Kultur zu erforschen.
今日からもうたばこを吸わないことにします。
Ich habe mich entschlossen, ab heute nicht mehr zu rauchen.

1b. ┃ Nにする ┃   sich entscheiden, etwas zu nehmen (im Geschäft, im Restaurant)

私は寿司にします。　　　Ich nehme Sushi.
この万年筆にします。　　Ich nehme diesen Füllfederhalter.

1c. ┃ V (GF/ないF)＋こと(ように)にしている ┃   pflegen, etwas (nicht) zu machen

夕方私は３０分ほどジョギングすることに(ように)しています。
Gewöhnlich jogge ich abends etwa dreißig Minuten.
なるべく私は甘いものを食べないことに(ように)しています。
Ich pflege, möglichst keine Süßigkeiten zu essen.

(2) ～ことになる

2a. ┃ V (GF/ないF)＋ことになる ┃   Festlegung, Entscheidung

1. Eine Sache wird durch einen äußeren Einfluß festgelegt (passive Entscheidung).
2. Es ist zwar die eigene Entscheidung einer Person, aber diese wird bescheiden ausgedrückt.

大雨のため、ハイキングは中止することになりました。
Wegen des starken Regens wurde entschieden, den Ausflug abzusagen.
試験が悪かったので、もう一度受けることになりました。
Wegen der schlechten Prüfung wurde entschieden, daß ich die Prüfung noch einmal machen muß.
この町で４年後オリンピックが行われることになりました。
Es wurde festgelegt, daß in vier Jahren die Olympiade in dieser Stadt stattfindet.
彼女と結婚しないことになりました。
Ich habe mich entschieden, sie nicht zu heiraten.

2b. ┃ V (GF/ない)＋ことになっている ┃   geregelt sein (Zustand)

日本では車は左がわを走ることになっています。
Es ist so geregelt, daß man auf der linken Seite der Straße fahren muß.
毎週一回、漢字のテストをすることになっています。
Es ist so geregelt, daß der Kanji-Test einmal pro Woche durchgeführt wird.
今晩彼女と会うことになっています。
Es ist festgelegt, daß ich sie heute abend treffen werde.

6. 練習 (Übungen)

（1） Schreiben Sie die Sätze in die höflichkeitsleere Aufforderungsform um!

1．早く起きる 　　　　　11．旅に出る
2．コーヒーを飲む　　　　12．日本語を話す
3．散歩する　　　　　　　13．ビールを飲む
4．漢字を書く　　　　　　14．ケーキを焼く
5．ゆっくり走る　　　　　15．部屋をかたづける
6．富士山に登る　　　　　16．買う前によく考える
7．ぼつぼつ帰る　　　　　17．先生に質問する
8．カツドンを食べる　　　18．一生けんめい働く
9．彼女に紹介する　　　　19．のんびり生活する
10．いっしょに行く　　　　20．たばこをやめる

（2） Verbinden Sie die entsprechenden linken und rechten Satzhälften!

1．いっしょに買物に　　　　・　　・案内しよう
2．今日はカレーライスに　　・　　・みんなで助け合おう
3．時間がないから　　　　　・　　・案内係に聞こう
4．父に東京を　　　　　　　・　　・いっしょに考えよう
5．だれかが困った時　　　　・　　・見つけよう
6．のどがかわいたから　　　・　　・歯をみがこう
7．電話番号が分からないので・　　・急ごう
8．外国でも友だちを　　　　・　　・行こう
9．そのテーマについて　　　・　　・コーラでも注文しよう
10．寝る前に　　　　　　　　・　　・しよう

（3） Beantworten Sie die Fragen mit "V ようと思います"!

1．どんな映画を見ますか。　　　　　（フランス映画）
2．休暇にどこへ行きますか。　　　　（日本アルプス）
3．スーパーで何を買いますか。　　　（肉と野菜）
4．だれに会いますか。　　　　　　　（山田先生）
5．週末何をしますか。　　　　　　　（ケーキを焼く）
6．いつまたここに来ますか。　　　　（来年）
7．テレビでどんな番組を見ますか。　（ニュースとすもう）
8．どんなプレゼントをしますか。　　（漢字の辞書）
9．まだたばこを吸っていますか。　　（明日からやめる）
10．だれをハイキングにさそいますか。（マリアさんと木村さん）

（4） Geben Sie eine negative Antwort mit "V ようと思いません"!
1．まだお酒を飲みたいですか。　　　　　いいえ、
2．まだたばこを吸いますか。　　　　　　いいえ、
3．土曜日も働きますか。　　　　　　　　いいえ、
4．またあの山に登りたいですか。　　　　いいえ、
5．来週も代理店回りをしますか。　　　　いいえ、
6．また新聞広告を出しますか。　　　　　いいえ、
7．また結婚したいですか。　　　　　　　いいえ、
8．テレビのこしょうを修理しますか。　　いいえ、
9．彼にお金をまた貸しますか。　　　　　いいえ、
10．銀行からお金を借りたいですか。　　　いいえ、

（5） Finden Sie die passenden Verben und setzen Sie sie in der richtigen Form mit（よ）うとする ein!

1．その窓を_____としましたが、だめでした。	乗る
2．船は今、港を_____としています。	変わる
3．私は毎日日記を_____としています。	探す
4．彼女はいつも人に親切に_____としています。	開ける
5．いやなことを早く_____としましたが、なかなか出来ません。	出る
6．中川さんは今車に_____としています。	書く
7．その作曲家はもっといい曲を_____としています。	作る
8．彼はテストの時、いつも私の答えを_____とします。	する
9．お父さんは娘にいいおむこさんを_____としています。	見る
10．信号が青から黄色に_____としています。	忘れる

（6） Beantworten Sie die Frage mit Hilfe der in Klammern angegebenen Ausdrücke!
1．週末何をするつもりですか。（買物、映画）
2．次の休暇にどこへ旅行するつもりですか。（タイかマレーシア）
3．日本で何をするつもりですか。（コンピュータの会社）
4．今晩何を食べるつもりですか。（スパゲッティーかグラタン）
5．大学で何を勉強するつもりですか。（経済学と日本語）
6．何でイギリスへ行くつもりですか。（バスとフェリー）
7．新しいカメラにいくらお金を出すつもりですか。（3万円ぐらい）
8．結婚式はどこでするつもりですか。（山の手教会）
9．会議で何を相談するつもりですか。（代理店拡大の件）
10．いつごろ帰るつもりですか。（おそくならない）
11．しょうらい何になるつもりですか。（お医者さん）
12．卒業後どんな仕事をするつもりですか。（自動車関係）

（7）Bilden Sie negative つもり-Sätze in zwei Formen!

         （～ないつもり）   （～つもりはない）

1．レコードを聞く   ＿＿＿＿＿＿＿＿＿＿   ＿＿＿＿＿＿＿＿＿＿
2．悪口を言う   ＿＿＿＿＿＿＿＿＿＿   ＿＿＿＿＿＿＿＿＿＿
3．学校を休む   ＿＿＿＿＿＿＿＿＿＿   ＿＿＿＿＿＿＿＿＿＿
4．先生になる   ＿＿＿＿＿＿＿＿＿＿   ＿＿＿＿＿＿＿＿＿＿
5．着物を着る   ＿＿＿＿＿＿＿＿＿＿   ＿＿＿＿＿＿＿＿＿＿
6．土曜日に働く   ＿＿＿＿＿＿＿＿＿＿   ＿＿＿＿＿＿＿＿＿＿
7．ここに住む   ＿＿＿＿＿＿＿＿＿＿   ＿＿＿＿＿＿＿＿＿＿
8．彼と結婚する   ＿＿＿＿＿＿＿＿＿＿   ＿＿＿＿＿＿＿＿＿＿
9．めいわくをかける   ＿＿＿＿＿＿＿＿＿＿   ＿＿＿＿＿＿＿＿＿＿
10．あなたを批判する   ＿＿＿＿＿＿＿＿＿＿   ＿＿＿＿＿＿＿＿＿＿

（8）Finden Sie die passenden Wörter und setzen Sie sie in der つもり-Form ein!

1．一生けんめい＿＿＿＿＿＿＿＿＿＿ですが、試験はよく出来ませんでした。
2．彼女は４７才ですが、まだまだ＿＿＿＿＿＿＿＿＿＿です。
3．よく＿＿＿＿＿＿＿＿＿＿ですが、どこにも見つかりませんでした。
4．彼は作文をじょうずに＿＿＿＿＿＿＿＿＿＿ですが、たくさんまちがいがありました。
5．私は人にいつも親切に＿＿＿＿＿＿＿＿＿＿ですが。
6．私は彼にそのことを＿＿＿＿＿＿＿＿＿＿ですが、彼は知りませんでした。
7．彼女は歌手で、歌がとても＿＿＿＿＿＿＿＿＿＿ですが。
8．教授は法律について簡単に＿＿＿＿＿＿＿＿＿＿ですが、私はよく分かりませんでした。
9．私はお酒に＿＿＿＿＿＿＿＿＿＿でしたが、昨日はとてもよっぱらいました。
10．お客さんが来る前に、部屋を＿＿＿＿＿＿＿＿＿＿ですが。

 する／強い／さがす／かたづける／勉強する／伝える／若い／説明する／書く／上手

（9）Vollenden Sie die Sätze in der Entscheidungsform（ことにした）!

1．バス／ない／家／歩いて帰る
2．ちゅう子／ちゅう助／結婚する
3．ゴールデンウィーク／日本アルプス／登る
4．雨／降る／遠足／えんきする
5．課長／今日／カツドン／注文する
6．寒い／外出しない
7．彼の誕生日／アルバム／プレゼントする
8．その店／品物／高い／悪い／買わない
9．つかれた／早い／寝る
10．朝／出かける／前／ジョギング／する

(10) Finden Sie die passenden Satzteile und vollenden Sie die Sätze in der ことにしている-Form!

1．日本人と会った時　　・　　　・歯をみがく
2．天気のいい日は　　　・　　　・早く忘れる
3．寝る前に　　　　　　・　　　・地図を見る
4．昼ごはんは　　　　　・　　　・１５分休む
5．体に悪いので　　　　・　　　・公園や森を散歩する
6．いやなことは　　　　・　　　・教科書をよく読む
7．旅行に出る前に　　　・　　　・いつも日本語で話す
8．授業に出る前に　　　・　　　・図書館で借りる
9．２時間歩いて　　　　・　　　・たばこを吸わない
10．本を買わないで　　　・　　　・たいてい社員食堂で食べる

(11) Ergänzen Sie die Sätze mit "~ことになった" oder "~ことになっている"!

1．試験に合格しなかったので、もう一度＿＿＿＿＿＿＿＿＿＿＿＿＿＿＿＿＿。
2．イギリスで車は道路の左がわを＿＿＿＿＿＿＿＿＿＿＿＿＿＿＿＿。
3．今日の会議で新しいプロジェクトを＿＿＿＿＿＿＿＿＿＿＿＿＿＿＿＿。
4．私は来年からドイツの会社で＿＿＿＿＿＿＿＿＿＿＿＿＿＿＿＿＿。
5．今日の午後２時にお客さんと＿＿＿＿＿＿＿＿＿＿＿＿＿＿＿＿＿。
6．彼は来月から営業部の課長に＿＿＿＿＿＿＿＿＿＿＿＿＿＿＿＿＿。
7．台風が来たので、飛行機は＿＿＿＿＿＿＿＿＿＿＿＿＿＿＿＿＿＿。
8．この会社では仕事を始める前に＿＿＿＿＿＿＿＿＿＿＿＿＿＿＿＿。
9．予定では電車は４時２５分に東京に＿＿＿＿＿＿＿＿＿＿＿＿＿＿。
10．この学生は１年間日本で＿＿＿＿＿＿＿＿＿＿＿＿＿＿＿＿。

(12) Übersetzen Sie die Sätze ins Japanische!

1．Laß uns gut überlegen, bevor wir etwas kaufen!
2．Laß uns für den Ausflug ein Obento (Lunchbox) mitnehmen!
3．Laß uns auf die Autos achten, wenn wir die Straße überqueren!
4．Ich beabsichtige, meine Freunde zu sehen, wenn ich nach Tokyo fahre.
5．Ich beabsichtige, zum Arzt zu gehen, weil ich mich etwas erkältet habe.
6．Ich beabsichtige nicht, diese Wohnung zu mieten.
7．Gestern abend habe ich versucht, schnell einzuschlafen, aber ich konnte nicht.
8．Sie war im Begriff, aus dem Zimmer zu gehen, als ich hineinkam.
9．Wir haben vor, dieses Gebäude bis Anfang des nächsten Monats fertigzustellen.
10．Ich hatte vor, heute einkaufen zu gehen, aber ich hatte keine Zeit.
11．Ich hatte nicht vor, unsere Probleme zu verstecken.
12．Was haben Sie am Wochenende vor?　Ich habe nichts Besonders vor.

13. Ich glaubte, vor der Prüfung fleißig Japanisch gelernt zu haben, aber..
14. Er glaubt, daß er noch jung ist, aber tatsächlich ist er schon über 50 Jahre alt.
15. Ich habe mich entschieden, auf der Party Karaoke zu singen.
16. Sie haben sich entschieden, dieses Haus zu kaufen, weil es ihnen sehr gefallen hat.
17. Wir haben uns entschieden, den Termin aus bestimmten Gründen zu verschieben.
18. Ich pflege, jeden Tag vor dem Schlafen gehen Tagebuch zu schreiben.
19. Es wurde festgelegt, daß er von der folgenden Woche an in der Autofabrik dieser Stadt als Techniker arbeiten würde.
20. Es ist in unserer Firma so geregelt, daß man nach einer Dienstreise einen Bericht auf Japanisch schreiben muß.

(13) 作文：私のこの前の旅行・休暇

7. 復習テスト 第14課 (Lektionstest L14)

(1) Setzen Sie die passenden Verben mit (よ)う ein! (8×3)
 1. もうおそいから家に(　　　　　　)！
 2. 外国の友だちをたくさん(　　　　　　)！
 3. 日本文化について話を(　　　　　　)と思っています。
 4. 今電車が(　　　　　　)としています。
 5. その漢字の読み方を忘れましたので、辞書で(　　　　　　)と思います。
 6. 今週中に報告書を(　　　　　　)としましたが、無理でした。
 7. もうたばこを(　　　　　　)と思っています。
 8. 彼はいつも人の悪口を(　　　　　　)とするんです。

(2) Setzen Sie die passenden Verben mit つもり ein! (8×3)
 1. 時間があるので、今日は映画を＿＿＿＿＿＿＿＿＿＿＿＿。
 2. 彼女の誕生日にランプを＿＿＿＿＿＿＿＿＿＿＿＿。
 3. テレビを＿＿＿＿＿＿＿＿＿＿＿＿が、高かったので買いませんでした。
 4. 天気が悪いので、登山は＿＿＿＿＿＿＿＿＿＿＿＿。
 5. テストがあったので、漢字をたくさん＿＿＿＿＿＿＿＿＿＿＿＿が。
 6. 今日はひさしぶりに寿司(すし)に＿＿＿＿＿＿＿＿＿＿＿＿。
 7. 今晩はつかれているので、外出＿＿＿＿＿＿＿＿＿＿＿＿。
 8. かれはいつも＿＿＿＿＿＿＿＿＿＿＿＿が、もう４９才です。

(3) Ergänzen Sie die Sätze mit ～ことにした/している oder ～ことになった/なっている! (8×3)
 1. 試験に合格しなかったので、また＿＿＿＿＿＿＿＿＿＿＿＿。
 2. 田中さんと会った時には、いつも日本語を＿＿＿＿＿＿＿＿＿＿＿＿。
 3. 明日から毎日日記を＿＿＿＿＿＿＿＿＿＿＿＿。
 4. この電車は９時４６分に東京駅に＿＿＿＿＿＿＿＿＿＿＿＿。
 5. 私はいやなことは早く＿＿＿＿＿＿＿＿＿＿＿＿。
 6. お金もひまもないので、どこにも＿＿＿＿＿＿＿＿＿＿＿＿。
 7. 日本で車は道の左がわを＿＿＿＿＿＿＿＿＿＿＿＿。
 8. 今日の会議で彼は来月から営業部長に＿＿＿＿＿＿＿＿＿＿＿＿。

(4) Übersetzen Sie ins Japanische! (4×7)
 1. Herr Takeda beabsichtigt, Frau Kita zu heiraten, weil sie sehr nett ist.

 2. Was haben Sie am Wochenende vor?　Ich habe nichts Besonderes vor.

 3. Ich habe nicht die Absicht, Politiker zu werden.

 4. In dieser Firma ist es festgelegt, daß Frauen nach der Heirat kündigen müssen.

＿＿＿＿＿＿/１００

第１５課 (Lektion15)

1. 基本文型

Vermutung 1

・東さんは 北さんより 大きい かもしれません。

・明日は 天気が いいでしょう。

・林さんは 病気にちがいありません。

・南さんは きっと 来るはずです。

・正さんが それを 知らない はずはありません。

第１５課 (Lektion 15)

2. 会話１　明日天気にしておくれ

ベルガー　：　毎日毎日　よく雨が　降りますね。
雨宮　　　：　ええ、梅雨です　からね。
ベルガー　：　梅雨は　どのくらい　続くのでしょうか。
雨宮　　　：　時々　晴れることもありますが、
　　　　　　　梅雨は　６月中旬から７月中旬ぐらいまで
　　　　　　　１か月ぐらいは　続くでしょう。
ベルガー　：　そんなに長く。
　　　　　　　むしむしして、本当に気持ちが　悪いですね。
雨宮　　　：　そうですね。
ベルガー　：　明日、会社の人と　ハイキングに　行くんですが、
　　　　　　　天気は　どうでしょうか。
雨宮　　　：　明日も　きっと　雨が　降るでしょうね。
ベルガー　：　いえいえ！　明日は　ぜったい　晴れる　はずですよ。
雨宮　　　：　おや、それは　どうしてですか。
　　　　　　　天気予報で　言っていましたか。
ベルガー　：　いいえ、そうでは　ありません。
　　　　　　　でもほら、雨宮さん、西の空を　見てください。
　　　　　　　少し明るくなったでしょう。
　　　　　　　雨も　弱くなりましたよ。
雨宮　　　：　あれ、本当だ。
ベルガー　：　もうすぐ、雨が　やんで、明日は　青空が　広がるに
　　　　　　　ちがいありませんよ。
雨宮　　　：　ふしぎですね。　どうしたのでしょう。
ベルガー　：　実はね、　ぼく、毎日「てるてるぼうず」をぶらさげて、
　　　　　　　祈っているんですよ。
　　　　　　　「てるてるぼうず、てるぼうず、
　　　　　　　明日天気にしておくれ！」てね。

会話2　故障かもしれません

ベルガー　：あれ、マリアさん、どうしたんですか。
マリア　　：あのう、ステレオの音が ぜんぜん 出なくて 困っているんです。
　　　　　　ベルガーさん、すみませんが、ちょっと 見てくれませんか。
ベルガー　：ええ、いいですよ、僕に まかせてください。
マリア　　：お願いします。
ベルガー　：ええと、はじめに スイッチは 入っていますか。
マリア　　：ええ、もちろん、ほら ONに なっているでしょう。
ベルガー　：電源は 抜けていませんか。
マリア　　：ええ、だいじょうぶです。ちゃんと ランプが ついていますから。
ベルガー　：そうですね。じゃあ、音量は どうでしょう。
マリア　　：音量は これくらいで ちょうど いいと 思いますが。
ベルガー　：ええ、いいです。じゃあ、きっと 後の配線でしょうね。いろいろなコードが あるから、どこかが 抜けている かもしれませんよ。
マリア　　：そうですね。ちゃんと つないだはずですが、一度 見てください。
ベルガー　：はい、それでは 一度 スイッチを 切りましょう。ええと、アンプと プレイヤーは これで いいですね。それから、この二つのコードは アンプから スピーカーに．．．OK、全部 いいですね。
マリア　　：そうでしょう。
ベルガー　：はい、では もう一度 スイッチを 入れてください。今度は きっと音が 出るに ちがいありませんよ。

　　　　　　ーカチッー

マリア　　：あれ、やっぱり だめですね。
ベルガー　：おかしいですね。ひょっとしたら 故障したのかもしれませんね。やっぱり、電気屋さんに 持っていった方が いいでしょう。
マリア　　：そんな はずは ありませんよ。先週 買ったばかりで、昨日までは よく なっていたんですから。
ベルガー　：そうですか。でも 変ですねえ．．？　あ、何だ、分かりましたよ。
マリア　　：え、本当ですか？
ベルガー　：音が 出ないはずですよ、マリアさん。ヘッドフォンを 差しこんだ ままですからね。
マリア　　：あらまあ、ごめんなさい。

| 天気予報 |

さっぽろ地方：一日中晴れて、いい天気でしょう。
　　　　　　　最高気温は２３度ぐらいでしょう。
東京地方：　午前中くもり時々雨、午後から雨は強くなりますが、後(のち)
　　　　　　やむでしょう。　最高気温は２７度ぐらいでしょう。
名古屋地方：午前中くもり、午後から雨が降ったりやんだりするでしょう。
　　　　　　最高気温は２８度ぐらいでしょう。
大阪地方：　午前中晴れますが、午後しだいにくもり、夕方から雨になる
　　　　　　でしょう。　最高気温は２９度ぐらいでしょう。
＊あなたの地方の　明日の天気は　どうでしょうか？

本文質問 (Fragen zum Text): 明日天気にしておくれ
（１）どうして毎日雨が降っているのですか。
（２）梅雨の時どんな天気ですか。
（３）梅雨はいつからいつまで続きますか。
（４）梅雨の後、季節(きせつ)はどうなりますか。
（５）明日の天気について、雨宮さんとベルガーさんの意見は同じですか。
（６）ベルガーさんは天気予報を聞きましたか。
（７）きゅうに天気はどうなりましたか。
（８）それで雨宮さんはどう思いましたか。
（９）ベルガーさんはどうして明日晴れると思っているのですか。
（10）ドイツにも「てるてるぼうず」がありますか。

会話の練習 (Konversationsübung): 故障かもしれません

| ベルガー：マリアさん、どうしたんですか。
| マリア　：ステレオの音が出なくて①、困っているんです。
| 　　　　　ベルガーさん、ちょっと見て②くれませんか。
| ベルガー：ええ、いいですよ。　僕にまかせてください。
| マリア　：すみません、お願いします。

　１．①車のエンジンがかからない　②見る
　２．①この英語の意味が分からない　②教える
　３．①さいふを忘れる　②お金を貸す
　４．①この機械の使い方がむずかしい　②助ける

3. 単語リスト

Nomina

青空	あおぞら	blauer Himmel
雨宮	あまみや	*Familienname*
意見	いけん	Meinung
音量	おんりょう	Lautstärke
顔	かお	Gesicht
北	きた	Norden, hier: *Familienname*
現在	げんざい	Gegenwart
最高気温	さいこうきおん	höchste Temperatur
財布	さいふ	Portemonnaie
書類	しょるい	Unterlagen, Papiere
専門	せんもん	Fachgebiet
総理大臣	そうりだいじん	Premierminister
正	ただし	*männlicher Vorname*: 正しい richtig
中旬	ちゅうじゅん	Mitte des Monates; 上旬（じょうじゅん）= Monatsanfang, 下旬（げじゅん）= Monatsende
梅雨	つゆ	Tsuyu (Regenzeit in Japan)
照る照る坊主	てるてるぼうず	Papierpuppe, die japanischen Kinder aufhängen, um um gutes Wetter zu bitten.
天気予報	てんきよほう	Wetterbericht
電源	でんげん	Steckdose
度	ど	Grad
西	にし	Westen
年号	ねんごう	*Dynastiename*
配線	はいせん	Verdrahtung
林	はやし	Hain, hier: *Familienname*
はず	はず	es dürfte sein
犯人	はんにん	Verbrecher, Täter
東	ひがし	Osten
引き出し	ひきだし	Schublade
南	みなみ	Süden, hier: *Familienname*

Fremdwörter (Nomina)

アイスクリーム	アイスクリーム	Eis
アンプ	アンプ	Verstärker
OK	オーケー	Okay, einverstanden
ON	オン	einschalten
カナダ	カナダ	Kanada
コード	コード	Kabel
サラリーマン	サラリーマン	Angestellte(r)
ジャケット	ジャケット	Jacke
スピーカー	スピーカー	Lautsprecher
フランス革命	フランスかくめい	französische Revolution

| プレイヤー | プレイヤー | Plattenspieler |
| ヘッドホン | ヘッドホン | Kopfhörer |

Einstufige Verben

抜ける	ぬける	abgehen, herauskommen, durchgehen
晴れる	はれる	heiter werden, sich aufklären
ぶら下げる	ぶらさげる	aufhängen
任せる	まかせる	überlassen

Fünfstufige Verben

曇る	くもる	sich bewölken
差し込む	さしこむ	hineinstecken
続く	つづく	fortdauern, andauern
つなぐ	つなぐ	anschließen
鳴る	なる	tönen, klingen
広がる	ひろがる	breiten, sich verbreiten
止む vi	やむ	aufhören (Naturereignis)

Nominalverben

| 故障する | こしょうする | kaputtgehen |

Na-Adjektive

慎重(な)	しんちょう(な)	vorsichtig
不思議(な)	ふしぎ(な)	seltsam, ungewöhnlich
変(な)	へん(な)	komisch

Adverbien

おそらく	おそらく	wahrscheinlich, vermutlich
次第に	しだいに	allmählich
多分	たぶん	wahrscheinlich, wohl
ちゃんと	ちゃんと	ordentlich, anständig :Umg. von きちんと

Interjektionen

| ええと | ええと | Äh, nun.., Ja.., Also.. |
| おや | おや | Oh! Aha! |

Lautmalereien

| カチッ | カチッ | knacks |

Idiomatische Redewendungen

雨が止む	あめがやむ	aufhören zu regnen
あら、まあ	あら、まあ	Ach, Also nein (weiblich)
音が出る	おとがでる	tönen
買ったばかり	かったばかり	gerade gekauft haben
かもしれない	かもしれない	es kann sein, es mag sein, vielleicht
気持ちが悪い	きもちがわるい	unangenehm
そんなはずがない	そんなはずがない	Das darf doch nicht wahr sein!
～にちがいない	ちがいない	es muß ~ sein

ちょうどいい	ちょうどいい	genau richtig
～てね	てね	vertraute Form von と(言って)ね
でしょう	でしょう	wohl werden (Vermutung)
天気にしておくれ	てんきにしておくれ	vertraute Form von いい天気にして下さい
時計が進む	とけいがすすむ	Die Uhr geht vor. ⇔ ～遅(おく)れる
どのくらいしますか	どのくらいしますか	Wieviel kostet es ungefähr?
(あ、)何だ！	(あ、)なんだ！	Ach!, Ach je!, Meine Güte!
ひょっとすると	ひょっとすると	eventuell = ひょっとしたら
V-た方がいい	ほうがいい	es ist besser, zu ～
見てくれませんか	みてくれませんか	Höflichkeitsform von 見て下さい
むしむしする	むしむしする	schwül
もしかすると	もしかすると	vielleicht
文句を言う	もんくをいう	sich beschweren, meckern
エンジンが掛かる	エンジンがかかる	Motor anlassen
スイッチが入っている	スイッチがはいっている	eingeschaltet sein
スイッチを入れる	スイッチをいれる	einschalten
スイッチを切る	スイッチをきる	ausschalten
ヒーターを入れる	ヒーターをいれる	Heizung einschalten

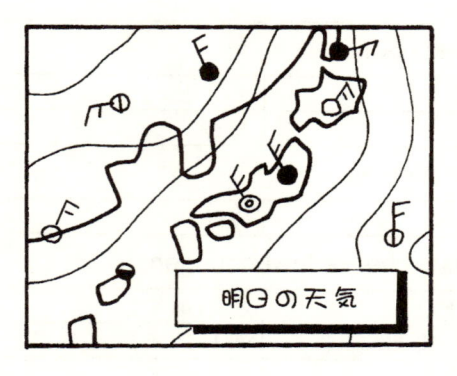

4. アクティブ漢字リスト

漢字	意味	筆順	読み	熟語	読み	訳
地	Erde, Boden	一十土よ圴地	チ	地下鉄	ちかてつ	U-Bahn
				土地	とち	Erde, Grundstück
				地球	ちきゅう	Erdkugel
鉄	Eisen, Stahl	ノ ハ 今 今 余 金 釒 鉅 鉄 鉄	テツ	地下鉄	ちかてつ	U-Bahn
				鉄道	てつどう	Eisenbahn
				鉄橋	てっきょう	Eisenbahnbrücke
毎	jeden	ノ ⺈ 仁 与 毎 毎	マイ	毎日	まいにち	jeden Tag
				毎週	まいしゅう	jede Woche
				毎月	まいつき・げつ	jeden Monat
続	andauern	く 幺 幺 糸 糸 紀 紆 続 続 続	ゾク つづ-く	続く	つづ-く	andauern
				連続	れんぞく	Kontinuität
南	Süden	一十十 冇 冇 南 南 南 南	ナン みなみ	南部	なんぶ	Süden
				東南アジア	とうなんアジア	Südostasien
				南極	なんきょく	Südpol
西	Westen	一 ⺁ 冂 丙 西 西	にし セイ サイ	西	にし	Westen
				西洋	せいよう	Europa
				関西	かんさい	Kansai-Gebiet
弱	schwach	ㄱ コ 弓 弓 弱 弱 弱	ジャク よわ-い	弱い	よわ-い	schwach
				弱肉強食	じゃくにくきょうしょく	Der Schwache wird die Beute des Starken
正	richtig	一 丅 下 正 正 正	セイ ショウ ただ-しい	正しい	ただ-しい	richtig
				正確	せいかく	genau
				正面	しょうめん	Front, Vorderseite
林	Hain	一 十 才 木 杧 村 材 林	リン はやし	竹林	たけばやし ちくりん	Bambushain
				山林	さんりん	Forst, Berge und Wälder
				森林	しんりん	Wald
量	Menge	丶 冂 日 旦 昌 昌 量 量	リョウ	音量	おんりょう	Lautstärke
				量	りょう	Menge
				大量	たいりょう	große Menge

アクティブ漢字リスト

漢字	意味	筆順	読み	熟語	読み	意味
思	denken, meinen	一 冂 冂 田 田 思 思 思	シ おも-う	思う	おも-う	meinen, denken
				思い切り	おもいきり	gewagt
				思想	しそう	Gedanke
温	warm	丶 氵 氵 沪 泹 泹 温 温 温	オン あたた-かい	温度	おんど	Temperatur
				体温	たいおん	Körpertemperatur
				温泉	おんせん	heiße Quelle
意	Bedeutung	丶 亠 产 立 音 音 音 意 意	イ	意味	いみ	Bedeutung
				意見	いけん	Meinung
				注意する	ちゅうい	aufpassen
味	Geschmack	丨 口 口 口̄ 口⁼ 叶 味 味	ミ あじ	意味	いみ	Bedeutung
				味	あじ	Geschmack
英	scharfsinnig	一 艹 艹 艹 芒 苎 英 英	エイ	英語	えいご	Englisch
				英国	えいこく	England
				英雄	えいゆう	Held
機	Maschine	木 朴 桜 榉 梭 機 機 機 機	キ	機械	きかい	Maschine
				飛行機	ひこうき	Flugzeug
				機会	きかい	Gelegenheit
械	Zeug, Fessel	木 朴 朴 朾 枦 械 械 械	カイ	機械	きかい	Maschine
引	ziehen	一 コ 弓 引	イン ひ-く	引き出し	ひきだし	Schublade
				引く	ひ-く	ziehen
				引力	いんりょく	Gravitation
年	Jahr	ノ 二 广 乍 年 年	ネン とし	年号	ねんごう	Dynastiename
				今年	ことし	dieses Jahr
				来年	らいねん	nächstes Jahr
貸	ausleihen	ノ イ 仁 代 代 代 伐 俗 貸 貸	タイ か-す	貸す	か-す	jm. etwas ausleihen

5. 文法 (Grammatik)

Die Vermutungsform 1

In dieser Lektion werden die Vermutungsformen behandelt. Wenn man etwas nicht definitiv beurteilen kann oder wenn man nicht 100prozentig sicher ist, werden Vermutungsformen wie "かもしれない" (es mag ~), "だろう" (es wird ~), "にちがいない" (es muß ~) und "はずだ" (es dürfte ~) - je nach Wahrscheinlichkeitsgrad - verwendet. Für diese Vermutungsformen wird immer die Höflichkeitsleerform der V, IA, NA, N gebraucht.

（１）～かもしれない : schwache Vermutung (es mag sein, es kann sein)

		Bejahung	Verneinung	
V	PS	行く	行かない	
	PT	行った	行かなかった	
IA	PS	高い	高くない	
	PT	高かった	高くなかった	かもしれない
NA	PS	親切 —	親切ではない	かもしれません
	PT	親切だった	親切ではなかった	
N	PS	雨	雨ではない	
	PT	雨だった	雨ではなかった	

* "かもしれない" heißt wörtlich "man kann nicht wissen, ob ~".
* Man kann sich bei dieser Vermutung oft täuschen. Der Wahrscheinlichkeitsgrad beträgt ungefähr 50% oder höchstes 60%.
* Adverbiale Wörter wie "ひょっとすると"(eventuell), "もしかすると"(vielleicht) können zusätzlich eingesetzt werden.

木村さんは（ひょっとすると）英語を話すかもしれません。
Es kann sein, daß Herr Kimura (eventuell) Englisch spricht.
ミヒャエルさんはさしみを食べないかもしれません．
Es mag sein, daß Michael kein Sashimi ist.
（もしかしたら）彼女はもうドイツに帰ったかもしれません。
Es kann sein, daß sie (vielleicht) schon nach Deutschland zurückgefahren ist.
今度の試験は（ひょっとすると）少し難しすぎた*かもしれません。
Es mag sein, daß diese Prüfung (vielleicht) ein bißchen zu schwierig war.
（もしかしたら）社長は たばこが きらいかもしれません。
Es kann sein, daß der Firmenchef (vielleicht) Zigaretten nicht mag.
彼のお父さんの仕事は弁護士だったかもしれません。
Der Beruf seines Vaters könnte Rechtsanwalt sein.

```
～すぎる（übermäßig）
V  [Masu-F]    昨日飲みすぎました。        Ich habe gestern zuviel getrunken.
- ohne ます -   彼は働きすぎます。          Er arbeitet zuviel.
IA [Stamm]     その服は私に大きすぎます。  Das Kleid ist für mich zu groß.
- ohne い -    この部屋は暗すぎます。      Das Zimmer ist zu dunkel.
NA [Stamm]     この町は静かすぎる。        Diese Stadt ist zu ruhig.
- ohne な -    この仕事は危険（きけん）すぎる。 Diese Arbeit ist zu gefährlich.
```

（2）～だろう ： neutrale Vermutung (es wird sein)

		Bejahung	Verneinung	
V	PS	来る	来（こ）ない	
	PT	来た	来（こ）なかった	
IA	PS	いい	よくない	
	PT	よかった	よくなかった	だろう
NA	PS	上手ー	上手ではない	でしょう
	PT	上手だった	上手ではなかった	
N	PS	社長	社長ではない	
	PT	社長だった	社長ではなかった	

* "だろう/でしょう" ist eine Vermutungsform von "だ/です"(sein).
* Der Wahrscheinlichkeitsgrad beträgt ungefähr 60~80%. Man kann diese Form auch in die Form "HLF-と思います" oder "～だろうと思います" umformen.
* Adverbiale Wörter wie "たぶん"(wahrscheinlich), "おそらく"(vermutlich) oder "きっと" (bestimmt) können zusätzlich eingesetzt werden. Eine Aussage mit "きっと" ist dabei die wahrscheinlichste.

今日の午後から雨が降るでしょう。そして風も強いでしょう。
Ab heute nachmittag wird es regnen. Und es ist wahrscheinlich windig.
手紙はたぶん一週間ぐらいで日本に着くでしょう。
Der Brief wird wahrscheinlich in einer Woche in Japan ankommen.
そのパンはもう古くておいしくないでしょう。
Das Brot ist alt und schmeckt wahrscheinlich nicht mehr.
彼は週末きっと暇（ひま）でしょう。
Er hat am Wochenende wahrscheinlich frei.
あの建物はおそらく病院でしょう。
Das Gebäude wird vermutlich ein Krankenhaus sein.

* "でしょう？"

In der Alltagskonversation wird "でしょう" oft als Frage nach Bestätigung benutzt.
Es steckt die Erwartung dahinter, daß der Gesprächspartner einem zustimmen wird. Dabei wird "でしょう" mit steigender Intonation ausgesprochen.

お寿司を食べることができるでしょう。
Sie können (wahrscheinlich) Sushi essen, nicht wahr?
もう仕事は終わったでしょう。
Sie sind (wahrscheinlich) mit der Arbeit schon fertig, nicht wahr?
その漢字は難（むずか）しいでしょう。
Dieses Kanji ist schwierig, nicht wahr?
その町は以前もっときれいだったでしょう。
Die Stadt war früher noch schöner, nicht wahr?

（３）～にちがいない : starke Vermutung (ich bin sicher, es muß ~ sein)

Diese Form drückt eine Überzeugung des Sprechers aus.

		Bejahung	Verneinung	
V	PS	話す	話さない	にちがいない にちがいありません
	PT	話した	話さなかった	
IA	PS	忙しい	忙しくない	
	PT	忙しかった	忙しくなかった	
NA	PS	簡単	簡単ではない	
	PT	簡単だった	簡単ではなかった	
N	PS	晴れ	晴れではない	
	PT	晴れだった	晴れではなかった	

* "ちがいない" bedeutet wörtlich "es kann keinen Irrtum geben".
* Obwohl man sicher oder überzeugt ist, kann man sich trotzdem irren.
  Der Wahrscheinlichkeitsgrad beträgt also ungefähr 80% oder mehr.
* Adverbiale Wörter wie "きっと"(sicherlich), "かならず" (ohne Zweifel) oder "ぜったい"
  (unbedingt) können zusätzlich eingesetzt werden. "かならず" kann nur mit einem Verb im
  Präsens benutzt werden und kann nicht verneint werden.

彼はきっといつか社長になるにちがいありません。
Er wird sicherlich irgendwann Firmenchef werden.
彼女はもう日本に着いたにちがいありません。
Ich bin sicher, daß sie schon in Japan angekommen ist.
山下さんはたいへん頭がいいにちがいありません。
Herr Yamashita muß sehr intelligent sein.

彼女は彼がきらいにちがいありません。
Ich bin sicher, daß sie ihn nicht mag.
それはきっとまちがいにちがいありません。
Das muß sicherlich ein Irrtum sein.
フランス革命は１７８９年だったにちがいありません。
Ich bin sicher, daß die französische Revolution im Jahre 1789 ausbrach.

（４）〜はずだ：starke Vermutung (ich bin überzeugt, es dürfte sein)

Diese Form drückt eine Überzeugung, einen Glauben oder eine Erwartung des Sprechers aus.

		Bejahung	Verneinung	
V	PS	飲む	飲まない	
	PT	飲んだ	飲まなかった	
IA	PS	暖かい	暖かくない	はずだ
	PT	暖かかった	暖かくなかった	はずです
NA	PS	幸せな	幸せではない	
	PT	幸せだった	幸せではなかった	
N	PS	病気の	病気ではない	
	PT	病気だった	病気ではなかった	

* "はず" bedeutet wörtlich "logisch sein" oder "geglaubt werden".
* "はず" kann fast genauso wie "にちがいない" benutzt werden, aber "はず" ist etwas subjektiver als "にちがいない", da "はず" einen Glauben oder eine Erwartung ausdrückt.
* Adverbiale Wörter wie "きっと" (sicherlich), "かならず" (ohne Zweifel), "ぜったい" (unbedingt) oder "たしか" (sicher) können zusätzlich eingesetzt werden. "かならず" wird nur mit einem Verb im Präsens benutzt und kann nicht verneint werden.

社長は今日９時までに来るはずです。
Der Chef dürfte heute spätestens um 9 Uhr kommen.
木村さんはたしかそのことを知らないはずです。
Herr Kimura dürfte es sicherlich nicht wissen.
学生はたしかもうこの漢字を練習したはずです。
Die Studenten dürften dieses Kanji sicherlich schon gelernt haben.
４月はもう暖かいはずですが、今日雪が降りました。
Es müßte im April eigentlich schon warm sein, aber es hat heute geschneit.
田中部長は英語が上手なはずです。
Der Abteilungschef, Herr Tanaka dürfte gutes Englisch sprechen.
その建物は以前たしか劇場だったはずです。
Ich glaube, daß das Gebäude früher sicherlich ein Theater war.

Andere Funktionen von はずだ

(1) V(GF)はずだった: es wurde zwar geplant, aber nicht durchgeführt

週末彼はパリに行くはずでした。でもローマに行きました。
Am Wochenende wollte er eigentlich nach Paris fahren, aber er ist dann nach Rom gefahren.
自動車を買うはずでしたが、高かったので買いませんでした。
Ich wollte eigentlich ein Auto kaufen, aber ich konnte nicht, weil es zu teuer war.
今晩映画を見に行くはずだったが、残念ながら時間がありませんでした。
Heute abend wollte ich eigentlich ins Kino gehen, aber ich hatte leider keine Zeit.

* Statt はず kann hier auch つもり(Vorhaben) verwendet werden.

(2) GF＋はずがない: Überzeugung, daß etwas ausgeschlossen ist

山中さんがたばこを吸うはずがありません。
Es ist absolut nicht möglich, daß Herr Yamanaka raucht.
そんなに高いはずがありません。
Es ist absolut nicht möglich, daß es so teuer ist.
彼は今日暇(ひま)なはずがない。
Es ist absolut nicht möglich, daß er heute frei hat.
今日は日曜日のはずがありません。
Es ist absolut nicht möglich, daß heute Sonntag ist.

(3) Nai-F＋はずがない: starke Überzeugung von einer Möglichkeit (Doppelnegation)

彼女が文句を言わないはずがない。
Es ist absolut nicht möglich, daß sie sich nicht beschwert.
そんな古い車が安くないはずがない。
Es ist absolut nicht möglich, daß ein solch altes Auto nicht billig ist.
彼が親切でないはずがない。
Es ist absolut nicht möglich, daß er nicht freundlich ist.

(4) GF＋はずです: Angabe eines Grundes: "Kein Wunder, daß ~"

彼はじょうずに日本語を話すはずです。もう１０年も日本に住んでいるんです。
Kein Wunder, daß er gutes Japanisch spricht.　Er wohnt seit 10 Jahren in Japan.
おいしいはずです。とても新鮮な魚ですから。
Kein Wunder, daß es gut schmeckt. Der Fisch ist sehr frisch.

* Statt はず kann bei (2),(3) und (4) auch わけ(Grund) verwendet werden.

6. 練習 (Übungen)

（1） Vollenden Sie die Sätze mit "かもしれません"!

1. 彼女／彼／結婚する／幸せ／くらす
2. 山下さん／まだ／外国旅行／する／ことがない
3. 昨日／彼／一人／森／散歩する
4. 今年の夏／あまり／暑い／なる
5. 彼／もう／日本／着く／いる
6. 彼／まだ／そのこと／知る／ので／びっくりする
7. 経営学の勉強／経済学の勉強／より／むずかしい
8. その会社／給料／ぜんぜん／いい
9. 彼の奥さん／イタリア料理／上手
10. この町／その町／ほど／にぎやか
11. その秘書／有能な社員／ない
12. あの人／むかし／美人

（2） Vollenden Sie die Sätze mit "でしょう"!

1. 明日／くもり／時々／雨／降る
2. 新しい商品／開発／おそらく／来年／完成する
3. このコンピュータ／たぶん／こしょうする／ことがない
4. 彼／たぶん／その時／もう／日本／住む
5. おそらく／その時計／3分ぐらい／進む／いる
6. このジャケット／すこし／あなた／大きい／すぎる
7. デパート／午前中／より／午後／忙しい
8. 入口で／お金／払う／なくてもいい
9. 彼のお父さん／ドイツ語／あまり／とくい
10. その国／農業／より／工業／のほう／さかん
11. そのワイン／ドイツ／一番／いいワイン
12. 彼／部長／ない／課長／だった

（3） Stellen Sie die passenden Fragen mit "でしょう"!

1. あなた＿＿＿＿＿＿＿＿＿＿＿＿＿＿＿＿？　　はい、よく英語を話します。
2. あなた＿＿＿＿＿＿＿＿＿＿＿＿＿＿＿＿？　　はい、昨日家にいませんでした。
3. 彼＿＿＿＿＿＿＿＿＿＿＿＿＿＿＿＿＿？　　いいえ、たくさん飲みますよ。
4. 梅雨＿＿＿＿＿＿＿＿＿＿＿＿＿＿＿＿？　　はい、7月中旬ごろまでつづきます。

5．彼女＿＿＿＿＿＿＿＿＿＿＿＿＿＿？	いいえ、歌が上手ですよ。
6．社長＿＿＿＿＿＿＿＿＿＿＿＿＿＿？	はい、もちろん親切な人ですよ。
7．その車＿＿＿＿＿＿＿＿＿＿＿＿＿？	いいえ、あまり高くなかったですよ。
8．彼の奥さん＿＿＿＿＿＿＿＿＿＿＿？	はい、まだ会ったことがありません。
9．そこに公園＿＿＿＿＿＿＿＿＿＿＿？	はい、まだありますよ。
10．もう＿＿＿＿＿＿＿＿＿＿＿＿＿＿？	いいえ、まだ帰ってはいけません。
11．休みに日本アルプス＿＿＿＿＿＿？	いいえ、雨で中止になったんです。
12．カナダの首都は＿＿＿＿＿＿＿＿？	はい、そうですよ。

（4） Vollenden Sie die Sätze mit "にちがいありません"!

1．学生／もう／この漢字／書く／できる
2．彼／昨日／彼女／会わない
3．彼／私の失敗／きっと／もう／知る
4．彼／顔／赤い／から／もう／お酒／飲む
5．この学期／あまり／勉強する／ので／試験／合格する
6．西の空／晴れる／いる／から／明日／天気／いい
7．日本／左側通行／から／車の運転／はじめ／むずかしい
8．このあたり／むかし／店／少ない／にぎやか
9．コード／ちゃんと／つなぐ／いる／から／きっと／音／出る
10．彼の意見／私の意見／同じ
11．その人／山川さん／奥さん
12．彼／専門(せんもん)／経済／日本語

（5） Vollenden Sie die Sätze mit "はずです"!

1．引き出し／中／大切／書類／入る／いる
2．日本／まで／飛行機／１２時間ぐらい／かかる
3．前の週末／長道さん／社長／ゴルフ／行く
4．先週／彼／毎日／よく／働く／きっと／とても／つかれる／いる
5．彼女／病気／今日／大学／来る
6．前田さん／今朝／会議／意見／何も／言う
7．私の部屋／より／彼の部屋／ほうが／大きい／新しい
8．ヒーター／入れる／いる／から／部屋／寒い
9．彼／食べ物／中／寿司(すし)／一番／好き
10．彼女は／昨日／一日中／暇(ひま)
11．今／日本は／午後7時
12．その電気工場／以前／彼のもの／ない

（6）Ergänzen Sie die Sätze mit "はず"!
1．旅館に＿＿＿＿＿＿＿＿＿＿＿＿＿が、高かったのでやめました。
2．先生と＿＿＿＿＿＿＿＿＿＿＿＿＿が、残念ながら時間がありませんでした。
3．日本アルプスに＿＿＿＿＿＿＿＿＿＿＿＿＿が、海へ泳ぎに行きました。
4．彼は慎重（しんちょう）だから、時間を＿＿＿＿＿＿＿＿＿＿＿＿＿。
5．マリアさんはなま魚がきらいだから、寿司（すし）を＿＿＿＿＿＿＿＿＿＿＿＿＿。
6．彼はふつうのサラリーマンです。そんな高い車を＿＿＿＿＿＿＿＿＿＿＿＿＿。
7．彼女はジャズが大好きですから、そのコンサートを＿＿＿＿＿＿＿＿＿＿＿＿＿。
8．彼はよく勉強しましたから、その問題が＿＿＿＿＿＿＿＿＿＿＿＿＿。
9．今梅雨だから、むし暑く＿＿＿＿＿＿＿＿＿＿＿＿＿。
10．彼は水泳の選手でしたから、＿＿＿＿＿＿＿＿＿＿＿＿＿。
11．＿＿＿＿＿＿＿＿＿＿＿＿＿ね。イタリアのアイスクリームですよ。
12．時間が＿＿＿＿＿＿＿＿＿＿＿＿＿。歩いてきたのですから。

（7）Beantworten Sie die folgenden Fragen über Japan in der Vermutungsform!
1．日本の季節の中でいつが一番いいですか。（でしょう）
2．京都と奈良とでは、どちらの方が古い都ですか。（にちがいありません）
3．東京にはどのくらい人が住んでいますか。（はずです）
4．新幹線で東京から大阪までどのくらいかかりますか。（でしょう）
5．日本でビール一本どのくらいしますか。（かもしれません）
6．日本の今の総理大臣（そうりだいじん）はだれですか。（でしょう）
7．今の日本の年号は何ですか。（にちがいありません）
8．ポルトガル人がはじめて日本に来たのは何世紀でしたか。（はずです）
9．彼らは日本に何を伝（つた）えましたか。（かもしれません）
10．日本人は仕事が終わった時、何と言いますか。（でしょう）
11．北海道と九州とでは、どちらのほうが大きいですか。（にちがいありません）
12．１マルクは現在（げんざい）何円ぐらいですか。（はずです）

（8）Übersetzen Sie die Sätze ins Japanische!
1．Es müßte unangenehm sein, weil es während der Tsuyu-Zeit sehr schwül ist.
2．Es kann sein, daß es aufhört zu regnen und der Himmel blau wird.
3．Im Sommer wird die höchste Temperatur wohl 40℃ sein.
4．Er wird vielleicht im Winter an der japanischen Meeresküste mehr schneien als in Deutschland.
5．Der Zug wird wohl 20 Minuten verspätet in Hiroshima ankommen.

6. Es kann sein, daß Sie schnell zum Arzt gehen müssen, weil Sie krank sind.
7. Frau Kimura ist ohne Zweifel eine der tüchtigsten, wundervollsten Frauen in unserer Firma.
8. Das Ticket kann man sicher am Automaten kaufen.
9. Es kann sein, daß er nach Japan ging, ohne Japanisch zu lernen,
10. Herr Kitamura dürfte im letzten Monat Frau Mayer geheiratet haben.
11. Und sie sind sicherlich sehr glücklich sein.
12. Die neue Wohnung wird Ihnen wahrscheinlich gut gefallen.
13. Vor einigen Jahren hatten wir ein großes Erdbeben in Kobe, nicht wahr?
14. Ich glaube, daß bedauerlicherweise über 4000 Menschen dabei gestorben sind.
15. Ich wollte eigentlich die Prüfung gut vorbereiten, aber ich hatte leider wenig Zeit.
16. Es ist ihm absolut nicht möglich, morgens früh aufzustehen.
17. Es ist absolut nicht möglich, daß es das Geld nicht gibt. Suchen Sie es bitte weiter!
18. Kein Wunder, daß er wortgewandt ist. Er ist Politiker.

（９）作文：未来(みらい)の世界・社会
Wie werden die Welt und diese Gesellschaft sich in der Zukunft entwickeln?

7. 復習テスト 第15課 (Lektionstest L15)

（1）Setzen Sie in die Klammer entweder たぶん、もしかすると oder きっと ein und vollenden
Sie die Sätze mit der schwachen, neutralen oder starken Vermutungsform！（5×2, 10×4）
1．この映画はおもしろいので、[　　　　　]多くの人が＿＿＿＿＿＿だろう。
2．彼は英語を話すが、[　　　　　]ドイツ語も＿＿＿＿＿＿かもしれない。
3．西の空が晴れているので、明日[　　　　　]＿＿＿＿＿＿にちがいない。
4．彼女は今日いそがしいので、テニスを＿＿＿＿＿＿だろう。
5．せきが少し出るので、[　　　　　]かぜを＿＿＿＿＿＿かもしれない。
6．この建物は以前美術館＿＿＿＿＿＿はずだ。
7．きたない部屋ですね。彼はそうじを＿＿＿＿＿＿にちがいない。
8．このテストは難しかったので、みんな＿＿＿＿＿＿かもしれない。
9．春が来て暖かくなったので、[　　　　　]もうすぐ桜が＿＿＿＿＿＿だろう。
10．このカメラはもう古くて、あまり便利＿＿＿＿＿＿かもしれない。

（2）Beantworten Sie die Fragen mit den folgenden adverbialen Wörtern！（5×5）
1．富士山（ふじさん）の高さはどのくらいありますか。
　　たぶん
2．明日の天気はどうでしょうか。
　　きっと
3．ライン川とドナウ川とでは、どちらの方が長いですか。
　　たぶん
4．日本まで飛行機でどのくらいかかりますか。
　　おそらく
5．アメリカの一番目の大統領（だいとうりょう：Präsident）はだれでしたか。
　　たしか

（3）Übersetzen Sie die Sätze ins Japanische！（5×5）
1．Morgen vormittag wird es wahrscheinlich bedeckt sein und ab und zu regnen.

2．Es wäre sicherlich besser, Ihr Auto schnell in die Werkstatt zu bringen.

3．Es kann sein, daß der Zug ca. 15 Minuten verspätet in Nagasaki ankommt.

4．Kein Wunder, daß sie gut singen kann. Sie ist ja Sängerin.（歌手かしゅ）.

5．Es ist ausgeschlossen, daß er es nicht kennt.

＿＿＿＿＿＿／１００

付録 (Anhang)
<ruby>付録<rt>ふろく</rt></ruby>

1. <ruby>助詞<rt>じょし</rt></ruby>の<ruby>働<rt>はたら</rt></ruby>き ………………… Die Rolle der Hilfspartikeln
2. <ruby>練習解答<rt>れんしゅうかいとう</rt></ruby> ……………………… Auflösung der Übungen
3. <ruby>復習<rt>ふくしゅう</rt></ruby>テスト<ruby>解答<rt>かいとう</rt></ruby> …………… Auflösung der Lektionsteste
4. 日本の<ruby>地図<rt>ちず</rt></ruby> ……………………………… Landkarte Japans
5. <ruby>地方名<rt>ちほうめい</rt></ruby>、<ruby>都道府県名<rt>とどうふけんめい</rt></ruby> …………… Gebiete und Präfekturen
6. 単語<ruby>一覧表<rt>いちらんひょう</rt></ruby> ………………………………… Vokabel-Index
7. 漢字<ruby>一覧表<rt>いちらんひょう</rt></ruby> ……………………………… Kanji-Index

1. Die Rolle der Hilfspartikeln（助詞の働き）　L1~15

"は" wird als Thema-Partikel (was ~ angeht, ~) verwendet für:

1. Subjekt	・私はドイツ人です。
	・山田さんはドイツ語を勉強します。
2. Objekt: Betonung oder Kontrastierung	・彼は英語は勉強しません。
	（でも日本語を勉強する。）
	・お酒は飲みますが、ビールは飲みません。
3. in Kombination mit anderen HP	・大学へ電車では行きません。
	（でも自転車で行く。）
	・土曜日と日曜日には働きません。
	（でも月曜から金曜まで働く。）

"が" wird verwendet für:

1. Subjekt-Partikel:

・des Sich Befindens (erste Erwähnung)	・そこに大きな家があります。
	・部屋の中に山下さんがいます。
・als Subjekt nach einem Fragewort und bei Antworten	・そこに何がありますか。
	・花があります。
	・だれが東京へ行きますか。
	・ハンスさんが東京へ行きます。
・Hervorhebung des Subjektes	・田中さんが結婚するんです。
	（他の人ではなくて田中さんが）
・Wetter	・天気が悪いです。よく雨が降りますね。
2. aber	・とても高いですが、便利です。
3. wenn ein Thema (Satz) eingeführt und darüber hinaus beschrieben wird	・今日初めて寿司を食べましたが、とてもおいしいかったです。
4. in der Wa-Ga-Form (Neigung)	・私はコーラが好き（きらい）です。
(Wunsch)	・私はいいコンピュータがほしいです。
(Wunsch)	・私は天ぷらが食べたいです。
(Fähigkeit)	・彼は英語がよく出来ます。
(Besitz)	・彼女はいい友達がたくさんあります。
(Charakterisierung)	・この町は公園がきれいです。
(Erfahrung)	・私は一度ハワイへ行ったことがあります。
(Vorkommen)	・仕事は時々大変なことがあります。

"を" wird verwendet für:

1. direktes Objekt (Akkusativ)
 ・私は日本語を勉強します。
 ・彼女は本を買いました。

2. Ort einer Bewegung
 ・車は道の左を走ります。
 ・公園を散歩しました。

3. aussteigen, hinausgehen
 ・大学前で電車をおりました。
 ・9時に家を出ました。

"に" wird verwendet für:

1. Ort des Sich Befindens
 ・本は机の上にあります。
 ・食堂に川田さんがいます。

2. Zeitangabe
 ・けさ7時に起きました。
 ・日曜日に映画を見ました。

3. Zielort (Richtung)
 ・私は郵便局に行きました。
 ・彼は家に帰りました。
 ・電車は京都に着きました。
 ・私は友達に手紙を書きました。
 ・映画館の前で友達に会います。

4. einsteigen, eintreten
 ・東京で地下鉄に乗りました。
 ・今年彼女は大学に入りました。

5. gehen / kommen, um zu ~
 (Zweck einer Bewegung)
 ・ビールを飲みに町へ行きます。
 ・テニスの練習に行きます。

6. starke Vermutung (müssen)
 ・彼はそのことを知っているにちがいない。

7. Entscheidung
 ・何にしますか。サラダにします。
 ・日本経済の勉強をすることにしました。

8. Festlegung
 ・この町に劇場を造(つく)ることになった。

"で" wird verwendet für:

1. Ort einer Handlung
 ・きっさ店でコーヒーを飲みます。

2. Abgrenzung
 ・日本で秋は一年で一番いい季節です。

3. Mittel / Material
 ・飛行機でアメリカへ行きます。
 ・日本人とよく日本語で話します。
 ・この料理は肉と野菜で作りました。

4. wegen / für
 ・ドイツはビールとソーセージで有名です。
 ・仕事でイギリスへ行きます。

"の" wird verwendet für:

   1. attributive Bindung zweier Nomen
- これは安田さんのカメラです。(Possessiv)
- ここはハンブルグの駅です。
- 日本の音楽を聞きました。
- 東京の銀座のビルの中にあります。

   2. Betonung
- 彼の車はとても高かったの(ん)です。

   3. Fragen mit der Höflichkeitsleerform
- もう勉強は終わったの。

"へ" wird verwendet für:

   1. Richtung / Zielort
- 青山さんはヨーロッパへ旅行します。
- 私は朝9時に会社へ行きます。

"か" wird verwendet für:

   1. Fragepartikel
- 何時に彼女に会いましたか。

   2. (entweder) oder
- ビールかワインを飲みます。

"と" wird verwendet für:

   1. und (zwischen zwei Nomen)
- くだものとやさいを買いました。

   2. mit jemandem
- 山川さんといっしょに旅行します。

   3. wörtliche Rede (Zitatspartikel)
- 彼は私に「おめでとう」と言いました。

   4. Meinung (Zitatspartikel)
- 私は彼女はとても親切だと思います。

   5. heißen
- 「お元気で」はドイツ語で何と言いますか。

   6. Vorhaben
- 明日お客さんに会おうと思っています。

   7. im Begriff sein
- その電車は今駅を出ようとしています。

"や" wird verwendet für:

   1. und (usw.) / oder
- 車の中で新聞や雑誌(など)を読みます。

"も" wird verwendet für:

   1. auch
- 私も学生です。

   2. sowohl als auch
- 彼は英語もイタリア語も話します。

   3. nichts / keiner (mit Fragewort)
- 何もありません。 / だれもいません。

"から" wird verwendet für:

   1. von (räumlich)
- ここからベルリンまで車で行きました。

      (zeitlich)
- 仕事は9時からです。

2. weil (Grund)	・つかれましたから、休みます。
	・とても高い（です）から、買いません。
3. nachdem	・勉強してから、散歩しました。

"まで" wird verwendet für:

1. bis (räumlich) ・インドまで どのくらいかかりますか。
2. bis (zeitlich) ・昨日は１２時まで勉強しました。
   spätestens bis ~ ・明日までに してください。

"ので" wird verwendet für:

1. weil (Grund) ・おなかが空いたので、何か食べましょう。

"で+も" wird verwendet für:

1. beispielsweise (~ oder so) ・ビールでも飲みませんか。
2. vollständige Bejahung (alles, egal was) ・何でもいいです。

"か+も" wird verwendet für:

1. schwache Vermutung (mag sein) ・この問題はちょっと難しいかもしれない。

"ね" wird verwendet für:

1. Bestätigung (nicht wahr?) ・今日はたいへん暑いですね。

"よ" wird verwendet für:

1. betonende Mitteilung ・この本はおもしろいですよ。
   (neue Information geben) ・彼女は大山さんと結婚しましたよ。

"わ" wird verwendet für:

1. Entscheidung, Erstaunen (bei Frauen) ・やっぱり彼と結婚するわ。
   ・このケーキとってもおいしいわ。

2. Auflösung der Übungen

Lektion 1

(1) Anata wa Nihon-jin desu. Kare wa Amerika-jin desu. Kanojo wa Furansu-jin desu. Thomasu-san wa Doitsu-jin desu. Chang-san wa Chuugoku-jin desu.

(2) 1. Amata wa Doitsu-jin desu ka. ⇒ Hai, soo desu. / Iie, soo dewa arimasen. Watashi wa Furansu-jin desu. 2. Kare wa Itaria-jin desu ka. ⇒ Hai, soo desu. / Iie, soo dewa arimasen. Kare wa Supein-jin desu. 3. Kanojo wa Amerika-jin desu ka. ⇒ Hai, soo desu. / Iie, soo dewa arimasen. Kanojo wa Oranda-jin desu. 4. Honda-san wa Nihon-jin desu ka. ⇒ Hai, soo desu. 5. Müller-san wa Oranda-jin desu ka. ⇒ Iie, soo dewa arimasen. Kare/Kanojo wa Doitsu-jin desu. 6. Jim-san wa Igirisu-jin desu ka. ⇒ Hai, soo desu. / Iie, soo dewa arimasen. Kare wa Amerika-jin desu.

(3) 1. Watashi wa Berger desu. 2. Watashi wa gakusei desu. 3. Hai, soo desu. / Iie, soo dewa arimasen. Watashi wa Berger desu. 4. Hai, soo desu. / Iie, soo dewa arimasen. Meier desu. 5. Hai, soo desu. / Iie, soo dewa arimasen. Gakusei desu. 6. Hai, soo desu. / Iie, soo dewa arimasen. Kaishain desu. 7. Hai, soo desu. / Iie, soo dewa arimasen. Doitsu-jin desu. 8. Watashi wa Doitsu-jin desu. 9. Hai, soo desu. / Iie, soo dewa arimasen. Kaisha-in desu. 10. Hai, soo desu. / Iie, soo dewa arimasen. Bengoshi desu. 11. Ingrid desu. Jürgen desu. 12. Hai, soo desu. / Iie, soo dewa arimasen. Shufu (Hausfrau) desu. 13. Ingrid desu. 14. Hai, soo desu. / Iie, soo dewa arimasen. Koko wa Kyooshitsu desu. 15. Jimusho wa asoko (achira) desu.

(4) Kore wa nan desu ka. ⇒ Sore wa Kamera desu. Sore wa nan desu ka. ⇒ Kore wa hon desu. Are wa nan desu ka. ⇒ Are wa kaban desu.

(5) 1. soo desu. Enpitsu desu. 2. soo desu. hon desu. 3. soo dewa arimasen. rajio desu. 4. soo dewa arimasen. Doitsu-go no shinbun desu. 5. soo dewa arimasen. Chuugoku-go no shinbun desu. 6. soo desu. Watashi no tokei desu. 7. soo desu. Yamada-san no jidoosha desu. 8. soo dewa arimasen. Eki no tatemono desu. 9. soo dewa arimasen. Watashi no tabako desu. 10. soo desu. Sensei no nooto desu.

(6) 1. watashi no desu. 2. Kare no desu. 3. Okaasan no desu. 4. Iie, (sore wa) Julia-san no desu. 5. Iie, (ano kamera wa) Peter-san no desu. 6. (Sore wa) Furansu-go no hon desu. 7. (Kore wa) sakura no hana desu. 8. Iie, (are wa) bara no hana desu. 9. Iie, (sore wa) doitsu-go no shinbun desu. 10. Iie, (kore wa) amerika no kitte desu. 11. (Sore wa) enpitsu desu. 12. (Kare wa) Supein-jin desu. 13. (Asoko wa) Jimusho desu.

(7) 1. Kore wa kare no hon desu. 2. Are wa anata no jitensha desu ka. 3. Sono shinbun wa nihongo no sinbun dewa arimasen. 4. Ano pen wa dare no desu ka. 5. Kare wa kaishain desu. 6. Yamashita-san wa dare desu ka. 7. Kanojo wa nihon-go no sensei desu ka. 8. Iie, soo dewa arimasen. Doitsu-go no sensei desu. 9. Sore wa nan no hon desu ka. 10. Kore wa supein-go no hon de wa arimasen. Itaria-go no hon desu. 11. Sono jidoosha wa Yamada-san no desu ka, Machida-san no desu ka. 12. Kono jidoosha wa Yamada-san no dewa arimasen, Machida-san no desu.

(8) Daigaku desu ka. / soo desu. / doko / kochira / achira / sochira / Soko / soo / sochira oder achira

(9) 1. Watashi wa Michael Berger desu. 2. Iie, soo dewa arimasen. Doitsu-jin desu. 3. Watashi wa kaishain desu. 4. Iie, nihon-go no gakusei desu. 5. Hai, soo desu. / Iie, soo dewa arimasen. Bengoshi desu. 6. Hai, soo desu. / Iie, shufu (Hausfrau) desu. 7. Koko wa daigaku no kyooshistu desu. 8. (Eki wa) Achira desu.

(10) 1. Watashi no namae wa Weber desu. 2. Watashi wa Doitsu-jin desu. 3. Watashi wa Doitsu no gakusei desu. 4. Sono eigo no hon wa kanojo no desu. 5. Sono nihongo no shinbun wa dare no desu ka. 6. Kore wa kare no shinbun desu. 7. Sore wa nan desu ka. 8. Kore wa bara desu. 9. Bijutsukan wa koko desu ka. 10. Iie, koko wa toshokan desu. 11. Bijutsukan wa asoko (achira) desu. 12. Sono on'na no hito wa dare (donata) desu ka. 13. Kanojo wa Machida-san desu. 14. Dono tatemo ga yuubinkyoku desu ka. 15. Ano tatemono ga yuubinkyoku desu.

Lektion 2

(1) 1. Amerika wa ookii desu. 2. Biiru wa yasui desu. 3. Fujisan wa takai desu. 4. Jidoosha wa takai desu. 5. Kono kawa wa nagai desu. 6. Ano kooen wa ookii desu. 7. Nihonjin no kami wa kuroi desu. 8. Ano hito wa totemo wakai desu. 9. Sono eiga wa tsumaranai desu.

10. Kare no kuruma wa shiroi desu. 11. Sono zasshi wa totemo omoshiroi desu. 12. Sono machi wa umi ya yama ni chikai desu.

（2）1. Iie, supein wa amari chikaku nai desu. 2. Iie, kono tabako wa amari takaku nai desu. 3. Iie, sono tokei wa amari yokunai desu. . 4. Iie, amari kuroku nai desu. 5. Iie, amari ookiku nai desu. 6. Iie, amari nagaku nai desu. 7. Iie, amari tooku nai desu. 8. Iie, amari hayaku nai desu. 9. Iie, amari muzukashiku nai desu. 10. Iie, amari atarashiku nai desu. 11. Iie, amari ookiku nai desu. 12. Iie, amari omoshiroku nai desu.

（3）1. tsuyoi 2. ookii 3. furui 4. warui 5. tsumaranai 6. omoi 7. fuben-na 8. takai 9. nagai 10. tooi 11. takai 12. muzukashii 13. ooi 14. shizuka-na

（4）1. Kore wa ookii (ookina) ie desu. 2. Sore wa hayai jidoosha desu. 3. Kore wa omoshiroi hon desu. 4. Are wa takai yama desu. 5. Ano sensei wa omoshiroi hito desu. 6. Sore wa chiisai (chiisana) heya desu. 7. Are wa ii depaato desu. 8. Kono tatemono wa atarashii gekijoo desu. 9. Are wa nagai kawa desu. 10. Kanojo wa watashi no ii tomodachi desu.

（5）1. Kore wa ookikunai ie desu. / Kore wa ookii (ookina) ie dewa arimasen. 2. Sore wa hayakunai jidoosha desu. / Sore wa hayai jidoosha dewa arimasen. 3. Kore wa omoshirokunai hon desu. / Kore wa omoshiroi hon dewa arimasen. 4. Are wa takakunai yama desu. / Are wa takai yama dewa arimasen. 5. Ano sensei wa omoshirokunai hito desu. / Ano sensei wa omoshiroi hito dewa arimasen. 6. Sore wa chiisakunai heya desu. / Sore wa chiisai (chiisana) heya dewa arimasen. 7. Are wa yokunai depaato desu. / Are wa ii depaato dewa arimasen. 8. Kono tatemono wa atarashikunai gekijoo desu. / Kono tatemono wa atarashii gekijoo dewa arimasen. 9. Are wa nagakunai kawa desu. / Are wa nagai kawa dewa arimasen. 10. Kanojo wa (watashi no) yokunai tomodachi desu. / Kanojo wa watashi no ii tomodachi dewa arimasen

（6）1. Sono hito wa shizuka desu. 2. Kono zasshi wa yuumei desu. 3. Sono machi wa nigiyaka desu. 4. Kanojo no kami wa kirei desu. 5. Anata no okaasan wa shinsetsu desu. 6. Kono terebi wa benri desu. 7. Kare no kodomo wa genki desu. 8. Koko no depaato wa taihen fuben desu.

（7）1. Sono hito wa shizuka dewa arimasen. 2. Kono zasshi wa yuumei dewa arimasen. 3. Sono machi wa nigiyaka dewa arimasen. 4. Kanojo no kami wa kirei dewa arimasen. 5. Anata no okaasan wa shinsetsu dewa arimasen. 6. Kono terebi wa benri dewa arimasen. 7. Kare no kodomo wa genki dewa arimasen. 8. Koko no depaato wa fuben dewa arimasen.

（8）1. Kore wa totemo benrina kamera desu. 2. Kare wa sukoshi shijukana hito desu. 3. Watashi no machi wa amari nigiyakana machi dewa arimasen. 4. Watashi no otoosan (chichi) wa taihen shinsetsuna hito desu. 5. Kono kamera wa totemo benrina kamera desu. 6. Kare no kodomo wa taihen genkina kodomo desu. 7. Mosel-wain wa totemo yuumeina wain desu. 8. Koko wa sukoshi fuben'na machi desu.

（9）1. Hai, ookii (machi) desu yo. 2. Hai, totemo nigiyakana machi desu yo. 3. Iie, chikakunai desu yo. 4. Hai, totemo tooi desu. 5. Iie, amari omoshiroku nai desu yo. 6. Hai, shinsetsu desu yo. 7. Hai, ookii desu yo. 8. Kireina kooen desu yo. 9. Hai, totemo ooi desu yo. 10. Biiru de yuumei desu yo.

(10) 1. Kare no shigoto wa totemo tsumaranai desu ne. 2. Ano itaria-jin wa amari wakaku nai desu. 3. Koko wa atarashii daigaku desu. 4. Watashi no ie(uchi) wa furui desu. Soshite ookiku nai desu. 5. Kare no kuruma wa amari takaku nai desu. Demo ii desu. 6. Machi no kuuki wa yoku nai desu. 7. Nihon-go wa muzukashiku nai desu. Soshite omoshiroi desu. 8. Kono machi wa nan de yuumei desu ka. O-cha de yuumei desu. 9. Watashi no ie (uchi) wa daigaku ya eki mo totemo chikai desu. 10. Anata no ie (uchi) wa machi kara chikai desu ka, tooi desu ka. Sukoshi tooi desu. 11. Watashi no tomodachi wa totemo genki desu. Soshite shinsetsu desu. 12. Anata no sensei wa don'na hito desu ka. Watashi no sensei wa shinsetsu desu. Soshite wakai desu. 13. Ooku no gakusei wa Doitsu-jin desu. Gaikoku no gakusei wa sukunai desu. 14. Kare no ie (uchi) wa furui desu. Demo ookii desu. Soshite kirei desu. 15. Kore wa yasui sake dewa arimasen. Demo totemo iidesu.

Lektion 3

（1）1. kamera 2. pen 3. hon 4. hana 5. neko 6. inu 7. tori 8. on'na no hito

（2）1. Tsukue wa doko ni arimasu ka. ⇒ Mado no

mae ni arimasu. 2. Hana wa doko ni arimasu ka. ⇒ Teeburu no ue ni arimasu. 3. Hon wa doko ni arimasu ka. ⇒ Hondana (no naka) ni arimasu. 4. Hondana wa doko ni arimasu ka. ⇒ Doa no yoko ni arimasu. 5. Terebi wa doko ni arimasu ka. ⇒ Heya no hidari no ue ni arimasu. 6. Kaban wa doko ni arimasu ka. ⇒ Tsukue to ranpu no aida ni arimasu. 7. Tokei wa doko ni arimasu ka. ⇒ Pen no hidari ni arimasu. 8. Ranpu wa doko ni arimasu ka. ⇒ Tsukue no migi ni arimasu. 9. Tana wa doko ni arimasu ka. ⇒ Heya no hidari shita ni arimasu. 10. Denwa wa doko ni arimasu ka. ⇒ Tsukue to tana no aida ni arimasu. 11. Sofaa wa doko ni arimasu ka. ⇒ Heya no hidari ni arimasu. 12. E wa doko ni arimasu ka. ⇒ Sofaa no ue ni arimasu. 13. Teeburu wa doko ni arimasu ka. ⇒ Sofaa no mae ni arimasu. 14. Sutereo wa doko ni arimasu ka. ⇒ Terebi no migi ni arimasu. 15. Tabako wa doko ni arimasu ka. ⇒ Teeburu no ue ni arimasu. 16. Neko wa doko ni imasu ka. ⇒ Teeburu no shita ni imasu.

（3）1. Tsukue no ue ni nani ga arimasu ka. Pen to tokei ga arimasu. 2. Heya no migi ni nani ga arimasu ka. Hondana ga arimasu. 3. Teeburu no ue ni nani ga arimasu ka. Hana to Tabako ga arimasu. 4. Terebi to tana no aida ni nani ga arimasu ka. Sofaa ga arimasu. 5. Teeburu no shita ni nani ga imasu ka. Neko ga imasu. 6. Tsukue no hidari ni nani ga arimasu ka. Denwa ga arimasu. 7 Tokei no migi ni nani ga arimasu ka. Pen ga arimasu. 8. Heya no hidari no ue ni nani ga arimasu ka. Terebi ga arimasu. 9. E ga arimasu. 10. Tana no mae ni nani ga arimasu ka. Denwa ga arimasu.

（4）1. Denwa ga nan-dai arimasu ka. 5 (go)-dai arimasu. 2. Koara ga nan-biki imasu ka. 6 (rop)-piki imasu. 3. Ringo ga nan-ko arimasu ka. 8 (hak)-ko arimasu. 4. Tokei ga ikutsu arimasu ka. Yottsu arimasu. 5. Biiru ga nan-bai arimasu ka. 10 (jup)-pai arimasu. 6. Jitensha ga nan-dai arimasu ka. 6 (roku)-dai arimasu. 7. Tori (Tsubame) ga nan-wa imasu ka. 9 (kyuu)-wa imasu. 8. Booru ga nan-ko arimasu ka. 12 (juu ni)- ko arimasu. 9. Hana (Chuurippu) ga nan-bon arimasu ka. 9 (kyuu)-hon arimasu. 10. Hanbaagaa ga ikutsu arimasu ka. Yottsu arimasu. 11. Kitte ga nan-mai arimasu ka. 6 (roku)-mai arimasu. 12. Inu ga nan-biki imasu ka. 3 (san)-biki imasu. 13. Wain ga nan-bon arimasu ka. 2 (ni)-hon arimasu. 14. On'na no ko ga nan-nin imasu ka. 10 (juu)-nin imasu. 15. Basu ga nan-dai arimasu ka. 5 (go)-dai arimasu. 16. Hon ga nan-satsu arimasu ka. 8 (has)-satsu arimasu. 17. Banana ga nan-bon arimasu ka. 2 (ni)-hon arimasu.

（5）1. Koko ni nihon-jin ga go-nin to doitsu-jin ga yo-nin imasu. 2. Ano doitsu no kaisha ni gaikoku-jin ga takusan imasu. 3. Kare no ie ni jidoosha ga san-dai to jitensha ga ni-dai arimasu. 4. Sono tsukue no naka ni suisu no tokei ga yon-ko/yottsu arimasu. 5. Kare no Hondana ni nihon-go no hon ga sukoshi arimasu. 6. Watashi no ie ni inu ga san-biki to neko ga yon-hiki to tori ga go-wa imasu. 7. Kono machi ni kireina kooen ga futatsu arimasu. 8. Kono daigaku no toshokan ni nihon-go no hon ga zenzen arimasen. 9. Kyooshitsu ni on'na no hito ga hachi-nin to otoko no hito ga juu-nin imasu. 10. Soko ni doitsu-jin ga juu-ni-nin to amerika-jin ga san-nin to furansu-jin ga hitori to itaria-jin ga futari imasu. 11. koko ni gojuu-en no kitte ga nana-mai to hachijuu-en no kitte ga san-mai arimasu. 12. Ano mise ni shinsetsu na hito ga amari imasen. 13. Kono bijutsukan ni yuumeina nihon no e ga juu-mai arimasu. 14. Kare no jimusho ni fakkusu ga ni-dai to konpyuuta ga yon-dai to denwa ga go-dai arimasu. 15. Kanojo no tsukue no ue ni kireina na hana ga hap-pon arimasu. 16. Kono machi ni eki ga futatsu to yuubinkyoku ga mittsu to depaato ga itsutsu arimasu. 17. Demo daigaku ga zenzen arimasen. 18. Terebi to hondana no aida ni ranpu ga hitotsu arimasu. 19. Yamada-san no tonari ni Kawakami-san to Yamashita-san ga imasu. 20. Yamashita-san no mae ni neko ga ni-hiki imasu. Soshite ringo ga rok-ko to mikan ga juk-ko arimasu.

（7）1. Kimura-san to Nakatani-san wa doko ni imasu ka. Toshokan ni imasu. 2. Moo mina-san imasu ka. Iie, Yamada-san ga mada imasen. 3. Anata no tonari ni dare (donata) ga imasu ka. Maria-san ga imasu. 4. Doa no mae ni dare ga imasu ka. Dare mo imasen. 5. Anata no ie ni hito ga nan-nin imasu ka. Go-nin imasu. 6. Anata no kurasu ni gakusei ga nan-nin imasu ka. nijuu-ni-nin imasu. 7. Anata no machi ni kireina kooen ga arimasu ka. Hai, eki no ushiro ni arimasu. 8. Ginkoo to depaato no aida ni nani ga arimasu ka. Yuubinkyoku ga arimasu. 9. Anata no tsukue wa doko ni arimasu ka. Asoko no mado no mae ni arimasu. 10. Tsukue no ue ni nani ga arimasu ka. Hon ga ni-satsu to nooto ga san-satsu arimasu. 11. Doitsu ni (wa) ikutu kuni (shuu) ga arimasu ka. 12. Ninon ni (wa) ken ga yonjuu-nana arimasu. 13. Kanojo no daigaku wa Aichi-ken no Nagoya-shi ni arimasu. 14. Watashi no ie (uchi) wa kono machi no kireina kooen no mae ni arimasu. 15. Watasi no heya wa kono tatemono no go-kai ni arimasu.

（8）von links nach rechts (von oben beginnend)
Nancy, Maria, Michael, Julia, John, Yan, Ali, Lin, Chang

Lektion 4

（1）sein います、いません trinken 飲みます、飲みません zu Fuß gehen 歩きます、歩きません aufmachen 開けます、開けません aussteigen おります、おりません hören/fragen 聞きます、聞きません anziehen 着ます、着ません einsteigen 乗ります、乗りません tun します、しません kaufen 買います、買いません gehen/fahren 行きます、行きません hinausgehen 出ます、出ません zurückkehren 帰ります、帰りません enden 終わります、終わりません schreiben 書きます、書きません arbeiten 働きます、働きません schlafen ねます、ねません kommen 来（き）ます、来（き）ません

（2）1. わたしは７じはんに起きます。 2. ８じはんに大学に行きます。 3. ９じにじゅぎょうがはじまります。 4. １５じにじゅぎょうがおわります。 5. １６じに町へ行きます。 6. １６じはんに買いものをします。 7. １８じごろ家に帰ります。 8. １９じにばんごはんを食べます。 9. ２０じはんに日本語をべんきょうします。 10. ２３じごろねます。

（3）1. にくを食べます 2. おさけをのみます。 3. 新聞を読みます。 4. テレビを見ます。 5. たばこをすいます。 6. ドイツ語をべんきょうします。 7. きものをきます。 8. 電車をおります。 9. くつを買います。 10. てがみを書きます。

（4）1. 大学へ何で行きますか。⇒自転車で行きます。 2. 会社へ何で行きますか。⇒電車で行きます。 3. 日本へ何で行きますか。⇒ひこうきで行きます。 4. 友だちの家へ何で行きますか。⇒オートバイで行きます。 5. ゆうびんきょくへ何で行きますか。⇒バスで行きます。 6. こうえんへ何で行きますか。⇒あるいて行きます。 7. 東京へ何で行きますか。⇒電車とバスで行きます。 8. ハンブルグへ何で行きますか。⇒自動車で行きます。 9. びじゅつかんへ何で行きますか。⇒地下鉄で行きます。 10. おおさかへ何で行きますか。⇒夜行バスで行きます。

（5）1. 家から大学までどのくらいかかりますか。バスで１０分ぐらいです。 2. 家から公園までどのくらいかかりますか。自転車で５分ぐらいです。 3. 大学からメンザまでどのくらいかかりますか。あるいて７分ぐらいです。 4. 大学から駅までどのくらいかかりますか。タクシーで１０分ぐらいです。 5. この町からハンブルグまでどのくらいかかりますか。電車で３時間ぐらいです。 6. この町からベルリンまでどのくらいかかりますか。電車で５時間ぐらいです。 7. この町から海までどのくらいかかりますか。自動車で４時間ぐらいです。 8. ドイツからローマまでどのくらいかかりますか。ひこうきで２時間ぐらいです。 9. ドイツから日本までどのくらいかかりますか。ひこうきで１２時間ぐらいです。 10. ドイツからアメリカまでどのくらいかかりますか。ふねで一週間(?)ぐらいです。

（6）1. アメリカへひこうきで行きますか。いいえ、ひこうきで行きません。ふねで行きます。 2 ベルリンへ電車で行きますか。いいえ、電車で行きません。車で行きます。 3. こうえんへバスで行きますか。いいえ、バスで行きません。自転車で行きます。 4. 駅へタクシーで行きますか。いいえ、タクシーで行きません。ちかてつで行きます。 5. 町へちかてつで行きますか。いいえ、ちかてつで行きません。バスで行きます。 6. イタリアへ自動車で行きますか。いいえ、自動車で行きません。電車で行きます。 7. 病院へ自転車で行きますか。いいえ、自転車で行きません。あるいて行きます。 8. レストランへあるいて行きますか。いいえ、あるいて行きません。車で行きます。 9. 会社へバスで行きますか。いいえ、バスで行きません。電車で行きます。 10. フランスへ友だちの車で行きますか。いいえ、友だちの車で行きません。わたしの車で行きます。

（7）1. かれはまんねんひつでてがみを書きました。 2. かのじょはそのニュースをテレビで見ました。 3. あにはコンピュータで日本語を書きました。 4. わたしはその本をドイツ語で読みました。 5. 田中さんは電車で家に帰りました。 6. 川中さんはマルクでそのとけいを買いました。 7. ミュラーさん

はざっしでふじ山のえを見ました。 8. オーラフさんはコップで水を飲みました。 9. アンヤさんはこのカメラで町のしゃしんをとりました。 10. ダニエラさんはおはしでごはんを食べました。
（8）1. と、と、を 2. に、で、へ/に 3. を、で 4. の、で、を 5. の、で、に 6. で、を 7. から、まで、で 8. の、と、で、を 9. で、へ/に 10. で、と、で
（9）1. かのじょはにくとやさいを食べます。そして魚も食べます。 2. かれはえんぴつとボールペンを買います。そしてナイフも買います。 3. 先生は英語とスペイン語をおしえます。そして日本語もおしえます。 4. しゃちょうはクラシックとジャズを聞きます。そしてポップスも聞きます。 5. ちちとははははテニスとピンポンをします。そしてスキーもします。 6. 林さんはビールとワインを飲みます。そしてウィスキーものみます。 7. ささきさんは新聞とざっしを読みます。そしてしょうせつも読みます。 8. 前田さんは電車とバスにのります。そしてタクシーにものります。 9. ユリアさんはひらがなとカタカナを書きます。そしてかんじも書きます。 10. メラニーさんはフランスとイタリアに行きます。そしてスペインにも行きます。
（10）1. かれはコーヒーとこうちゃをよく飲みます。でもミルクはめったに飲みません。 2. かのじょバスと電車によくのります。でもタクシーにはめったにのりません。 3. ちちは新聞とざっしをよく読みます。でもしょうせつはめったに読みません。 4. ははははテニスとバドミントンよくします。でもめったにピンポンはしません。 5. リーさんは日本語と中国語をよく話します。でもえい語はめったに話しません。 6. 町田さんはジーンズとセーターをよくきます。でもはせびろはめったにきません。 7. すずきさんはえいがとげきをよく見ます。でもオペラはめったに見ません。 8. まつださんは電車とバスでよくりょこうします。でもひこうきではめったにりょこうしません。 9. 田中さんは東京とおおさかによく行きます。でもなごやはめったに行きません。 10. ヤンさんはひらがなとかんじをよく書きます。でもカタカナはめったに書きません。 11. 友だちはジャズとポップスをよく聞きます。でもクラシックはめったに聞きません。 12. 私はハムとソーセージをよく買います。でもめったにチーズは買いません。
（11）1. シュミットさんは朝7じはんに起きます。 2. パンとたまごを食べます。コーヒーを飲みます。 3. 電車で会社に行きます。家から駅まで歩きます。 4. 8じはんの電車にのります。会社まで1じかんぐらいです。 5. 仕事は9じにはじまります。そして6じごろおわります。 6. かれは朝12じまではたらきます。そしてどうりょうと会社のしょくどうでひるごはんを食べます。 7. さかなとやさいを食べます。そしてくだものも食べます。でもめったにくは食べません。 8. かれはまた1じから5じはんまではたらきます。ときどき6じまではたらきます。 9. 6じはんごろ家に帰ります。 10. めったにざんぎょうはしません。 11. 家のちかくのみせでかいもの（を）します。 12. かれはおんがくをききます。ジャズとポップスをききます。でもテレビはめったに見ません。 13. ときどき手紙を書きます。タイプライターで書きます。 14. かれはばんごはんをあまり（たくさん）食べません。ごはんとやさいをはしで食べます。 15. 1じかんぐらい日本語をべんきょうします。 16. ひらがなとカタカナを書きます。でもまだかんじはあまり書きません。 17. 10じごろおふろにはいります。 18. ときどき赤ワインをいっぱい飲みます。 19. しんぶんやざっしや本を読みます。 20. そして12じごろねます。

Lektion 5

（1）1. arbeiten に食べました。食べませんでした。
2. anziehen をきました。きませんでした。
3. einsteigen にのりました。のりませんでした。
4. schreiben を書きました。書きませんでした。
5. lesen を読みました。読みませんでした。
6. trinken を飲みました。飲みませんでした。
7. hineingehen に入りました。入りませんでした。
8. warten を待ちました。待ちませんでした。
9. treffen に会いました。会いませんでした。
10. regnen がふりました。ふりませんでした 。
11. spazierengehen をさんぽしました。さんぽしませんでした。 12. beginnen がはじまりました。はじまりませんでした。 13. zurückkehren に帰りました。帰りませんでした。 14. sprechen と話しました。話しませんでした。 15. rauchen をすいました。すいませんでした。 16. sich ermüden でつかれました。つかれませんでした。 17. kommen で来ました。

来せんでした。 18. reisen とりょこうしました。りょこうしませんでした。 19. hinausgehen を出ました。出ませんでした。 20. essen で食べました。食べませんでした。

（2）1. 私はきのう図書館で本を読みました。 2. 私はきのう食堂でカレーライスを食べました。 3. 私はきのう駅で切符を買いました。 4. 私はきのう映画館で日本の映画を見ました。 5. 私はきのう駅前で友達を待ちました。 6. 私はきのう家でCDを聞きました。 7. 私はきのう京都で古いお寺を見物しました。 8. 私はきのう公園でジョギングをしました。 9. 私はきのう会社で英語の手紙を書きました。 10. 私はきのう郵便局で手紙を出しました。

（3）1. 上田さんと電車でミュンヘンへ行きました。 2. 友だちとテレビでやきゅうのしあいを見ました。 3. 彼女とひこうきで日本に来ました。 4. 外国人と英語で話しました。 5. マリアさんとじしょで漢字をしらべました。 6. おにいさんとナイフでチーズを切りました。 7. お母さんとラジオでニュースで聞きました。 8. 先生と町で会いました。 9. お客さんときっさ店でコーヒーを飲みました。 10. どうりょうと会社でソフトを作りました。

（4）1. 中山さんは公園へ散歩をしに行きました。 2. デパートへ時計を買いに行きました。 3. 食堂へ昼ごはんを食べに行きました。 4. 奈良へ大仏を見に行きました。 5. 駅へ切符を買いに行きました。 6. ドイツへドイツ語を勉強しに来ました。 7. 私の家にレコードを　聞きに来ました。 8. 飲み屋にワインを飲みに来ました。 9. 家に晩ごはんを作りに帰りました。 10. 国へ両親に会いに帰りました。

（5）1. はい、行きました。／いいえ、行きませんでした。 2. はい、かけました。／いいえ、かけませんでした。 3. はい、しました。／いいえ、しませんでした。 4. はい、来ました。／いいえ、来ませんでした。 5. はい、行きました。／いいえ、行きませんでした。 6. はい、乗りました。／いいえ、乗りませんでした。 7. はい、飲みました。／いいえ、飲みませんでした。 8. Z.B. スポーツをしました。 9. どこにも行きませんでした。 10. だれも来ませんでした。

（6）1. はい、もう食べました。 2. いいえ、まだ始まりません。／まだです。 3. はい、もう始まりました。 4. いいえ、まだ会いません。／まだです。 5. はい、もうはなします。 6. いいえ、まだ教えません。／まだです。 7. はい、もう読みました。 8. いいえ、まだ書きません。／まだです。 9. はい、もう歩きます。 10. いいえ、まだ作りません。／まだです。 11. はい、もうなれました。 12. いいえ、まだなれません。／まだです。 13. はい、あがってきました。 14. いいえ、一かいで待ちませんでした。

（8）1. で、へ、に 2. で、と、を 3. の/に、に 4. を 5. の、で、を 6. に、に 7. を 8. に 9. で、に/まで 10. の、で 11. の、で、の、に 12. と、を 13. が 14. に 15. で、を

（9）1. もうひるごはんを食べましたか。 2. いいえ、まだ食べません。／まだです。 3. わたしは山田さんとしょくどうに食べに行きました。 4. わたしたちはとてもおなかがすきました。 5. 中かりょうりはどう(いかが)ですか。 6. そこでわたしはそばを食べました。かのじょはカレーライスを食べました。 7. そしてきっさてんでお茶を飲みました。 8. 昨日の日曜日に何をしましたか。 9. わたしはきのう日本語をぜんぜんべんきょうしませんでした。 10. わたしはJRで東京へ行きました。 11. そして上野公園の前で友だちに会いました。 12. わたしは30分待ちましたが、かれは来ませんでした。 13. わたしはもう30分待ちました。そのときやっとかれは来ました。 14. わたしたちは上野公園をさんぽしました。そしてどうぶつえんにパンダを見に行きました。 15. それから山の手せんでしんじゅくにドイツの映画を見に行きました。 16. でもわたしのおとうとの明夫(あきお)はきのう何もしませんでした。かれは一日中ねました。

Lektion 6

（2）1. せまかったです 2. あつかったです 3. 明るくなかったです。 4. かわいかったです 5. いそがしくなかったです 6. うつくしくなかったです 7. たいへんでした 8. かんたんではありませんでした 9. すてきでした 10. ロマンティックでした 11. シックでした 12. モダンではありませんでした 13. 多かったです 14. 古くなかったです 15. おもしろくなかったです

（3）1. 長く 2. あたたかく 3. 速く 4. 元気に 5. 赤く 6. 早く 7. 安く 8. きれいに 9. にぎやかに 10. 楽しく

（4）1. その寺はあの神社よりずっと古いです。

2. 日本の夏はドイツの夏より暑いです。 3. 部長は私よりもっといそがしいです。 4. ミュンヘンはフランクフルトより美しいです。 5. この町の美術館はあの町の美術館よりすばらしいです。 6. 私の部屋は彼の部屋よりせまいです。 7. 英語はフランス語より簡単です。 8. 金曜日は木曜日よりひまです。 9. ビデオはカメラより便利です。 10. サラダは肉料理よりヘルシーです。 11. 工業は農業よりさかんです。 12. この店はあの店より安く売ります。 13. 彼女は去年よりきれいになりました。 14. 社長は社員よりおそく会社に来ます。 15. 彼女は彼より長くテレビを見ます。

(5) 1. 富士山は日本(の中で)で一番／もっとも高いです。 2. バイエルンはドイツ(の中で)で一番／もっとも広いしゅうです。 3. 川田部長は会社(の中で)で一番／もっともいそがしい人です。 4. 2月は1年(の中で)で一番／もっとも寒いです。 5. エベレスト山は世界(の中で)で一番／もっとも高いです。 6. フランスはヨーロッパ(の中で)で一番／もっとも大きいです。 7. 日曜日は一週間(の中で)で一番／もっともひまです。 8. 〜はドイツの車(の中で)で一番／もっともじょうぶです。 9. ゲーテはドイツ(の中で)で一番／もっとも有名な作家です。 10. ミヒャエルさんはクラス(の中で)で一番／もっとも元気な学生です。 11. ユリアさんは友だち(の中で)で一番／もっとも親切です。 12. 私は家ぞく(の中で)で一番／もっともおそくねます。 13. 8月は1年(の中で)で一番／もっとも暑くなります。 14. チータは動物(の中で)で一番／もっとも速く走ります。 15. リンさんは学生(の中で)で一番／もっとも日本語を正しく話します。

(6) 1. ワインとビールとではどちらの方が安いですか。⇒ビールの方が安いです。 2. 電車とバスとではどちらの方が便利ですか。⇒電車の方が便利です。 3. ベルリンとハンブルクとではどちらの方がおもしろいですか。⇒〜の方がおもしろいです。 4. フランクフルトとハンブルグとではどちらの方が遠いですか。⇒〜の方が遠いです。 5. ナイル川とアマゾン川とではどちらの方が長いですか。⇒ナイル川の方が長いです。 6. 仕事と家族とではどちらの方が大切ですか。⇒家族の方が大切です。 7. 富士山とツークシュピッツェとではどちらの方が高いですか。⇒富士山の方が高いです。 8. スペイン語とフランス語とではどちらの方がかんたんですか。⇒？ 9. 東京と鎌倉とではどちらの方が静かですか。⇒鎌倉の方が静かです。 10. クリスマスとカーニバルとではどちらの方がにぎやかですか。⇒ カーニバルの方がにぎやかですか。 11. 工業と農業とではどちらの方がさかんですか。⇒？ 12. つばめとすずめとではどちらの方が速く飛びますか。⇒つばめの方が速く飛びます。 13. ジョギングと水泳とではどちらの方をよくしますか。⇒？ 14. クラシックとポップスとではどちらの方をよく聞きますか。⇒ ？ 15. ドイツ人と日本人とではどちらの方が長く働きますか。⇒日本人の方が長く働きます。

(7) 1. りんごとみかんとバナナとももの中で、何が一番おいしいですか。⇒ももが一番おいしいです。 2. スペインとイタリアとギリシャの中で、どこが一番 近いですか。⇒ イタリアが一番 近いです。 3. 春と夏と秋と冬の中で、いつが一番いいですか。⇒秋が一番いいです。 4. パンダとコアラと犬とねこの中で、何が一番かわいいですか。⇒ ？ 5. ナイル川とアマゾン川とライン川の中で、どれが一番長いですか。⇒ ナイル川が一番長いです。 6. 1週間の中で、いつが一番いそがしいですか。⇒ 月曜日が番いそがしいです。 7. ダリとムンクとカンディンスキーとピカソの中で、だれが一番有名ですか。⇒？ 8. 英語とフランス語とロシア語と日本語の中で、どれが一番むずかしいですか。⇒ ？ 9. 手紙と電話とファックスの中で、なにが一番便利ですか。⇒？ 10. ヨーロッパの町の中で、どこが一番美しいですか。⇒ ？ 11. 友だちの中で、だれが一番にぎやかですか。⇒ ？ 12. 動物の中で、なにが一番人間に近いですか。⇒ チンパンジーが一番人間に近いです。 13. 家族の中で、だれが一番よくスポーツをしますか。⇒ ？ 14. 学生の中で、だれが一番たくさんたばこを吸いますか。⇒ ？ 15. ピザとソーセージとサラダの中で、何を一番よく食べますか。⇒ ？

(8) 1. 土曜日は日曜日と同じぐらいひまです。 2. ICEは新幹線と同じぐらい速いです。 3. とらはライオンと同じぐらい強いです。 4. カタカナはひらがな と同じぐらいやさしいです。 5. イタリアワインはフランスワインと同じぐらいおいしいです。 6. さとうはしおと同じぐらい白いです。 7. 1

月は１２月と同じぐらい寒いです。 8. くだものはやさいと同じぐらいヘルシーです。 9. あの町はこの町と同じぐらいにぎやかです。10. 梅は桜と同じぐらいきれいです。

（9）1．３月は４月ほどあたたかくないです。 2. タイプライターはコンピュータほど便利ではありません。3. ライン川はドナウ川ほど長くないです。 4. 漢字はひらがなほど簡単ではありません。 5. 夜行バスは新幹線ほど速くないです。6. 京都は奈良ほど古くないです。7. ベルリンはニューヨークほどにぎやかではありません。 8. ツークシュピッツェは富士山ほど高くありません。 9. ドイツの夏は日本の夏ほど暑くなりません。 10. デパートはスーパーほど安く売りません。

(10) 1. 高いので/から 2. 暗いので/から 3. いそがしいので/から   4. しんせつなので/だから
5. 古いので/から 6. すきではないので/から
7. わるいので/から 8. ふりましたので/から
9. ねませんでしたので/から 10. べんきょうしましたので/から 11. はたらきましたので/から
12. 有名なので/だから

(11) 1. かれの古いかばんは新しいのより便利です。
2. 今年のなつは去年よりむしあつかったです。
3. かのじょはきれいではありませんが、とてもしんせつです。 4. 道はせまいので、ゆっくり走りました。 5. フランクフルトはハイデルベルクより大きいですが、ハイデルベルクはフランクフルトよりきれいです。 6. せかいの中でだれが一番きれいですか。白雪ひめが一番きれいです。 7. 車と新かんせんとではどちらの方が速いですか。新かんせんの方が速いです。 8. ラテン語とギリシャ語とではどちらの方がむずかしいですか。 ラテン語もギリシャ語も（りょうほうとも）むずかしいです。 9. 田中さんと木村さんとではどちらの方が静かですか。木村さんの方が静かです。 10. 食べ物の中で何が一番すきですか。すしが一番好きです。 11. 春休みは夏休みほど長くないです。 12. このたなとあのたなとではどちらの方が丈夫ですか。このたなはあのたなとおなじぐらいじょうぶです。 13. その店のサービスはよくないので、買いません。 14. とてもおなかがすきましたので、魚もにくもぜんぶ食べました。
15. とてもおそく起きましたから、空港までタクシーで行きました。

Lektion 7

（2）1．ちょっと来てください。 2．ちょっと待ってください。 3．どうぞ部屋に入ってください。 4．ちょっとここに座ってください。 5．ちょっと右手をあげてください。 6．ちょっと口を開けてください。
7．ちょっとこれを見てください。 8．ここに名前と住所と電話番号を書いてください。 9．駅まで行ってください。10．この道を次の交差点までまっすぐ走ってください。 11．その交差点を右に曲がってください。 12．信号を渡ってください。 13．デパートの前で止まてください。 14．駅で東京行きの切符を買ってください。15．９時３０分の電車に乗ってください。 16．上野駅で降りてください。 17．窓を開けてください。 18．毎日漢字を練習してください。
19. 日本語で話してください。 20. もう一度ゆっくり言ってください。

（3）1．飲んで 2．着て 3．いそいで 4．見せて
5. 読んで 6．すって 7．帰って 8．聞いて 9．ねて 10．起きて 11．つけて 12．おしえて 13．しらべて 14．食べて 15．なれて

（4）1． 山田さんは喫茶店で友だちと話しています。
2． 私たちは大学で日本語を勉強しています。
3. 雨が強く降っています。 4．自動車は道を走っています。 5．父は駅前でお客さんを待っています。
6. 村山さんはビートルズの歌を歌っています。
7. 兄はキオスクでたばこと新聞を買っています。
8. 姉は台所で晩ごはんを作っています。 9．マイヤーさんはそこでたばこをすっています。 10．彼は彼女と公園を散歩しています。 11．子どもたちは自転車に乗っています。 12．チンさんは中国に電話をかけています。 13．飛行機は今富士山の上を飛んでいます。 14．妹は部屋をそうじしています。 15．母ははさみで弟の髪を切っています。 16．子どもは公園で遊んでいます。

（5）1．かのじょは電話をかけています。 2．かのじょはてがみを書いています。 3．かれはコンピュータではたらいています。 4．かのじょはコピーをとっています。5．かのじょはコーヒーを飲んでいます。
6. かのじょたちは（ひそひそ）話しています。 7．かれ（社長）はたばこをすっています。 8．かれは走っています。 9．かれはビールを飲んでいます。
10. かれはねています。

（6）1．ドアは開いています。 2．窓は閉まっていま

す。3. かぎはかかっています。 4. 電気はついています。 5. かべに絵がかかっています。 6. この窓は南を向いています。 7. その川に橋がかかっています。 8. 桜の花がきれいにさいています。 9. 空に星がたくさん出ています。 10. はこにおかしが入っています。 11. かれはもうけっこんしています。 12. 山田さんはいい車を持っています。 13. わたしはかのじょの住所を知っています。 14. かのじょは２年間おおさかに住んでいます。 15. かのじょはきれいなきものを着ています。 16. かれはさいきん仕事でつかれています。

（7）1. 売って 2. して 3. 使って 4. あるいて 5. 書いて 6. 食べて 7. 泳いで 8. 教えて 9. 作って 10. 走って 11. はたらいて 12. ならって

（8）1. 乗って行きます 2. 乗って来ました 3. 乗って帰りました 4. あるいて行きます 5. 走って来ました 6. つれて来ました 7. つれて行きます 8. 持って行きます 9. 持って来ました 10. 持って来ました

（9）1. 朝ごはんを食べて大学に行きます。 2. かぎをかけて家を出ました。 3. 郵便局へ行きました。 ８０円の切手を５枚買いました。 4. 手紙に切手をはって友だちに送りました。 5. 銀行へ行ってお金を１００マルクおろしました。 6. 町で林さんに会っていっしょに映画を見ました。 7. レストランに入ってスパゲッティを食べました。 8. 花を買って家に帰りました。 9. シャワーを浴びて日本語の宿題をしました。 10. ベッドで小説を読んで１１時半ごろ寝ました。

（10）1. くつを脱いでから部屋に入ってください。 2. 勉強してから遊びに行ってください。 3. 名前を書いてからテストを始めてください。 4. よく考えてから答えてください。 5. 電話をかけてから山田さんをたずねてください。 6. フイルムを入れてから写真をとってください。 7. はじめに人がおりてから乗ってください。 8. 入口でお金をはらってから入ってください。 9. 信号が青になってから道をわたってください。 10. はじめに体を洗ってからふろに入ってください。

（11）1. その町は静かできれいで有名です。 2. この机はじょうぶで大きいです。 3. このコンピュータは便利で安いです。 4. その本はむずかしくておもしろくないです。 5. 私のアパートは古くてせまくて安くないです。 6. 彼女は若くてきれいで親切な人です。 7. 川村さんは日本人で会社員です。 8. ミュラーさんはドイツ人でチンさんは中国人です。 9. この服はシックでモダンです。 10. 仕事が多くて、いそがしくて、つかれます。

（12）1. 会いませんか。⇒ 会いましょう 2. 帰りませんか。⇒ 帰りましょう 3. ちゅうもんしませんか。⇒ ちゅうもんしましょう 4. 見ませんか。⇒ 見ましょう 5. 閉めませんか。⇒ 閉めましょう 6. 歩きませんか。⇒ 歩きましょう 7. おどりませんか。⇒ おどりましょう 8. 休みませんか。⇒ 休みましょう

1. 飲みましょう 2. 行きましょう 3. さんぽしましょう 4. 歌いましょう 5. のりましょう 6. 買いましょう 7. わたりましょう 8. いそぎましょう

1. 入りましょうか⇒入りましょう 2. のりましょうか⇒のりましょう 3. 持ちましょうか⇒持ってください 4. 送りましょうか⇒送ってください 5. 入れましょうか。⇒入れましょう 入れてください 6. 座りましょうか⇒座りましょう 7. 運転しましょうか⇒運転してください 8. 勉強しましょうか⇒勉強しましょう 9. 作りましょうか⇒作りましょう 10. 来ましょうか⇒来てください

（13）していますか、していません、見ています、行きましょう／ませんか、行きましょう、持っています、つれて行ってください、行って、乗りましょう／ませんか、のぼって、さんぽしましょう／ませんか、知っています、待っていてください、しましょう、さそいましょう

（14）1. バナナを５本とりんごを６こください。 2. やさしくておもしろい日本のしょうせつをかしてください。 3. 雨がふっているから、家にいて音楽を聞きましょう。 4. このテレビは安くて便利ですから、買いましょう。 5. この自動車は小さいです。もっと大きいのを見せてください。 6. 地図で青山３ちょうめをさがしてください。地図はかべにかかっています。 7. 市電で駅まで行ってください。 8. 9時の電車に乗ってください。そして上野でのりかえてください。 9. 4番目の駅でおりてください。 10. そこに行ってから、山ざきさんに電話をかけました。 11. 3番目のこうさてんまで行って右にまがってください。 12. たてものに入って、うけつけで

名前を言ってください。 13. かれはタイプライターでトニー社にてがみを書いています。 14. 私はかれをしっていますが、かれは私を知りません。 15. かれはもう長く東京に住んでいて、東京の(まん)中におおきい家を持っています。 16. かれはとてもお金持ちでしんせつです。かれはまだけっこんしていません。 17. かれはさいきん朝早く起きて公園をさんぽしています。 18. 一どあそびに来てください。 19. どうぞ入ってください。座ってください。 20. 何かつめたいものを(でも)あげましょうか／さし上げましょうか／いかがですか。⇒ありがとうございます／おねがいします／いただきます。

Lektion 8

（1）1. おかしを食べてもいいです。 2. ミルクを飲んでもいいです。 3. 日本に旅行してもいいです。 4. もう家に帰ってもいいです。 5. 駅までタクシーに乗ってもいいです。 6. 3日間休暇をとってもいいです。 7. 勉強が終わってから、遊びに行ってもいいです。 8. 暑いから窓を開けてもいいです。 9. このアパートに住んでもいいです。 10. 夜8時までピアノを弾いててもいいです。 11. 自動車の色は赤くてもいいです。 12. 給料は安くてもいいです。 13. 仕事は大変でもいいです。 14. 交通は少し不便でもいいです。 15. 飲み物はビールでもいいです。 16. 食べ物は何でもいいです。

（2）1. この部屋に入ってはいけません。 2. 子供はお酒を飲んではいけません。 3. となりの人と話してはいけません。 4. 日本で(は)車は右がわを走ってはいけません。 5. 今赤信号だから、道をわたってはいけません。 6. このことをほかの人に言ってはいけません。 7. ここに駐車してはいけません。 8. みせいねんはたばこをすってはいけません。 9. うそをついてはいけません。 10. 人にめいわくをかけてはいけません。 11. 教室は暗くてはいけません。 12. 仕事がおそくてはいけません。 13. せびろのねだんは高くてはいけません。 14. 店があまりひまではいけません。 15. 不親切な人ではいけません。 16. プレゼントは安いものではいけません。

（3）1. はい、借りてもいいです。 2. いいえ、ゴミを川にすててはいけません。 3. いいえ、日本では18才でビールを飲んではいけません。 4. いいえ、イギリスで道の右がわを走ってはいけません。 5. いいえ、魚料理に赤ワインを注文してはいけません。 6. ？ 7. いいえ、夜11時にピアノを弾いてはいけません。 8. ？ 9. はい、部屋は小さくて古くてもいいです。 10. いいえ、やちんは高くてはいけません。 11. はい、晩ごはんはカレーでもいいです。 12. はい、アウトバーンで時速140キロで走ってもいいです。 13. はい、アウトバーンの料金をはらわなくてもいいです。 14. いいえ、日本で道の右がわを走ってはいけません。

（4）1. して、h 2. て、e 3. んで、j 4. いて、i 5. て、g 6. って、c 7. て、a 8. くて、f 9. くて、d 10. で、b

（5）1. 気をつけて帰ってください。 2. そこに座って話しましょう。 3. 病院まで飛んで来ました。 4. 駅まで送って行きましょうか。 5. 外国からおみやげを持って帰りました。 6. 彼は寝ころんでテレビを見ています。 7. がんばって勉強してください。 8. 彼は立ってあいさつしました。 9. ワープロを使って手紙を書いてもいいです。 10. よろこんで彼女にあなたを紹介します。

（7）1. 閉めないでください。 2. つけないでください。 3. おかないでください。 4. 買わないでください。 5. 話さないでください。 6. そうじしないでください。 7. 待たないでください。 8. みじかく切らないでください。 9. つれてこないでください。 10. よばないでください。 11. 見せないでください。 12. 教えないでください。

(8-a) 1. 朝早く起きないといけません。 2. 毎日残業しないといけません。 3. 時々週末も働かないといけません。 4. 来週ドイツに出張しないといけません。 5. 日本の家ではくつを脱がないといけません。 6. 満員電車に乗らないといけません。 7. 品物はよくないといけません。 8. 計算は正しくないといけません。 9. 体は丈夫でないといけません。 10. 性格はまじめでないといけません。

(8-b) 1. 時々スポーツをしなければなりません。 2. 8時間ぐらいねなければなりません。 3. たばこをやめなければなりません。 4. たくさんやさいとくだものを食べなければなりません。 5. 1日に3回薬を飲まなければなりません。 6. 日本けいざいの本を読まなければなりません。 7. 仕事は楽しくなければなりません。 8. 人に親切でなければなりません。 9. 魚は新せんでなければなりません。 10. 飲み物はお茶でなければなりません。

(8-b) 1. しょうらいについて考えなくてはなりません。 2. お金をためなくてはなりません。 3. 子供をそだてなくてはなりません。 4. きっぷを買わなくてはなりません。 5. みんながてつだわなくてはなりません。 6. このワープロをしゅうりしなくてはなりません。 7. 心はあたたかくなくてはなりません。 8. 家ぞくはけんこうでなくてはなりません。 9. 台所はきれいでなくてはなりません。 10. うで時計はスイスのでなくてはなりません。

(9) 1. 土曜日は働かなくてもいいです。 2. まだねなくてもいいです。 3. 映画の予約を取らなくてもいいです。 4. ここで地下鉄に乗りかえなくてもいいです。 5. 家まで歩いて行かなくてもいいです。 6. 私の部屋をそうじしなくてもいいです。 7. 町まで買物に行かなくてもいいです。 8. 日本語で長い手紙を書かなくてもいいです。 9. すぐ(に)お金を払わなくてもいいです。 10. 一人でその仕事をやらなくてもいいです。 11. 今日部長にレポートを出さなくてもいいです。 12. ワインはあまり高くなくてもいいです。 13. ひしょはあまり若くなくてもいいです。 14. 部屋の数はあまり多くなくてもいいです。 15. 食べ物は日本料理でなくてもいいです。 16. せんもんはけいざいでなくてもいいです。

(10) 1. 学校へ行かないで家にいます。 2. 待たないで帰ってください。 3. 辞書を使わないで日本語の新聞を読みました。 4. タイプライターで書かないでワープロで書いてください。 5. 切符を買わないで電車に乗ってはいけません。 6. 彼は運転しないで彼女が運転します。 7. 私はイタリアに行かないでフランスへ行きました。 8. 私はひしょとそうだんしないで一人でやりました。 9. ねだんを聞かないでそのフィルムを買いました。 10. その車は赤信号でとまらないで走って行きました。

(11) 1. いいえ、右側を走ってはいけません。 2. はい、お酒を飲んで、運転してはいけません。 3. いいえ、かならず止まらなくてもいいです。 4. いいえ、日本の高速道路を時速１３０㎞で走ってはいけません。 5. いいえ、この道に入ってはいけません。 6. いいえ、前の車を追い越してはいけません。 7. いいえ、ここで駐車してはいけません。 8. ここで止まらなければなりません。 9. はい、左の車より先に交差点を渡ってもいいです。 10. ここでUターンしてはいけません。 11. いいえ、踏切でストップしなくてはいけません。 12. はい、ここから50Km以上で走ってはいけません。 13. はい、ここで少し止まってもいいです。 14. いいえ、おうだん歩道でかならず止まらなくてもいいです。 15. いいえ、3メートルの車はここを通ってはいけません。 16. いいえ、この道を車は走ってはいけません。

(12) 1. ボートに乗るだけでなくロープウェーで山にも登りましょう。 2. カメラだけでなくフィルムも3本ください。 3. このビデオは軽いだけでなくとても便利です。 4. 日本の道路はせまいだけでなく車も多いです。 5. 高速道路の料金があるだけでなく、とても高いです。 6. 京都でまいこを見ただけでなく、いっしょに写真をとりました。 7. 日本人観光客だけでなく外国人観光客もたくさんいました。 8. まだ日本の生活に慣れないだけでなく、時々しっぱいもします。

(13) 1. コーヒーでなくて、お茶を飲んでください。 2. 私たちはきのう日本語をべんきょうしないで、スポーツをしました。 3. かれは九州ではなくて、北海道に旅行しました。 4. 山ざきさんではなくて、たけ田さんが私に電話をかけました。 5. 車は右ではなくて左に曲がりました。 6. きっぷを買わないで電車に乗ってはいけません。 7. きのう私はとてもつかれていたので、おふろに入らないで寝ました。 8. 何も言わないでかのじょは急に家に帰りました。 9. あなたは日本語の作文を日本人に聞かないで自分で書きましたか。 10. かれはレストランで何もちゅうもんしないで友だちを待っていました。 11. ここでたばこをすってはいけませんが、あちらの部屋ですってもいいです。 12. 今日はいそがしいので、ざんぎょうしなければなりません。 13. 道がせまいので、速く走らないでください。 14. 橋はこわれていますので、わたらないでください。 15. このラジオはしゅうりしなければなりませんので、使わないでください。 16. 今きゅうかを取ってもいいです。でも1週間で帰らなければなりません。 17. 全部一人でしなければなりませんか。いいえ、一人でしなくてもいいです。私がよろこんでてつだいます。 18. この自転車は不便で高いですから、買わないでください。 19. 私は銀行にお金をおろしに行かなければなりません。 20. 彼は明日までにワープロで(を使って)日本語のレポートを書かなければなりません。

Lektion 9

（1）1. 毎日、新聞を読む。 2. 漢字と文法を勉強している。 3. 時々友だちと出かける。 4. すしや天ぷらを食べる。 5. 夕方、公園を散歩する。 6. 電車とバスで帰る。 7. 今晩コンサートに行く。 8. チケットはプレイガイドで買う。 9. 少しお酒を飲む。 10. ふろに入って１１時ごろ寝る。

（2）1. 母はけっして飛行機に乗らない。 2. 父はぜんぜん英語を話さない。 3. 兄はめったにたばこを吸わない。 4. 姉はあまり手紙を書かない。 5. 私はほとんど大学を休まない。 6. 弟はあまりスポーツをしない。 7. 妹はまだ働かない。 8. 友だちはやっぱり来ない。 9. 部長は今日酒しゅっちょうしない。 10. 課長は今日ざんぎょうしない。

（3）1. エレベーターを7階でおりた。 2. 仕事は8時半に始まった。 3. 会議は１１時に終わった。 4. 私は田中さんを駅前で待った。 5. 駅のベンチに座っていた。 6. 昨日山川さんに会った。 7. プールで１時間ぐらい泳いだ。 8. 午後から雨が降った。 9. いっしょに料理を作った。 10. 彼女に家族の写真を見せた。

（4）1. 昨日先生は大学に来なかった。 2. 授業はなかった。 3. 私は朝早く起きなかった。 4. 午前中どこにも出かけなかった。 5. それで車を使わなかった。 6. スーパーは開いていなかった。 7. それで何も買わなかった。 8. だれにも会わなかった。 9. だれにも電話をかけなかった。 10. 日本語をぜんぜん話さなかった。

（5）1. おもしろかった 2. 高くなかった 3. 1000円だった 4. 有名だ 5. いっぱいではなかった

（6）1. 彼の新しいアパートは大きくない。 2. でも部屋も台所もとてもきれいだ。 3. そして駅から遠くなくて便利だ。 4. あまり静かなアパートではない。 5. やちんはあまり高くない。 6. 彼はいぜん大学の野球のせんしゅだった。 7. あまり上手ではなかった。 8. でも体はとてもじょうぶだった。 9. 彼のコーチはいつもきびしかった。 10. でもたいへん親切な人だった。

（7）A 1. うん、とても長いよ。⇒ううん、そんなに長くないよ。 2. うん、とてもおいしいよ。⇒ううん、そんなにおいしくないよ。 3. うん、とても若いよ。⇒ ううん、そんなに若くないよ。 4. うん、とてもおもしろいよ。⇒ ううん、そんなにおもしろくないよ。 5. うん、とてもめずらしいよ。⇒ ううん、そんなにめずらしくないよ。 6. うん、とてもうつくしいよ。⇒ ううん、そんなにうつくしくないよ。 7. うん、とてもふかいよ。⇒ ううん、そんなにふかくないよ。 8. うん、とても明るいよ。⇒ ううん、そんなに明るくないよ。

B 1. うん、かなりむずかしかったよ／わ。⇒ううん、ぜんぜんむずかしくなかったよ／わ。 2. うん、かなりよかったよ／わ。⇒ううん、ぜんぜんよくなかったよ／わ。 3. うん、かなり重かったよ／わ。⇒ううん、ぜんぜん重くなかったよ／わ。 4. うん、かなり遠かったよ／わ。⇒ううん、ぜんぜん遠くなかったよ／わ。 5. うん、かなりいそがしかったよ／わ。⇒ううん、ぜんぜんいそがしくなかったよ／わ。 6. うん、かなりすばらしかったよ／わ。⇒ううん、ぜんぜんすばらしくなかったよ／わ。 7. うん、かなり古かったよ／わ。⇒ううん、ぜんぜん古くなかったよ／わ。 8. うん、かなり暑かったよ／わ。⇒ううん、ぜんぜん暑くなかったよ／わ。

C 1. うん、きれいだよ／よ。⇒いや、あまりきれいじゃないよ／わ。 2. うん、元気だよ／よ。⇒いや、あまり元気じゃよ／わ。 3. うん、便利だよ／よ。⇒いや、あまり便利じゃよ／わ。 4. うん、大切だよ／よ。⇒いや、あまり大切じゃないよ／わ。 5. うん、有名だよ／よ。⇒いや、あまり有名じゃないよ／わ。 6. うん、じょうぶだよ／よ。⇒いや、あまりじょうぶじゃないよ／わ。 7. うん、親切だよ／よ。⇒いや、あまり親切じゃないよ／わ。 8. うん、たいへんだよ／よ。⇒いや、あまりたいへんじゃないよ／わ。

D 1. うん、本当にかんたんだったよ／わ。⇒いや、そうかんたんじゃなかったよ／わ。 2. うん、本当に静かだったよ／わ。⇒いや、そう静かじゃなかったよ／わ。 3. うん、本当ににぎやかだったよ／わ。⇒いや、そうにぎやかじゃなかったよ／わ。 4. うん、本当に不便だったよ／わ。⇒いや、そう不便じゃなかったよ／わ。 5. うん、本当にひまだったよ／わ。⇒いや、そうひまじゃなかったよ／わ。 6. うん、本当にりっぱだったよ／わ。⇒いや、そうりっぱじゃなかったよ／わ。 7. うん、本当にきけんだったよ／わ。⇒いや、そうきけんじゃなかったよ／わ。 8. うん、本当にしんせんだったよ／わ。⇒いや、そうしんせんじゃなかったよ／わ。 9. うん、本当にふくざつだったよ／わ。⇒いや、そうふ

くざつじゃなかったよ／わ。 10．うん、本当にまじめだったよ／わ。⇒いや、そうまじめじゃなかったよ／わ。

（8）1．日曜日に何をするんですか。⇒友達といっしょにテニスをするんです。 2．田中さんは明日大学に行んですか。⇒いいえ、行かないんです。 3．いつからかまくらに住んでいんですか。⇒2年前からかまくらに住んでいるんです。 4．どんなことにきょうみを持っているんですか。⇒政治にきょうみを持っているんですよ。 5．いつ映画が始まるんですか。⇒午後8時に始まるんです。 6．何を読んでいるんですか。⇒アメリカの小説を読んでいるんです。 7．トイレはどこにあるんですか。⇒このろうかのおくの左側にあるんです。 8．昨日何時間寝たんですか。⇒6時間しか寝なかったんですよ。 9．昨晩だれに会ったんですか。⇒久しぶりに南川さんに会ったんですよ。 10．駅までバスでいくらかかったんですか。⇒120円／かかったんです。 11．仕事はもう終わったんですか。⇒いいえ、まだ終わらないんです。 12．日本語はむずかしいんですか。⇒ いいえ、むずかしくないんです。 13．新しいコンピュータはどうなんですか。⇒とても便利なんですよ。 14．課長さんはどんな人だったんですか。⇒とても親切な人だったんです。 15．休暇はどうだったんですか。⇒とても楽しかったんですよ。 16．彼は元気ではなかったんですか。⇒いいえ、元気だったんですよ。 17．彼女の答えは正しかったんですか。⇒ いいえ、正しくなかったんです。 18．その車は高かったんですか、安かったんですか。⇒かなり高かったんですよ。 19．昨晩だれの誕生日だったんですか。⇒山田さんの誕生日だったんですよ。 20．田村さんはどこで働いているんですか。⇒商社で働いているんです。

（9）1．昨日のパーティーで食べたり飲んだりした。 2．明日の天気は晴れたりくもったりする。 3．東京で友だちに会ったり買い物したりする。 4．さっきから変な人が家の前を行ったり来たりしている。 5．日本語の勉強は読んだり、書いたり、話したり、聞きいたりしなければなりません。 6．学生は勉強したりアルバイトしたりする。 7．そのデパートはこんでいたりすいていたりする。 8．魚のねだんは高かったり安かったりする。 9．日本語のしけんはむずかしかったり、かんたんだったりします。 10．ここの社員は日本人だったり外国人だったりです。

（10）1．本を読んだりさんぽしたりします。 2．コーヒーを飲んだりお茶を飲んだりします。 3．すしをたべたり、カレーライスを食べたりします。 4．英語を話したり、ドイツ語を話したりします。 5．旅行したり友だちに会ったりします。 6．ゲームをしたり、スポーツをしたりします。 7．プレゼントしたり、料理を食べたりします。 8．よかったり、わるかったりします。 9．親切だったり、親切でなかったりします。 10．かったり、まけたりします。

（11）1．タクシーで行った方がいいです。 2．先生に聞いた方がいいです。 3．会社にいかない方がいいです。 4．日本語で話した方がいいです。 5．写真をとった方がいいです。 6．外出しない方がいいです。 7．ピアノをひかない方がいいです。 8．レストランへ行かない方がいいです。 9．一人でしない方がいいです。 10．家の中にいない方がいいです。

（12）1．昨日は日曜日だったから、おそく起きた。 2．朝ご飯を食べてから、ゆっくり公園をさんぽした。 3．そこにはきれいな花がたくさんある。花は赤かったり、きいろだったり、青かったりする。 4．私はベンチに座って、1時間本を読んだ。 5．天気は晴れたりくもったりしたが、あたたかかった。 6．午後友だちから電話があった。かれは私に会いに来た。 7．私たちは町のきっさ店で夏休みについて話をした。 8．私たちは8月に北海道に旅行するので、今たくさんアルバイトしなければならない。 9．でも、7月のはじめにしけんがあるので、たくさん勉強しなければならない。 10．私たちはおなかがすいていたので、かれはカレーライスを食べて、私はスパゲティーを食べた。かれはかなり大きくて、たくさん働いたから、ハンバーガーも食べた。 11．晩に私は少しテレビを見たが、つまらなかったので、すぐけした。 12．わたしは音楽を聞いて新聞を読んだ。日本円はまた高くなった。 きのうたかの花は若の花にかった。あ、そう。 13．その後2時間漢字と文法をべんきょうした。 14．日本語のべんきょうはむずかしかったり、やさしかったりする。でも、いつもおもしろい。 15．1ぱいウイスキーを飲んでから、11時半に寝た。

Lektion 10

（２）（３）1．すしが／を食べたい　2．じゅうどうが／をしたい　3．文学が／をべんきょうしたい　4．イタリアに／を旅行したい　5．新聞社で働きたい　6．クラシックを聞きたい　7．くつを買いたい　8．小説を読みたい　9．ひこうきに乗りたい　10．日本映画を見たい　（４）1．富士山に登り　2．歌を歌い　3．家を売り　4．安いカメラを買い　5．写真をとり　6．早くけっこんし　7．ポルシェを運転し　8．窓を閉め　9．仕事を始め　10．手紙をワープロで書き　11．コンサートに行き　12．バスを待ち　13．共働きし　14．海外出張し　15．ドイツで働き　16．ディスコでおどり　17．今晩外出し　18．お金をおろし　19．図書館から本をかり　20．静かなばしょに住み

（４）1．旅行がしたい　2．テニスがしたい　3．電車に乗りたい　4．自動車に乗りたい　5．写真をとりたい　6．寿司を作りたい　7．図書館で本をかりたい　8．電話をかけたい　9．風呂に入りたい　10．作家になりたい

（６）1．私は中国料理が好きですが、彼女は好きではありません。　2．意味が分からなかったので、じしょでしらべました。　3．私は今日本語をべんきょうしていますが、まだじょうずに話すことができません。　4．かれはスペイン語はじょうずですが、フランス語はあまりじょうずではありません。　5．私は料理はとくいですが、かたづけはにがてです。　6．私は自動車の運転ができないので、電車で行きました。　7．先生の説明がよく分かりましたか。　8．かれは以前すいえいがぜんぜんできませんでしたが、今はとてもじょうずです。　9．私は漢字がにがてでしたが、いまとてもじょうずに読むことができます。　10．その本はむずかしくてよく分からなかったので、かれは何度も読みました。　11．人はお金も時間もいります／ひつようです。　12．かれは100メートルを50びょうで泳ぐことができます。　13．あなたはいくつことばができますか。　14．かのじょは日本語をたいへんじょうずに話しますが、まだほとんど書くことができません。　15．左から3番目のランプを見せてください。　16．もう少し大きいのがほしいんですが。　17．このカメラをもう少し安くできますか。　18．わたしはつかれていたので、べんきょうできませんでした。19．私はかれに今晩電話しましたが、かれと話すことができませんでした。　20．私はざんぎょうがきらいですが、ときどきしなければなりません。

Lektion 11

（３）（１）1．その人はせが高い／目がまるいいい／力が強い／あたまがいい／かみが黒いですか。　2．このテレビはいろがきれい／デザインがいい／ねだんが安い／使い方かんたんですか。　3．この町は公園がきれい／れきしが古い／人口が多い／スポーツがさかんですか。　4．この会社は仕事がおもしろい／社長が若い／きゅうりょうがいい／たてものが新しいすか。　5．この店は品物が少ない／サービスが悪い／店員が親切／ねだんが高いですか。　6．奥さんは料理がじょうず／歌がとくい／買物が好き／そうじがにがて／水泳がへたですか。

（３）1．それはぞうです。　2．それはＣＤです。　3．その人は白雪ひめです。　4．その町は京都です。　5．それはうまです。　6．その国はオーストラリアです。

（４）（４）1．かれは重い病気になったことがあります。　2．かのじょは試験のせいせきが悪かったことがあります。　3．彼のお父さんは高等学校の先生だったことがあります。　4．この町は金で有名だったことがあります。　5．この会社はきゅうりょうがよかったことがあります。6．私は車を運転したことがありません。　7．部長は英語を話したことがありません。　8．私はその人に会ったことがありません。　9．彼の部屋はきれいだったことがありません。　10．彼の映画はつまらなかったことがありません。

（５）（３）1．私は最近よく夢を見ることがあります。　2．彼は時々彼女を食事にしょうたいすることがあります。　3．彼女はめったにたたみに座ることがありません。　4．この時計は時々止まることがあります。　5．この店の野菜は新鮮なことがぜんぜんありません。　6．この国の政治はいいことがほとんどありません。　7．私はよくバーゲンセールで買うことがあります。　8．日本人はパーティーでよく歌うことがあります。　9．お客さんは外国人のことが時々あります。　10．この町の空気はきれいなことがぜんぜんありません。

（６）1．私はむすこが二人とむすめが三人あります。　2．かれは東京に大きな家と店が二つあります。　3．かのじょはしつもんがたくさんありましたが、先生に聞きませんでした。　4．私はお金と時間がないので、旅行できませんでした。　5．私は自分の家が

ありませんが、すばらしい家族があります。 6.かれは顔色が悪いです。熱が38.3度あります。 7.私の兄は手と足が長いです。 8.かれは目が大きくて青くてそしてかみがブロンドです。 9.かれはあたまがいいですが、はながぜんぜん高くないです。 10.私の町は公園がきれいで、大きいコンサートホールが二つあります。 11.この町はビールと自動車さんぎょうが有名です。 12.買物は駅前のデパートが便利でいいです。 13.この歌手は歌がじょうずできれいだったので、とても人気がありました。 14.日本は夏がむしあついです。ですから私はときどき寝ることができないことがあります。 15.この部屋はクーラーがありますが、体によくないので、私はめったにつけません。 16.外国人のおきゃくさんが多いので、私は英語を話すことがあります。 17.私の母は小さな村の先生だったことがあります。 18.私はかれらと海に泳ぎに行ったことがありません。 19.私は何度もかのじょの名前を聞いたことがありますが、まだ一度もかのじょと話したことがありません。 20.かれには奥さんと10人の子供がいるので、いっしょうけんめい働かなければなりません。

Lektion 12

（１）(1) 1.部屋をそうじする時、窓を開けてください。 2.道をわたる時、車に注意してください。 3.電車に乗る時、切符を買わなければならなりません。 4.ハイキングする時、おべんとうを持って行きましょう。 5.日本に電話をかける時、はじめに００８１を回してください。 6.熱がある時、早くお医者さんに行った方がいいです。 7.漢字の意味が分からない時、私に聞いてください。 8.アウトバーンを走る時、お金を払わなくてもいいです。 9.買い物する時、電車で町に行った方がいいです。 10.映画を見ている時、話をしてはいけません。
(2) 1.日本にいた時、よく歌舞伎を見た。 2.今日買物していた時、山田さんに会った。 3.ステレオを買った時、クレジットカードではらった。 4.ごはんを食べていた時、友だちから電話がかかって来た。 5.ひまがあった時、よく美術館やはくぶつ館に行った。 6.今朝起きた時、雨がふっていた。 7.京都と奈良に旅行した時、たくさん写真をとった。 8.パーティーに行った時、彼女と知り合った。 9.いすに座った時、ズボンがやぶれた。 10.日本の小説を読んだ時、たくさんことばが分からなかった。
(3) 1.天気がいい時、よく森をさんぽする。 2.この車は新しい時、とてもきれいだった。 3.じゅぎょうがつまらない時、寝ることがある。 4.ねだんが高い時、買いたくない。 5.頭がいたい時、このくすりを飲んでください。 6.部屋が暗い時、電気をつけましょう。 7.仕事がいそがしい時、彼がよく手つだいました。 8.夜むし暑い時、寝ることができない。 9.彼は若い時、アメリカで働いていた。 10.漢字がむずかしい時、ひらがなで書いてもいい。
(4) 1.ひまな時、何をしていますか。 2.お金が必要な時、銀行からかりました。 3.彼女は有名で(は)ない時、もっと親切だった。 4.問題がかんたんな時、みんな答えることができた。 5.彼は若くて元気な時、よく山にのぼった。 6.電車やバスが不便な時、車で行った方がいい。 7.その仕事が無理な時、私に言ってください。 8.けしきがきれいな時、写真をとりましょう。 9.魚がしんせんな時、さしみを食べたい。 10.道がせまくてきけんな時、気をつけて走ってください。
(5) 1.病気の時、働かなくてもいい。 2.大学の時、よくアルバイトした。 3.海外しゅっちょうの時、かんこう旅行もしたい。 4.しけんの時、となりの人と話してはいけない。 5.じしんの時、外に出ないでください。 6.今年のきゅうかの時、イタリアへ行きたい。 7.買物の時、すぐ買わないほうがいい。 8.弟のしあいの時、よく見に行きました。 9.はじめてのデートの時、車ではこねへ行った。 10.今年のクリスマスの時、母にかぶきのきっぷをプレゼントした。

（２）(1) 1.赤ちゃんが寝ている間、お母さんは本を読む。 2.日本にいる間、私はずっと大阪に住んでいた。 3.日本人とよく話をしている間に、日本語がじょうずになった。 4.熱がある間、風呂に入らないでください。 5.彼女が買物している間、私はきっさ店で新聞を読んでいた。 6.手紙を書いている間、少し待ってください。 7.前田さんがきゅうかをとっている間、私が彼の仕事をしなければならない。 8.私が料理を作っている間に、部屋をかたづけてください。 9.社長がいる間、みんな一生けんめい働いていた。 10.日本で生活している間に、満

員電車になれた。
(2) 1.天気が悪い間（は）、家にいましょう。
2.信号が青い間に、早く道をわたりましょう。
3.朝のすずしい間に、日本語を勉強してください。
4.ごはんがあたたかい間に、食べてください。
5.仕事がいそがしい間（は）、スポーツをすることができない。　6.明るい間に、山をおりなければならない。
(3) 1.ひまな間に、泳ぎに行きましょう。　2.道がきけんな間（は）、私が運転しましょう。　3.彼は私が必要な間（は）、親切にした。　4.野菜は新せんな間に、食べたほうがいい。　5.部屋が静かな間に、手紙を書いてください。　6.体がじょうぶま間に、いろんな国に行きたい。
(4) 1.クリスマス休みの間、ドイツに帰りました。　2.そうじの間（は）、このトイレを使わないでください。　3.共働きの間（は）、彼らは子供を作りたくなかった。　4.食事の間、彼女はずっと話していた。
5.一年の間に、2～3回しか雨が降らなかった。
6.映画館が満員の間は、入りたくない。
(3) 1.私は学生の時、音楽を聞きながら勉強した。
2.父は朝ごはんを食べながら新聞を読むことがある。　3.彼はわらいながらむこうから歩いて来た。
4.説明を聞きながらコンピュータ工場を見学した。
5.歩きながら食べないほうがいい。　6.母は歌いながら料理している。　7.彼女は子供を育てながら、日本語を勉強している。　8.店員は客に商品を見せながら、使い方を説明した。　9.ごはんを食べながら、たばこをすってはいけません。　10.ここでざっしでも読みながら、少し待ってください。
(4) 1.私は昨日電気をつけたまま、寝た。　2.彼は立ったまま、2時間以上話している。　3.テレビをつけたまま、部屋を出ないでください。　4.ぼうしをかぶったまま、教会に入ってはいけない。
5.あなたが見たまま、聞いたままを話してください。　6.彼はお金を借りたまま、まだ返していない。
7.ドアを開けたままにしてください。　8.彼女はコンピュータを買ったまま、ぜんぜん使わなかった。
9.車のエンジンをかけたまま、長く止まってはいけない。　10.私はその手紙を引き出しに入れたまま、忘れていた。
(5)(1) 1.お客さんをほうもんする前に、電話をかけた方がいい。　2.ごはんを食べる前に、手をよく洗いましょう。　3.ふろに入る前に、体をよく洗ってください。　4.寝る前に、歯をみがいてください。
5.東京に住む前に、大阪に住んでいた。　6.パーティーで歌を歌う前に、よく練習しましょう。
7.日本語の先生になる前に、セールスマンをしていた。　8.スポーツをする前に、よくたいそうしなければならない。　9.きゅうかに行く前に、仕事を全部かたづけなければならない。　10.この機械を使う前に、とりあつかい説明書をよく読んでください。
(2) 1.試験の前に、たくさん漢字を勉強しなければならない。　2.会議の前に、出張の報告書を書かなければならない。　3.かんぱいの前に、みんな立った。　4.仕事の前に、コーヒーを一ぱい飲みましょう。　5.夏休みの前に、旅行の計画を立てた。
6.パーティーの前に、たくさん買い物しなければならない。　7.旅行の前に、病気なった。　8.結婚の前に、子供ができた。　9.じゅぎょうの前に、先生も学生もじゅんびしなければならない。　10.帰国の前に、両親におみやげを買いたい。
(6)(1) 1.スポーツをした後（で）、シャワーをあびるた方がいい。　2.映画を見た後（で）、中華料理を食べに行った。　3.彼女はたくさん買った後（で）、いつも反省している。　4.私たちは2時間働いた後（で）、10分間休んだ。　5.パリに着いた後（で）、すぐルーブル美術館へ行きたい。　6.ごはんを食べた後（で）、みんなでかたづけましょう。　7.社長が帰った後（で）、みんな話をしたり、新聞を読んだりしていた。　8.大学を出た後（で）、どんな会社に入りたいですか。　9.仕事が終わった後（で）、酒を飲みに行きましょう。　10.お酒をたくさん飲んだ後（で）、気持ちが悪くなった。
(2) 1.食事の後（で）、散歩しましょう。　2.スポーツの後（で）、サウナに入りたい。　3.日本旅行の後（で）、お金がなくなった。　4.パリの後（で）、ローマに行った。　5.長いそうだんの後（で）、私たちは予定をかえなければならなかった。　6.工場見学の後（で）、食堂でごはんを食べた。　7.きゅうかの後（で）、また一生けんめい働かなければならない。
8.かれは仕事の後（で）、ジョギングすることがある。　9.新ソフトの開発の後（で）、その会社は急に有名になった。　10.長いとうろんの後（で）、やっときゅうりょうが少し良くなった。
(7) 1.した後　2.かぶったまま　3.書いた後で

345

4. ひまな時　5. かけている間　6. 飲みながら　7. 新せんな間に　8. ぬいだまま　9. なる前に　10. 待っている時／間に　11. 間／時　12. 間に／時　13. 立ったまま　14. 終わった後で　15. している間（は）　16. 開いたまま　17. 働いた後で　18. 受けないまま　19. いる間に　20. かけながら　21. いたい時／間　22. 開いたまま　23. 働きながら　24. している間（は）　25. 見る前に　26. 見た後、食べながら　27. わらいながら　28. いる間に　29. はいたまま　30. 使った後

（8）1. 私は日本に来た時、ほとんど日本語を話すことができなかった。　2. 私が日本人と話す時、ときどき分からないことがある。　3. 私は今朝起きた時、38.6度ねつがあって、頭がいたかった。　4. 私は町へ行った時、もう何回かその会社のかんばんを見た。　5. 人はしょうらいにゆめがある時、いっしょうけんめい働く。　6. 私は日本にいる間に、両親に京都や奈良をあんないしたい。　7. 私たちがヨーロッパを旅行している間、ぜんぜん雨がふらなかった。　8. かのじょがキャリアーをつんでいる間に、彼女の友だちはもうたくさんけっこんした。　9. 私たちはパーティーでサラダを食べたり、ワインを飲んだり、カラオケを歌ったりしながら、話しをした。　10. 私と田村さんは駅へ歩きながら、アイスクリームを食べた。　11. 私はドイツ語を教えながら、日本語を習っている。　12. かれは大学をそつぎょうした後（で）、中国に行ったまま、ぜんぜん（二度と）ドイツに帰って来なかった。　13. かれはつかれていたので、すわったまま話した。　14. かれらはけっこんする前に、もうずっといっしょに住んでいた。　15. 私が家にいる間は天気がよかったが、出かけた後でくもった。　16. 商品をもらう前に、お金を払わなくてもいい。　17. ざんぎょうを始める前に、晩ごはんを食べた方がいい。　18. 夏休みの後で、またいっしょうけんめい日本語をべんきょうしなければならない。　19. 出張の後でレポートを書かなければならない。　20. 私はひしょの杉山さんと話をした後で、お客さんをほうもんした。

Lektion 13

（1）1. 毎日日本語を勉強しなければならないと先生は言っています。　2. 今日は早く家に帰ると山田さんは言っています。　3. 去年からテニスをしていると彼女は言っています。　4. テレビを見た後で、部屋をかたづけると夫は言っています。　5. 人の悪口を言ってはいけないと父は言っています。　6. スパゲティーが一番好きだとマリアさんは言っています。　7. 熱は38.7度あると木下さんは言っています。　8. 自動車工場を経営したいと私の弟は言っています。　9. アフターサービスが大切だと社長は言っています。　10. 3〜4日家で休んだ方がいいと医者は言っています。

（2）1. 一度仕事でタイへ行ったことがあると部長は言っていました。　2. この漢字の読み方が分からないと彼女は言っていました。　3. 夕方にはもどって来ると山口さんは言っていました。　4. ドイツのおしろはとてもきれいだったと町田さんの娘さんは言っていました。　5. 昨日、川中さんはビールを飲まなかったと田中さんは言っていました。　6. 日本の夏はとてもむし暑かったとベルガーさんは言っていました。　7. まだ日本に行ったことがないとシュミットさんは私に言っていました。　8. 勉強はあまり好きではないが、スポーツはとくいだと彼は彼女に言いました。　9. 赤いポロシャツがほしいと客は店員に言いました。　10. かぜを引いて今日会社を休むと田村さんは私に電話で言いました。　11. 今日2回もまちがい電話がかかって来たと母は言いました。　12. 銀閣寺の静かなふんいきはすばらしかったとベルガーさんは言っていました。

（3）1. が、に、に、と、に　2. は、で、と、が、と、に　3. は、に、と　4. は、に、と　5. は、と、に、と、で　6. は、が、と　7. は、が、と　8. は、に、の、が、と　9. は、に、は、と　10. は、に、と　11. は、に、と

（4）1.「いただきます」と言います。　2.「ごちそうさま」と言います。　3.「行ってまいります」と言います。　4.「ただいま」と言います。　5.「ごめんください」と言います。　6.「いらっしゃいませ」と言います。　7.「もしもし」と言います。　8.「おたんじょうび、おめでとうございますす」と言います。　9.「おだいじに」と言います。　10.「よろしくおねがいします」と言います。

（5）1.「Maus」と言います。　2.「Wolke」と言います。　3.「Ehepaar」と言います。　4.「Zahn」と言います。　5.「Anrufbeantworter」と言います。　6.「Nachrichten」と言います。　7.「Merci!」と言います。　8.「Très bien!」と言います。　9.「How do you do?」と言います。

10.「Please sit down!」と言います。 11.「あいしています」と言います。 12.「すみません」と言います。 13.「ちょっと待ってください」と言います。 14.「かけまちがいました」と言います。 15.「いい週末を」と言います。 16.「おたんじょうびおめでとうございます」と言います。

（6） 1．エベレスト山と言います。 2．ロシアと言います。 3．ナイル川と言います。 4．チータと言います。 5．？ 6．？ 7．？ 8．「とりあつかいせつめいしょ」と読みます。 9．「るすばんでんわ」と読みます。 10．「けいたいでんわ」と読みます。

（7） abgekürtzt

（8） 1．私は思います。 彼女は来年から日本の会社で働くと私は思います。 2．(私は)思います。もうすぐ名古屋に着くと(私は)思います。 3．しょうらい社会がもっとよくなるとあなたは思いますか。 4．今の日本のせいじはいいと私は思いません。 5．彼女が一生けんめい勉強していると彼女のお父さんは思っています。 6．自分の小説が一番おもしろいと彼は思っています。 7．漢字のテストで全部正しく書くことができたと私は思いました。 8．中山さんはインドに住んでいると彼女は思っていました。 9．友だちがうそをつくと兄は思っていませんでした。 10．日本語を勉強したいとあなたは以前からかんがえていましたか。

（9） 1．漢字が一番むずかしいと思います。 2．？ 3．3マルクひつようだと思います。 4．3時間かかると思います。 5．250円ぐらいだと思います。 6．おもしろいがむずかしいと思います。 7．ドナウ川の方が長いと思います。 8．ミュンヘンの方が北にあると思います。9．？ 10．？ 11．？ 12．九つだと思います。

（10） 1．ひしょは私に社長は明日9時に大阪から帰ると言いました。 2．私の友だちはみやざきさんはとても親切だといつも言っています。 3．彼女は彼がヨーロッパ旅行にしゅっぱつした時、「よい旅行を」「お元気で」と言いました。 4．待ち合わせの時間は7時から8時にかわったと彼女に言って下さい。 5．「ありがとう」のかわりに、大阪ではときどき「おおきに」と言います。 6．田中さんが「右」と言う時、山下さんはいつも「左」と言います。 7．父はいつも「うそをついてはいけない」と言っています。 8．女の人は子供たちに「まどを開けたままにしてはいけません」と言った。 9．彼女はたくさん買物したのでお金が少なくなったと言った。 10．彼女ははんせいするが、すぐまた忘れると言った。 11．彼女は私に新しい家はとても気に入ったと言った。 12．前中さんは店員にもっと安いのを見せてくださいとたのんだ。 13．私が彼を明日じむしょにほうもんしたいと言ってください。 14．社員は社長のしつもんにこの店は去年より１０パーセント多く商品を売ったと答えました。 15．彼はその本のはじめにこの本を両親にささげたいと書いた。 16．私は彼の新しい小説はつまらないと思います。 17．中田さんはスキーがじょうずだとあなたは思いますか。 18．西川さんはさいきんとてもきれいになったと思います。 19．私は信号は青だったと思います。 20．彼は日本語はむずかしいと思いましたが、今はかんたんでとてもおもしろいと思っています。

Lektion 14

（1） 1．早く起きよう 2．コーヒーを飲もう 3．散歩しよう 4．漢字を書こう 5．ゆっくり走ろう 6．富士山に登ろう 7．ぼつぼつ帰ろう 8．カツドンを食よう 9．彼女に紹介しよう 10．いっしょに行こう 11．旅に出よう 12．日本語を話す 13．ビールを飲もう 14．ケーキを焼こう 15．部屋をかたづけよう 16．買う前によく考えよう。 17．先生に質問しよう 18．一生けんめい働こう 19．のんびり生活しよう 20．たばこをやめよう

（2） 1．いっしょに買物に行こう。 2．今日はカレーライスにしよう。 3．時間がないから急ごう。 4．父に東京を案内しよう。 5．だれかが困った時、みんなで助け合おう。 6．のどがかわいたから、コーラでも注文しよう。 7．電話番号が分からないので、案内係に聞こう。 8．外国でも友だちを見つけよう。 9．そのテーマについていっしょに考えよう。 10．寝る前に 歯をみがこう

（3） 1．フランス映画を見ようと思います。 2．日本アルプスに登ろうと思います。 3．肉と野菜を買おうと思います。 4．山田先生に会おうと思います。 5．ケーキを焼こうと思います。 6．来年また来ようと思います。 7．ニュースとすもうを見ようと思います。 8．漢字の辞書をプレゼントしようと思います。 9．明日からやめようと思います。 10．マリアさんと木村さんをさそおうと思います。

（4）1. もう飲もうと思いません。 2. もうすおうと思いません。 3. 働こうと思いません。 4. もうのぼろうと思いません。 5. いいえ、もうしようと思いません。 6. もう出そうと思いません。 7. もうけっこんしようと思いません。 8. しゅうりしようと思いません。 9. いいえ、もうかそうと思いません。 10. かりようと思いません。
（5）1. 開けよう 2. 出よう 3. 書こう 4. しよう 5. 忘れよう 6. 乗ろう 7. 作ろう 8. 見よう 9. さがそう 10. かわろう
（6）1. 買物したり映画を見たりするつもりです。 2. タイかマレーシアに旅行するつもりです。 3. コンピュータの会社で働くつもりです。 4. スパゲッティーかグラタンを食べるつもりです。 5. けいざい学と日本語をべんきょうするつもりです。 6. バスとフェリーで行くつもりです。 7. 3万円ぐらい出すつもりです。 8. 山の手教会でするつもりです。 9. 代理店かくだいのけんをそうだんするつもりです。 10. おそくならないつもりです。 11. 医者になるつもりです。 12. 自動車かんけいの仕事をするつもりです。
（7）1. 聞かないつもりです。／聞くつもりはありません。 2. 言わないつもりです。／言うつもりはありません。 3. 休まないつもりです。／休むつもりはありません。 4. ならないつもりです。／なるつもりはありません。 5. 着ないつもりです。／着るつもりはありません。 6. 働かないつもりです。／働くつもりはありません。 7. 住まないつもりです。／住むつもりはありません。 8. けっこんしないつもりです。／けっこんするつもりはありません。 9. かけないつもりです。／かけるつもりはありません。 10. ひはんしないつもりです。／ひはんするつもりはありません。
（8）1. べんきょうしたつもり 2. 若いつもり 3. さがしたつもり 4. 書いたつもり 5. しているつもり 6. つたえたつもり 7. じょうずなつもり 8. 説明したつもり 9. 強いつもり 10. かたづけたつもり
（9）1. バスがないので、家に歩いて帰ることにした。 2. ちゅう子はちゅう助と結婚することにした。 3. ゴールデンウィークに日本アルプスに登ることにした。 4. 雨が降って遠足はえんきすることにした。 5. 課長は今日カツドンをちゅうもんすることにした。 6. 寒いので外出しないことにした。 7. 彼のたんじょう日にアルバムをプレゼントすることにした。 8. その店の品物は高くて悪いので、買わないことにした。 9. つかれたので、早く寝ることにした。 10. 朝出かける前に、ジョギングをすることにした。
（10）1. 日本人と会った時、いつも日本語で話すことにしている。 2. 天気のいい日は公園や森を散歩することにしている。 3. 寝る前に歯をみがくことにしている。 4. 昼ごはんはたいてい社員食堂で食べることにしている。 5. 体に悪いのでたばこを吸わないことにしている。 6. いやなことは早く忘れることにしている。 7. 旅行に出る前に地図を見ることにしている。 8. 授業に出る前に教科書をよく読むことにしている。 9. 2時間歩いて15分休むことにしている。 10. 本を買わないで図書館で借りることにしている。
（11）1. うけることになった 2. 走ることになっている 3. 話し合うことになっている 4. 働くことになった 5. 会うことになっている 6. なることになった 7. とばないことになった 8. たいそうすることになっている 9. 着くことになっている 10. けんしゅうすることになった
（12）1. 何か買う前によくかんがえよう。 2. 遠足におべんとうを思って行こう。 3. 道をわたる時、車に気をつけよう。 4. 東京に行く時、友だちに会おうと思います。 5. 少しかぜをひいたので、いしゃに行こうと思います。 6. この家をかりようと思います。 7. 昨日の晩早く寝ようと思いましたが、できませんでした。 8. 私が部屋に入った時、彼女はちょうど出ようとしていました。 9. 私たちはこの建物を来月の始めまでにかんせいするつもりです。 10. 今日買物に行くつもりでしたが、時間がありませんでした。 11. 私は私たちのもんだいをかくすつもりはありません。 12. 週末何をするつもりですか。とくに何もありません。 13. 私は日本語をいっしょうけんめいべんきょうしたつもりですが。 14. 彼はまだ若いつもりですが、本当はもう50才以上です。 15. 私はパーティーでカラオケを歌うことにした。 16. 彼らはその家が気に入ったので、買うことにした。 17. 私たちは待ち合わせ（やくそく）をりゅうがあってえんきすることにした。 18. 私は毎日寝る前に日記を書くことにしています。 19. 彼は来週から

この町の自動車工場でぎじゅつしゃとしてはたらくことになった。 20. 私たちの会社では出張の後で、レポートを日本語で書くことになっている。

Lektion 15

（1） 1. 彼女は彼と結婚してしあわせにくらしているかもしれません。 2. 山下さんはまだ外国旅行したことがないかもしれません。 3. 昨日彼は一人で森をさんぽしたかもしれません。 4. 今年の夏はあまり暑くならないかもしれません。 5. 彼はもう日本に着いているかもしれません。 6. 彼はまだそのことを知らないのでびっくりするかもしれません。 7. けいえい学の勉強はけいざい学の勉強よりむずかしいかもしれません。 8. その会社のきゅうりょうはぜんぜんよくないかもしれません。 9. 彼の奥さんはイタリア料理がじょうずかもしれません。 10. この町はその町ほどにぎやかではないかもしれません。 11. そのひしょはゆうのうな社員ではないかもしれません。 12. あの人はむかし美人だったかもしれません。

（2） 1. 明日はくもり時々雨がふるでしょう。 2. 新しい商品の開発はおそらく来年にかんせいするでしょう。 3. このコンピュータはたぶんこしょうすることがないでしょう。 4. 彼はたぶんその時もう日本に住んでいたでしょう。 5. おそらくその時計は3分ぐらい進んでいるでしょう。 6. このジャケットはすこしあなたに大きすぎるでしょう。 7. デパートは午前中より午後の方が忙しいでしょう。 8. 入口でお金を払わなくてもいいでしょう。 9. 彼のお父さんはドイツ語があまりとくいではないでしょう。 10. その国はのうぎょうより工ぎょうのほうがさかんでしょう。 11. そのワインはドイツで一番いいワインでしょう。 12. 彼は部長ではなくて課長だったでしょう。

（3） 1. は英語を話すでしょう 2. 昨日家にいなかったでしょう 3. はたくさん飲むでしょう。 4. は長くつづくでしょう。 5. は歌がじょうずでしょう。 6. は親切でしょう。 7. は高かったでしょう。 8. に会ったことがないでしょう。 9. がまだあるでしょう。 10. 帰ってもいいでしょう。 11. 登ったでしょう。 12. モントリオールでしょう。

（4） 1. 学生はもうこの漢字を書くことができるにちがいありません。 2. 彼は昨日彼女に会わなかったにちがいありません。 3. 彼は私の失敗をきっともう知っているにちがいありません。 4. 彼は顔が赤いからもうお酒を飲んでいるにちがいありません。 5. この学期はあまり勉強しなかったので、試験に合格しないにちがいありません。 6. 西の空が晴れているから、明日は天気がいいにちがいありません。 7. 日本は左側通行だから、車の運転は始めむずかしいにちがいありません。 8. このあたりはむかし店が少なくて、にぎやかでなかったにちがいありません。 9. コードはちゃんとつないでいるから、きっと音が出るにちがいありません。 10. 彼の意見は私の意見と同じにちがいありません。 11. その人は山川さんの奥さんにちがいありません。 12. 彼のせんもんはけいざいと日本語にちがいありません。

（5） 1. 引き出しの中に大切な書るいが入っているはずです。 2. 日本まで飛行機で１２時間ぐらいかかるはずです。 3. 前の週末長道さんは社長とゴルフに行ったはずです。 4. 先週彼は毎日よく働いて、きっととてもつかれているはずです。 5. 彼女は病気で今日大学に来ないはずです。 6. 前田さんは今朝の会議で意見を何も言わなかったはずです。 7. 私の部屋より彼の部屋のほうが大きくて新しいはずです。 8. ヒーターを入れているから、部屋は寒くないはずです。 9. 彼は食べ物の中ですしが一番好きなはずです。 10. 彼女は昨日一日中ひまだったはずです。 11. 今日本は午後７時のはずです。 12. その電気工場は以前彼のものではなかったはずです。

（6） 1. するはずでした 2. 会うはずでした 3. 登るはずでした 4. まちがえるはずがない 5. 食べるはずがない 6. 買うはずがない 7. 聞かないはずがない 8. できないはずがない 9. ないはずがない 10. 速くおよぐはずです 11. おいしいはずです 12. かかるはずです

（7） 1. 秋がいちばんいいでしょう。 2. 奈良の方が古いにちがいありません。 3. 1000万人以上住んでいるはずです。 4. 3時間ぐらいかかるでしょう。 5. 250円ぐらいするかもしれません。 6. 〜さんでしょう。 7. 平成にちがいありません。 8. １６せいきだったはずです。 9. キリスト教とてっぽうをつたえたかもしれません。 10.「おつかれさま」と言うでしょう。 11. 北海道の方が大きいにちがいありません。 12. 62円ぐらいのはずです。

（8）1. 梅雨の間はむし暑いので、気持ちが悪いにちがいありません。 2. 雨がやんで青空になるかもしれません。 3. 夏には最高気温が40度ぐらいになるでしょう。 4. 冬にはたぶん日本海側ではドイツよりたくさん雪がふるでしょう。 5. 電車はたぶん20分おくれて広島につくでしょう。 6. あなたは病気ですから、すぐ医者に行かなければならないかもしれません。 7. 木村さんはきっとこの会社でもっともゆうのうですばらしい人の一人にちがいありません。 8. きっぷはきっと自動けんばいきで買うことができるはずです。 9. 彼は日本語をべんきょうしないで日本に行ったかもしれません。 10. 北村さんは先月マイヤーさんとけっこんしたはずです。 11. そして彼らはきっととてもしあわせにちがいありません。 12. 新しい家はたぶんあなたに気に入るでしょう。 13. 数年前に神戸（こうべ）で大きなじしんがあったでしょう。 14. 残念なだら（かなしいことに）その時4000人以上の人が死んだと思います。 15. 私はしけんのじゅんびをよくするはずでしたが、ざんねんながら時間がありませんでした。 16. 彼が朝早く起きるはずがない。 17. お金がないはずがない。もっとよくさがしてください。 18. 話がじょうずなはずです。彼は政治家ですから。

3. Auflösung der Lektionsteste

Lektion 1
(1) 1. wa, ka, soo 2. wa, ka, dewa arimasen, Kore 3. wa, sore wa 4. nan, Sore 5. nan, Are 6. hito, dare 7. kare 8. Dare, no, Sore, no 9. no, sono, no, no 10. doko/dochira, asoko/achira (2) 1. Watashi wa … desu. 2. Watashi wa gakusei / kaishain desu. 3. Watashi wa Doitsu-jin desu. 4. Koko wa … desu. (3) Hajimemashite, yoroshiku, Kochirakoso, yoroshiku, meishi, arigatoo, kata desu, soo desu, dochira desu, kochira

Lektion 2
(1) 1. takai 2. atarashii 3. muzukashii 4. chiisai 5. warui 6. chikai 7. takai 8. karui 9. tsumaranai 10. fuben (2) 1. akaku arimasen 2. shinsetsu dewa arimasen 3. wakaku arimasen 4. kirei dewa arimasen 5. shiroku arimasen (3) 1. Kare wa genkina hito desu. 2. Kore wa omoshiroi hon desu. 3. Koko wa nigiyakana machi desu. 4. Are wa benrina terebi dewa arimasen. (4) 1. Kono machi wa furui gekijoo de yuumei desu. 2. Kono kamera wa totemo benri desu. 3. Sono ookii jitensha no kaisha wa amari tooku nai desu. 4. Kare wa donna hito desu ka. Shizukana hito desu. 5. Kore/Sore wa furui chuugoku no kitte desu.

Lektion 3
(1) 一, 二, 三, 四, 五, 六, 七, 八, 九, 十・ichi, ni, san, shi/yon, go, roku, shichi/nana, hachi, kyuu, juu・hitotsu, futatsu, mittsu, yottsu, itsutsu, muttsu, nanatsu, yattsu, kokonotsu, too (2) 1. nana-dai no kuruma / jidoosha 2. hap-pon no enpitsu 3. juu-mai no kitte 4. futari no nihon-jin 5. go-kai (3) 1. Iie, arimasen. 2. Hai, arimasu. 3. (Hana wa) ippon arimasu. 4. Denwa ga arimasu. 5. Tsukue no yoko ni arimasu. 6. Inu to neko ga imasu. (4) 1. Terebi wa kyooshitsu no mae no kokuban no tonari ni arimasu. 2. Kare no jimusho ni (wa) fakkusu ga arimasu. Demo Konpyuuta wa arimasen. 3. Eki no ushiro ni kireina kooen ga arimasu. 4. Sono tonari ni yuubinkyoku ga arimasu.

Lektion 4
(1) 1. はたらく、はたらきます、はたらきません 2. かう、かいます、かいません 3. きく、ききます、ききません 4. くる、きます、きません (2) 1. に、おきます 2. を、のみます 3. の、に、あります 4. から、まで、あるきます 5. で、に/へ、いきます 6. ぐらい、かかります 7. に、はじまります、に、おわります 8. に、と、を、たべます 9. は/を、たべません 10. は、つかれます、の、に/は、がいしゅつしません (3) 1. はい、よく よみます。/ いいえ、あまりよみません。 2. スポーツをときどきします。 3. はい、たくさんすいます。/ いいえ、ぜんぜんすいません。 4. はい、ときどきのみます。/ いいえ、めったにのみません。

Lektion 5
(1) 1. で、に/へ、りょこうしました 2. で/から、に、のりました 3. の、を、とびました 4. に、つきました 5. で、で、を、ききました、ねませんでした 6. から、まで、で、いきました 7. で、を、おりました 8. に/へ、を、に、いきました、も、たべませんでした 9. で、に、かえりました、つかれました 10. から、はじまります (2) 1. きのう(は)だれも大学にきませんでした。 2. あなたはもうその本をよみましたか。いいえ、まだです。 3. わたしはたくさんたばこをすいましたが、きょうからもうすいません。 4. かれはきのうともだちとびじゅつかんに行きました。 5. わたしたちはきのう車でうみにおよぎに行きました。 6. 日本語の一かいはドイツごの erste Etage ではありません。

Lektion 6
(1) 1. かわいいです、かわいかったです、かわいくなかったです 2. たいせつです、たいせつでした、たいせつではありませんでした 3. かんたんです、かんたんでした、かんたんではありませんでした 4. ただしいです、ただしかったです、ただしくなかったです (2) 1. ながく 2. しんせつに 3. きれいに 4. いそがしく (3) 1. とでは、どちらのほうが、のほうが、より 2. とでは、どちらのほうが、のほうが 3. の中で、どこが、一ばん、一ばん 4. の中で、いつが、一ばん 5. の中で、だれが、一ばん 6. おなじぐらい (4) 1. なつやすみははるやすみよりながいです。 2. ワインとビールとではどちらのほうが高いですか。ワインのほうがビールより高いです。 3. ですからわたしはワインをビールほど飲みません。 4. 中国りょうりは日本りょうりとおなじぐらいおいしいです。 5. さとうさんと木村さんとたけださんとでは、だ

れが一ばんはやく走りますか。 6. きのうの晩とてもつかれたので、ほとんど日本語をべんきょうしませんでした。 7. その自動車は不便なので、買いませんでした。

Lektion 7
(1)1. はたらく、はたらいて 2. 休む、休んで 3. すわる、すわって 4. いそぐ、いそいで 5. ちゅうもんする、ちゅうもんして 6. おくる、おくって 7. あかるい、あかるくて (2)1. そのこうさてんを右にまがって、デパートの前でとまってください。 2. かれはかのじょと公園をさんぽしています。 3. わたしはきのう日本語をべんきょうしてレコードを聞きました。 4. 田中さんは大学を出てから、ドイツに行きました。 5. あの寺は古くて、大きくて、有名です。 6. 大学から駅まで地下鉄に乗って行きましょう。 (3)1. かれを知っていますか。いいえ、知りません。 2. わたしは家からここまで歩いてきました。 3. 庭に今さくらがたくさんさいています。 4. このレストランはいかが(どう)ですか。とても気に入りました。 5. 手伝いましょうか。ありがとう。おねがいします。 (4)1. わたしは … に住んでいます。 2. テニスやサッカーをしています。 3. スーパーで売っています。

Lektion 8
(1)1. herausnehmen 出さない 2. besprechen そうだんしない 3. sich anstrengen がんばらない 4. bekommen もらわない 5. kennen/wissen しらない 6. ausgehen 出かけない (2)1. 電車の中でたばこをすってはいけません。 2. 今お金をはらわなくてもいいです。 3. 日本の家ではくつをぬがなければなりません。 4. この電話を使ってもいいですか。 5. 毎日たくさんお酒を飲まないでください。 6. 映画はおもしろくなくてはなりません。 7. ドイツのワインでなくてもいいです。 8. 朝ごはんを食べないで、大学に来ました。 (3)1. いいえ、(走っては)いけません。 2. いいえ、(運転しては)いけません。 3. いいえ、かならずとまらなくてもいいです。 4. いいえ、(走っては)いけません。 (4)1. 日本のなつはとてもあつくて、たいへんです。 2. かれはこのレポートをコンピュータを使って書きました。 3. かのじょは今日さんぽしないで、家でテレビを見ました。 4. かれはさよならも言わないで出て行きました。

Lektion 9
(1)1. gewinnen かたない、かった、かたなかった 2. wohnen すまない、すんだ、すまなかった 3. kommen こない、きた、こなかった 4. überfüllt sein こむ、こんだ、こまなかった 5. kennenlernen しりあわない、しりあった、しりあわなかった 6. sein ではない、だった、ではなかった (2)1. ふっていなかった 2. かけた 3. ない, だ 4. あった、そうじしなかった (3)1. きのう雨がふったり、はれたりした。 2. 大学のじゅぎょうはおもしろかったり、つまらなかったりする。 3. 彼の家の食べ物は日本料理だったり、ドイツ料理だったり、中国料理だったりだ。 4. 早くけっこんして子供を作った方がいい。 5. その店で買い物しない方がいい。 (4)1. きのう天気がよかったので、わたしたちは公園をさんぽした。 2. わたしたちはきっさ店で東アジア旅行について話した。 3. わたしたちは今たくさんアルバイトしなければならない。 4. 晩にテレビを見たり、音楽を聞いたりした。

Lektion 10
(1)1. がいります 2. をほしがっています 3. にりょこうしたいです 4. を見に行きたがっていました 5. になりたがっています 6. に会いたくありません/ないです 7. がだいすきです 8. がすきです、がすきではありません 9. がとくいです 10. ができません 11. ができます、あまりじょうずではありません 12. がにがてです 13. がじょうずではありません 14. がとくいです 15. がわかりませんでした (2)1. … が一番すきです。 2. … が一番こわいです。 3. … が一番ほしいです。 4. … がとくいです。 5. はい、わかります。読み方はばらで、意味はRoseです / いいえ、わかりません。 (3)1. 私たちは京都で古いお寺や神社をほうもんしたいです。 2. 私は料理が好きですが、まだあまりじょうずではありません。 3. 山田さんはこのきかいの使い方をとてもよく説明できます。 4. 私たちは今日コンサートに行きたいです。よやくがひつようですか。

Lektion 11
(1)1. ひま/時間があります 2. が2台あります 3. がいます、はいません 4. が有名です 5. はなが

あります　6. 目がきれいです　7. 少なくないです
(2)　1. 私は北海道に行ったことがあります。
2. 日本の新聞をまだ読んだことがありません。
3. かの女はせいせきがわるかったことがありません。　4. かれのお父さんはその会社の部長だったことがあります。　5. 私は日本の美術について友だちと話すことがあります。　6. 母はよくクラシック音楽を聞くことがあります。　7. ベルガーさんは教会へ行くことがほとんどありません。
(3)　1. 私の弟は水えいがとくいです。　2. かれは一度しあいでゆうしょうしたことがあります。
3. 日本人はさいきんめったにきものをきませんが、母はよくきることがあります。　4. 東京はたいへん人口が多いです。　5. 私はねつが38度あって、あたまがいたいです。

Lektion 12

(1)　1. 道をわたる時、気をつけてください。
2. アメリカに去年旅行した時、たくさん写真をとりました。　3. ひまな時、どうぞあそびに来てください。　4. 授業の時、よく聞かなければなりません。　5. 部屋を出る前に、まどを閉めなければなりません。　6. 手紙を書いた後で、買い物に行きます。　7. 山田さんが休んでいる間、私たちはかれの仕事をしました。　8. 夏休みの間に、経済のレポートを書かなければなりません。　9. ドイツ人はあるきながら、よくものを食べます。
10. くつをはいたまま、家にあがってはいけません。　(2)　1. 後で　2. 間に　3. まま　4. 時　5. ながら　6. 前に　(3)　1. 頭がいたい時(は)、早くねた方がいいです。　2. きのう町へ買いものに行った時、上田さんに会いました。　3. 私たちは日本語を勉強した後で、公園をさんぽしました。　4. 私はあなたに私が見たままを全部言いました。

Lektion 13

(1)　1. 母は今日は天気が悪いから、外出しないと言っています。　2. 山田さんはきのう田中さんに手紙を書いたと言いました。　3. 木村さんは仕事でロンドンに行かなければならなかったと言いました。　4. かれはお金もひまもないといつも言っています。　(2)　1.「いただきます」といいます。
2.「はじめまして」と言います。　3.「おめでとう」と言います。　4.「質問があります」と言います。

(3)　1. 飲むと/飲まないと思います。　2. 東京にあると思います。　3. いい/わるいと思います。
4. 1991年だったと思います。　(4)　1. 町田さんのお母さんは「何かでんごんしましょうか」と言いました。　2. お父さんねずみはむすめにいいおむこさんをさがしたいと思いました。　3. かれは手紙で私にとても元気だと書きました。　4. かの女はかれが日本の大学をそつぎょうしたと思っていました。

Lektion 14

(1)　1. 帰ろう　2. 作ろう　3. しよう　4. 出よう/着こう　5. 調べよう　6. 書こう　7. やめよう
8. 言おう　(2)　1. 見るつもりです　2. 送るつもりです　3. 買うつもりでした　4. やめる/しないつもりです　5. 勉強したつもりです　6. するつもりです　7. しないつもりです　8. 若いつもりです　(3)　1. うけることになった　2. 話すことにしている　3. つけることにした　4. 着くことになっている　5. 忘れることにしている　6. 行かないことにした　7. 走ることになっている　8. なることになった　(4)　1. 北さんはとても親切なので、竹田さんはかの女とけっこんしようと思っています。　2. 週末に何をするつもりですか。特に何もしないつもりです。　3. 私は政治家になるつもりはぜんぜんありません。　4. この会社では女の人はけっこんした後でやめなければならないことになっている。

Lektion 15

(1)　1. たぶん、見る　2. もしかすると、話す　3. きっと、いい天気/はれる　4. しない　5. もしかすると、引いた　6. だった　7. していない　8. できなかった　9. たぶん、さく　10. ではない　(2)　1. 3700メートルぐらいあるでしょう。　2. いいにちがいありません。　3. ドナウ川の方が長いでしょう。
4. 12時間ぐらいかかるでしょう。　5. たしかワシントンだったはずです。　(3)　1. 明日の午前中はくもりで、時々雨がふるでしょう　2.（きっと）車を早く工場に持って行った方がいいでしょう。
3. 電車は15分ぐらいおくれて長崎に着くかもしれません。　4. かの女は歌がうまいはずです。歌手ですから。　5. かれがそのことを知っているはずがありません。

4. 日本地図(にほんちず)

- 北海道(ほっかいどう)
- 日本海(にほんかい)
- 本州(ほんしゅう)
- 太平洋(たいへいよう)
- 四国(しこく)
- 九州(きゅうしゅう)
- 沖縄(おきなわ)

0 100km

5. 地方名、都道府県名 (GEBIETE UND PRÄFEKTUREN)

ちほうめい　とどうふけんめい

HAUPTINSELN		GEBIETE		
北海道	ほっかいどう	北海道地方	ほっかいどうちほう	Hokkaidoo-Gebiet
本州	ほんしゅう	東北地方	とうほくちほう	Toohoku-Gebiet
		関東地方	かんとうちほう	Kantoo-Gebiet
		中部地方	ちゅうぶちほう	Chuubu-Gebiet
		近畿地方	きんきちほう	Kinki-Gebiet
		中国地方	ちゅうごくちほう	Chuugoku-Gebiet
四国	しこく	四国地方	しこくちほう	Shikoku-Gebiet
九州	きゅうしゅう	九州地方	きゅうしゅうちほう	Kyuushuu-Gebiet

GEBIETE	PRÄFEKTUREN		SITZ DER VERWALTUNG	
	［一道、一都、二府、四十三県］			
北海道地方	1. 北海道	ほっかいどう	札幌市	さっぽろし
東北地方	2. 青森県	あおもりけん	青森市	あおもりし
	3. 岩手県	いわてけん	盛岡市	もりおかし
	4. 宮城県	みやぎけん	仙台市	せんだいし
	5. 秋田県	あきたけん	秋田市	あきたし
	6. 山形県	やまがたけん	山形市	やまがたし
	7. 福島県	ふくしまけん	福島市	ふくしまし

関東地方	8. 茨城県	いばらきけん	水戸市	みとし
	9. 栃木県	とちぎけん	宇都宮市	うつのみやし
	10. 群馬県	ぐんまけん	前橋市	まえばしし
	11. 埼玉県	さいたまけん	浦和市	うらわし
	12. 千葉県	ちばけん	千葉市	ちばし
	13. 東京都	とうきょうと	―	
	14. 神奈川	かながわけん	横浜市	よこはまし
中部地方	15. 新潟県	にいがたけん	新潟市	にいがたし
	16. 富山県	とやまけん	富山市	とやまし
	17. 石川県	いしかわけん	金沢市	かなざわし
	18. 福井県	ふくいけん	福井市	ふくいし
	19. 山梨県	やまなしけん	甲府市	こうふし
	20. 長野県	ながのけん	長野市	ながのし
	21. 岐阜県	ぎふけん	岐阜市	ぎふし
	22. 静岡県	しずおかけん	静岡市	しずおかし
	23. 愛知県	あいちけん	名古屋市	なごやし
近畿地方	24. 三重県	みえけん	津市	つし
	25. 滋賀県	しがけん	大津市	おおつし
	26. 京都府	きゅうとふ	京都市	きょうとし
	27. 大阪府	おおさかふ	大阪市	おおさかし
	28. 兵庫県	ひょうごけん	神戸市	こうべし
	29. 奈良県	ならけん	奈良市	ならし
	30. 和歌山県	わかやまけん	和歌山市	わかやまし

地方		県		県庁所在地	
中国地方	31.	鳥取県	とっとりけん	鳥取市	とっとりし
	32.	島根県	しまねけん	松江市	まつえし
	33.	岡山県	おかやまけん	岡山市	おかやまし
	34.	広島県	ひろしまけん	広島市	ひろしまし
	35.	山口県	やまぐちけん	山口市	やまぐちし
四国地方	36.	徳島県	とくしまけん	徳島市	とくしまし
	37.	香川県	かがわけん	高松市	たかまつし
	38.	愛媛県	えひめけん	松山市	まつやまし
	39.	高知県	こうちけん	高知市	こうちし
九州地方	40.	福岡県	ふくおかけん	福岡市	ふくおかし
	41.	佐賀県	さがけん	佐賀市	さがし
	42.	長崎県	ながさきけん	長崎市	ながさきし
	43.	熊本県	くまもとけん	熊本市	くまもとし
	44.	大分県	おおいたけん	大分市	おおいたし
	45.	宮崎県	みやざきけん	宮崎市	みやざきし
	46.	鹿児島県	かごしまけん	鹿児島市	かごしまし
	47.	沖縄県	おきなわけん	那覇市	なはし

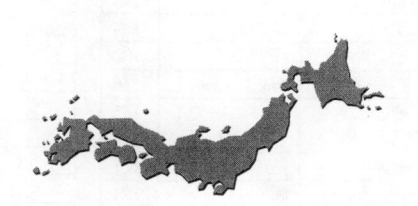

6. Vokabel-Index

Alle Vokabeln (L.1-15) sind nach dem japanischen Alphabet geordnet. Die Seiten, in denen die Vokabeln zum ersten Mal erscheinen, werden ebenfalls angezeigt.

[あ]

Lesung	Vokabel	S
あ、そうですか	あ、そうですか	103
あ、なんだ	あ、何だ	312
ああ	ああ	274
あいかわらず	相変わらず	190
あいさつ	挨拶	166
アイスクリーム	アイスクリーム	310
あいだ	間	58
あう	会う	102
アウトバーン	アウトバーン	102
あおい	青い	40
あおぞら	青空	310
あかい	赤い	40
あかしんごう	赤信号	166
あかちゃん	赤ちゃん	101
あがってくる	上がって来る	103
あかり	明かり	119
あかるい	明るい	145
あき	秋	119
あきはばら	秋葉原	101
あく	開く	121
あける	開ける	83
あげる	上げる	143
あさ	朝	81
あし	足	231
アジアじん	アジア人	60
あした・あす	明日	81
あしのこ	芦の湖	142
あずかる	預かる	144
あせをかく	汗をかく	190
あそこ・あちら	あそこ・あちら	16
あそびにきてください	遊びに来て下さい	145
あそぶ	遊ぶ	121
あたたかい	暖かい	121
あたま	頭	166
あたらしい	新しい	40
あたり	辺り	119
あっ、そうだ	あっ、そうだ	168
あつい	暑い	121

あと、のち	後	188
あといちじかんで	後一時間で	250
あとで	後で	168
あな	穴	273
あなた	貴方	16
あなをあける	穴を開ける	275
あに	兄	142
あね	姉	142
あの	あの	16
あの(う)	あの(う)	274
アパート	アパート	102
アフターサービス	アフターサービス	249
あまいもの	甘い物	291
アマゾンがわ	アマゾン川	120
あまみや	雨宮	310
あまり	あまり	41
あめ	雨	101
あめがやむ	雨が止む	311
アメリカ	アメリカ	16
アメリカじん	アメリカ人	60
あら、まあ	あら、まあ	311
あらう	洗う	144
ありがとうございます	ありがとうございます	17
ある	ある	60
あるいて	歩いて	84
あるく	歩く	83
あるところ	ある所	273
アルバイト	アルバイト	249
アルプス	アルプス	292
あれ	あれ	16
あれ(え)	あれ(え)	122
あんないがかり	案内係	291
あんないする	案内する	233
アンプ	アンプ	310

[い]

いい	いい(良い)	40
いいえ	いいえ	17
いいえ、けっこうです	いいえ、けっこうです	145
いいひと	いい人	188
いいん	医院	231
いう	言う	274
いえ・うち	家	15
いえいえ	いえいえ	103
いえにあがる	家に上がる	250
いか	~以下	166
いかが	いかが	103
いがく	医学	231
いき	~行き	142
イギリス	イギリス	16

イギリスじん	イギリス人	60
いく	行く	83
いくつ	いくつ	60
いくら	いくら	145
いけ	池	101
いけん	意見	310
いご = ご	囲碁 = 碁	231
いしゃ	医者	231
いじょう	~以上	166
いす	椅子	58
いぜん	以前	188
いぜんから	以前から	275
いそがしい	忙しい	121
いそぐ	急ぐ	144
いたい	痛い	168
いただきます	いただきます	275
イタリア	イタリア	16
イタリアじん	イタリア人	60
イタリアりょうり	イタリア料理	102
いち	一	58
いちじ	一時	188
いちにちじゅう	一日中	103
いちばん	一番	119
いちばんうえ	一番上	61
いつか	いつか	233
いっしゅうかん	一週間	81
いっしょうけんめい	一生懸命	233
いっしょに	いっしょに	84
いったい	いったい	274
いってきます	行ってきます	233
いってまいります	行ってまいります	275
いってらっしゃい	行ってらっしゃい	233
いっぱい	一杯	188
いつまでも	いつまでも	275
いつも	いつも	84
いと	糸	166
いとかわ	糸川	166
いない	以内	231
いぬ	犬	39
いのる	祈る	250
いま	今	101
いま	居間	188
いみ	意味	142
いもうと	妹	142
いや	嫌	292
いや、いいや	いや、いいや	190
いやになる	いやになる	168
いらっしゃいませ	いらっしゃいませ	145

いりぐち	入り口	142
いる	いる	60
いる	要る	212
いれる	入れる	143
いろ	色	119
いろいろ	いろいろ	121
インターチェンジ	インターチェンジ	167
インド	インド	273

［う］

ウィスキー	ウィスキー	82
うえ	上	58
うえのこうえん	上野公園	101
ウォークマン	ウォークマン	102
うけつけ	受付け	142
うし(ろ)	後(ろ)	58
うそをつく	嘘をつく	168
うた	歌	188
うたう	歌う	189
うちあわせ	打ち合わせ	188
うつくしい	美しい	121
うでどけい	腕時計	58
うどん	うどん	210
うま	馬	119
うまい	うまい	190
うまくいく	うまくいく	293
うみ	海	39
うめ	梅	119
うらやましい	羨ましい	168
うる	売る	144
うれしい	嬉しい	168
うれる	売れる	143
うん	うん	190
うんてん	運転	142
うんてんめんきょ	運転免許	210
うんどう	運動	210

［え］

え	絵	58
えいが	映画	101
えいがかん	映画館	101
えいぎょうぶ	営業部	291
えいご	英語	15
えいじしんぶん	英字新聞	188
えいぶんく	英文学	231
ええ	ええ	103
ええ？	ええ？	122
ええと	ええと	311
えき	駅	15
えきまえ	駅前	101
エジプト	エジプト	232

エネルギー	エネルギー	292
エベレストさん	エベレスト山	292
えらぶ	選ぶ	250
エルエルサイズ	ＬＬサイズ	211
エレベーター	エレベーター	189
えをかく	絵を描く	212
えん	円	58
えんか	演歌	188
えんきする	延期する	292
エンジニア	エンジニア	16
エンジン	エンジン	249
エンジンが掛かる	エンジンがかかる	312
えんそく	遠足	291
えんぴつ	鉛筆	15

［お］

お〜	お〜	145
おいこす	追い越す	167
おいしい	おいしい	84
おうえん	応援	233
おうだんほどう	横断歩道	166
おおあめ	大雨	291
おおい	多い	40
おおいかくす	覆い隠す	274
おおかみ	狼	210
おおきい	大きい	40
オーケー	OK	310
おおさか	大阪	81
オーストラリア	オーストラリア	292
オーストリア	オーストリア	292
オートバイ	オートバイ	82
オードブル	オードブル	189
おおやさん	大家さん	231
おおよろこびで	大喜びで	275
おかあさん	お母さん	15
おかえり①	お帰り	275
おかえり②	お帰り	293
おかげさまで	お陰様で	103
おかし	お菓子	142
おかしい	おかしい	102
おかね	お金	119
おかねもち	お金持ち	142
おかねをおろす	お金を下ろす	145
おきのどくさま	お気の毒さま	103
おきる	起きる	83
おく	奥	58
おく	億	58

おくさん	奥さん	188
おくる	送る	144
おくれる	遅れる	233
おげんきで	お元気で	275
おしえる	教える	83
おす	押す	144
おせわになる	お世話になる	145
おそい	遅い	84
おそらく	おそらく	311
おだいじに	お大事に	233
おたがい	お互い	273
おたく	お宅	142
おちゃ	お茶	39
おちる	落ちる	121
おつかれさま	お疲れさま	103
おっと	夫	249
おつり	お釣	142
おと	音	273
おとうさん	お父さん	15
おとうと	弟	142
おとがでる	音が出る	311
おとこ	男	58
おとこのこ	男の子	58
おとこのひと	男の人	58
おととい	おととい	101
おどる	踊る	144
おなかがすく	お腹が空く	103
おなじ	同じ	121
おにいさん	お兄さん	101
おねえさん	お姉さん	101
おねがいする	お願いする	144
おばけ	お化け	210
おはよう	おはよう	17
おひさま	お日様	273
おぼえる	覚える	249
おまたせしました	お待たせしました	275
おまちください	お待ち下さい	213
おみやげ	おみやげ	166
おめでとうございます	おめでとうございます	190
おもい	重い	40
おもいきり	思い切り	145
おもう	思う	274
おもしろい	面白い	40
おや	おや	311
おやこどんぶり	親子丼	291
おやすみ	おやすみ	17
およぐ	泳ぐ	121
オランダ	オランダ	16
おります	おります	144
おりる	降りる・下りる	83

359

オリンピック	オリンピック	292	かげつまえから	〜か月前から	145	かんがえ	考え	142
おわり	終わり	273	かけまちがう	掛け間違う	274	かんがえる	考える	167
おわる	終わる	83	かける	掛ける	249	カンガルー	カンガルー	232
オン	ON	310	かご	籠	249	かんけい	関係	291
おんがく	音楽	81	かさ	傘	39	かんこう	観光	188
おんがくたい	音楽隊	39	かじ	火事	210	かんこうきゃく	観光客	119
おんな	女	58	かしゅ	歌手	291			
おんなのこ	女の子	58	かじる	齧る	274	かんこく	韓国	15
おんなのひと	女の人	58	かす	貸す	144	かんこくじん	韓国人	58
おんりょう	音量	310	かぜがふく	風が吹く	168	かんじ	漢字	81
[か]			かぜをひく	風邪を引く	190	かんじのいい	感じのいい	190
			かぞく	家族	119	かんせい	完成	292
か	か	17	かた	方	15	かんたん	簡単	121
が①	が	17	かた	型	210	かんぱい	かんぱい	81
が②	が	103	かたかな	かたかな	81	がんばる	頑張る	167
カーステレオ	カーステレオ	232	かたづける	片付ける	249	かんばん	看板	231
カーニバル	カーニバル	120	カチッ	カチッ	311	き	木	15
ガールフレンド	ガールフレンド	232	かちょう	課長	188	[き]		
かい	〜回	58	かつ	勝つ	189	きいろ	黄色	166
かい	〜階	58	がっこう	学校	39	キオスク	キオスク	143
かいがい	海外	188	かったばかり	買ったばかり	311	ぎおん	祇園	119
かいぎ	会議	188	カツどん	カツ丼	292	きかい	機械	166
かいぎしつ	会議室	231	かど・すみ	角	58	きく	聞く	83
がいこく	外国	58	カナダ	カナダ	310	きく	菊	210
がいこくご	外国語	58	かならず	必ず	168	きけん	危険	190
がいこくじん	外国人	58	かなり	かなり	103	きこくする	帰国する	190
かいしゃ	会社	15	かなわない	かなわない	274	ぎし	技師	231
かいしゃいん	会社員	15	かねもち	金持ち	119	ぎじゅつ	技術	291
がいしゅつ	外出	84	かのじょ	彼女	16	ぎじゅつじょう	技術上	291
かいだん	階段	101	かばん	かばん	15	ぎじゅつてき	技術的	292
かいはつ	開発	188	カフカ	カフカ	273	きせつ	季節	119
かいもの	買い物	101	かぶき	歌舞伎	249	きそく	規則	210
かいわ	会話	81	かぶる	被る	250	きた	北	310
かう	買う	83	かべ	壁	142	ギター	ギター	102
かう	飼う	233	かまくら	鎌倉	39	きっさてん	喫茶店	101
かえす	返す	167	かみ	髪	39	きって	切手	15
かえる	帰る	83	かみ	紙	58	きっと	きっと	145
かお	顔	310	かみなり	雷	210	きっぷ	切符	101
かおいろ	顔色	231	カメラ	カメラ	16	きにいる	気に入る	144
かおり	香織	273	かもしれない	かもしれない	311	きのう	昨日	101
かがく	化学	210	かようび	火曜日	58	きびしい	厳しい	190
かかりちょう	係長	188	から	から	41	きむら	木村	15
かかりつけのいしゃ	掛かりつけの医者	231	カラオケ	カラオケ	232	きもち	気持ち	210
かかる	掛かる	83	からだ	体	142	きもちがわるい	気持ちが悪い	311
かぎ	鍵	142	からて	空手	210	きもの	着物	81
かぎがかかる	鍵が掛かる	145	ガリガリ	ガリガリ	274	キャリアー・ウーマン	キャリアー・ウーマン	189
かきかた	書き方	142	かりる	借りる	143			
かく	書く	83	かるい	軽い	40	きゅう	急	60
がくせい	学生	15	かれ	彼	15	きゅう・く	九	58
がくせいしょう	学生証	210	カレーライス	カレーライス	102	きゅうか	休暇	81
かくだい	拡大	291	かわ	川	39	きゅうかをとる	休暇を取る	81
			かわいい	可愛い	121			
			かわる	変わる	274			

きゅうしゅう	九州	291
ぎゅうにく	牛肉	166
ぎゅうにゅう	牛乳	58
きゅうり	きゅうり	273
きゅうりょう	給料	166
きょう	今日	58
きょうかい	教会	231
きょうかしょ	教科書	291
きょうしつ	教室	15
きょうじゅ	教授	249
きょうじゅうに	今日中に	293
きょうと	京都	81
きょうみ	興味	188
きょく	曲	188
きょじん	巨人	249
きょねん	去年	101
きよみずでら	清水寺	81
きょり	距離	166
きらい	嫌い	213
ギリシャ	ギリシャ	102
きる	着る	83
きる	切る	102
きれい	きれい	40
キロメートル	キロメートル	167
きをつける	気を付ける	103
きん	金	119
ぎん	銀	119
ぎんいろ	銀色	231
きんかくじ	金閣寺	119
きんかくじ	銀閣寺	119
ぎんこう	銀行	15
ぎんこういん	銀行員	15
きんようび	金曜日	58

[く]

くうき	空気	39
くうこう	空港	119
クーラー	クーラー	232
くさ	草	166
くしゃみがでる	くしゃみが出る	233
くすり	薬	166
くだもの	果物	119
くちびる	唇	231
くつ	靴	39
くつした	靴下	39
くに	国	81
くも	蜘蛛	210
くも	雲	273
くもり	曇(り)	188
くもる	曇る	311
くらい	暗い	145
ぐらい	ぐらい	84
クラシック	クラシック	82

クラス	クラス	120
くらす	暮らす	274
クラブ	クラブ	232
くらべる	比べる	250
グラム	グラム	211
クリスマス	クリスマス	120
くる	来る	83
くるま	車	39
クレジット・カード	クレジット・カード	211
くろい	黒い	40
クロール	クロール	232
くん	～君	190

[け]

けいえい	経営	233
けいえいがく	経営学	231
けいかくをたてる	計画を立てる	250
けいざい	経済	166
けいざいがく	経済学	291
けいさつ	警察	166
けいさん	計算	167
げいじゅつ	芸術	210
けいたいでんわ	携帯電話	210
ケーキ	ケーキ	143
ゲーテ	ゲーテ	120
ゲーム	ゲーム	189
げき	劇	231
げきじょう	劇場	39
けさ	今朝	101
けしき	景色	119
けしゴム	消しゴム	210
けす	消す	189
けっこう	結構	168
けっこん	結婚	144
げつようび	月曜日	58
けど	～けど	213
ケバブ	ケバブ	120
けん	件	291
けんがく	見学	190
げんき	元気	40
けんきゅうする	研究する	292
けんこう	健康	121
げんざい	現在	310
けんしゅう	研修	250
けんどう	剣道	210
けんぶつ	見物	84

[こ]

こ	～個	58
ご	五	58
コアラ	コアラ	60

こいびと	恋人	231
こうえん	公園	39
こうがい	郊外	81
ごうかく	合格	188
こうぎょう	工業	119
こうげん	高原	142
こうこく	広告	291
こうこくをだす	広告を出す	291
こうさてん	交差点	101
こうして	こうして	275
こうじょう	工場	142
こうそくどうろ	高速道路	142
こうちゃ	紅茶	81
こうつう	交通	210
こうとうがっこう	高等学校	231
こうほうぶ	広報部	291
こえ	声	231
コーチ	コーチ	189
コード	コード	310
コーヒー	コーヒー	82
コーラ	コーラ	82
ゴールデンウィーク	ゴールデンウィーク	292
こきょう	故郷	273
こくさいかいぎ	国際会議	291
こくばん	黒板	58
ここ・こちら	ここ・こちら	16
ごご	午後	81
こしょう	故障	291
ごぜん	午前	81
ごぜんちゅう	午前中	188
こたえ	答(え)	166
こたえる	答える	143
ごちそうさま	ごちそうさま	275
こちらこそ	こちらこそ	17
こと	事	188
こと	こと	210
ことし	今年	119
ことしじゅう	今年中	291
ことば	言葉	249
こども	子供	142
こどもができる	子供が出来る	250
ことり	小鳥	210
この	この	16
このまえ	この前	249
このまえの	この前の	103
ごはん	ご飯	81
コピーき	コピー機	232
こまる	困る	167

ごみ	ごみ	166
コミカル	コミカル	41
こむ	混む	189
こめ	米	142
ごめんください	ごめんください	213
ごめんなさい	ごめんなさい	61
ゴルフ	ゴルフ	143
これ	これ	16
これから	これから	103
ごろ、ころ	頃	81
こわい	恐い	213
こわがる	恐がる	212
こんげつちゅう	今月中	291
こんしゅうちゅう	今週中	291
こんど	今度	273
こんにちは	こんにちは	17
こんばんは	こんばんは	17
コンピュータ	コンピュータ	16

[さ]

サービス	サービス	232
さい	〜才(歳)	58
さいきん	最近	119
さいご	最後	119
さいこう	最高	166
さいこうきおん	最高気温	310
ざいしつ	材質	249
さいしん	最新	210
さいてい	最低	166
さいのう	才能	210
さいふ	財布	310
サウナ	サウナ	249
さがす	探す	167
さかな	魚	81
さかみち	坂道	101
さかん	盛ん	121
さく	咲く	144
さくばん	昨晩	188
さくぶん	作文	166
さくら	桜	15
さけ	酒	39
ささげる	捧げる	274
さしこむ	差し込む	311
さしみ	刺身	249
さそい	誘い	142
さそう	誘う	144
さつ	〜冊	58
さっか	作家	119
サッカー	サッカー	189
さっき	さっき	190
さっきょくか	作曲家	291

ざっし	雑誌	39
さっぽろ	札幌	273
さとう	砂糖	119
さむい	寒い	121
さようなら	さようなら	17
サラダ	サラダ	120
サラリーマン	サラリーマン	310
さるさわのいけ	さる沢の池	119
さわる	触る	167
さん	〜さん	15
さん	三	58
さんぎょう	産業	231
ざんぎょう	残業	81
サンド・ウィッチ	サンド・ウィッチ	189
ざんねん	残念	121
ざんねんながら	残念ながら	275
さんばんめ	三番目	142
さんぽする	散歩する	102
サンルーフ	サンルーフ	232

[し]

じ	〜時	58
しあい	試合	101
しあげる	仕上げる	292
しあわせ	幸せ	188
シーディープレイヤー	CDプレイヤー	60
ジーンズ	ジーンズ	39
ジェイアール	JR	102
しお	塩	119
しかし	しかし	84
しかた(が)ない	仕方(が)ない	122
しかない	〜しかない	61
じかん	時間	39
しきじょう	式場	231
しけん	試験	188
しけんをうける	試験を受ける	250
しごと	仕事	39
じしょ	辞書	101
じしん	地震	210
じしん	自信	231
しずか	静か	40
じすぎ	〜時過ぎ	188
じそく	時速	166
した	下	58
しだいに	次第に	311
しち・なな	七	58
シチュー	シチュー	211
じつぎょうがっこう	実業学校	231

シック	シック	120
じつは	実は	275
しっぱい	失敗	102
しつもん	質問	81
しつれいする	失礼する	274
してん	支店	291
しでん	市電	142
じてんしゃ	自転車	39
じどうけんばいき	自動券売機	291
じどうしゃ	自動車	15
じどうしゃかんけい	自動車関係	291
しなぎれ	品切れ	210
しなもの	品物	166
しぬ	死ぬ	144
しばらくして	しばらくして	275
じぶん	自分	273
じぶんで	自分で	273
シベリア	シベリア	102
しまる	閉まる	144
じむしょ	事務所	15
しめる	閉める	83
しゃ	社	291
じゃあ	じゃあ	103
しゃいん	社員	119
しゃいんしょくどう	社員食堂	291
ジャケット	ジャケット	310
しゃしん	写真	15
しゃしんをとる	写真を撮る	122
ジャズ	ジャズ	82
しゃちょう	社長	81
シャッター	シャッター	143
シャワーをあびる	シャワーを浴びる	145
しゅう	州	119
じゅう	十	58
じゅうしょ	住所	142
ジュース	ジュース	82
じゅうどう	柔道	210
しゅうまつ	週末	142
しゅうり	修理	166
じゅぎょう	授業	249
じゅぎょうにでる	授業に出る	84
しゅくだい	宿題	142
しゅっちょう	出張	167
しゅっぱつ	出発	274
しゅと	首都	142
ジュニア	ジュニア	232
しゅみ	趣味	231
しゅるい	種類	231
じゅんび	準備	250

じょう	～錠	231	スイッチがはいっている	スイッチが入っている	312	せいさんする	生産	292
しょうかい	紹介	15	スイッチをいれる	スイッチを入れる	312	せいじ	政治	188
しょうぎ	将棋	231				せいせき	成績	231
じょうし	上司	231	スイッチをきる	スイッチを切る	312	せいと	生徒	59
しょうしゃ	商社	188				せいのう	性能	142
しょうしょう	少々	213	すいぶん	水分	231	せいひん	製品	210
じょうず	上手	121	すいようび	水曜日	59	せいり	整理	190
しょうせつ	小説	81	すう	吸う	83	セーター	セーター	82
しょうたい	招待	231	すうがく	数学	210	セールスポイント	セールスポイント	292
じょうだん	冗談	291	スーパー	スーパー	120	セールスマン	セールスマン	249
じょうだんをいう	冗談を言う	291	スーパーマン	スーパーマン	102	せかい	世界	119
			スカート	スカート	249	せき	席	249
しょうちする	承知する	144	すぎ	(～時)過ぎ	188	せきがでる	咳が出る	233
しょうどう	衝動	249	すき(な)	好き(な)	122	せっけん	石鹸	210
しょうどうがい	衝動買い	249	スキー	スキー	82	せったい	接待	188
しょうひん	商品	210	すきやき	すき焼き	210	ぜったい	絶対	190
じょうぶ	丈夫	121	すく	すく	189	せつめい	説明	212
しょうらい	将来	166	すぐ	すぐ	233	ぜひ	是非	84
ジョギング	ジョギング	102	すくない	少ない	40	せびろ	背広	81
しょくご	食後	231	スケート	スケート	211	せまい	狭い	121
しょくどう	食堂	81	すごい	凄い	121	せわ	世話	273
しょくば	職場	188	すこし	少し	41	せわになる	世話になる	
じょしゅ	助手	231	すごす	過ごす	233	せん	千	59
じょせい	女性	188	すし	寿司	142	せんしゅ	選手	188
しょっけん	食券	291	すすむ	進む	233	せんしゅう	先週	101
しょるい	書類	310	すずめ	雀	119	せんせい	先生	15
しらべる	調べる	102	スタイル	スタイル	211	ぜんぜん	ぜんぜん	41
しらゆきひめ	白雪姫	119	ずっと	ずっと	122	せんたく	洗濯	250
しりあう	知り合う	121	すてき	素敵	122	ぜんぶ	全部	122
シリーズ	シリーズ	211	すてる	捨てる	167	ぜんぶで	全部で	61
しりょう	資料	142	ステレオ	ステレオ	60	せんもん	専門	310
しる	知る	144	ストップ	ストップ	167			
しれとこりょじょう	知床旅情	188	ストレス	ストレス	189	**[そ]**		
			スパゲティー	スパゲティー	211	そう	そう	17
しろ	城	273	すばらしい	素晴らしい	121	ぞう	象	231
しろい	白い	40	スピーカー	スピーカー	310	そうじ	掃除	168
しんかんせん	新幹線	81	スプーン	スプーン	211	そうだん	相談	168
じんぐう	～神宮	81	スペイン	スペイン	16	そうですね	そうですね	122
しんごう	信号	142	スポーツ	スポーツ	82	そうりだいじん	総理大臣	310
じんこう	人口	231	ズボン	ズボン	249	ソーセージ	ソーセージ	82
しんさつしつ	診察室	231	すみません	すみません	61	そくど	速度	166
じんじゃ	神社	119	すむ	住む	144	そこ・そちら	そこ・そちら	16
しんじゅく	新宿	81	すもう	相撲	210	そこで	そこで	275
しんせつ	親切	40	する ①	する	84	そして	そして	41
しんせん	新鮮	168	する ②	(～に)する	145	そだてる	育てる	167
しんちょう	慎重	311	すると	すると	274	そつぎょう	卒業	233
しんねん	新年	188	すわる	座る	144	そって	～に沿って	145
しんぶん	新聞	15				そと	外	59
しんぶんしゃ	新聞社	210	**[せ]**			その	その	16
			せ	背	231	そのことで	そのことで	293
[す]			せいかく	性格	119	そのとき	その時	122
すいえい	水泳	119	せいかつ	生活	101	そば	そば	101
スイス	スイス	60	せいき	世紀	291	ソファー	ソファー	60
スイッチ	スイッチ	211	せいげん	制限	166			

ソフトウェアー	ソフトウェアー	82	だす	出す	167	ちゃんと	ちゃんと	311
そら	空	101	たすけあう	助け合う	292	チャンピオン	チャンピオン	232
それ	それ	17	たすける	助ける	143	ちゅうい	注意	250
それから	それから	84	たずねる	訪ねる	143	ちゅうかりょうり	中華料理	101
それで	それで	122	ただ	ただ	145	ちゅうこ	ちゅう子	273
それとも	それとも	17	ただいま	ただ今	275	ちゅうごく	中国	15
それに	それに	84	ただしい	正しい	121	ちゅうごくご	中国語	15
それほどでもない	それほどでもない	145	たたみ	畳	232	ちゅうごくじん	中国人	15
そろそろ	そろそろ	293	たつ	立つ	167	ちゅうし	中止	292
そんな	そんな	293	たてもの	建物	15	ちゅうしゃ	駐車	167
そんなに	そんなに	274	たとえば	例えば	250	ちゅうしゃ	注射	210
そんなはずがない	そんなはずがない	312	たな	棚	59	ちゅうしゃじょう	駐車場	166
			たのしい	楽しい	84	ちゅうじゅん	中旬	310
[た]			たのしみ	楽しみ	166	ちゅうすけ	ちゅう助	273
た	田	81	たのむ	頼む	274	ちゅうもん	注文	144
たい	〜たい	213	たばこ	たばこ	15	チューリップ	チューリップ	212
だい	〜台	59	たび	旅	273	ちょうし	調子	188
タイ(じん)	タイ(人)	60	たぶん	多分	311	ちょうしんきをあてる	聴診器を当てる	233
たいかい	大会	232	たべる	食べる	83	ちょうど	ちょうど	103
だいがく	大学	15	たまご	卵・玉子	81	ちょうどいい	ちょうどいい	312
だいがくじだい	大学時代	188	たまに	たまに	84	ちょっと	ちょっと	41
だいがくせい	大学生	15	だめ	駄目	250	ちり	地理	210
たいくつ	退屈	144	ためす	試す	212			
たいじゅう	体重	232	ためる	貯める	167	[つ]		
だいじょうぶ	大丈夫	122	たりる	足りる	250	つ	〜つ	59
だいすき	大好き	233	だるい	だるい	233	ついて	〜について	84
たいせつ	大切	122	だれ	誰	17	ツークシュピッツェ	ツークシュピッツェ	120
たいそう	体操	250	だれも	誰も	103	つかいかた	使い方	142
だいたい	大体	122	タンゴ	タンゴ	143	つかう	使う	144
たいてい	たいてい	84	たんじょうび	誕生日	188	つかれる	疲れる	102
だいどころ	台所	142	ダンス	ダンス	143	つぎ	次	142
たいふう	台風	210	だんせい	男性	188	つき・がつ・げつ	月	59
だいぶつ	大仏	39	だんだん	だんだん	122	つぎに	次に	275
タイプライター	タイプライター	120				つく	着く	102
たいへん	大変	40	[ち]			つくえ	机	59
だいりてん	代理店	291	ちいさい	小さい	40	つくりかた	作り方	210
ダイレクト・メール	ダイレクト・メール	189	チーズ	チーズ	82	つくる	作る	83
タオル	タオル	211	チータ	チータ	120	つける	付ける	144
たおれる	倒れる	167	チーム	チーム	189	つごう	都合	273
たかい	高い	40	チェス	チェス	232	つたえる	伝える	274
だから	だから	274	ちかい	近い	40	つづく	続く	311
たくさん	たくさん	60	ちがいない	〜にちがいない	312	つなぐ	つなぐ	311
タクシー	タクシー	82	ちがう	違う	167	つばめ	燕	119
たけ	竹	166	ちかてつ	地下鉄	81	つま	妻	232
だけ	だけ	60	ちから	力	232	つまらない	つまらない	40
だけでなくて、〜も	〜だけでなくて、〜も	168	ちからいっぱい	力いっぱい	275	つめたい	冷たい	84
たけなか	竹中	166	チケット	チケット	189	つもり	つもり	291
たしか	確か	274	ちしき	知識	249	つゆ	梅雨	310
			ちじん	知人	188	つよい	強い	40
			ちず	地図	142			
			ちち	父	81			
			ちゃいろ	茶色	232			
			チャンス	チャンス	212			

つれていく	連れて行く	144
つれてくる	連れて来る	144

[て]

て	手	142
で	で	41
ていか	定価	211
テイク・アウトする	テイク・アウトする	212
ていしょく	定食	291
ディスコ	ディスコ	212
デート	デート	292
テーブル	テーブル	60
テーマ	テーマ	292
でかける	出掛ける	167
てがみ	手紙	81
できる	出来る	212
でぐち	出口	143
デザイン	デザイン	143
でしょう	でしょう	312
です	です	17
テスト	テスト	120
てつだう	手伝う	144
テニス	テニス	82
テニスじょう	テニス場	167
テニスぶ	テニス部	189
てね	～てね	312
では	では	61
デパート	デパート	39
でも	でも	41
でも	Nでも	293
てら・おてら	寺・お寺	81
でる ①	出る	83
でる ③	200km 出る	168
てるてるぼうず	照る照る坊主	310
テレビ	テレビ	16
テレフォン・カード	テレフォン・カード	212
てん	点	273
てんいん	店員	211
てんき	天気	119
でんき	電気	15
でんきてん	電気店	101
てんきにしておくれ	天気にしておくれ	312
てんきよほう	天気予報	310
でんきをつける	電気を点ける	122
でんげん	電源	310
でんしゃ	電車	39
でんち	電池	211
でんとう	伝統	291
てんどん	天丼	291
てんぷら	天ぷら	142

でんわ	電話	59
でんわばんごう	電話番号	143
でんわをかける	電話をかける	84

[と]

と	戸	59
ど	度	310
ドア	ドア	60
という	～と言う	233
ドイツ	ドイツ	16
ドイツご	ドイツ語	16
ドイツじん	ドイツ人	16
トイレ	トイレ	189
とう	～頭	59
どう	どう	103
とう・など	等	189
どうか	どうか	274
とうきょう	東京	39
どうして	どうして	122
どうしましたか	どうしましたか	103
どうぞ	どうぞ	17
どうぞよろしく	どうぞよろしく	17
とうなんアジア	東南アジア	189
どうぶつ	動物	119
どうぶつえん	動物園	143
どうも	どうも	103
どうりょう	同僚	81
どうろ	道路	101
とうろん	討論	250
とおい	遠い	40
どおり	～通り	232
とおる	通る	102
ときどき	時々	84
とくい	得意	213
とくに	特に	145
どくわじてん	独和辞典	211
とけい	時計	15
とけいがすすむ	時計が進む	312
どこ・どちら	どこ・どちら	17
どこからでも	どこからでも	213
どこにも	どこにも	103
ところ	所	119
ところが	ところが	274
ところで	ところで	122
としごろになる	年頃になる	275
としした	年下	232
として	として	233
としょかん	図書館	15

どちらさま	どちら様	145
とっかセール	特価セール	143
とって	(～に)とって	190
とても	とても	41
ドナウがわ	ドナウ川	120
となり	隣	59
どのくらい	どのくらい	122
どのぐらいしますか	どのぐらいしますか	312
とぶ	飛ぶ	102
とまる	止まる	144
とまる	泊まる	167
ともだち	友達	39
ともばたらき	共働き	189
どようび	土曜日	59
とら	虎	119
ドライブ	ドライブ	143
トランプ	トランプ	232
とり	鳥	59
とりあつかいせつめいしょ	取扱説明書	211
どりょく	努力	212
とる	取る	167
とる	摂る	233
トルコ	トルコ	232
どれも	どれも	190
どんな	どんな	41
トンネル	トンネル	102

[な]

ない	ない	145
ナイフ	ナイフ	82
ナイルがわ	ナイル川	120
なおる	直る	292
なか	中	59
ながい	長い	40
なかがいい	仲がいい	190
なかなか	なかなか	190
なかなかV-ない	なかなかV-ない	293
ながら	ながら	250
なくす	無くす	167
なくなる	無くなる	121
なごや	名古屋	81
なぜなら～から	何故なら～から	275
なつ	夏	120
なつやすみ	夏休み	120
など	等	250
なに	何	17
なにかつめたいもの	何か冷たいもの	145
なにも	何も	103
なにをおさがしですか	何をおさがしですか	213

なまえ	名前	15	ねむい	眠い	84	はしる	走る	102
なまざかな	生魚	211	ねる	寝る	83	はず	はず	310
なやむ	悩む	250	ねんごう	年号	310	バス	バス	60
なら	奈良	81				パスポート	パスポート	143
なりたくうこう	成田空港	101	**[の]**			はたらく	働く	83
なる	なる	121	のうぎょう	農業	120	はち	八	59
なる	鳴る	311	ノート	ノート	16	はっきり	はっきり	122
なれる	(〜に)慣れる	102	のかわりに	〜の代りに	275	バッテリー	バッテリー	212
なんども	何度も	84	のこる	残る	292	ハッピー	ハッピー	41
なんにいたしましょうか	何にいたしましょうか	213	のぞく	覗く	144	バトミントン	バトミントン	83
			ので	〜ので	122	はな	花	16
[に]			のどがかわく	喉が渇く	293	はながでる	鼻が出る	233
に	二	59	のはら	野原	101	はなし	話	211
に	に	61	のぼる	登る	144	はなす	話す	83
にあう	似合う	212	のみや	飲み屋	81	バナナ	バナナ	60
にがて	苦手	213	のむ	飲む	83	はは	母	82
にぎやか	賑やか	40	のりかえる	乗り換える	83	ハハハ...	ハハハ...	103
にく	肉	81	のりまき	のり巻き	189	ハム	ハム	82
にし	西	310	のりもの	乗り物	120	はやい	早い	40
にしゅうかんにいちど	2週間に1度	190	のる	乗る	83	はやい	速い	40
にち・ひ	日	59	のんびり	のんびり	293	はやし	林	310
にちじょうせいかつ	日常生活	211				はやる	流行る	233
にちぶん	〜日分	232	**[は]**			ばら	薔薇	16
にちようび	日曜日	59	は	は	17	はらう	払う	144
にっき	日記	39	は	歯	249	パリ	パリ	249
にほん	日本	15	ばあい	場合	249	はる	春	120
にほんご	日本語	15	バーゲン・セール	バーゲン・セール	212	はる	貼る	144
にほんじん	日本人	16	ハード	ハード	41	はれ	晴(れ)	189
にほんりょうり	日本料理	101	ハード・スケジュール	ハード・スケジュール	189	バレーボール	バレーボール	232
にもつ	荷物	143	パートナー	パートナー	232	はれる	腫れる	233
にゅうがく	入学	189	はい	はい	17	はれる	晴れる	311
ニュース	ニュース	82	はい	〜杯	59	はん	半	82
ニューヨーク	ニューヨーク	120	バイエルン	バイエルン	120	ばん	晩	82
にわ	庭	120	バイオリン	バイオリン	212	パン	パン	83
にん・じん	〜人	59	ハイキング	ハイキング	120	ばんぐみ	番組	249
にんきの/がある	人気の/がある	233	はいざら	灰皿	211	ばんごう	番号	211
にんじん	人参	211	はいせん	配線	310	ばんごうあんないがかり	番号案内係	273
			はいる	入る	83	はんしん	阪神	249
[ぬ]			ばか	馬鹿	168	はんせい	反省	250
ぬける	抜ける	311	はく	履く	250	パンダ	パンダ	120
			はくぶつかん	博物館	232	はんにん	犯人	310
[ね]			はこ	箱	143	ハンバーグ	ハンバーグ	212
ねえ	ねえ	250	はこね	箱根	143	はんばいかいぎ	販売会議	291
ネクタイ	ネクタイ	212	はさみ	鋏	143	ハンブルグ	ハンブルグ	82
ねこ	猫	39	はし	箸	82	パンフレット	パンフレット	249
ねころぶ	寝転ぶ	167	はし	橋	101	ばんめ	〜番目	211
ねずみ	鼠	211	はじまる	始まる	83			
ねだん	値段	143	はじめ	始め	120	**[ひ]**		
ねつ	熱	232	はじめて	初めて	168	ピアノをひく	ピアノを弾く	168
			はじめに	始めに	122	ピー	ピー	274
			はじめまして	初めまして	17	ヒーター	ヒーター	167
			はじめる	始める	144	ヒーターをいれる	ヒーターを入れる	312
			ばしょ	場所	189			

ビートルズ	ビートルズ	143
ビール	ビール	39
ひがし	東	310
ひかり	光	273
ひき	〜匹	59
ひきだし	引き出し	310
ひきにく	ひき肉	211
ひくい	低い	40
びくともしない	びくともしない	275
ひこうき	飛行機	82
ひさしぶり	久しぶり	120
びじゅつかん	美術館	16
ひしょ	秘書	166
びじん	美人	232
ひだり	左	59
ひだりがわ	左側	189
ひだりがわつうこう	左側通行	166
びっくりする	びっくりする	121
ひつじ	羊	232
ピッツァ・ピザ	ピッツァ・ピザ	121
ひつよう	必要	213
ビデオ	ビデオ	249
ビデオ	ビデオ	60
ひと	人	16
ひとりずつ	一人ずつ	61
ひとりで	一人で	168
ひはん	批判	292
ひま	暇	122
ひゃく	百	59
ビューティフル	ビューティフル	41
びょう	秒	59
びょういん	病院	16
びょうき	病気	59
ひょっとすると	ひょっとすると	312
ひらがな	平仮名	82
ひる	昼	82
ひろい	広い	121
ひろがる	広がる	311
ピンポン	ピンポン	83

[ふ]

ファインダー	ファインダー	143
ファックス	ファックス	60
フィリピン	フィリピン	60
フィルム	フィルム	143
ふうふ	夫婦	273
プール	プール	143
フェリー	フェリー	292
ふえる	増える	189
フォーク	フォーク	212
ぶか	部下	232
ふかい	深い	190
ふきそく	不規則	190
ふきとばす	吹き飛ばす	274
ふく	服	120
ふく	吹く	274
ふくざつ	複雑	168
ふしぎ	不思議	311
ふじさん	富士山	39
ふじん	婦人	39
ふたつめ	二つ目	82
ぶたにく	豚肉	211
ぶちょう	部長	120
ふつう	普通	82
ふつうは	普通は	190
ぶつり	物理	211
ふね	船	82
ぶひん	部品	143
ふべん	不便	40
ふゆ	冬	120
ブラウス	ブラウス	249
ぶらさげる	ぶら下げる	311
フランクフルト	フランクフルト	102
フランス	フランス	16
フランスかくめい	フランス革命	311
フランスじん	フランス人	60
ふる	降る	102
ふるい	古い	40
フルート	フルート	212
プレイガイド	プレイガイド	189
プレイヤー	プレイヤー	311
ブレーメン	ブレーメン	39
ブレザー	ブレザー	212
プレゼント	プレゼント	189
フレンドリー	フレンドリー	41
ふろ・にはいる	風呂・〜に入る	82
プロジェクト	プロジェクト	292
ブロンド	ブロンド	232
ふん	分	59
ふんいき	雰囲気	120
ぶんか	文化	291
ぶんがく	文学	211

[へ]

へいあんじんぐう	平安神宮	82
へえ	へえ	103
へた	下手	213
ヘッセ	ヘッセ	273
ヘッドホン	ヘッドホン	311
へび	蛇	211
へや	部屋	39
ヘルシー	ヘルシー	122
ベルリン	ベルリン	83
へん	変	190
ペン	ペン	16
べんきょう	勉強	84
べんごし	弁護士	16
べんとう	弁当	143
へんとうせん	扁桃腺	232
べんり	便利	40

[ほ]

ほう	ほう	103
ほう	〜の方	120
ほうがいい	Vた方がいい	190
ほうがく	法学	211
ほうこくしょ	報告書	189
ぼうし	帽子	143
ほうもん	訪問	189
ほうりつ	法律	232
ほうりゅうじ	法隆寺	82
ボート	ボート	143
ボール	ボール	60
ボールペン	ボールペン	83
ほか	他	211
ほかに	他に	190
ぼく	僕	102
ほし	星	120
ほしい	欲しい	213
ほしがでる	星が出る	145
ほしがる	欲しがる	212
ほしょうしょ	保証書	211
ほっかいどう	北海道	120
ポップス	ポップス	83
ぽつぽつ	ぽつぽつ	145
ホテル	ホテル	40
ほど	ほど	211
ほど〜ない	〜ほど〜ない	122
ほとんど	ほとんど	84
ほら	ほら	103
ポルシェ	ポルシェ	212
ポルトガル	ポルトガル	232
ポロシャツ	ポロシャツ	212
ほん	本	16
ほん	〜本	59
ほんだな	本棚	59
ほんとうに	本当に	84
ほんぶん	本文	82

[ま]

まあ	まあ	103
まあいい	まあいい	145
まあまあ	まあまあ	190
まい	〜枚	59
まいあさ	毎朝	82
まいこ	舞子	120

まいしゅう	毎週	82
マイスター	マイスター	232
まいどり	36枚撮り	143
まいにち	毎日	82
まえ	前	59
まかせる	任せる	311
まがる	曲がる	144
マカロニ・グラタン	マカロニ・グラタン	212
まじめ	真面目	168
また	また	103
まだ〜ない	まだ〜ない	60
まだまだ	まだまだ	293
まち	町	39
まちあわせ	待ち合わせ	101
まちがい	間違い	273
まちがえる	間違える	102
まつ	待つ	102
まっか	真っ赤	145
まっすぐ	まっすぐ	145
マッチ	マッチ	212
まで	まで	84
まど	窓	59
まま	まま	249
マラソン	マラソン	121
まるい	丸い	121
マルク	マルク	83
マレーシア	マレーシア	292
まわす	回す	250
まわり	周り	101
まわる	回る	250
まん	万	59
まんいん	満員	82
まんが	漫画	211
マンション	マンション	189
まんねんひつ	万年筆	59

[み]

ミーティング	ミーティング	83
みがく	磨く・研く	250
みかん	みかん	59
みぎ	右	59
みぎがわ	右側	166
みじかい	短い	40
みず	水	39
みずうみ	湖	189
みせ	店	39
みせいねん	未成年	166
みせる	見せる	144
みち	道	101
みっかめ	三日目	120
みつける	見つける	250
みてくれませんか	見てくれませんか	312
みとめる	認める	189

みなおす	見直す	250
みなさん	皆さん	59
みなと	港	292
みなみ	南	310
みまう	見舞う	274
みやこ	都	120
ミュンヘン	ミュンヘン	102
みる	見る	83
ミルク	ミルク	60
みんな	みんな	59

[む]

むかえる	迎える	144
むかし	昔	273
むこ・おむこさん	婿・お婿さん	273
むしあつい	蒸し暑い	121
むしむしする	むしむしする	312
むずかしい	難しい	40
むすこ	息子	273
むすめ	娘	273
むら	村	16
むりな	無理な	145
むりょう	無料	166

[め]

め	目	39
めいし	名刺	16
めいわくをかける	迷惑を掛ける	168
メーカー	メーカー	212
めがさめる	目が覚める	122
めざましどけい	目覚し時計	211
めずらしい	珍しい	190
メッセージ	メッセージ	273
メッセージをおいれください	メッセージをお入れ下さい	275
めったに	めったに	84
めまいがする	めまいがする	233
メンザ	メンザ	83
メンチ・ミンチ	メンチ・ミンチ	212

[も]

も	も	17
もう	もう	103
もうしわけございません	申し訳ございません	213
もうす	申す	274
モーゼルがわ	モーゼル川	273
モード	モード	212
もくようび	木曜日	59
もしかすると	もしかすると	312

もしもし	もしもし	145
モダン	モダン	122
もちろん	もちろん	145
もつ	持つ	144
もっていく	持って行く	144
もってくる	持って来る	145
もっと	もっと	122
もっとも	もっとも	122
もどる	戻る	274
もの	物	120
もの	者	292
もも	桃	120
もよう	模様	211
もらう	もらう	167
もり	森	59
もん	門	143
もんくをいう	文句を言う	312

[や]

やきそば	焼きそば	292
やきゅう	野球	101
やきゅうじょう	野球場	232
やく	焼く	250
やくざ	やくざ	211
やこうバス	夜行バス	82
やさい	野菜	82
やさしい	易しい	40
やすい	安い	40
やすみ	休み	82
やちん	家賃	166
やっと	やっと	103
やっぱり	やっぱり	103
やぶれる	破れる	250
やま	山	39
やまのてせん	山手線	101
やまみち	山道	101
やむ	止む	311
やめる	止める	167
やる	やる①	167

[ゆ]

ゆうがた	夕方	143
ゆうしょう	優勝	233
ゆうのう	有能	292
ゆうひ	夕日	143
ゆうびんきょく	郵便局	16
ゆうめい	有名	40
ユーモア	ユーモア	232
ゆうりょう	有料	166
ゆき	雪	102
ゆっくり	ゆっくり	122
ゆめ	夢	232
ゆり	百合	211

ユングフラウ	ユングフラウ	121

[よ]

よう	N1用N2	292
ようび	曜日	59
ヨーロッパ	ヨーロッパ	60
よく	よく	84
よこ	横	60
よっぱらう	酔っ払う	292
よてい	予定	120
よぶ	呼ぶ	167
よみかた	読み方	143
よむ	読む	83
よめいり	嫁入り	273
よやく	予約	212
より	〜より	122
よる	夜	82
よろこぶ	喜ぶ	167
よろこんで	喜んで	103
よろしくおねがいします	宜しくお願いします	275
よろしくたのむ	宜しく頼む	293
よわい	弱い	40
よん・し	四	60
よんかこくご	4か国語	211

[ら]

ライオン	ライオン	121
らいねん	来年	120
ライバル	ライバル	232
ラインがわ	ライン川	121
ラケット	ラケット	212
ラジオ	ラジオ	16
ラジカセ	ラジカセ	102
ラッキー	ラッキー	41
ラテンご	ラテン語	121
ランプ	ランプ	60

[り]

りっしょくパーティー	立食パーティー	189
りっぱ	立派	190
りゆう	理由	120
りょうきん	料金	166
りょうきんじょ	料金所	167
りょうしん	両親	82
りょうり	料理	120
りょかん	旅館	120
りょこう	旅行	84
りんご	りんご	60

[る]

ルーブル	ルーブル	249
るすばんでんわ・るすでん	留守番電話 留守電	273

[れ]

れいの	例の	293
れきし	歴史	211
レストラン	レストラン	83
レポート	レポート	167
れんしゅう	練習	84
レンタカー	レンタカー	143

[ろ]

ろうか	廊下	102
ロープウェー	ロープウェー	143
ローマ	ローマ	249
ローマじ	ローマ字	212
ろく	六	60
ロケット	ロケット	212
ロシア	ロシア	121
ロック	ロック	212
ロマンティック	ロマンティック	122

[わ]

わ	〜羽	60
ワープロ	ワープロ	167
ワイシャツ	ワイシャツ	212
ワイン	ワイン	40
わかい	若い	40
わかくさやま	若草山	120
わかる	分かる	167
わすれる	忘れる	250
わたし	私	16
わたる	渡る	102
わらう	笑う	167
わるい	悪い	40
わるくちをいう	悪口を言う	275
ワルツ	ワルツ	212

[を]

を	を	84

7. Kanji-Index

K (Kanjizeichen)
ON (On-Lesung)
KUN (Kun-Lesung)
S (Seite)

Alle Kanji, die in Grundkenntnisse Japanisch 1 erscheinen, sind nach der Strichzahl geordnet. Die Seiten, in denen Kanji zum ersten Mal erscheinen, sind angezeigt. Was die Aktivkanji betrifft, sind sie fett gedruckt und die Seiten der betroffenen Aktivkanjilisten sind angegeben.

[1]

K	ON	KUN	S
一	イチ	ひと-つ	62

[2]

K	ON	KUN	S
九	キュウ・ク	ここの-つ	63
七	シチ	なな-つ	63
十	ジュウ	とお	63
人	ジン・ニン	ひと	21
二	ニ	ふた-つ	63
入	ニュウ	はいる	86
八	ハチ	やっ-つ	63
力	リキ・リョク	ちから	276

[3]

K	ON	KUN	S
下	カ・ゲ	した	63
丸	ガン	まる-い	121
久	キュウ	ひさ-しい	120
工	コウ	たくみ	191
口	コウ	くち	234
才	サイ		192
山	サン	やま	42
三	サン	みっ-つ	63
士	シ		16
子	シ	こ	191
女	ジョ	おんな	295
小	ショウ	ちいさい	123
上	ジョウ	うえ	63
丈	ジョウ		122
夕	セキ	ゆう	146
川	セン	かわ	124
千	セン		59
大	ダイ	おお-きい	22
土	ド	つち	294
万	マン		146

[4]

K	ON	KUN	S
引	イン	ひく	190
円	エン	まる-い	63
火	カ	ひ	294
化	カ	ば-ける	210
牛	ギュウ	うし	214
月	ゲツ・ガツ	つき	294
犬	ケン	いぬ	214
元	ゲン・ガン	もと	63
戸	コ	と	170
五	ゴ	いつ-つ	63
午	ゴ		295
互	ゴ	たが-い	273
公	コウ	おおやけ	146
今	コン	いま	104
止	シ	とま-る	252
支	シ	ささ-える	291
手	シュ	て	147
少	ショウ	すく-ない	123
心	シン	こころ	234
水	スイ	みず	235
切	セツ	き-る	235
中	チュウ	なか	63
天	テン	あま	124
内	ナイ	うち	231
日	ニチ・ビ	ひ	21
反	ハン	そ-る	251
匹	ヒツ	ひき	59
父	フ	ちち	277
不	フ		40
夫	フ・フウ	おっと	251
仏	ブツ	ほとけ	39
分	フン	わける	235
文	ブン・モン	ふみ	169

[5]

K	ON	KUN	S
片	ヘン	かた	249
方	ホウ	かた	146
木	モク・ボク	き	21
友	ユウ	とも	42
予	ヨ	あらかじ-め	191
六	ロク	むっ-つ	63
以	イ	もって	170
可	カ		121
外	ガイ	そと	192
甘	カン	あま-い	291
去	キョ	さ-る	101
巨	キョ		249
兄	キョウ・ケイ	あに	234
玉	ギョク	たま	81
句	ク		312
穴	ケツ	あな	273
古	コ	ふる-い	123
広	コウ	ひろ-い	192
号	ゴウ		169
込		こ-む	311
左	サ	ひだり	169
冊	サツ		58
札	サツ	ふだ	273
皿		さら	58
仕	シ	つか-える	105
司	シ	つかさど-る	142
市	シ	いち	142
史	シ	ふみ	211
四	シ・ヨン	よっ-つ	63
失	シツ	うしな-う	276
写	シャ	うつ-す	124
主	シュ	おも	320
出	シュツ	で-る	86
申	シン	もう-す	213
世	セ・セイ	よ	276
生	セイ	う-まれる	22
正	セイ	ただ-しい	313
石	セキ	いし	234
他	タ	ほか	190
打	ダ	う-つ	188

370

台	ダイ		63
代	ダイ	かわり	188
田	デン	た	86
冬	トウ	ふゆ	294
丼		どんぶり	291
白	ハク	しろ-い	42
半	ハン		276
犯	ハン	おかす	310
比	ヒ	くら-べる	249
必	ヒツ	かなら-ず	215
付	フ	つ-く	103
布	フ	ぬの	310
払	フツ	はら-う	144
平	ヘイ	たいら	82
辺	ヘン	あたり	119
弁	ベン		16
母	ボ	はは	277
北	ホク	きた	276
本	ホン	もと	21
末	マツ	すえ	215
未	ミ	いま-だ	166
目	モク	め	42
右	ユウ・ウ	みぎ	169
由	ユウ・ユ		120
用	ヨウ	もち-いる	295
立	リツ	た-つ	295
礼	レイ		276

[6]

扱		あつか-う	211
安	アン	やす-い	43
羽	ウ	はね	60
会	カイ	あ-う	21
回	カイ	まわる	251
灰	カイ	はい	211
汗	カン	あせ	190
気	キ		63
机	キ	つくえ	59
危	キ	あぶ-ない	190
休	キュウ	やす-む	86
吸	キュウ	すう	83
共	キョウ	とも	189
曲	キョク	ま-がる	169
件	ケン		291

行	コウ・ギョウ	い-く	85
交	コウ	まじ-わる	252
光	コウ	ひかり	276
好	コウ	す-き	215
考	コウ	かんが-える	142
合	ゴウ	あ-う	277
在	ザイ	あ-る	310
死	シ		144
糸	シ	いと	170
自	ジ	みずか-ら	42
字	ジ	あざ	81
寺	ジ	てら	146
次	ジ	つぎ	169
式	シキ		231
守	シュ	まも-る	273
州	シュウ	す	119
旬	ジュン		310
色	ショク・シキ	いろ	234
成	セイ	な-る	101
西	セイ	にし	313
先	セン	さき	124
全	ゼン	まった-く	61
早	ソウ	はや-い	123
多	タ	おお-い	123
地	チ		313
池	チ	いけ	214
竹	チク	たけ	170
仲	チュウ	なか	190
伝	デン	つた-える・つだ-う	147
当	トウ	あ-たる	215
同	ドウ	おなじ	123
肉	ニク		214
任	ニン	まか-せる	311
年	ネン	とし	314
百	ヒャク		63
米	ベイ・マイ	こめ	146
忙	ボウ	いそが-しい	252
毎	マイ	ごと	313
名	メイ・ミョウ	な	21
有	ユウ	あ-る	43

羊	ヨウ	ひつじ	232
両	リョウ		82
良	リョウ	いよ-い	**134**

[7]

芦		あし	142
囲	イ	かこ-む	120
医	イ		231
応	オウ		233
何	カ	なに・なん	63
花	カ	はな	22
角	カク	かど・すみ	59
技	ギ	わざ	231
究	キュウ	きわ-める	292
局	キョク		16
近	キン	ちか-い	43
君	クン	きみ	190
迎	ゲイ	むか-える	144
芸	ゲイ		210
見	ケン	み-る	85
言	ゲン	い-う	277
告	コク	つ-げる	189
困	コン	こま-る	167
材	ザイ		249
作	サク	つく-る	169
私	シ	わたし・わたくし	42
似	ジ	に-る	212
社	シャ		21
車	シャ	くるま	42
寿	ジュ	ことぶき	142
住	ジュウ	す-む	235
初	ショ	はじ-め	168
助	ジョ	たす-ける	143
床	ショウ	とこ・ゆか	188
身	シン	み	249
臣	シン		310
図	ズ・ト	はか-る	146
吹	スイ	ふ-く	168
声	セイ	こえ	231
赤	セキ	あか-い	43
走	ソウ	はし-る	105
足	ソク	あし	251
村	ソン	むら	21

体	タイ	からだ	234	虎	コ	とら	119	服	フク		120
対	タイ	つい	251	呼	コ	よ-ぶ	167	物	ブツ・モツ	もの	191
男	ダン・ナン	おとこ	295	幸	コウ	しあわせ	188	歩	ホ	ある-く	105
町	チョウ	まち	42	国	コク	くに	215	法	ホウ		82
低	テイ	ひく-い	40	妻	サイ	つま	232	枚	マイ		59
弟	テイ・ダイ	おとうと	234	刺	シ	さ-す	16	妹	マイ	いもうと	142
努	ド	つと-める	212	始	シ	はじめる	105	味	ミ	あじ	314
売	バイ	う-る	147	姉	シ	あね	101	命	メイ	いのち	233
抜	バツ	ぬ-ける	311	使	シ	つか-う	147	明	メイ・ミン	あか-るい	214
坂	ハン	さか	101	事	ジ	こと	105	免	メン	まぬが-れる	210
忘	ボウ	わす-れる	251	治	ジ・チ	おさ-める	188	門	モン		146
坊	ボウ		310	実	ジツ	みの-る	231	夜	ヤ	よる	86
来	ライ	く-る	85	者	シャ	もの	231	林	リン	はやし	313
卵	ラン	たまご	81	邪	ジャ		190	例	レイ	たと-える	250
利	リ	とし	147	若	ジャク ニャク	わか-い	43	和	ワ	やわらぐ	211
良	リョウ	い／よ-い	81	取	シュ	と-る	170				
冷	レイ	つめ-たい	84	受	ジュ	う-ける	142	**[9]**			
戻	レイ	もど-る	274	周	シュウ	まわり	101	映	エイ	うつ-る は-える	104
呂	ロ		82	所	ショ	ところ	235	屋	オク	や	191
				承	ショウ	うけたまわ-る	144	音	オン	おと	192
[8]				招	ショウ	まね-く	233	科	カ	しな	291
易	イ・エキ	やさ-しい	40	青	セイ	あお-い	43	海	カイ	うみ	42
育	イク	そだ-つ	167	性	セイ ショウ	さが	295	皆	カイ	みんな みな	59
雨	ウ	あめ	192	制	セイ		166	界	カイ		276
泳	エイ	およ-ぐ	235	昔	セキ ジャク	むかし	273	咳	ガイ	せき	233
英	エイ		314	卒	ソツ		233	革	カク	かわ	311
押	オウ	お-す	144	知	チ	しる	147	活	カツ	いけ	101
果	カ	はた-す くだ	119	注	チュウ	そそ-ぐ	144	看	カン	みる	231
価	カ		143	長	チョウ	なが-い	192	紀	キ	のり	291
画	ガ・カク		104	定	テイ ジョウ	さだ-める	191	客	キャク カク		119
拡	カク	ひろ-げる	291	店	テン	みせ	105	急	キュウ	いそ-ぐ	251
学	ガク	まな-ぶ	22	典	テン	のり	211	狭	キョウ	せま-い	121
季	キ		119	東	トウ	ひがし	124	計	ケイ	はか-る	15
祈	キ	いの-る	250	毒	ドク		103	係	ケイ	かかり	188
宜	ギ	よろ-しく	275	奈	ナ		81	型	ケイ	かた	210
居	キョ	いる	188	乳	ニュウ	ちち	58	建	ケン	た-てる	15
京	キョウ	みやこ	124	念	ネン		121	研	ケン	と-ぐ	292
供	キョウ	とも	191	杯	ハイ		59	限	ゲン	かぎ-る	166
金	キン・コン	かね	170	板	バン	いた	147	故	コ	ゆえ	273
苦	ク	くる-しい にが-い	213	彼	ヒ	かれ	16	後	ゴ・コウ	あと・のち うしろ	235
空	クウ	そら	104					紅	コウ	べに	81
屈	クツ		144								
券	ケン		291								

漢字	音	訓	頁	漢字	音	訓	頁	漢字	音	訓	頁
郊	コウ		81	背	ハイ	せ・せい	81	紙	シ	かみ	191
香	コウ	かお-る	273	発	ハツ	た-つ	294	師	シ		231
砂	サ・シャ	すな	119	飛	ヒ	と-ぶ	82	時	ジ	とき・と	105
昨	サク		101	美	ビ	うつく-しい	235	射	シャ	いる	210
撮	サツ		166	秒	ビョウ		59	借	シャク	かりる	143
思	シ	おも-う	314	品	ヒン	しな	214	弱	ジャク	よわい	313
持	ジ	も-つ	252	風	フウ・フ	かぜ	276	酒	シュ	さけ	146
室	シツ	むろ	15	変	ヘン	かわる	40	修	シュウ	おさ-める	167
首	シュ	くび	142	便	ベン・ビン	たよ-り	147	書	ショ	かく	85
秋	シュウ	あき	294	保	ホ	たも-つ	211	除	ジョ・ジ	のぞ-く	168
重	ジュウ	おも-い	234	迷	メイ	まよ-う	168	将	ショウ		166
柔	ジュウ	やわら-かい	210	面	メン	おも	40	笑	ショウ	わら-う	167
春	シュン	はる	294	約	ヤク		212	消	ショウ	け-す き-える	189
咲	ショウ	さ-く	144	要	ヨウ	いる かなめ	215	真	シン	まこと	124
省	ショウ セイ	かえり-み る・はぶ-く	251	律	リツ		232	唇	シン	くちびる	231
								席	セキ		249
乗	ジョウ	の-る	83	[10]				素	ソ・ス	もと	122
城	ジョウ	しろ	273	挨	アイ		166	倉	ソウ	くら	39
食	ショク	た-べる	85	案	アン		233	息	ソク	いき	273
信	シン		169	員	イン		21	速	ソク	はや-い	123
神	シン・ジン	かみ	81	院	イン		16	帯	タイ	おび	210
星	セイ	ほし	234	桜	オウ	さくら	15	通	ツウ	とお-る	169
政	セイ	まつりごと	188	夏	カ	なつ	294	庭	テイ	にわ	124
洗	セン	あら-う	144	荷	カ	に	143	徒	ト		59
専	セン	もっぱ-ら	310	家	カ・ケ	いえ・うち	86	島	トウ	しま	277
前	ゼン	まえ	21	格	カク		119	桃	トウ	もも	120
草	ソウ	くさ	170	記	キ	しる-す	191	倒	トウ	たお-れる	167
送	ソウ	おく-る	192	帰	キ	かえ-る	85	討	トウ	う-つ	250
相	ソウ	あい	294	起	キ	お-きる	85	特	トク		145
則	ソク	のり	190	宮	キュウ グウ	みや	81	値	ネ・チ	あたい	143
待	タイ	ま-つ	105	恐	キョウ	こわい おそ-れる	212	能	ノウ		142
退	タイ	しりぞ-く	144	剣	ケン	つるぎ	210	悩	ノウ	なや-む	250
単	タン		121	原	ゲン	はら	101	破	ハ	やぶ-れる	250
段	ダン		101	個	コ		58	馬	バ	うま	214
茶	チャ・サ		295	校	コウ		43	配	ハイ	くば-る	310
昼	チュウ	ひる	86	高	コウ	たか-い	43	梅	バイ	うめ	119
珍	チン	めずら-しい	190	降	コウ	ふ-る お-りる	83	疲	ヒ	つか-れる	102
追	ツイ	お-う	167	根	コン	ね	143	秘	ヒ		166
点	テン		252	差	サ		252	被	ヒ	かぶ-る こうむ-る	250
度	ド	たび	170	座	ザ	すわる	144	姫		ひめ	119
独	ドク	ひと-り	211	財	ザイ		310	病	ビョウ	やまい	234
南	ナン	みなみ	313	残	ザン	のこ-る	84	勉	ベン	つと-める	84
派	ハ		190								

漢字	音	訓	頁
眠	ミン	ねむ-る	84
娘		むすめ	273
流	リュウ	なが-れる	233
留	リュウ・ル	と-める	273
旅	リョ	たび	123
料	リョウ	はか-る	170
連	レン	つれる	144
恋	レン	こい	231
狼	ロウ	おおかみ	210

[１１]

漢字	音	訓	頁
悪	アク	わる-い	235
陰	イン	かげ	103
黄	オウ・コウ	き	166
械	カイ		314
掛		か-ける	231
規	キ		190
菊		きく	210
球	キュウ	たま	232
許	キョ	ゆる-す	210
魚	ギョ	さかな	214
教	キョウ	おし-える	215
強	キョウ	つよ-い	277
郷	キョウ・ゴウ		273
経	ケイ	た-つ	166
頃	ケイ	ころ	275
健	ケン	すこ-やか	121
険	ケン	けわしい	190
現	ゲン	あらわれる	310
康	コウ		121
黒	コク	くろ-い	43
婚	コン		277
混	コン	こ-む ま-ぜる	189
菜	サイ	な	82
済	サイ・ザイ	す-む	166
産	サン	う-む	231
捨	シャ	すて-る	167
蛇	ジャ	へび	211
授	ジュ	さず-ける	84
終	シュウ	お-わる	105
習	シュウ	なら-う	252
週	シュウ		124
宿	シュク	やど	81
術	ジュツ		16
紹	ショウ		15
商	ショウ	あきな-う	188
情	ジョウ	なさ-け	188
常	ジョウ	つね	211
深	シン	ふか-い	190
進	シン	すす-む	233
清	セイ	きよ-い	81
盛	セイ	も-る さか-ん	121
雪	セツ	ゆき	251
接	セツ	つ-ぐ	188
船	セン	ふね	82
組	ソ	くみ	249
窓	ソウ	まど	59
掃	ソウ	は-く	168
側	ソク	がわ	169
族	ゾク		119
第	ダイ		311
探	タン	さが-す	215
断	ダン	こと-わる	166
鳥	チョウ	とり	277
張	チョウ	は-る	167
転	テン	ころ-ぶ	39
都	ト	みやこ	124
動	ドウ	うご-く	42
堂	ドウ		295
得	トク	え-る	213
豚	トン	ぶた	211
敗	ハイ	やぶ-れる	102
販	ハン		291
猫	ビョウ	ねこ	39
描	ビョウ	かく えが-く	212
婦	フ		39
符	フ・プ		101
部	ブ	べ	39
閉	ヘイ	しめる	147
訪	ホウ	たず-ねる	143
捧	ボウ	ささ-げる	274
務	ム		15
問	モン	とい	252
野	ヤ	の	82
訳	ヤク	わけ	213
郵	ユウ		16
欲	ヨク	ほ-しい	212
理	リ	ことわり	192
隆	リュウ		82
鹿	ロク	か・しか	168

[１２]

漢字	音	訓	頁
椅	イ	いす	58
飲	イン	の-む	85
運	ウン	はこ-ぶ	144
雲	ウン	くも	276
営	エイ	いとな-む	231
越	エツ	こ-す	167
援	エン		233
奥	オウ	おく	58
温	オン	あたた-かい	314
過	カ	す-ぎる	188
絵	カイ	え	215
階	カイ		58
開	カイ	あ-ける ひら-く	123
覚	カク	おぼ-える さ-める	122
間	カン	あいだ	105
寒	カン	さむ-い	121
貴	キ		16
喜	キ	よろこ-ぶ	103
棋	キ・ギ		231
喫	キツ		101
給	キュウ	たま-う	166
距	キョ	へだ-てる	166
御	ギョ・ゴ	おん	291
軽	ケイ	かる-い	40
景	ケイ・ケ		119
結	ケツ	むす-ぶ	277
湖	コ	みずうみ	142
港	コウ	みなと	101
最	サイ	もっと-も	119
傘	サン	かさ	39
散	サン	ち-る	102
歯	シ	は	249
暑	ショ	あつ-い	121
勝	ショウ	か-つ	189
焼	ショウ	や-く	210

漢字	音	訓	頁	漢字	音	訓	頁	漢字	音	訓	頁
証	ショウ	あかし	210	葉	ヨウ	は	101	慎	シン	つつ-しむ	311
象	ショウ・ゾウ		232	落	ラク	お-ちる	121	数	スウ	かず	210
場	ジョウ	ば	191	量	リョウ		313	節	セツ	ふし	119
畳	ジョウ	たたみ	232	廊	ロウ		102	摂	セツ	と-る	233
森	シン	もり	104	惑	ワク	まど-う	168	羨	セン	うらや-む	168
診	シン	み-る	231	腕	ワン	うで	58	続	ゾク	つづ-く	313
晴	セイ	は-れる	192	**[13]**				滞	タイ	とどこお-る	**131**
婿	セイ	むこ	273	愛	アイ		121	暖	ダン	あたた-かい	121
絶	ゼツ	た-える	190	暗	アン	くら-い	145	賃	チン		166
隊	タイ		39	違	イ	ちが-う	102	鉄	テツ		313
貸	タイ	か-す	314	意	イ		314	電	デン		104
達	タツ・タチ		39	煙	エン	けむり	15	働	ドウ	はたら-く	170
棚		たな	59	鉛	エン	なまり	15	農	ノウ		120
短	タン	みじかい	40	園	エン	その	146	腹	フク	はら・なか	103
遅	チ	おそ-い おく-れる	84	遠	エン	とお-い	97	夢	ム	ゆめ	232
着	チャク	つ-く	83	塩	エン	しお	119	預	ヨ	あず-かる	144
貯	チョ	た-める	167	靴	カ	くつ	39	雷	ライ	かみなり	214
朝	チョウ	あさ	86	暇	カ	ひま	81	路	ロ	みち	101
貼	チョウ	は-る	144	嫁	カ	よめ	273	話	ワ	はな-す	104
痛	ツウ	いた-い	168	楽	ガク・ラク	たの-しい	147	**[14]**			
渡	ト	わた-る	102	幹	カン	みき	81	隠	イン	かく-す	274
登	ト・トウ	のぼ-る	144	漢	カン		81	駅	エキ		86
答	トウ	こた-える	277	感	カン		190	演	エン		188
等	トウ	ひと-しい など	189	頑	ガン	かたく-な	167	歌	カ	うた	192
統	トウ		291	業	ギョウ・ゴウ	わざ	84	閣	カク		119
道	ドウ	みち	104	携	ケイ	たずさ-える	210	鞄		かばん	15
覗		のぞ-く	144	嫌	ケン	いや きら-い	213	慣	カン	な-れる	102
買	バイ	か-う	86	源	ゲン	みなもと	310	関	カン	かか-わる	291
博	ハク		232	碁	ゴ		231	嘘	キョ	うそ	168
飯	ハン	めし	81	幌	コウ	ほろ	273	銀	ギン		15
番	バン	つがい	215	試	シ	こころ-みる	101	語	ゴ		22
晩	バン		104	資	シ		142	構	コウ	かま-える	168
備	ビ	そな-える	250	飼	シ	か-う	233	際	サイ	きわ	291
筆	ヒツ	ふで	15	辞	ジ	やめる	101	察	サツ		166
富	フ	と-む	39	腫	シュ	は-れる	233	雑	ザツ	ざつ	39
普	フ		82	準	ジュン		250	算	サン		167
霧	フン		120	照	ショウ	て-る	310	誌	シ		39
報	ホウ	むく-いる	189	蒸	ジョウ	む-す	121	種	シュ	たね	231
帽	ボウ		143	触	ショク	さわる ふ-れる	167	障	ショウ	さわ-る	291
満	マン	み-ちる	82	新	シン	あたら-しい	43	静	セイ	しず-か	123
無	ム	な-い	121	寝	シン	ね-る	83	製	セイ		210
遊	ユウ	あそ-ぶ	121					説	セツ	と-く	214
								総	ソウ	すべて	310

増	ゾウ	ま-す	189
駄	ダ		250
読	ドク	よ-む	85
賑		にぎ-やか	40
認	ニン	みと-める	189
箸		はし	82
髪	ハツ	かみ	39
鼻	ビ	はな	233
複	フク		168
聞	ブン	き-く	85
暮	ボ	く-らす く-れる	274
模	ボ・モ		211
僕	ボク		102
漫	マン		211
鳴	メイ	な-る な-く	311
誘	ユウ	さそ-う	144
様	ヨウ	さま	103
踊	ヨウ	おど-る	144
僚	リョウ		81
歴	レキ		211
練	レン	ね-る	252

[15]

横	オウ	よこ	60
億	オク		58
課	カ		295
確	カク	たしか	274
嬉	キ	うれ-しい	168
器	キ	うつわ	233
劇	ゲキ		39
質	シツ・シチ		252
趣	シュ	おもむ-き	231
衝	ショウ		249
震	シン	ふる-える	210
線	セン		81
選	セン	えら-ぶ	188
誰		だれ	17
誕	タン		188
談	ダン		294
駐	チュウ		168
調	チョウ	しら-べる	251
敵	テキ		122
熱	ネツ	あつ-い	232

箱		はこ	143
舞	ブ	ま-う	120
撲	ボク・モウ		210
履	リ	は-く	250
論	ロン		199

[16]

館	カン	やかた	104
機	キ		314
橋	キョウ	はし	101
興	キョウ コウ	おこす	188
親	シン	おや した-しい	235
整	セイ	ととの-える	190
操	ソウ	あやつ-る	250
頭	トウ	あたま	59
糖	トウ		119
曇	ドン	くも-り	188
壁	ヘキ	かべ	142
磨	マ	みが-く	250
薬	ヤク	くすり	166
頼	ライ	たの-む たよ-る	274
隣	リン	となり	59

[17]

鍵	ケン	かぎ	142
厳	ゲン	きび-しい	190
醤	ショウ		169
績	セキ	つむ	231
鮮	セン	あざ-やか	168
濯	タク		250
聴	チョウ	き-く	233
優	ユウ	やさ-しい すぐ-れる	233

[18]

鎌		かま	39
韓	カン		15
簡	カン		121
観	カン	み-る	119
顔	ガン	かお	231
験	ケン		188
織	シキ ショク	お-る	273
職	ショク		188

題	ダイ		142
難	ナン	むずかしい	40
覆	フク	くつがえ-す	274
曜	ヨウ		295
類	ルイ	たぐい	231

[19]

願	ガン	ねが-う	275
警	ケイ		166
識	シキ		249
離	リ	はな-れる	166

[20]

議	ギ		188
懸	ケン		233
護	ゴ	まも-る	16

Strichzahl der Radikale

BUSKE   JAPANISCH

Pater Eusebius Breitung
Deutsch–Japanisches Wörterbuch
(Romaji-Dokuwa-jiten)
In Zeichen und Umschreibung.
2., verbesserte und wesentlich vermehrte Auflage 1947.
Unv. Nachdruck 1996. 1277 S. 3-87118-302-4. Gebunden.

Detlev Foljanty / Hiroomi Fukuzawa
Japanisch intensiv I
Ein Lernbuch mit Lösungen.
3., vollständig neu bearbeitete Auflage.
1998. XXI, 573 S. 3-87548-137-2. Kartoniert.
Begleitkassetten. 3-87548-142-9, i.V.

Japanisch intensiv II
Ein Lernbuch mit Lösungen.
1985. XVIII, 440 S. 3-87118-485-3. Kartoniert.
6 Begleitkassetten. 350 Min. 3-87118-932-4.

Japanisch intensiv III
Ein Lernbuch mit Lösungen.
1990. XII, 513 S. 3-87118-933-2. Kartoniert.

Kay Genenz / Roland Schneider (Hg.)
Grundwortschatz Japanisch
für junge Leute
Unter Mitarbeit von Matthew Königsberg, Barbara Manthey,
Kanako Takita und Monika Unkel.
1996. VIII, 579 S. 3-87548-143-7. Kartoniert.

Thomas M. Groß
Kleines Handbuch japanischer Funktionsgefüge
1998. 213 S. 3-87548-158-5. Kartoniert.

*Bitte fordern Sie unser aktuelles Gesamtverzeichnis an,
oder besuchen Sie unsere Website: www.buske.de*
HELMUT BUSKE VERLAG · RICHARDSTR. 47 · D-22081 HAMBURG

JAPANISCH   BUSKE

Iris Hasselberg
Lexikon japanischer Verbalkomposita
1996. VIII, 302 S. 3-87548-140-2. Kartoniert.

Shin'ichi Okamoto
Grundkenntnisse Japanisch 1
2000. IV, 376 S. 3-87548-222-0. Kartoniert.

Grundkenntnisse Japanisch 2
2000. IV, 376 S. 3-87548-223-9. Kartoniert.

Hiragana und Katakana Übungen
2000. 112 S. 3-87548-224-7. Kartoniert.

Begleitkassetten. 3-87548-229-8. i.V.

Jens Rickmeyer
Einführung in das klassische Japanisch
anhand der Gedichtanthologie Hyakunin isshu.
2., völlig neu bearbeitete Auflage. 1991. XII, 175 S.
3-87118-972-3. Kartoniert.

Klassischjapanische Lektüre
Genji no Monogatari
1992. XVI, 125 S. 3-87548-014-7. Kartoniert.

Berthold Schmidt
Einführung in die Schrift und Aussprache des Japanischen
mit Übungen und Lösungen.
Unter Mitarbeit von Sven Günzel. 1995. 167 S. mit 1 Schrifttafel.
3-87548-062-7. Kartoniert.

*Bitte fordern Sie unser aktuelles Gesamtverzeichnis an,
oder besuchen Sie unsere Website: www.buske.de*

HELMUT BUSKE VERLAG · RICHARDSTR. 47 · D-22081 HAMBURG